KB120460

러시아문서보관소 자료집 3

고려공산청년회 I

이 저서는 2017년 대한민국 교육부와 한국연구재단의 지원을 받아 수행된 연구임
(NRF-2017S1A5B4055531)

| 한국외대 디지털인문한국학연구소 연구총서 06 |

러시아문서보관소 자료집 3_고려공산청년회 I

이완종 옮김

한울
아카데미

일러두기

1. 각 문서의 출전은 러시아문서보관소의 공통적인 문서 분류 방식에 따라 문서군(фонд), 목록(опись), 문서철(дело), 쪽(лист)의 순서로 표기했다. 쪽 숫자 표기 뒤에 붙어 있는 'об.'는 뒷장을 뜻한다.

2. 문서의 배열은 시간순을 원칙으로 하되, 내용상 연관성이 있는 문서들의 경우에는 예외를 두었다.

3. 러시아어 원문 중 제목이 없는 문서는 그 핵심 내용으로 국문 제목을 만들어 '중괄호〈 〉' 안에 넣어 표기했다.

4. 문서의 번역은 원문에 충실하게 하려고 했으며, 의역을 삼갔다. 문서의 형식도 원문 그대로 옮기고자 했다.

5. 문서 내용에 대한 이해를 돕기 위해 필요한 경우 주석을 달거나 '대괄호[ ]' 안에 설명을 넣었다. 그러므로 이 책에 달린 주석은 모두 역주이다.

6. 문서 판독이 되지 않는 경우는 '□□□'로 표시했다. 또한 문서 원문의 일부가 없는 경우에는 '[원문 누락]'이라고 적었다.

7. 외래어의 표기는 원칙적으로 국립국어원 외래어표기법에 따랐으며, 러시아어 단어는 경음을 모두 격음으로 고쳐 표기했다.

8. 원문에 나오는 한국, 중국, 일본 관련 인명, 지명, 단체명 등의 고유명사는 확인을 거쳐 우리식으로 표기했으며, 확인되지 않은 것은 원문 표기나 러시아어 발음 그대로 옮겼다.

9. 러시아어 원문 중 특히 한인 인명과 관련된 명백한 오탈자는 수정하여 번역했다.

10. 원문 중 '까레야(Корея)'는 모두 '조선'으로 번역하여 표기했다.

11. 동지나 동무로 번역되는 러시아어 낱말 '따바리쉬(товарищ)'는 모두 '동무'로 표기했다.

12. 약물(『 』, ≪ ≫)과 문장부호(" ", ' ')는 원문의 표기를 따랐다. 문장에 그어진 밑줄이나 기호, 말줄임표, 강조 표시도 원문의 표기를 그대로 살린 것이다.

차례

러시아사회정치사국립문서보관소(РГАСПИ, 이하부터 '러시아문서보관소'로 칭함)의 주요 자료가 또다시 한국어로 출판됐습니다. 한국외국어대학교 디지털인문한국학연구소가 러시아문서보관소 소장 자료 가운데 '고려공산청년회'에 관한 기록을 골라서 번역 자료집을 꾸몄습니다. 인문학·사회과학 연구자 여러분께 이 기쁜 소식을 즐거운 마음으로 보고드립니다.

러시아문서보관소는 주목할 만한 가치 있는 기록물을 소장하고 있습니다. 코민테른 문서와 소련공산당 문서가 그것입니다. 아주 방대한 분량의 기록물이 보관되어 있습니다. 국제 사회주의 운동과 러시아혁명사의 진행 과정을 소상하게 재현할 수 있는 자료의 보물 창고라 하겠습니다. 그뿐만이 아닙니다. 러시아문서보관소가 한국인에게 주목받아야 할 이유는 또 있습니다. 한국 근현대사에 관한 풍부한 자료가 이곳에 잠자고 있기 때문입니다. 일제 식민지 시대에 활동했던 한국인 사회주의자들이 러시아 측과 교류하면서 남긴 방대한 문서들이 보관되어 있습니다.

일제 식민지 시대 한국인 사회주의자들은 조국의 독립과 사회혁명을 위해 싸웠습니다. 그러한 행위는 식민지 통치 당국에 의해 불법 시 됐으므로 당시 사회주의자들은 비밀결사를 맺어서 비합법적으로 활동했습니다. 다수의 비밀결사 가운데 가장 유명한 것이 조선공산당과 고려공산청년회일 것입니다. 두 단체는 자매단체입니다. 25세 이하의 사회주의자는 고려공청에 적을 두고, 그 이상의 연령에 해당하는 사람은 공산당에 가입했습니다. 두 단체는 국제적 연대를 중시했습니다. 사회주의 국제기구에 가입한 것도 그 때문이었습니다. 당은 코민테른에, 공청은 국제공산청년동맹(КИМ)에 입회했습니다. 그래서 러시아문서보관소에는 국제기구와 연계를 맺은 한국인 사회주의자들의 문서들이 다양하게 보관되기에 이르렀습니다. 보고서, 편지, 회의록 등이 산적해 있습니다. 한국 근현대사와 사회주의 역사에 관한 미해명의 역사적 정보가 연구자들의 손길이 닿기를 기다리고 있습니다.

이 문서들을 선별하여 번역 자료집을 간행하는 일은 한국의 인문학·사회과학 발전에 큰 역할을 하리라 믿습니다. 왜냐하면 이 자료집은 한국 근현대사와 사회주의 운동 및 사상의 역사에 대한 우리의 지식을 확장할 가능성을 주기 때문입니다. 사회주의는 3·1운동 이후 한국 독립운동을 이끌었고, 해방 이후에는 북한을 통치하는 이데올로기로 작용했습니다. 이처럼 객관적 역할이 거대했음에도 불구하고, 오랫동안 그에 관한 학문적 연구는 부진했습니다. 냉전과 분단에 의해서 초래된 장벽 탓이었습니다. 이 자료집은 인식의 계발을 가로막는 학문 외적 장벽을 약화시키는 역할을 할 것이라 기대합니다. 그리하여 역사와 인간의 정신활동에 관한 학문 연구를 한 단계 더 높은 수준으로 이끄는 디딤돌이 될 것입니다.

또 하나 기대되는 역할이 있습니다. 이 자료집의 간행은 연구자층의 두터운 형성을 가져올 수 있을 것입니다. 학문 후속 세대와 신진 연구자층의 이 분야 연구 인입을 촉진하는 역할을 하기 때문입니다. 그리하여 이 자료집은 한국 역사와 정치학, 철학의 공백을 메우고 그 왜곡을 바로잡을 수 있는 새로운 학문 활동의 단초가 될 수 있을 것입니다.

인문학·사회과학 발전에 중요한 밑거름을 마련해 주신 점에 대하여 한국외국어대학교 디지털인문한국학연구소 토대연구단에게 감사를 드립니다. 아시다시피 20세기 전반기 러시아 한국 관련 문서의 선별과 번역에는 많은 곤란이 따릅니다. 흐릿한 인쇄, 외국 고유명사에 관한 키릴문자 표기 방식의 임의성, 한국인 인명·지명 판독의 어려움 등이 중첩되어 있습니다. 그러한 난관을 극복하고 식민지 한국 언어생활의 구체적 맥락을 최대한 복원함으로써, 기왕의 어떤 번역 자료집보다도 더 생생하고 우수한 자료집이 출간됐다고 평가할 수 있습니다. 토대연구단에 참여한 번역자 선생님들께 마음으로부터 깊은 감사를 드립니다. 이 자료집이 한국의 인문학과 사회과학 발전의 한 디딤돌이 될 것이라고 믿습니다.

2022년 8월
성균관대학교 사학과 교수 임경석

이 책은 한국외국어대학교 디지털인문한국학연구소 토대연구단(이하부터 '토대연구단'으로 칭함)이 한국연구재단의 지원을 받아 수행한 '디지털 아카이브로 보는 일제강점기(1910~1945) 한국과 러시아 한인의 역사: 러시아문서보관소 자료를 중심으로'(NRF-2017S1A5B4055531)의 결과물입니다.

토대연구단은 2017년 9월부터 한국과 러시아문서보관소에 소장되어 있는 문서보관소 자료 중 일제강점기 동안 한국과 러시아 한인에 대한 문서를 발굴하여 번역하고 데이터베이스화하고 있습니다. 이 연구는 언어장벽으로 인해 쉽게 접근할 수 없었던 러시아어 기록을 번역함으로써 역사 연구자와 학문 후속 세대, 더 나아가 일반인들에게 자료 열람의 편의를 제공하는 것을 목적으로 합니다. 이를 통해 그동안 알려지지 않은 러시아의 한국 관련 기록을 제시함으로써 한국사의 공백을 메우고 일제강점기 연구의 지평을 확장·심화하며 이 주제에 대한 시민사회의 관심을 제고할 수 있으리라고 기대합니다.

이 책은 토대연구단이 모스크바 소재 러시아사회정치사국립문서보관소(РГАСПИ)에서 발굴한 자료 중 '고려공산청년회'에 관한 기록을 번역하여 엮은 것입니다. 고려공산청년회는 3·1운동에 참가한 청년들이 사회주의를 수용하고 그것을 보급하기 위해서 결성한 비밀결사입니다. 1920년 해외에서 처음 만들어졌고, 1925년에 국내에서 정식으로 결성된 청년단체로서, 국제기구인 국제공산청년동맹(КИМ, 1919~1943)에도 가입했습니다. 고려공산청년회는 1926년 6·10만세운동에 주도적으로 참가했고, 1929~1930년 광주학생운동과 그에 뒤이은 항일학생운동의 전국적 고양에도 영향을 미쳤습니다. 일제강점기 식민지 조선 청년들의 항일독립운동과 사회주의운동을 촉진하는 주요 역할을 수행한 단체였다는 점에서 그 역사적 의의를 찾을 수 있습니다.

이 자료집에 게재된 문서들은 1921~1934년 동안 생성된 것으로 보고서, 서신, 회의록, 결정서 등으로 이루어져 있습니다. 문서의 주요 내용은 고려공산청년회 결성 이전 식민지 조선의 청년 사회주의자들의 활동, 조선은 물론 블라고베셴스크, 이르쿠츠크 등 원동 지역, 그리고 상해와 간도, 북만주 지역 등 중국에서의 고려공산청년회원 및 여타 청년운동단체들의 활동, 고려공산당의 내분, 국제공산청년동맹 및 코민테른과 고려공산청년회 간의 관계, 1920~1930년대 초 일본의 식민지정책과 조선의 사회·경제 상황 등을 담고 있습니다. 이 자료집이 그동안 공백으로 남아 있던 1920~1930년대 식민지 조선의 사회주의운동사 연구에 귀중한 사료로 널리 활용되기를 기대합니다.

2022년 8월
토대연구단 연구책임자 송준서

한국 근현대사에 관심이 있는 사람이라면 기억해 둘 만한 인물이 있다. 파냐 이사아 코브나 샤브쉬나(1906~1998)이다. 서울의 주일 소련 총영사관에서 부영사로 일했던 아 나톨리 샤브쉰의 아내인 그녀는 1940년부터 1946년까지 약간의 시간적 공백을 빼고 쭉 서울에 거주했으며, 본인의 말을 빌리면, 한국이 해방된 후 감옥과 지하 생활에서 나 왔거나 망명지에서 돌아온 한인 공산주의자들의 회상기를 읽고, 그들과 대화하고, 수 많은 집회와 시위 현장에서 그들의 연설을 들을 수 있었다.

소련으로 돌아간 그녀는 학계에 진출해 한국 근대사 분야의 대표적인 전문가가 되 었다. 20세기 한국사의 다양한 문제를 다루는 수많은 논문과 저서를 발표했다. 그녀가 1988년 모스크바에서 발간한 『한국공산주의운동사(1918~1945)』는 자신의 연구 성과 를 집약한 결과물이다. 이 책에서 그녀는 한국에서 공산 청년운동이 공산주의운동보다 일찍 형성, 전개되었고, 국제공청(КИМ)에 의해 직접 지도되었으며, 상당한 정치적·조 직적 경험을 축적하면서 청년 대중에 뿌리를 내릴 수 있었다고 지적하면서, 공산청년 회가 조선공산당 창립에 결정적 역할은 아닐지라도 최소한 적극적인 역할을 했다고 주 장했다. * 1925년 4월 17일에 조선공산당이 창당되고 그 하루 뒤인 4월 18일에 고려공 산청년회가 결성되었다는 공식과는 전혀 다른 이야기다. 다만 샤브쉬나는 자신의 주장 을 충분히 문서로서 뒷받침하지는 못했다.

●   *Шабшина Ф.И. История корейского коммунистического движения(1918~1945).* М., 1988, с.104.

에르가스피(РГАСРИ)에 소장된 1921~1926년 한국 청년운동 관련 문서들의 번역문이 실린 이 책『러시아문서보관소 자료집 3: 고려공산청년회 I』는 샤브쉬나의 주장을 입증한다.

근대 한국의 청년운동에 관해 말하자면, 그것의 전성시대가 열리는 기폭제가 되었던 게 1919년의 3·1운동이다. 주지하듯이, 천도교도와 그 추종자들, 그리고 기독교인들이 시위에 주도적으로 참여했거나 아니면 운동에서 지도적 역할을 했다.* 공식 자료에 의하면, 1918년 12월 천도교도의 수는 1,082,936명이었다. 또한, 한인 기독교인과 미션스쿨 학생들, 특히 미국인 선교사들이 설립한 학교에서 공부하는 학생들이 눈에 띄게 시위에 가담한 것은 외국인 선교 지도자들, 특히 미국인 선교사들이 일본 정부 일각과 일부 언론에 의해 비난 대상이 되는 빌미가 되었다. 3·1운동은 성공하지 못했으나, 운동을 경험한 청년들은 전국 각지에서 청년회를 조직했다. 그러다가 1920년 12월에는 사회 혁신, 지식의 광구(廣求), 건전한 사상으로 단결, 덕(德)의 존중, 건강 증진, 산업 진흥, 세계 문화에의 공헌이라는 7대 강령 아래 전국의 약 120개 청년회를 규합한 조선청년회연합회가 결성되었다.

한편, 1917년 10월혁명으로 러시아에서 정권을 장악한 볼셰비키는 내전 중에도 열심히 자신들의 조직적 역량을 강화해 나갔다. 1918년 11월 그들은 러시아 청년들의 공산단체, 즉 러시아공청을 조직했으며, 1919년 3월에는 21개국의 공산당과 콤그룹을 불러 모아 모스크바에서 국제공산당, 즉 코민테른을 창립했다. 이어 1919년 10월에는 러시아, 독일 등 13개국의 공청을 규합하여 베를린에서 국제공청[＝공산청년인터내셔널] 창립대회를 열었다.

10월혁명 이후 러시아 원동에 거주하던 한인들은 특히 내전 상황에서 정치적 선택을 강요받았다. 러시아공산당에 가입하거나 동조한 이들이 있었고, 백군 세력의 편에 선 이들도, 사회혁명당을 지지한 이들도 있었다. 1918년 4월 하바롭스크에서 이동휘의 주도로 만들어진 한인사회당은 원동에서 볼셰비키에 대한 지지를 표명하며 등장한 최초의 한인 정당이었다.

1920년쯤 러시아의 내전이 종식되면서 국내에서 소비에트 사회주의에 관한 관심이

---

* 파냐 샤브쉬나는 1952년에『한국의 1919년 인민 봉기(Народное восстание 1919 года в Корее)』라는 제목으로 3·1운동을 연구한 280쪽 분량의 단행본을 출간했다. 이 책을 입수할 수 없는 상황이 필자로선 몹시 아쉽다.

고조되었고, 동시에 청년운동의 분열이 시작되었다. 지적해야 할 것은 민족자결주의의 구호와 미국에의 의지가 수포가 된 후, 당시 많은 청년운동 지도자들에게 운동의 목표와 전술이 분명하지 않았다는 사실이다. 1919년 3월 말 서울 주재 러시아총영사 야콥 륫쉬(Я.Я. Лютш)는 본국에 보내는 「3·1운동의 시작과 이유에 대한 보고」에 이렇게 썼다: "본인이 만나본 유럽인들은 한 사람의 예외도 없이 한인들에게 이런저런 방식으로 연민을 표했습니다. 하지만 한국의 독립을 위해 나서서 싸워주겠다는 사람도 역시 보지 못했습니다. 일반적으로 인정되는 바는 한국 인민이 아직 정치적으로 성숙하지 못했고, 금세기의 과제를 이해하지 못하고 있으며, 정치적·시민적 이상을 현실에 구현할 줄도, 그것이 문명 세계의 국가들에 의해 어떻게 이해되는지도 모른다는 것입니다. 이는 한편 이해되기도 하는데, 왜냐하면 조선에는 현대 과학의 지식을 갖추고 있어야 할 지식인들이 아직 없기 때문입니다."[*] 아무튼, 운동의 분열은 상해 임시정부에서도 나타났는데, 임정 국무총리를 지낸 이동휘는 1932년 4월 하바롭스크에서 자신의 이력을 회고하며 이렇게 진술했다: "1919년부터 1921년에 걸쳐 한국 임시정부 내에서 소비에트 러시아의 노선을 옹호하는 나와 미국을 추종하는 이승만의 지지자들 사이에 격렬한 투쟁이 벌어졌다."[**]

상대적으로 급진적인 청년운동 세력이 사회주의자를 자처하며 볼셰비즘에 쉽게 동조했던 이유는 그것이 설교하는 이상사회에 대한 열망보다도 그것의 민족 이론에서 자기 운동의 목표와 역사적 정당성을 발견했기 때문일 수 있다. 그 정권이 식민지·반식민지에서의 민족해방운동에 대한 지지와 지원 의사를 표명한 것 역시 현실적 이유가 되었다. 1920년대 국내에서 마르크스-레닌주의 이론들을 제대로 공부하는 일은 거의 불가능에 가까웠다. 연해주의 한인들에게도 사정은 비슷했다. 그곳에서 혁명적으로 지향된 지식인-이민자들은 볼셰비키의 도움으로 사회주의 이론의 기초를 알게 되었고, 마르크스주의 서클의 활동에 동참했다. 그들은 사회주의사상을 순수 민족주의적 과제의 프리즘을 통해 굴절된 형태로, 종종 극히 불완전한 형태로 한국에 전파했다. 그렇게 청년들의 민족주의적 파토스가 사회주의사상과 결부되었다(이런 측면을 가장 잘 드러낸 단체가 1921년 1월에 조직된 서울청년회이다). 그런 상황에서, 국제공청의 지령에 따라 1921년 10월 국외에서 조직된 고려공산청년회 중앙총국이 다음 해 국내로 들

●   ГАРФ, ф.200, оп.1, д.535, лл.84-85.
●●   РГАСПИ, ф.495, оп.228, д.416, л.020.

어오면서 공청운동이 본격화되었다.

한인들이 인간의 기본권과 민주주의에 대해 각성하게 되고, 급진적 청년운동 세력이 사회주의 교의에 경도되어 간 것은 시기상 한국이 일본에 예속됨에 따라 독립을 구원하는 것이 한인들에게 가장 직접적이고 가장 중요한 과제로 제기되었을 때와 일치했다.

파냐 샤브쉬나는 자신의 책에서 한국 공산주의운동의 특징 중 하나로 분파 투쟁을 든다. 그러면서 분파란 당내에서 전술적으로 다른 노선을 견지하는 집단을 일컫는 말이기에 한국의 경우에는 비원칙적인 파벌 투쟁이라고 말하는 게 옳다고 지적한다. 상해파, 이르쿠츠크파, 서울청년회, 화요회, 북풍회, 엠엘파 등 많은 분파 사이에 노선상의 차이가 전혀 없었다고 말할 수는 없다. 아무튼 그들 상호 간의 치열한 투쟁은 조선공산당의 존재가 중단되는 사태 발생의 원인이 되었다. 나아가 그것은 소련에서 다수의 한인 공산주의자들이 정치적 탄압의 대상이 되는 빌미가 되기도 했다. 1932년 8월 하바롭스크에서 「한국의 혁명운동과 그 분파성에 관하여」라는 제목의 문서가 그 지역의 당 간부들을 위해 작성되었다. 문서는 상해파, 이르쿠츠크파, 화요파, 엠엘파의 주요 멤버들을 각각 열거한 후에 그들의 당이 가진 성격을 이렇게 규정했다: "그것은 공산주의 단체가 아니라 민족혁명 단체였다고 생각된다… 그들은 당원 수를 과장하여 코민테른을 기만했을 뿐만 아니라 민족혁명 단체를 공산당이라고 사칭했다. 이런저런 당의 그 같은 엄청난 수의 당원 가운데 대다수는 부르주아 및 프티부르주아 출신의 민족혁명가들이었다. 그 당들은 노동자당이 아니다. 요컨대 그들은 진정한 고려(조선)공산당이 아니다."●

이 책의 주인공들은 우리에게선 사회주의자 혹은 공산주의자라는 이유로 아직도 다소 거리가 두어지고 있으며, 과거 소련에서는 사이비 공산주의자 혹은 민족혁명가라는 탓으로 탄압을 받았다. 이런 현실은 특히 번역에 임할 때 필자의 마음을 무겁게 했다. 분명한 것은, 일제에 대한 민족주의적 저항운동이던 역사적 진보운동이던 간에 그들이 헌신했던 운동의 목표가 북한이 아니라 대한민국에서 실현되고 있다는 사실이다. 그렇기 때문이라도 그들의 운동은 우리의 근현대사에 더 적극적으로 포섭되어야 한다. 이 책이 우리의 역사 연구에 작게나마 보탬이 될 수 있기를 기대한다.

● ГАХК, ф.п.-2, оп.11, д.194, лл.60-72.

이 책이 나오기까지 도움을 주신 분들이 있다. 한국 근현대사 전공자가 아닌 필자의 번역문을 꼼꼼히 읽고 번역상의 오류나 잘못된 표현을 교정해 주신 한국외국어대학교 반병률 선생님, 성균관대학교 임경석 선생님, 동국대학교 전명혁 선생님께 감사의 마음을 전한다.

2022년 8월 3일
이완종

러시아문서보관소 자료집 3

고려공산청년회 I

РГАСПИ, ф.533, оп.10, д.1880, лл.1-1об.

〈오상근과 박용만이 국제공청 대회 의장에게 보낸 1921년 4월 11일 자 서한〉

서울, 조선
1921년 4월 11일

모스크바, 러시아. 국제공청 대회 의장 귀하.

친애하는 동지,

귀하가 보낸 1921년 3월 17일 자 초청장을 귀하의 대리인인 Mr. 그린을 통해 북경에서 받은 우리는 조선청년회연합회 집행위원으로서, 위대한 세계 청년운동 대회에 대표단을 파견하기로 만장일치로 결정하였습니다. * 우리가 아직 공산주의자로 공인되지 않았지만, 우리는 현재 이미 원동에서 귀하의 단체와 협력해서 일하고 있습니다. 그래서 우리 대표단의 목표는 첫째, 귀하의 단체가 가진 강령상 원칙을, 둘째, 소비에트 러시아의 실제 시스템을 공부하는 것입니다.

우리 대표인 Mr. 조남승, 장건상, 배달무는 조선청년회연합회 집행위원회로부터 귀하의 대회와 무엇이든 임의로 교섭할 수 있는 전권을 부여받았습니다. 우리는 우리 대표단이 예정된 시간에 그곳에 도착하지 못할 수도 있음을 매우 유감스럽게 생각합니다.

여러분의 행복한 미래와 성공적 결말을 기원하며, 동지의 인사를 보냅니다.

오상근(조선청년회연합회 집행위원장. 서울, 조선)
박용만(조선청년회연합회 [주중] 대표. 북경, 중국)

●   1921년 7월 9일~23일 국제공청[=공산청년인터내셔널, КИМ] 제2차 대회가 모스크바에서 거행되었다. 참고로 제1차 대회, 즉 창립대회는 1919년 11월 베를린에서 열렸다.

РГАСПИ, ф.533, оп.10, д.1880, лл.5-6.

⟨조선청년회연합회 주중 대표 박용만이 Mr.그린에게 보낸 1921년 4월 15일 자 서한⟩

북경, 중국

1921년 4월 15일

Mr. 그린,

국제공청 대회. 모스크바, 러시아

친애하는 동지,

귀하가 북경에서 떠난 후에 나는 조선청년회연합회에 귀하의 서한을 전달하기 위해 서울로 파발을 한 명 보냈습니다. 그러나 귀하의 서한은 우리 파발이 예정지에 도착하기 전에 그에게 닥친 돌발 상황으로 인해 10일간 지연되었습니다. 편지는 5일에 수취인에게 전달되었고, 파발은 대표단과 함께 그제 저녁 여기에 도착했습니다. 이제 나는 빨리 목적지로 가라고 그들을 설득하고 있지만, 그들이 대회 마지막 날이라도 도착하기를 바랄 뿐입니다.

우리 대표단은 조남승, 장건상, 배달무 3인으로 구성되었습니다. 조와 배는 중국어를 잘 구사하나, 장은 미국에서 대학을 졸업하고 돌아온 사람입니다. 대표단장인 Mr. 조는 2년 전 일본인들에 의해 독살된 우리 전 황제의 조카로서, 우리의 과거 정부에서 고위직에 있었습니다. 귀족 출신인데다 국왕과의 관계가 있음에도 불구하고 그는 실제 민주주의 지도자이며 사회운동가입니다. 내가 보기에, 그는 러시아 소비에트 정부의 원칙과 체계를 매우 공부하고 싶어 합니다.

다른 두 명의 인사에 관해 말하자면, 나는 분명히 귀하가 모든 점에서 그들에게 관심을 가질 것이라고 확신합니다. Mr. 장은 우리가 1919년에 상해에서 우리의 임시정부를 수립했을 때, 잠시 외무총장의 밑(?)에 있었습니다.* 그가 사표를 던진 주된 이유는 그의 사고방식의 변화 때문이었습니다. 엄밀히 말하면 그의 정치적 입장이 정치주의에서

---

* 장건상은 1919년 4월 임시정부 외무위원에 선임되어 외무총장 김규식을 보좌한 바 있다.

사회주의로 변했기 때문이었습니다. Mr. 배 역시 훌륭한 젊은이로서, 아주 높은 군사적 교양과 확고한 사회적 원칙을 지니고 있습니다. 그는 중국 윈난에 있는 군사학교를 졸업했으며, 우리의 군사 조직에서 용맹한 장교였습니다. 그는 군사작전에 관한 모든 정보를 귀하에게 제공할 수 있습니다.

우리가 콘티넨탈 호텔에서 나눈 대화에서 이미 내가 귀하에게 이야기한 것처럼, 우리 단체는 인물, 교육, 권력, 사상 등 모든 요소의 중심이며, 조직된 모든 집단의 중심입니다. 그러나 나는 우리 단체의 회원들이 아직은 모두 공산주의자가 아님을 인정해야 합니다. 그래서 현재 대회에 임하는 우리의 임무는 운동 사업에 참여하는 게 아니라, 그냥 귀하의 초청에 대한 응답으로서 소비에트 러시아 체제의 실제 사업을 살펴보고 세계 청년운동의 원칙과 강령을 공부하기 위한 것입니다. 조선이 소비에트 쪽으로 갈 것인지 아닌지는 이들 대표의 보고 후에 결정될 것입니다.

먼 거리와 시간적인 촉박함을 고려하면 나는 우리 대표단이 대회의 마지막 회의 시간에 맞춰 그곳에 도착하는 것조차도 기대할 수 없을 것 같습니다. 만일 그들이 대회 폐막 후에 그곳에 도착하게 되더라도, 그들이 충분한 시간을 갖고서 소비에트 시스템을 확실히 알 수 있게 귀하가 그들에게 그곳에 두 주일이나 한 달쯤 머물 수 있게 허락해 주기를 요청합니다. 나는 그것이 조선에서 우리의 공산주의운동을 위한 중요한 지지가 될 것임을 확신합니다. 그리고 가능하다면, 그들이 [당과 정부의] 간부들로부터 최고급 정보를 얻을 수 있게끔 그들을 소비에트 정권의 통치자들에게 소개해 주었으면 합니다. 간단히 말해서, 우리의 사업, 즉 원동에서의 나와 귀하의 사업은 주로 이들 3인의 통지에 달려 있습니다. 그들이 모스크바에 있으면서 상황을 잘 파악하게 되면, 그것은 우리에게 큰 힘이 되고 조선과 중국 및 일본에서의 우리 운동에 큰 영향을 미칠 것입니다. 우리 단체는 현재 그들이 돌아오는 대로 모스크바에 대표단을 한 번 더 파견하려고 합니다.

여러분 대회의 성공과 귀하의 건투를 기원합니다! 우리 대표들과 우리 단체로부터 좋은 소식이 있기를 바라 마지않습니다.

충심을 담아 귀하에게, 조선청년회연합회 주중(駐中) 대표 박용만

P.S. 우리가 연락할 수 있게 하얼빈이나 다른 곳의 적당한 장소를 찾아보시고, 즉시 귀하의 요원들(대표들) 이름과 주소를 알려주십시오. 박용만.

РГАСПИ, ф.533, оп.10, д.1880, лл.7-11.

〈조선청년회연합회 대표 배달무와 고려공청세포 대표 조훈이 국제공청 제2차 대회에 제출한 1921년 6월 13일 자 보고〉

조선청년회연합회 대표와 고려공청세포 대표의 보고

1. 조선 청년의 과거

조선 청년의 역사는 진실로 비극적이다. 서방 국가와 일부 아시아 국가(일본과 중국)의 청년들이 필수 교육을 받을 수 있고 물질적, 정신적 진보 및 세계 문화에 접할 가능성을 가졌던 데 반해 조선의 청년들은 (부르주아 청년들과 프롤레타리아 청년들 모두) 19세기 전반기 말에 이르기까지 완전한 무지몽매의 상태에 있었으며, 기본적 견문조차도 얻을 가능성을 갖지 못하고 불합리한 사회 전통에서 빠져나오지 못했다. 조선 청년은 모두 기껏해야 우리의 고릿적 학교[=서당 등]에서 지혜가 담긴 한문을 배우면서, 천자문에서 시작해 (우리 생각에 최고의 학문인) 공자와 맹자에 관한 공부로 끝나는 교육을 통해 육성되었다. 그들은 독립적 삶의 시기인 자신의 결혼 때까지 이들 상형문자를 파고들어 한문을 좀 아는 상태로 학교를 나오지만, 대부분 겨우 읽고 쓰기를 좀 배웠을 뿐 삶을 위한 준비가 전혀 되어 있지 않았다. 아니 현실의 삶을 전혀 모르는 사람이 되었다는 것이 더 옳겠다. 이들 학교에서는 심지어 자연과학, 산수, 지리학, 조선의 역사도 가르치지 않았다. (학생들은 지구가 구형이며 자전한다는 것조차 몰랐다) 우리 교사들은 조선사를 중국의 영웅이나 무사 등에 관한 이야기에서 뽑은 내용으로 대체했다. 이것이 19세기 전반까지 우리 청년들, 즉 미래에 조선의 삶을 짊어질 사람들이 가진 인식의 범주였다. 청년들은 오직 하나의 확고한 인식과 함께 학교를 졸업했다. 그것은 노인에 대한 공경, 지배자에 대한 (문자 그대로의) 복종, 조상에 대한 숭배, 가문의 복수 등의 각종 전통이었다. 분명한 것은 그런 인식으론 조선 청년들이 멀리 나아갈 수 없다는 사실이며, 그래서 전 조선이 19세기 전반기 말까지 실질적으로 원시적인 나라일 수밖에 없었다. 나라 전체가 사회 상층부에서 "민중"까지 무지몽매한 상태에 머물렀다.

II. 조선의 각성과 제국주의적 포위의 시작

19세기 후반에 와서 조선으로 세계 문화의 신사조가, 그리고 그와 함께 자본주의의 "매력"이 스며들었다. 유럽 문화 및 그때 평화로운 조선으로 자신의 촉수를 뻗친 자본주의 국가들의 화려한 삶에 눈이 먼 19세기 후반의 현 조선 사회, 특히 우리 조선의 최상층 사회는 자본주의의 모든 해악에 급속히 감염되기 시작했다. 그들은 자본주의 국가들의 문화를, 또 사치를 동경하기 시작했다. 순결한 조선을 자신의 식민정책의 궤도에 차례로 집어넣은 중국, 러시아, 일본의 자본주의 발전은 조선을 잠에서 완전히 깨어나게 했다. 조선 사회에서 자신의 지위와 역할을 구하기 위한 자기보존의 느낌에서 그들 지배층은, 그때 젊은 세대 중에 선발된 그룹이 서구적 인식의 원천에 접근하는 형태로나마 조선의 민족 세력에게 출구를 열어주기로 했다. 이를 목표로 그들은 우리의 학교에 다양한 과목의 교습을 도입하고, 최상위 계급의 청년들을 외국으로 유학을 보내고, 일부 기술적 혁신 등을 이루기 시작했다. 그때쯤 이미 조선으로 유럽 부르주아지의 대리인들, 즉 다수의 선교사, 목사, 예수회 교도가 조선인들을 계몽하고 진실한 신앙(정교회, 개신교, 가톨릭 등)으로 인도하겠다는 구실로 조선에 들어와 자신들의 학교, 병원, 예배당 등을 세웠고, 이것은 그들의 민족자본, 즉 미국, 일본 등의 자본이 영향력을 발휘하는 거점이 되었다. 그들은 모두 조선의 부르주아지와 외국 부르주아지로부터 호의를 얻고 비호를 받았다. 외국인들에게 조선 인민의 정치적, 경제적, 영적 노예화를 위한 넓은 활동 무대가 펼쳐졌다. 외국인들은 각자 뭐라도 새로운 걸 조선에 도입했다. (물론 자신의 탐욕을 위해) 누구는 공업과 기술을, 누구는 교리를, 누구는 군인을, 누구는 학교를, 또 누구는 투기와 사치와 방탕 등을 들여왔다. 그리고 외국인들과 조선의 권력층이 벌인 그 난장판에서 조선 청년들 또한 새로운 삶의 순환에 끼어들었다. 그러나 모든 청년이 그러하듯 충동과 열정이 충만한 그들은 바빌론의 대소동 속에 용해되지 않았다. 그들은 각자 홀로 선 "영혼의 기사(騎士)"들을 보고 자신이 가진 감수성 풍부한 마음으로 조선인의 삶에 있는 새 시대의 좋은 면과 나쁜 면을 모두 식별하였고, 더 멀리 나아갔다. 이들 선각자를 통해 해방되면서 조선의 청년들은 전통주의와 무지몽매 및 아주 오랜 지적 침체의 길에서 혁명 투쟁을 위한 해방사상을 알기 위해 천천히, 그러나 끊임없이 앞으로 나아갔다. 조선 청년의 역사에서 부활의 시기가, 지식에 대한, 과학에 대한 영감과 갈망의 시기가 도래했다. 그들은 자신의 침체 시기에 상실된 모든 걸 벌충하려고 하는 것 같았다. 모든 청년은, 계급을 막론하고, 지금껏 그들에게 생소했던 새로운 과학을 추구하고 있다. 산수, 지리학, 기하학, 역사, 인문학 등 다양한 과목이 이미 새로운 체계에 따라 교육되는 많은 학교가 등장하고 있다. 청년들은 이들 과학을 문자 그대로 들이키고 있다. 단기간에 일본, 중국, 미국 및 다른 나라들에서 공부하는 유학생이 수십, 수백 명이나 나타났다. 프롤레타리아 가정 출신의 조선인 학생 중에 많은 이가 필요한 교육을 받기 위해 거의 맨손으로 이웃 나라 일본, 중국, 러시아로 도주했다. 이 시기에 조선의 청년들은 처음으로 소조나 단체를 만들어 자신들을 조직화했다. 학생들의 자기 발전, 구(舊)교사진과의 투쟁, 중등 및 고등 교육기관의 설립을 위한 투쟁을 목표로 했던 그 단체들은 내부적 약점과 비조직성으로 인해 조선의 학교 교육이 개선되는 데 아무 영향력도 갖지 못했지만, 청년들 대부분, 특히 학생들의 각성에 큰 역할을 했다는 데는 의심의 여지가 없다. 그때 미국 선교사들의 지도하에 "기독교청년회"가 조직되었다.

보다 구체적으로 말하면, 19세기 후반은 조선 청년들의 인심이 동요하고 그들이 조직되기 시작한 시기였다.

III. 혁명 투쟁의 효소로서의 청년운동.

조선 청년이 19세기 말까지 갖은 방법으로 빛과 지식을 추구하던 이념의 사람들이었을 뿐이었다면, 20세기 초에 그들은 조선 인민대중 속 깊이 파묻힌 지식층에서 벗어나 상당히 빠르게 자기 틀을 갖추며 강화되기 시작하였으며, 지식에 대한 단순 추구에 국한하지 않고 나라의 정치 생활에 이미 적극적으로 개입하기 시작했다. 그들은 자신의 감각과 지식으로 조선의 "은인들"이 하는 제국주의적인 모든 조종을 이해했다. 1894년의 청일전쟁 때 주로 청년 학생들의 지도하에 조선에서 산발적인 봉기가 일었고, 그것의 목표는 부르주아 공화국형으로의 국가 개조였다. 그런데 1905년 강도 일본과 조선 간에 을사늑약이 체결되자 조선의 온 곳에서 특히 청년들에 의해 조직된 봉기가 타올랐다. 늑약은 처음에 5개 항이었다가 나중엔 7개 항의 형태로 구성되었다. 처음으로 그들은 봉건 관료제도가, 그리고 짐승 시체 위의 까마귀들처럼 조선에 몰려든 야수 같은 외국인들의 탐욕스러운 갈망이 조선 인민에 대해 갖는 치명성을 모두 이해했다. 그때 우리 청년들에게 이중의 난제가 떨어졌다. 그것은 1) 나라를 경제적 가사 상태에서 구해내고, 2) 일본인들의 제국주의적 추구에 맞서도록, 그리고 진보 쪽으로 전진할 수 있도록 자극을 주는 것이었다.

그때부터 우리 청년들은 자신을 위한 인식을 탐구했을 뿐 아니라, 조선에 조성된 봉건-관료적이고 노예적인 정치 상황에서 벗어나기 위한 일정한 출구를 찾으려 했다.

러일전쟁이 발발하였고, 그 결과 조선은 일본의 식민지가 되었다. 당연하게도 우리 청년들은 그런 상황과 타협할 수 없었다. 다양한 계급적 접근과 지향으로 자극이 된 그들은 출신 계급을 막론하고 그때까지 온 마음을 다해 각국의 침략적인 제국주의적 탐욕으로부터 조선을 수호하려고 했다. 조선 청년들은 적극적으로 대중을 깨우기 시작했다. 제국주의 일본은 곧 그것을 유념하였고, 조선을 병합한 후 첫 번째 행보가 전국에서 학교 수를 줄이는 것이었다. 학교 수는 총괄적으로 50% 감소했으며, 남아 있는 각 학교에는 학과목들에 대해 일본어 수업이 강제로 실시됨과 함께 동화정책이 추진되었다. (조선어는 외국어로 도입되었다) 조선 학생들은 일본 이외의 나라에서 전혀 유학할 수 없게 되었으며, 일본에서 그들은 헌병대의 사찰 대상이 되었다. 한마디로 제국주의 일본은 먼저 조선 청년의 자유로운 발전과 교육을 체계적으로 억누르려 하는데, 그러나 그것이 얼마나 성공적인지는 밑에서 보도록 하자.

조선의 청년들에 대한 일본 군국주의자들의 경계 가득한 후견에도 불구하고, 조선 인민에 대한 그들의 온갖 책략에도 불구하고, 교육과 교습에서 그들이 택한 예수회 방식에도 불구하고, 심지어 테러에도 불구하고 조선의 청년들은 늘 불만을 품었으며, 그로부터 혁명의 불길과 억압자들에 대한 끝없는 항의가 생겨났다. 그들은 국내에 조성된 자신들의 상황과 다만 임시로 타협하면서 자기들끼리 정신적으로 결속하였고, 임박한 투쟁을 위한 자신들의 결기를 조용히 담금질하면서 말싸움이 아닌 행동 투쟁을 위한 적절한 순간을 기다렸다. 그리고 곧 그 순간이 도래했다.

IV. 민족적 투쟁에서 국제적 투쟁으로.

현대 자본주의 체제의 부패와 거짓이 모두 드러난 세계대전이 발발하였고, 뇌우 후의 밝은 태양처럼 전 세계 근로대중의 민심을 조명한 러시아 대혁명이 터졌다. 마침내, 명성과 악명이 높은 윌슨의 14개 항이 등장했는데, 그것의 목표는 넓게는 세계의 근로자들, 좁게는 피압박 소수민족을 새로 우롱하는 것이다. 그러나 조선의 청년들은 윌슨이 내세운 구호 중 하나인 "약소민족의 자결권"에 처음으로 천착했으며, 이에 기초하여 (1919년 3월에) 지금까지 없었던 평화선언을 조선에서 만들어낼 수 있었다. 전 조선이 마치 요술 지팡이의 신호에 따른 것처럼 한때에 한 사람처럼 궐기하여 제국주의의 메카인 베르사유에 윌슨의 공약 준수를, 즉 일본 제국주의의 압제로부터의 조선 해방을 요구했다. 그러나 베르사유와 이른바 "자유 인민의 연맹"[=국제연맹]은 비웃음으로 답하였다. 약속된 피압박 인민의 해방 대신에 그들은 새로운 노예화를 추구했다. 그들은 자신들의 침략 이데올로기에 따라 그렇게 행동할 수밖에 없었다. 우리의 선도적 청년들은 그것을 잘 이해했으며, 처음으로 자신들의 억압자들에 맞서 궐기하여 적극적 혁명투쟁의 선두에 섰다. 일본 헌병대 쪽에서도 선도적 청년들이 자신에게 가장 불쾌하고 위험한 적이라는 사실을 이해하였고, 그래서 그들은 먼저 청년 학생들을 박해하기 시작했다. 조선 혁명의 희생자 중 3분의 2가 청년들이었지만, 이 희생자들은 더더욱 청년들을 고무하고 분노케 했다. 수많은 조선 의병부대 가운데 대다수가 청년들로 구성되었다. 자신의 혁명 투쟁을 더 조직적으로 전개하기 위해 조선 청년들은 각처에서 비밀동맹을 결성하기 시작했다. 1919년의 3월 혁명 후 조선 인민과 청년들의 전체적 혁명분위기에 놀란 조선 총독 사이토는 "정치적 성격"을 띠지 않는다는 조건을 달아 언론, 결사, 출판, 집회의 "자유"을 정치적 동냥으로 줄 수밖에 없었다. 사이토의 선언에 기초하여 1919년 7월 서울에서 병합 후 처음으로 청년 학생들에 의해 합법적인, 즉, 정치적 색채가 없는 청년회가 만들어졌다. 그러나 그것은 단지 공식적이었을 뿐, 실제로 청년회는 내부에 둔 여러 부서, 즉 군사부, 테러부, 선동-정보부, 첩보부 등과 함께 혁명적인 정치적 면모를 분명히 갖고 있었다. 거의 동시에 그런 형태로 조선 전역의 각처에서 청년회가 수립되었고, 1919년 말쯤 이들 청년회의 수는 360개를 헤아렸고, 회원들은 모두 합해 10만 명을 넘었다. 하지만 이들 청년회는 최근까지 지도적 중심 없이 각자 흩어져 있었다. 이것이 1920년 12월 조선 총독의 승인하에 113개 청년회 대표들의 총회가 소집되었던 이유이다. 여기서 그들은 조선청년회연합회 하나로 통합되면서 중앙집행위원회를 구성했다. 여기에 "기독교청년회"만이 아니라, 중국, 미국, 러시아의 망명자 청년회들도 각자 다른 이유에서 가입하지 않았지만, 그랬음에도 조선청년회연합회는 이미 그들과 조직적, 사상적으로 긴밀한 관계를 유지하고 있었다. 이 연합회의 공식적 면모는 청년들의 지덕체 함양이었으나, 실제로 그들은 전혀 다른 목표를 갖고 있다. 그것은 바로 조선의 해방이다. 처음에 우리 청년들은 정치적으로만 조선 해방을 생각했다. 그러나 곧바로 그들은 조선 인민이 자신의 구원자로 여기는 미국을 위시하여 조선을 탐하는 일련의 다른 요구자들이 있는 상황에서, 조선을 일본의 지배로부터 해방하는 것이 충분하지 않다는 걸 이해했다. 러시아 프롤레타리아 혁명과 그의 성공, 제국주의와 자본주의의 압제로부터 러시아 프롤레타리아트의 완전한 해방, 지구 방방곡곡에서 시작된 국제 프롤레타리아 혁명, 전투적인 제3 공산인터내셔널[=코민테른]의 결성, – 이 모든 사실은 더할 나위 없이 훌륭하게 조선 청년들의 생각을 계몽했다. 이제 그들은 오직 세계 프롤레타리아 운동 과정에서 조선의 해방을 생각한다. 조선 청년들은 각종 투쟁 무기를 손에 움켜쥐고서, 걸음걸이가 피투성이가 되면서 냉철하게 국제 운동을 주시하고 있다. 그리고 그들은 소비에트 러시아를 각별하게 주목하면서 종종 소비에트 러시아에, 때론 러시아에 망명한 동포들에 자신들을 도우리라는 거의 맹목적인 믿음과 희망을 부여한다. 그네들은 조선 내지의 청년들을 돕는 일을 소비에트 러시아의 비호하에 더 쉽게 조직할 수 있고 그 일에 착수할 수 있다.

V. 조선 청년과 러시아 망명자의 영향

1920년 말 조선청년회연합회는 총 400명에 달하는 원동의 조선인 공산청년회에 관한 정확한 정보를 받았으며, 그 즉시 그들과의 조직적, 사상적 관계 수립을 위해 자신의 대표들을 파견했다. 그렇게 관계가 수립되어 그때부터 조선청년회연합회 대표들이 일본의 경계를 뚫고 부단히 열을 지어 원동공화국과 소비에트 러시아의 영토로 스며들고 있다. 이는 그곳에서 자유롭게 새로운 공산주의 사상을 공부하고 조선에서 임박한 사업을 철저히 준비하기 위함이다.

조선에서 부단히 스며드는 조선청년회연합회 대표들의 준비 교육은 러시아 영토에 있는 조선인 공산청년회에 일임되었다.

그러나 러시아 망명지, 즉 원동공화국이나 소비에트 러시아 땅에 도착한 조선의 각 공산 청년단체는 아직 잘 조직되어 있지 않았고, 자신의 치외법권적 상황에 따라 당연히 고려공청으로 여겨질 수 없었다. 조선 내지나 망명지 청년들의 공산주의 교육을 지도할 수 있는 중심이 우리나라에도 없고 또 조선 밖에서도 만들어질 수 없다. 망명지에 있는 우리의 각 청년단체는 러시아 각지에 흩어져 있다. 우선 필요한 일은 그들을 원동 지역에서 유일한 외지 단체로 통합하여 국제공청에 직접적으로 예속시키고, 이 단체 주위로 현존 세력을 집중시키면서 선동원들을 대대적으로 육성하고, 여기에서 재원을 조달하고, 그리하여 자신의 활동을 조선 내지로 옮기는 것이다. 오직 그곳에서야 통일된 고려공청이 조직될 수 있다. 이것은 상대적으로 단기간에 충분히 달성될 수 있다. 왜냐하면 객관적 조건이 목전에 있기 때문이다. 즉, 러시아 땅에 자유로운 행동을 위한 공간이 충분하고, 조직자 역할을 할 세력이 있고, 러시아콤소몰[=공산청년동맹] 쪽의 전폭적인 지원이 있고, 당 학교와 교육원이 있고, 러시아공산당의 노련한 지도하에 있는 러시아콤소몰의 모범 사례와 왕성한 활동이 있고, 마지막으로 자신의 창립대회 때 고려공청에 특히 큰 주의를 기울였던 조선청년회연합회가 있기 때문이다. 고려공청의 당면 활동은 모두 조선 내지에서 아직 앞에 예정되어 있다. 우리 앞에는 그곳에서 현행 혁명 투쟁 및 조선 청년들을 혁명 투쟁과 국제적 투쟁의 정신으로 교육하는 데 필요한 준비사업을 합동으로 벌이기 위해 우리 대표들을 학수고대하고 있는 10만 명의 조선청년회연합회 회원들이 있다. 이것이 조선의 혁명적인, 그리고 공산주의 청년운동의 당면 과제이다. 조선청년회연합회와 국제공청 기관들의 지원 아래 하나가 된 공동의 노력으로 아주 가까운 장래에 조선의 혁명 청년들 사이로 공산주의의 횃불을 던질 수 있기를 바라 마지않는다.

　Ⅵ. 망명지 청년운동의 병폐

　그러나 망명지에서 생성되고 있는 우리의 공산 청년운동에도 마르크스주의자가 아닌 피상적 관찰자라면 전혀 알아차릴 수 없는 나름의 병폐가 있다. 여기서 우리는 본질상 소부르주아적인 조선인 청년 지식인들이 청년단체에 보이는 지극히 형식적인 접근에 관해 말하고 있다. 그들은 공산주의 원리를 종교적 도그마 혹은 근사한 시대적 풍조로서 받아들이며, 이로부터 각 조선인 망명자 공산 청년단체의 허약성, 분열, 지식인다운 동요의 해악, 쇼비니즘에 가까운 민족주의가 유래한다. 여기에서 벗어나기 위해, 얼마 전 결성된 고려공산당은 프롤레타리아트 운동으로서의 공산주의운동에 빌붙은 이질 분자들과 총칼로 가차 없는 투쟁을 벌일 수 있었다. 이들 유사 프롤레타리아 청년단체의 사업 방법은 항상 모험적이다. 그들은 조선 내지의 객관적 상황과 그곳 청년들이 처한 사업 환경을 고려하지 않는다. 외부 효과를 위해 그들은 대개 민족 혁명운동인 자신들의 청년운동에 공산주의의 꼬리표를 붙이려 하고, 러시아 망명지의 조선 청년들 사이에 있는 공산주의운동에 자주적인 문화계몽 조선인연합회의 꼬리표를 갖은 방법으로 붙이려 하며, 게다가 자국 땅에 공산주의운동을 위한 그 어떤 여건도 없는 현실을, 그리고 러시아 망명 청년들에게조차 일정한 프롤레타리아 층이 없다는 사실을 주목하지 않는다. 최근에 망명지에서, 사회혁명당[=에세르]의 이념과 특히 원동의 마흐노-트랴피친* 반혁명파 운동에 철저히 물든 러시아 원동의 농업 망명자 집안 출신 소부르주아 청년과 지식인들 사이에서 고려공청을 결성하려는 시도가 갑자기 튀어나온 것은 우연

●　　　마흐노(Махно Н.И., 1888~1934)는 우크라이나를 기반으로 1917~1921년 군사적 형태로 전개된
　　　무정부주의적 농민운동의 지도자이며, 트랴피친(Тряпицын Я.И., 1897~1920)은 1920년 6월 니
　　　콜라옙스크-나-아무레에서 자신이 지휘하는 적군(赤軍) 부대를 동원하여 그곳의 일본인과 일
　　　부 반혁명파 러시아인 수천 명을 학살하며 도시를 초토화시킨 만행('니항사건')으로 악명을 얻은
　　　인물이다.

이 아니다. 이런 해악과의 투쟁에서 고려공산당 창립대회가 자신의 대열에서 그런 분자들을 숙청하고 추방하게 되었던 것은 다 이유가 있었다. 러시아 망명자들의 청년회들도 똑같이 해야 한다. 그리고 그런 분자들의 퇴폐적인 영향으로부터 자신을 지키기 위해서 자신의 대열을 더 긴밀히 결속하고, 러시아콤소몰뿐만 아니라 러시아 원동의 그 지부와도 관계를 강화해야 한다. 지방에서 그들은 조직적 측면에서 고려공산당과 똑같게 구성되어 있다.

혁명적 조선 청년들의 사업을 방해하는 분자들을 모두 자신의 대열에서 제거하는 것은 그들의 당면 과제 중 하나인 동시에, 특히 공산 일꾼들의 과제 중 하나이다. 이는 국제공청에 대한 책무이며, 조선의 각 공청단체는 그것을 받아들인다.

VII. 우리의 당면 과제.

위에 언급된 모든 것을 요약하여 우리는 다음 결론에 도달했다. 즉, 조선의 혁명 청년들의 운동은 다음과 같은 시급히 필요한 호소로 귀결된다:

1. 코민테른 원동비서부의 사상적 지도하에 일하는 국제공청 원동 전권대표부 산하에 재러 조선인 망명자 공산 청년단체를 위한 단일 센터를 수립하고, 이를 조선으로 파견될 공산 청년운동 선전원과 조직자 및 실천자를 양성하는 학교로 삼는다.

2. 이들을 통해 조선에서 조선청년회연합회의 혁명적 청년들을 조선청년동맹으로 끌어들이고, 그 안에서 심리와 계급적 이익에서 공산주의 정신에 가까운 집단을 만들어내야 한다. 혁명적인 청년들 사이에서 공산주의가 갖는 일정한 영향력을 강화하기 위해 조선청년동맹은 코민테른 원동비서부 산하의 국제공청 원동 전권대표부와 반드시 연락하면서 모든 단체와 지방 지회에서 공청 세포를 결성해야 한다.

1921년 6월 13일, 모스크바.　　　조선청년회연합회 대표 배달무
　　　　　　　　　　　　　고려공산당의 위임을 받은 고려공청세포 대표 조훈

РГАСПИ, ф.533, оп.10, д.1881, лл.1-3.

〈블라고베셴스크 고려공청회 오스탈로프가 샤츠킨에게 보낸 1921년 5월 5일 자 서한〉

1921년 5월 5일

샤츠킨* 동무!

귀하와 모스크바 동무들에게 형제의 인사를 보냅니다!

조선인 공산청년회 회원인 우리는 원동에 상주하며 8~9개월에 걸쳐 원동 조선 청년들 사이에서 공청사업을 했습니다. 하지만 그 과정에서 중앙과 연락할 수 없었고, 결국 러시아콤소몰 지방 지회의 지휘에 따라 사업을 했습니다. 조선과 중국 출신자들 사이의 사업에 관해 (일본인은 전혀 없습니다) 엄밀히 작성된 지침이 지금껏 우리에게 없는 탓에 우리와 러시아 동무들 사이에 오해가 잦습니다. 당연하게도, 비원칙적인 그런 이견들은 단지 지엽적 성격을 띱니다. 그밖에, 책자와 자금의 부재는 우리 사업의 성공을 지체시키는 해악 중 하나입니다. 많은 러시아 동무들이 우리가 너무 돈에 집착한다며 우리를 비난했습니다. 그것은 정말 공정하지 못합니다. 우리는 이기주의로 번뇌하지 않습니다. 왜냐하면 그런 것은 젊은 공산주의자들의 마음에 있을 수 없기 때문입니다. 조선의 청년 근로자들의 삶에 생긴 놀라운 사실은 바로 우리에게 지금껏 조선어로 된 공청 관련 책자가 없다는 것입니다. 신문과 『붉은 별』이라는 제호의 잡지를 2호까지 발행했고, 거기에 베를린 대회[=국제공청 창립대회]의 번역문, 러시아콤소몰 1차 대회에서 채택된 그의 규약과 강령, 프롤레타리아 지도자들의 전기, O. 스카르가 쓴 기사 「공청의 적기(赤旗) 아래」를 게재했는데… 다만 3호는 특히 자금이 없어 나올 수 없습니다. 그래서 그 문제에 대해 아주 심각하게 생각해 줄 것을 동무에게 요청합니다. 가능하다면, 원동에 없는 책자들을 블라고베셴스크 고려공청의 주소로 보내주십시오.

• 샤츠킨(Шацкин Л.А., 1902~1937)은 콤소몰[=공청]의 창시자이며 조직자이다. 1917년 5월 러시아볼셰비키공산당에 입당하여 1918~1922년 러시아콤소몰 중앙위원/비서, 1919~1921년 국제공청 제1비서, 1921~1922년 러시아콤소몰 중앙위원회 의장, 1919~1923년 국제공청 집행위원을 지냈다.

우리는 조선인 공산단체 전국대회[= 러시아공산당 내 고려공산단체 제1차 대표회의, 즉 '전로한인공산당 제일대원 회의] 참석차 4월 초 이르쿠츠크에 도착했습니다. 상해, 북경, 서울의 (국외 조선인 공산단체) 대표들도 그곳에 왔습니다. 5월 초에 개막된 대회가 우호적으로 진행되지 않고 있습니다. 한쪽에서 다른 쪽에 가하는 분명한 압박이 있습니다. 이에 관해 그로□스키 동무나 알렉산드로프 동무가 귀하에게 더 상세히 이야기할 것입니다. 어쩔 수 없이 우리는 미래의 고려공산당 중앙위원회에 조선청년부를 구성하는 데 동의했습니다. 그러나 필요할 때 우리는 그것을 폐지할 것입니다. 이 문제에 대한 동무의 교시를 기다립니다. 우리는 분산된 조선인 공산 청년단체들을 명실상부한 최고 심급의 지도부로 기능해야 할 중앙기관의 단일 기치 아래로 모두 통합하기 위해서 초가을쯤에 전 러시아 조선인 청년단체 대회를 소집하는 것이 필요하다고 생각합니다.

대체로 사회주의 분자들에 대해 쇼비니즘 분자들이 우위를 점하고 있는 국외의 조선인 청년단체들 사이에서 올바른 공산주의 사업을 벌이기 위해서는 원동공화국과 러시아소비에트연방사회주의공화국에 있는 모든 조선인 공청단체를 여기 러시아 땅에서 훈련하고 결속하고 통합하는 것이 필요합니다. 왜냐하면 이곳의 조선인 청년들은 더 혁명적이고 공산당에 매우 동조하고 있기 때문입니다. 본 문제의 해결을 위해서 동무가 우리에게 적절한 지도를 해주었으면 합니다. 대회가 끝난 후에 상세한 보고를 위해 우리 대표자들을 모스크바에 파견하겠습니다.

끝으로, 조선인 공청단체들에게 자금과 책자를 제공하는 문제와 지침 하달 문제를 중앙에서 결정해 주기를 요청합니다.

다음 편지 때까지 안녕히 계십시오.

대회에 참석한 원동 대표단의 위임을 받아,

그리고 재러 조선인 공청단체의 선구인 블라고베셴스크 고려공청회 이름으로 오스탈로프.

РГАСПИ, ф.533, оп.10, д.1881, лл.4-5.

〈블라고베셴스크 고려공청회가 샤츠킨에게 보낸
1921년 6월 24일 자 서한〉

샤츠킨 동무!

지금 귀하가 종사하고 있는 국제공산당 대회 및 국제공청 대회 소집 관련 업무를 방해하지 않기를 바라면서 동무에게 이 편지를 씁니다. 본 편지로 인해 공화국의 원동 지방에 있는 러시아콤소몰 내 고려부들의 진짜 상황에 대한 정보가 귀하에게 어느 정도 전달되기를 바랍니다. 이들 고려부의 생성에 관한 간략한 역사에서부터 시작합니다.

1920년 9월 19일 아무르주 블라고베셴스크에서 러시아콤소몰 시베리아국 위원 Б. 미닌(마브린) 동무의 직접적 참여하에 첫 번째 조선인 적색 청년단체가 결성되었습니다. 당시의 아무르주국(州局) 위원들이 제공한 많은 물적, 정신적 지원 덕에 조선인 적색 청년단체는 당장 자립적 기반을 갖출 수 있었고, 그 때문에 수일 내로 도시의 조선인 청년들을 모두 규합할 수 있었습니다. 14~23세 사이의 조선인 청춘 남녀 가운데 이 단체에 속하지 않은 이가 한 명도 없었습니다. 각자 모두 다시 활동하기 시작한 기관을 비록 적은 몫이나마 돕기 위해 단체에 들어오려고 했습니다. 그들은 시위를 벌이면서 한 달에 한 번 무료 영화 상영을 조직했습니다. 블라고베셴스크의 조선인 공민*들은 상인들이 설립한 당 기관이나 민족적 기관보다 더 많은 권위를 획득할 수 있었던 청년들을 아주 듬직하게 대했습니다. 회원들이 사업 역량을 집중해서 발휘한 결과, 블라고베셴스크의 러시아콤소몰 내 조선인 공산조직은 (스바보드늬, 블라고슬로벤노예, 하바롭스크, 니콜스크-우수리스크, 이만 등지에) 일련의 고려부를 개설하고 10월 대혁명 3주년을 기념하여 조선어로 된 삽화 신문 『붉은 별』을 발행할 수 있었습니다. 12월 말에 같은 이름의 삽화 잡지가 2,000부 규모로 발행되었으며, 거기에 「제1차 베를린 청년대회」, 「1919년 대회에서 채택된 러시아콤소몰의 규약과 강령」, 「레닌과 K. 리프크네히트의

●　　공민(公民, гражданин)은 1917년 러시아 혁명 후 제정 때의 신민(臣民, подданный)에 대립되는 개념으로 사용되었다. 이후 소련에서 동무(товарищ)라는 말이 일반화되었다.

전기」(번역본) 같은 기사와 함께 조선의 역사, 시 등이 게재되었습니다. 세계 사회혁명의 지도자인 레닌, 마르크스, 트로츠키, 리프크네히트의 초상을 안에 게재한 이 잡지는 조선인 공민들 사이에서 뜨거운 반향을 일으켰습니다. 많은 사람이 다음 호 잡지가 발행될 때를 애타게 기다렸습니다. 그러나 조선인 적색 청년단체는 재정적 이유로 그 위업을 발전시키지 못했습니다.

현재 동방부에서 주요 직책을 맡은 트릴리세르* 동무의 조력하에 블라고베셴스크 고려부는 11월 초(11월 6일) 조선인 청년 혁명자 김승호 동무를 간도(중국)와 조선 북부로 파견했습니다. 국외에 있는 우수한 일꾼들과 관계를 수립하고 정보를 교환하고 그들을 공청사업에 끌어들이기 위함이었습니다. 그는 목적지로 가는 도중에 하바롭스크, 이만, 니콜스크-우수리스크에서 조선인 공산 청년단체를 조직했습니다. 니콜스크-우수리스크의 고려부는 그곳에 있는 일본 군대와 카펠-세묘노프 도당** 때문에 현재 지하에서 사업을 벌이고 있습니다. 이 단체들은 얼마 전부터 관계와 정보를 공유하고 있습니다. 그들 모두는 러시아 동무들로부터 지시와 지령을 받으면서 그들과 함께 공동으로 사업을 벌이고 있습니다. 그렇게 해서 5월 초쯤 우리는 원동에 강력한 조선인 공산 청년단체 6개를 갖고 있으며, 그들의 지도하에 세포들이 각 조선인 마을에서 활동하고 있습니다. 이들 고려부에는 전체적으로 약 1,500명의 청춘 남녀로 조직되어 있습니다. 블라고베셴스크 고려부는 (학교 세포 포함) 167명의 회원을 보유 중이고, 스바보드늬 고려부는 162명(세포 1개), 블라고슬로벤노예는 189명, 하바롭스크는 약 600명(3개 세포), 이만은 250명(조선인 마을마다 세포가 있음), 베르흐네-우딘스크[=현 울란우데]는 29명, 니콜스크-우수리스크 고려부는 회원을 300명 이상 보유하고 있습니다. 수이푼 면의 세포들에 회원이 얼마나 되는지는 말하기 어렵습니다. 그러나 상당히 많다고 추정해야 하는데, 왜냐하면 조선인이 조밀하게 정주해 있는 연해주는 늘 상당히 많은 일꾼을 배출하였습니다. 현재 그곳은 일본 간섭군이 주민들을 박해함에 따라 가장 혁명적인 지

- 트릴리세르(Трилиссер М.А., 1883~1940): 아스트라한 태생으로 소련의 국가보안기관 지도자 중 1인이다. 18세 때 러시아사회민주노동당에 입당하여 1905년 혁명 때 볼셰비키로 오데사에서 활동했다. 1907년 혁명 활동으로 체포되어 5년 형을 선고받고 복역 후 1914년 이르쿠츠크로 추방되었다. 1917년 2월혁명 후 사면되었다. 이후 1922년 봄까지 이르쿠츠크 지방에서 베체카(ВЧК) 간부로 중국, 조선, 일본, 몽골을 담당했다.
- • 당시 블라디보스토크를 중심으로 연해주 남쪽은 일본군과 함께, 세묘노프가 지휘하는 카자크 부대와 콜차크 백군 잔당 세력인 카펠 부대가 포진하고 있었다. 연해주가 적군(赤軍)에 의해 완전히 접수된 시기는 1922년 가을이다.

역으로 여겨지는데, 그들은 자신의 탄압 조치로 조선인 농민들을 매일매일 무장시키고 있습니다.

위에 언급된 원동의 조선인 공산 청년단체들 이외에 옴스크에서도 본인[=김 아파나시, 즉 김성우로 추정됨]에 의해 12명으로 구성된 고려부가 얼마 전인 6월 4일에 조직되었습니다. 여기서 동무에게 알려야 할 것은 바로 6월 4일의 기념 회의에서 동무와 시베리아국 비서 밀차코프 동무가 명예 의장으로 선출되었다는 사실입니다.

이렇게 원동공화국 영토에서 우리는 조선 혁명운동에서 가장 중요한 요인 가운데 하나가 되어야 할 고려공산청년회라는 미래의 건물을 짓기 위한 주춧돌을 놓았습니다.

유통을 위해 발행된 전표가 온갖 구매력 가치를 상실한 올 1월부터 모든 고려부의 재정 상황은 엉망이었습니다. 아주 미미한 보조금을 그 전표로 받으면서 그들은 우리에게 필요한 사업인 출판 활동을 계속할 수 없었습니다. 왜냐하면 우리에겐 조선어로 된 청년운동에 관한 책자들이 없기 때문입니다. 심지어 우리는 있는 모든 책자와 논문, 잡지들을 조선어로 번역하게 된다면, 공청 분야의 사업을 절반 완수한 것으로 생각할 것입니다.

조선어로 번역된 러시아볼셰비키공산당 강령, 러시아콤소몰 제3차 대회에서 채택된 규약과 강령, 『공산주의 입문』에 있는 몇 편의 논문은 자금 부재로 인해 출판될 수 없었습니다. 그 어디에서도 돈을 구할 수 없었습니다. 마음이 아프지만, 가장 필요하고 유용한 출판사업을 호시절이 도래할 때까지 미룰 수밖에 없었습니다. 또한 각 고려부는 무료 강좌와 보고회, 그리고 집회나 회의, 일요 노동과 토요 노동을 개최하고, 조선인 공청 세포가 없는 곳에선 그것을 결성하는 것으로 활동을 제한할 수밖에 없었습니다. 출판 문제는 연기되었습니다. 반복하자면 호시절이 도래할 때까지 미뤄졌습니다. 우리는 모두 우리에게 본질적인 도움을 줄 전조선 대회의 소집을 고대했습니다. 그러나 이르쿠츠크에서 아주 격렬하게 진행된 대회는 우리의 희망을 저버렸을 뿐 아니라, 심지어 이들 조선인 공산 청년단체를 비난했습니다. 소부르주아적, 무정부주의적 분자들과 협력했다는 것이 그 이유였습니다. 이것이 원동에서 등장한 러시아콤소몰 고려부의 간략한 역사입니다.

이제 고려부의 운명에 관해 간단히 서술하고자 합니다. 내가 알기에 현재 이르쿠츠크 조선인 공산주의자들 사이에는 고려부가 충분히 공산주의적이 아니라고 하면서 그것을 공격하는 경향이 있는데… 이는 대회에서 이런저런 문제를 결정할 때, 고려부의 열성 일꾼 중 하나인 내가 그들이 자신의 반대자들을 누르고 택한 불공정한 조치들에 대해 반박했기 때문입니다. 여기에 원칙적인 의견 차이가 없었고, 또 있을 수도 없었습니다. 이견은 단지 이런저런 문제에 대한 접근법에 있었습니다. 따라서, 가장 어렵지만 아주 적합한 사업, 즉 아시아(중국, 조선, 일본) 청년들 사이의 사업을 담당한 기관은 이들 고려부를 진지하게 주목하게 될 것입니다. 왜냐하면 그들을 노련하게 지도하면 고려공산청년회 개설에 착수하기가 쉬워질 것이기 때문입니다. 조선 전역에서 청년들이 오직 민족주의 단체들의 깃발 아래 조직되고 있는 지금 이때, 현존하는 민족주의적 조선청년회들에 최초로 조선인 공산 세포를 일부나마 개설하기 위해서는 조선인 이주자들 사이에서 견고한 기반을 구축하는 게 필요합니다. 그런 기반이 없이도 조선에서 조선인 공산청년회를 성공적으로 개설할 수 있다고 확신하는 것은 위험하기 짝이 없는 생각입니다. 이 분야에서의 하나의 서투른 운동은 우리가 제국주의 일본에 맞서는 혁명단체로 □□해야 할 그 강력한 애국 단체들 사이에 논쟁과 불화의 회오리를 쉽게 초래할 것입니다. 이는 각종 비민족주의 단체의 결성에 대해 지당한 선입견이 존재하는 조선 내지의 현 상황에서 능히 가능합니다.

따라서 나는 동무에게 다음 명제에 주목할 것을 제의합니다:

1) 현재 원동에 있는 러시아콤소몰 고려부를 고려공산청년회 개설을 위한 기초로 간주하면서, 이들 고려부가 기강이 잡힌 단일 센터의 기치 아래 통합되기만 하면 정해진 공산주의의 길을 따라 성공적으로 활동할 수 있음에 주목하면서, 즉시 전 러시아 조선인 적색 청년대회를 소집하여 국제공청 동방부에 속한 중앙위원회를 구성한다.

2) 청년운동에 관한 조선어 책자가 없다는 사실을 확인하면서 출판사업을 본격화하고, 나아가 중앙위원회에 중국어와 일본어로 된 간행물의 발간을 의무화한다. (이것은 세 나라 언어의 유사성 때문에 어렵지 않다)

3) 이 대회의 소집을 위한 준비 작업을 러시아인 2인과 조선인 1인, 모두 3인으로 구성된 위원단에 맡긴다.

상기 내용이 우리의 문제를 대략 간추린 것으로, 여기에 동무의 검토가 필요합니다. 그에 대해 더 상세히 말하고 싶지만, 동무의 중요 업무를 방해하고 싶지 않기에 이것으로 그칩니다. 동무가 본 편지에 기술된 모든 사항에 대해 어떻게든 결론을 내려준다면, 그건 내게 큰 기쁨이 될 것입니다.

끝으로 부언하면, 조선에서 공청 설립을 포함한 모든 공청 활동은 중앙위원회와 함께 진행할 필요가 있습니다. 이는 우리 사업을 체계화하기 위함이며, 또한 조금이라도 권위가 있는 중앙기관의 부재로 인해 제1차 고려공산당 대회에 있었던 애처로운 현상을 회피하기 위함입니다.

동무의 인사와 함께, 블라고베셴스크 고려공산청년회

1921년 6월 24일

РГАСПИ, ф.533, оп.10, д.1878, лл.1-2.

〈1921년 12월 12일에 열린 조선 청년단체 대표자회 회의록〉

제1회 조선 청년단체 대표자 협의회 회의록
(1921년 12월 12일. 16명이 참석함)

회의를 열면서 국제공청 전권위원 달린 동무는 새 대표들의 도착이 예상되는 관계로 조선 청년단체 대표자회의 개막이 불가함을 지적하고, 따라서 이번 회의를 예비 협의회로 간주하자고 제의했다. 이어서 달린 동무는 모든 청년단체에 의해 추구되는 목표가 완전히 같다고 지적한 다음, 그들이 하나의 강력한 동맹으로 합쳐질 가능성을 인정했다. 그는 조선 청년의 정치적, 경제적, 교육적 과제들을 간략히 지적하고, 공청원의 자격 연령을 25세 이하로 제한하는 방법으로 청년운동을 젊게 할 필요성을 언급하였다.

임원근 동무는 [재상해] 고려공산청년단의 이름으로 달린 동무의 연설을 환영하면서 고려공산청년단이 통합을 위한 노력을 전적으로 지지하고 있다고 말했다.

권정필 동무는 조선청년회연합회의 이름으로 축사를 하고 앞의 발언에 동조하였다.

정광호 동무는 화동한국학생연합회의 이름으로 앞의 발언을 환영하고서, 조선에 오래전부터 통합 열망이 있었으나 여러 외적 원인이 그것의 실현을 방해했다고 지적하였다. 현재 소비에트 러시아 덕분에 조성된 좋은 여건에서 통합이 실현될 수 있게 되었다고 하면서 그는 끝으로 협의회가 의견 교환에 국한되는지, 또는 구체적 행동으로 넘어가는지 물었다.

달린 동무는 의견 교환 후에 그에 의해 준비된 새 통합단체[='합동조선청년회']의 강령 초안에 대한 구체적 논의로 넘어갈 위원단을 선출할 수 있다고 지적하였다.

이선구 동무는 고려공청의 이르쿠츠크 회원들과 반동 정치에 의해 국외로 던져진 조선인 청년 망명자들을 대표하여 그들의 절실한 꿈이 조선 청년단체들의 통합이라고 하면서, 그것은 조선 해방을 위해 계획적 투쟁을 벌일 수 있게 한다고 지적하였다.

김상덕 동무는 조국의 해방이 청년대회에 참석한 모든 대표자의 목표라 하면서, 청년단체들을 하나의 강력한 동맹으로 통합하는 것도 포함하여 그런 방향에서 채택된 모든 조치가 이르쿠츠크에 아직 도착하지 않는 대표자들에 의해 환영받을 것이라 지적하였다. 그런 맥락에서 그는 통합단체의 구성을 향한 구체적 행동을 취하자고 제안하였다.

손공린 동무는 조선학생대회의 이름으로 자신들의 단체가 형식상 합법적이나 실제로는 일본인 및 이들과 내통한 조선인 관리들에 대한 힘든 투쟁을 벌이고 있다고 지적하였다. 그들의 단체는 오래전부터 통합 필요성을 절감하고 있으며, 이 목표를 전적으로 지지할 것이라고 말했다.

달린 동무는 원칙적으로 모두가 통합 필요성을 인정하였으며, 그래서 그가 제안한 초안에 기초하여 강령을 작성하기 위한 7인의 위원단을 선출하자고 제의하였다. 작성된 강령은 최종적 검토를 위해 조선 청년대표자 대회에 회부가 될 것이다.

위원단의 위원들을 선출하는 회합의 권한과 그 구성 문제에 대한 논의 후에 7인의 위원단이 조직되었다.

1) 달린 동무: 국제공청의 대표 자격

2) 손공린: 조선학생대회

3) 김주: 고려공산청년단

4) 권정필: 조선청년회연합회

5) 김상덕: 화동한국학생연합회

6) 임원근: 고려공산청년단

7) 정광호: 화동한국학생연합회

이어서, 임시로 청년대회 조선대표 5인이 선출되었다.

1) 이재곤

2) 김주 동무: 고려공산청년단

3) 이무 동무: 조선청년회연합회

4) 윤원장 동무: 대한청년단연합회

5) 정광호 동무: 화동한국학생연합회

의장: 달린

서기: 라이고로드스키

РГАСПИ, ф.533, оп.10, д.1878, лл.3-6.

"합동조선청년회" 강령의 주요 문제

1. 제국주의 일본의 조선 강점은 즉시 조선의 경제 상황에 강한 영향을 미쳤다. 일본 자본의 조선 침투는 엄청난 규모의 농지 강탈 및 농민의 몰락과 파산으로 이어졌다. 영락한 농민들은 일거리를 찾아 도시로 몰려들었다. 그들은 일본 자본에 의해 독점화된 공업의 급속한 성장만큼이나 프롤레타리아트가 급증하는 원인이 되었다. 일본 자본은 또한 조선의 소부르주아지도 몰락시킬 수 있었다. 그들은 일본 자본과의 경쟁을 견디지 못했다. 이런 제국주의 정책의 결과 조선 인민은 일본 자본의 노예로 전락하였다.

2. 경제적 노예화 수준은 조선인의 각종 여론 표출을 추적하는 일본의 군사적 식민 기구의 지배에서 보이는 정치적 억압의 형태에도 부합하였다. 가혹한 정치적 압제는 노동자와 농민뿐만 아니라 다른 조선인 주민층에도 가해졌다. 여기서 경찰뿐만 아니라, 조선 전역에 골고루 배치된 일본군도 헌병 역할을 한다. 이 군대의 도움으로 일본은 조선에서 자신의 제국주의 정책을 시행하기도 한다.

3. 그 결과 전 조선이 일본에 대한 증오로, 민족해방투쟁으로 휩싸였다. 그러나 각 사회계급이 일본 자본주의에 다양하게 압착이 되는 만큼, 해방운동이 하나의 성격을 띠지 않는다. 가장 압박이 심한 계급은 제국주의적 압제가 두 배로 가해지는 조선의 프롤레타리아트와 농민이다. 그들은 한편으론 조선인으로서, 다른 편으론 일본 자본의 노동력 착취 대상으로서 억압을 당한다. 덜 노예화된 계급이 바로 자신에게서 정치적 압제만을 떨쳐내려 하는 소부르주아지와 인텔리겐치아이다.

4. 따라서 조선의 프롤레타리아트와 빈농은 일본제국주의로부터의 민족해방뿐만 아니라, 자본주의의 압제로부터의 근로자 해방 및 조선에서의 근로자 정권 수립에도 관심을 둔다. 다른 계급들은 단지 민족해방에 관심이 있고, 민족해방 이후 조선의 운명에 관한 문제를 온갖 방법으로 가린다. 하지만 조선의 해방 세력은 주로 이미 충분히 강화된 빈농과 프롤레타리아트에 있다.

5. 조선의 근로자는 자신의 승리에 이르는 길에 두 단계를 거치게 된다. 먼저, 해방투쟁에서 큰 역할을 할 모든 사회계급이 관심을 두는 민족해방의 단계가 있다. 민족혁명 후에 프롤레타리아트와 빈농은 곧바로 자신의 해방을 위한, 근로자의 권력을 수립하기 위한 내적 투쟁을 벌이게 된다. 그렇게 프롤레타리아트 해방운동의 두 번째 단계

가, 즉 사회혁명이 시작된다.

6. 조선 해방운동의 이들 두 단계에 의해 현 청년운동의 성격이 규정된다. 청년운동은 광범한 청년 대중을 거머쥐어야 하며, 이들은 2단계 혁명 투쟁론으로 교육되어야 한다. 그렇게 해서 청년운동의 과제는 청년 근로자들뿐만 아니라 청년 지식인들을 혁명정신으로 대량 육성하고, 이들이 가장 적극적으로 참여해야 할 혁명 투쟁의 두 단계에 맞춰 그들을 준비시키는 데 있다.

7. 조선에서 청년단체는 지금까지 주로 정치사업만 벌였다. 속히 문화계몽 청년운동으로 옮겨가야 하며, 정치사업 외에 문화계몽 청년 사업에 특히 주목해야 한다. 즉, 청년 노동자, 농민, 지식인의 이익을 옹호하고, 현행 자본주의하에서 청년의 이익 증진을 위한 투쟁을 벌이는 데 역량을 집중해야 한다. 합동조선청년회가 그런 사업에 착수할 때, 비로소 청년회는 청년의 이익을 실질적으로 대변하게 될 것이며, 그로 인해 청년들이 대대적으로 청년운동에 편입되게 된다. 청년운동에의 참여는 25세 이하 연령자로 국한되어야 한다.

8. 합동조선청년회는 모든 합법 가능성을 이용해야 하며, 자신의 청년 사업을 주로 합법적으로 벌여야 한다. 따라서 언론, 집회, 출판 등의 자유를 위한 투쟁을 통해 합법 가능성을 획득해야 한다. 그리고 그런 자유의 허용을 광범한 대중 사이에서 일본제국주의의 추악성을 폭로하고 압제자들과의 투쟁을 강화하는 데 활용해야 한다.

9. 합동조선청년회의 사업은 정치교육 활동에 있어야 하고, 청년 대중을 공동의 혁명운동에 가담시키는 것을 자신의 목표로 추구하면서 청년회 가입 여부와 관계없이 광범한 대중에게 봉사해야 한다. 청년회에서 이 사업은 그룹별 수업 방법으로, 또한 공동의 보고, 강의, 연구 보고로도 진행된다. 청년회는 청년들에게 더 진지한 학술적 교육을 제공해야 한다. 이 모든 사업은 구두 선동과 선전 방법뿐만 아니라, 잡지, 신문, 전단, 호소문 등을 발행하는 방법으로도 달성된다.

10. 경제적-법적 사업은 청년 노동자의 노동을 보호하고 법제화하기 위한 투쟁에 있어야 한다. 이 점에서 노동조합과 긴밀한 접촉을 유지하는 게 절대적으로 필요하다. 청년회는 청년의 야간 노동과 시간 외 노동의 금지, 6~8시간까지 노동일 단축 및 임금 인상을 비롯한 일련의 요구를 제시해야 한다. 또한 공장의 학생 노동자들을 위해 단체협약에 관한 요구를 내세워야 한다. 그리고 무엇보다도 조선인 청년 노동자가 같은 기업에서 일하는 일본인 청년과 균등한 노동조건에서 일할 수 있게 해야 한다.

11. 교육개혁을 위한 투쟁 사업은 청년 노동자들을 위한 유럽식 무상 초등교육에 대

한 요구에서, 고등교육과 중등교육에 대한 개혁 요구 등으로 나타나야 한다. 학교에서 모국어인 조선어로 교습을 받기 위한 투쟁에 각별한 주의를 기울여야 한다. 이 투쟁은 광범한 청년 대중을 청년회로 끌어들일 것이다.

12. 청년 농민이나 머슴들 사이에서 청년단체를 설립하는 데 깊은 주의를 기울여야 한다. 이 사업에서의 성공을 위해 광범한 문화교육 사업을 벌이고, 또한 청년의 경제 상황을 개선하기 위한 투쟁도 벌여야 한다. 전체적으로 청년의 곤궁함에 대한 과감한 접근이 필요하다.

13. 합동조선청년회는 자신의 조직에 젊은 여성들을 끌어들이는 광범한 사업을 해야 한다. 가족의 압제로부터의 그들의 해방뿐만 아니라, 그들과 젊은 남성과의 법적 평등화라는 의미에서의 여성 해방을 위한 사업을 벌여야 한다. 필요한 경우 청년회에 여성부를 설립할 수 있다. 사회주의 청년회는 여성의 예종이 봉건사회 및 부르주아 사회의 불가결한 속성이며, 따라서 여성 해방은 근로자들이 권력을 장악할 때만 가능하다는 것을 모두에게 설명해야 한다. 그 때문에 공동 투쟁에 여성의 참여가 필요하며, 독립적 여성단체를 조직하는 것은 적절하지 않다. 이 점에서 우리의 사업은 여성주의적인, 즉 본질상 자유주의적인 단체들과 구별된다.

14. 합동조선청년회는 조선 거주 일본인 청년 노동자들 사이에서의 사업에 특별히 주목해야 한다. 또한 이들을 청년회 조직으로 끌어들이는 일에 특히 유의해야 한다. 동시에 일본군 병사들 사이에 격문이나 전단을 살포하고 구두 선동을 벌이는 방법으로 진행되는 일본군 내 반(反)군국주의 사업에 그들을 이용해야 한다.

15. 합동조선청년회는 공동의 혁명 투쟁에 적극적으로 참여해야 한다. 이런 참여는 청년들의 독자적 궐기 및 광범한 근로대중의 의지를 표현하는 정당과 시간적, 전술적으로 병렬된 궐기에서 나타나야 한다. 여기서 투쟁 방법은 개인적 테러가 아니라, 정규 의병부대에 가담하고 조선 적군(赤軍)의 창설에 참여하는 데 있어야 한다. 중앙집권화되고 조직적인 대규모 투쟁은 혁명에서 승리를 거두는 유일한 방법이다.

16. 대표자회는 문화계몽 청년 사업으로 옮겨가야 할 필요성 및 청년 노동자나 머슴의 처지 개선을 위한 투쟁에서의 특수성을 특히 강조한다. 청년 근로자들의 불가결한 이익을 위한 이 투쟁에 그들은 합동조선청년회로의 대규모 가입으로 반응할 것이다. 이와 더불어, 청년 회원의 나이를 25세 이하로 제한하면서 운동의 지도기관이나 참여 대중을 연소화하는 것이 필요하다.

17. 대표자회는 조선의 해방 및 그에 따른 제국주의 압제로부터의 청년 해방이 전

세계의 혁명적 청년 근로자들과의 긴밀한 동맹하에 가능하다고 생각한다. 따라서 대표자회는 합동조선청년회의 사업에 대한 국제공청의 사상적 지도를 인정하고 받아들인다.

_____

РГАСПИ, ф.533, оп.10, д.1878, лл.41-43.

상해 고려공산청년단의 보고

A) 본 단체의 설립

본 단체는 1921년 3월 19일 고려공산당 당원 5인과 후보당원 4인 및 공산주의 동조자 4인이 주도하여 설립되었다.

위 동무들이 상기 날짜에 모여 하기 5개 항의 규약을 작성하였다.

임시 규약-강령:

1) 본 단체는 조선 공산 청년의 자치적 교육기관이다.

2) 본 단체는 고려공산당의 확고부동한 기반이며, 정치 인력의 예비대이다.

3) 본 단체는 조선의 다른 청년 노동단체들과 형제 단체로 여겨져야 한다.

4) 본 단체는 국제공청의 지부가 되어야 한다.

5) 본 단체는 공산주의 사상의 선전을 자신의 당면 과제로 삼는다.

　주) 상기 임시 규약-강령은 국제공청의 규약과 강령을 수취하기 전까지만 유효하다.

B) 본 단체의 집행기관

본 단체는 5인의 회원으로 자신의 집행기관을 수립한다.

전권위원 – 집행위원회 위원장…………1인

비서 ……………………………………1인

총무부장 ……………………………1인

교육부장 ……………………………1인

선전부장 ……………………………1인

집행기관의 권한과 책무는 민주집중제 원칙에 따라 정해진다. 집행위원회는 회의제 방식에 따라 사업을 지도한다.

C) 본 단체의 활동

1) 문화교육부는 별개의 기회와 시간을 이용하여 전 회원을 대상으로 강의를 하고, 또한 공산주의 사상을 주제로 정기 강의를 한다.

도서관과 독서실을 만들어 청년들이 각종 사회주의 책자를 접할 수 있게 한다.

2) 선동선전부: 모든 청년회와의 관계 및 활동을 확대하고, 인쇄물을 발행하고, 집회를 조직한다.

D) 본 단체의 이전 활동

우리 단체의 활동은 세 시기로 규정된다.

설립일부터 6월 30일까지 첫 번째 시기

본 시기는 조직사업의 시기로 우리 사업에서 중대한 것을 할 수가 없었는데, 여기에 자금 부재가 또 하나의 원인으로 작용했다. 사업은 청년들을 상대로 진행된 한두 번의 일반 강의 및 신입 회원 모집에 국한되었다.

7월 1일부터 9월 30일까지 두 번째 시기

본 시기는 고려공산당의 지원 덕분에 다음 사업을 수행할 수 있었다:

1) 교육부의 사업. a) 문화 부분: 모든 회원의 바람으로 그들에게 중국어와 영어 및 에스페란토를 교육하였다. b) 교육 부분: 여름방학을 이용하여 모든 청년 학생에게 공산주의 사상을 주제로 2주간 강의를 진행하였다. c) 도서관 관련: 도서관을 만들어 모든 회원에게 사회주의 책자를 읽을 기회를 주었다.

2) 선전부 사업. a) 소책자 『벌거숭이』 3호의 편집이 종료되었으나, 인쇄소 사정으로 그것이 발행되지 못했다. b) 청년단체와의 관계: 도쿄의 공산 청년 학생들과 관계를 수립하였다. c) 청년단체에의 영향: 화동한국학생연합회에 공산 분파가 만들어졌다.

3) 국제공청 2차 대회 참석을 위해 조훈 동무에게 전보로 대표권을 부여하였다.

10월 1일부터 지금까지 세 번째 시기

조훈 동무가 국제공청 고려부를 대표하여 전권위원으로 [고려공산청년회 중앙총국 조직의 사명을 띠고] 상해에 도착한 결과, 공청의 이전 활동 범위에 조정이 가해지고, 5개 항의 임시 규약과 강령이 폐기되었다. 5명의 회원이 극동민족대회[=극동인민대표대회]에 대표로 파견되었다.

E) 공청의 현황

현재 우리 단체는 국제공청 전권위원의 사상적 지도를 받고 있으며, 향후 우리의 모든 사업은 국제공청의 지령에 기초할 것이다.

우리 고려공산청년단의 구성원은 36명이다.

그들 가운데 학생이 18명, 노동자가 11명, 독립운동자가 7명이다.

찬성단원이 8명 있다.

1921년 11월 10일, 상해 고려공산청년단 대표: 김주, 임원근, 장덕진, 김원경, 권애라

РГАСПИ, ф.533, оп.10, д.1878, лл.13-14.

대한청년단연합회의 보고

1919년 3월의 조선 민족혁명 후에 조선 청년들의 혁명정신이 크게 고양되었다. 그 증거가 되는 것이 그해 4월 중국령 안동현에서 당시 북경과 도쿄에서 공부하던 학생들 30명이 주도하여 조국 광복을 목표로 결성된 대한청년단이다.

안동현의 청년단 결성과 동시에 조선 각 도에서 청년단이 만들어졌으며, 관계 수립을 위해 함석은 동무를 니콜스크-우수리스크의 조선청년연합회로, 지중진, 박영조 두 동무를 만주로 파견하였다. 이들은 돈화현, 류허현, 니콜스크-우수리스크에서 관계를 수립하는 데 성공하였다. 돌아오는 길에 박영조 동무가 봉천에서 적(敵)의 경찰에 체포되었으나, 지중진은 무사히 귀환하였다. 상기 단체의 중요 일꾼들이었던 안병찬, 조재건 등이 그때 적의 경찰에 체포되었다. 그 후 모든 단원이 힘을 배가하였고, 김승만을 위시한 17인에 의해 대한청년단연합회가 결성되었다. 작은 청년단 모두가 그를 환영하면서 거기에 합류하였다. 그렇게 해서 그때 평안남북도, 황해도, 경기도, 경상북도, 안동현, 류허현 등에 지부를 갖게 되었다.

불행하게도 그때 적의 경찰이 중앙기관이 있던 봉천성 관전현 홍통구의 한곳을 포위 공격하였다. 그 결과 단체 회원들 다수가 살해되거나 다쳤다. 총재 안병찬, 서기 오능조, 회원 3인 모두 5인이 체포되어 안동현의 중국 관헌에 넘겨졌다. 하지만 상기 관헌은 어쩔 수 없이 그들을 석방하였다.

그 후에도 역시, 상기 단체는 적의 경찰에 의해 여러 번 궤멸되는 위기를 겪었으며, 그로 인해 지하에서 비합법적으로 활동하였다.

1. 단체명, 소재지: 대한청년단연합회, 중국 봉천성 관전현 홍통구 (임시)
2. 단체의 목적: 조선의 광복
3. 단체의 설립 연원일: 1919년 10월 24일
4. 조직자 성명: 안병찬, 김승만. 김찬성, 박춘근, 함석은, 지중진, 오학수, 오능조, 김승만, 류건혁, 윤원장, 로완길, 김시점, 차경신, 김리현, 고준택, 장덕진, 조형근.
5. 단체의 강령: 있는 것 모두 생명까지 광복 사업에 바치고, 현행 질서를 타파한다.
6. 회원 수: 19,772명

7. 단체에서의 권위자: 안병찬, 김승만, 김시점, 오능조, 김찬성

8. 회원

　　총재: 김찬성

　　부총재: 김승만

　　서무부장: 박춘근

　　재무부장: 김시점

　　인민교육부장: 조형근

　　교제부장: 김두만

　　통신부장: 오학수

　　편집부장: 함석은

　　서기: 오능조, 류건혁

9. 총회 소집 기간: 매년 3월 13일

10. 자금 출처: 입회비, 월 회비 및 기부금

11. 회원 자격 연령: 15~40세

12. 회칙 위반 시 처벌: 출회(黜會)와 사형

13. 사업 결과: 평안북도 강계에서 폭탄이 역(驛)에 던져졌고, 평안남도에서는 광제 [청년단]에 의해 [강동]경찰서에 폭탄이 던져졌으며, 위협적인 요원들이 주재소 여러 곳을 습격하였다. 주간 잡지 『대한청년보』를 70호 이상 발행하여 각 지방에 배포하였다.

14. 단체의 비품: 10연발 리볼버 85정, 5연발 소총 8정, 폭탄 제조용 물질 50엔어치.● (지금 모두 보유 중)

15. 단체의 향후 전술: 조선으로 무기를 보내 지방의 모든 회원에 보급한다. 그리고 약속된 순간에 무장봉기를 일으킨다.

16. 사업 중 참사: 회(會)의 1920년 6월 15일 자 결정에 의하면, 무기와 폭탄 등을 구하기 위해 상해로 파견된 지중진 동무가 그곳에서 7만 엔어치의 물건을 구입하고 돌아오는 길에 안동현에서 경찰에 적발되었다. 결국 지중진과 함께 16명이 체포되었고, 가진 물건도 함께…

●　　　원문에는 5만 엔으로 표기되어 있다.

상기 물건의 이송을 도왔던 영국인 소지영[=George Lewis Shaw]도 체포되었다. 그는 길지 않은 수감 생활 후에 보석으로 석방되었고, 나머지 16명은 아직도 서울 감옥에 갇혀서 온갖 불행을 겪고 있다.

1921년 11월 16일, 대한청년단연합회 대표 류건혁, 윤원장

РГАСПИ, ф.533, оп.10, д.1878, лл.16-21.

〈조선 청년운동에 대한 김단야와 임원근의
1921년 11월 28일 자 보고〉

조선 청년운동

조선의 청년운동에 관한 서술은 조선 청년들이 비록 소규모이나 정연한 형태로 스스로 조직되어 활동하기 시작했던 때부터 시작해야 한다. 그런 운동은 일본이 조선을 병합한 1910년부터 최근까지 10년 정도에 걸쳐 자신의 역사를 갖고 있다. 지금부터 수십 년 전에 조선에는 봉건제도가 있었다. 광범한 자본주의 발전이 없었고, 이로 인해 조선 인민은 그 어떤 혁명운동과도 멀리 떨어져 있었다. 더욱이 사회혁명에 대해서는 말할 나위가 없다. 그때 청년들에겐 운동을 위한 기반이 없었다. 게다가 조선인의 삶은 모두 먼 옛날부터 세대에서 세대로 전해지는 이른바 동방 전통의 영향 아래 놓여 있었다. 이 전통은 자손이 자신의 삶을, 모든 일을 부모와 임금을 위해 바치도록 강요하였으며, 그렇게 해서 임금과 부모에 대한 봉사가 자손과 인민의 모든 활동의 근간이 되었다. 그런 상황 탓에 청년들의 삶은 교육받을 가능성뿐만 아니라, 공인된 적들과의 투쟁 가능성도 박탈되어 있었다. 비록 그 일들이 부분적으로 가능했다손 치더라도, 청년들은 자주성 부재로 인해 자기 주도성을 발휘할 수 없었다.

그렇게 1910년까지 지속되었다. 1910년 일본에 의한 조선 병합이 선포되고,[*] 일본의 제국주의 정책에 항의하는 사람들을 야만적으로 징벌한 일본 군대의 조선 점령이 있은 후에, 2,000만 조선 인민은 오랜 잠에서 깨어나기 시작했으며, 자유를 빼앗긴 남성과 여성, 아동, 노인들이 자신의 운명을 탄식하기 시작했다. 이때부터 모든 조선 인민이 폭력에 맞서 스스로 무장하기 시작했고, 여기서 처음으로 혁명정신이 생겨났다. 가는 곳마다 조국의 광복을 목표로 삼은 다양한 단체가 등장하였으며, 이들 단체에서 청년들이 절대다수를 점하였는데, 이것이 조선 청년운동의 시작이기도 하다.

야만성과 교활함으로 악명 높은 일본의 정책은 우선 조선인에게서 언론, 출판, 결사

●　　　무슨 연유인지 원문에는 일본이 조선을 병합한 연도로 앞의 세 곳이 모두 1909년으로 적혀 있다.

의 자유를 박탈하였고, 심지어 문화교육 관련 일조차 자신의 수중에 넣었다. 그 어떤 비밀 서클이나 단체라도, 그것이 심지어 2~3명으로 구성되었더라도 그런 것을 결성하여 적발된 이들은 극히 잔인한 고문과 형벌을, 심지어 총살도 피할 수 없었다. 그런 사람들 가운데 가장 행복한 이들이 투옥되는 것이고, 대다수의 경우에는 긴 고문 끝에 총살되었다. 그런 상황에서, 밝은 미래로의 여정을 계속하고자 했던 수백, 수천의 젊은 영웅들이 순교자의 죽음을 맞았다. 그런 불공정한 투쟁은 10년이 지나도록 바람직한 결과를 얻지 못했다. 오히려, 거꾸로 조선 전역에 거미집처럼 촘촘히 자신의 촉수를 뻗친 일본 헌병대 쪽에서의 압박이 강화되었다.

그것이 최근까지 지속되었다. 딱 3년 전 1919년 3월 1일에 전 세계의 경악 속에 조선의 해방운동이 갑자기 불타올랐다. 이것은 어떤 개별 혁명단체의 운동이 아닌, 2,000만 조선 인민의 운동이었다. 이 운동의 막강한 선봉에 주로 청년들이 있었고, 지금 그들은 그렇게 시작된 운동을 피 흘리며 계속하고 있다. 이들 청년은 한마디로 조선 혁명 세력의 80%를 구성하며, 또한 조직되어 있다. 그래서 경계심이 많고 극악무도한 일본 헌병대의 모든 촉각이 청년운동에 쏠렸으며, 그래서 큰 멍에를 짊어진 청년들은 혁명 행보를 공개적으로 할 수 없었다. 그건 조선 청년운동의 큰 불행이었다. 3월의 혁명 이후 1년 동안 조선 청년들은 좌로든 우로든 꼼짝달싹할 수 없었다. 하지만 조선 청년의 분노는 나날이 커갔다.

일본은 다른 열강의 시선을 조선의 혁명운동에서 다른 데로 돌리고 분노한 청년들을 잠시 진정시킬 목적으로 조선 정책을 양보 쪽으로 전환했으며, 조선 인민에게 언론, 출판, 결사 및 문화교육 사업의 자유를 일부 허용하였다. 그러나 그런 자유도 실제로는 미사여구에 불과했다. 그랬음에도 불구하고 자신의 활동 영역에서 정치사업을 배제한 단체들은 존재할 수 있는 여지가 있었고, 이는 조선 청년운동이 나아가는 길에 횃불이 되었다. 이런 계기를 이용하여 조선 전역에 문화교육 서클, 노동발전회, 종교 협회 등의 명목으로 다양한 단체가 우후죽순 격으로 등장하였다. 그러나 본질에 있어 이들 단체는 모두 조국의 해방을 위한 정치투쟁을 추구하였다. 이들 단체의 강령에 인도적 사회주의, 사회혁명 등에 관한 항들이 보였지만, 모두가 일본제국주의 및 자본의 압제로부터의 조국 해방을 자신의 으뜸 사업으로 설정하였다. 이 점에서 모두가 하나로 뭉쳤고, 따라서 잘 어우러진 모습으로 모든 단체의 활동이 전개되었다.

이제 여기에 현존 청년단체의 명칭, 각 단체의 사업 및 대중의 동향 등에 관해 기술된다. (이들 단체에 대한 정확한 통계는 없는데, 각 단체에 의해 발행되는 신문의 제호로 이

들 단체의 활동이 구분될 것이다)

A. "청년회"라는 공동 명칭으로 ① □□ 청년회, ② □□ 청년회, ③ 문화교육 관련 청년회가 있는데, 여기에 모두 합해 약 400개의 단체가 있다. 이들 단체 모두는 주로 문화적, 사회적, 경제적 생활 분야 및 농촌주민의 계몽 분야에서 활동하고 있으며, 후자와 관련해서 노동 야학을 개설하고 선전과 선동을 벌이고 있다.

B. 종교 관련 청년회는 ① 기독교청년회, ② 천도교청년회, ③ 불교청년회, ④ 대종교청년회(단군), ⑤ 가톨릭청년회가 있는데, 여기에 모두 합해 350개 이상의 단체가 있다.

이들 단체는 모두 선교활동 이외에 모든 청년의 노동 발달을 위한 사업도 벌인다. 전체 규모는 각자 평균 100여 명의 회원을 보유한 750개 단체가 있으며, 회원들을 모두 합하면 대략 8만 명이 넘을 것이다.

모든 청년의 동향과 지향에 대해 말하자면, 조선 청년은 지금 지식을 갈망한다고 강조하게 된다. 그들 사이에는 다수의 사상적 신념과 사조가 있다. 이들 사조 가운데 보다 대중적인 것은 그들의 고찰 대상이 된 사회주의, 공산주의, 무정부주의 등이지만 더 많은 현실적 기반을 가진 것은 민주주의적 사회주의이다. 본질에 있어 지금은 이들 사상이 공동 목표로서 그렇게 열렬히 받아들여지는 것은 아니고, 모든 단체의 공동 목표는 "조선의 독립"이라는 구호이다. 따라서 모든 단체가 문화교육 서클이라는 간판으로 해방을 위한 사업을 벌이고 있다.

그렇게 해서, 한편으로 조선청년회연합회 중앙집행위원회가 결성되었고, 여기에 이미 300개 이상의 단체가 참여하였다.

현재 조선청년회연합회에는 분명한 정치 강령과 전술이 없고, 따라서 그들은 투쟁을 어떻게 조직하고 전개해야 하는지 정확히 이해하지 못한다. 그들은 자기 조국의 원수로 여겨지는 일본을 깨부수려 한다. 그러나 그들의 시도가 당장은 자본주의와 군국주의에 대한 완전한 승리에 이르지 못하고 있다.

이를 모두 주목하며 말해야 할 것은 고려공청이 청년단체를 지도하고 그들에게 올바른 투쟁의 길로 나아가도록 방향을 잡아주어야 할 책무를 짊어지고 있다는 사실이다.

위에서 조선 청년의 조직적 운동에 관해 서술하였다. 이제 조선 청년 전체의 현 상황에 관해 간략히 기술하고자 한다. (통계자료는 없으며, 여러 출처에서 수집된 정보를 종합하였다)

15~25세 사이의 젊은이들은 대략 350만 명을 헤아리는데, 이들을 무산자와 유산자, 교육을 받은 자와 받지 못한 자로 구분하면 다음과 같다.

350만 명 중에서 무산계급인 농민-문맹자가 250만 명이고, 문해자인 사무원과 노동계급이 30만 명, 문맹의 유산계급이 30만, 문해자인 유산계급이 40만 명이다.

대체로 여기서 문해성이란 보통교육 수준을 의미하며, 완전한 의미의 문해자는 겨우 수만 명을 헤아릴 것이다. 문맹자란 자기 이름조차 쓰지 못하는 사람을 뜻한다.

조선에서는 공업의 낙후성으로 인해 무산의 노동 분자들이 농업에서만 일자리를 구할 수 있으며, 그래서 조선의 노동자는 농민과 전혀 구별되지 않는다.

위에서 언급한 대로, 조선 인민이 당장은 정치적 압제와 경제적 압제를 구별하지 않으며, 따라서 조선에서 아직 사회운동이 없었다. 일본의 제국주의 정책 아래 고통을 받으면서 조선 인민은 그것이 병합의 결과라고 생각하여 정치적 압제만을 타도하려 하는데, 그러면서 전 세계의 자본주의 정책이 그 모든 것의 원인이라고는 인식하지 않는다.

부언하면, 조선에서 노동자란 자신이 가진 땅이 전혀 없는 머슴이며, 이들은 옛날부터 지주를 위해 일하고 있다. 그러나 이 노동자들은 아직도 너무 무지몽매하여 미워하는 주인에 맞서 감히 나서지 못한다. 심지어 구두 항의조차 하지 못하고, 그저 마음속으로 자기 팔자가 서러워 운다.

비당원 청년 대중 속에서의 고려공청 사업

고려공청의 첫 번째 과제는 되도록 빨리 청년 문해자들과 프롤레타리아 분자들을 통합하고, 젊은 프롤레타리아들 사이에서 그들이 신문이라도 읽을 수 있게 집중해서 문맹퇴치 사업을 전개하는 데 있다. 현재 상황에서는 그들에게 공산주의 사상을 수백, 수천 번 귀에 박히도록 이야기해도 목표를 이룰 수 없다. 이것은 소귀에 경 읽기나 진배없다. 우리가 아무리 모든 걸 서둘러 하고 싶어도, 한편으로는 준비 작업을 하는 게 필요하다. 그것 없이는 근로대중을 통합할 수 없다. 그것은 자명한 이치이다. 그런 조치는 노동계급의 문화 수준을 높이는 데 국한되지 않고, 노동계급에 자아의식을 제공한다. 그것 없이는 그 어떤 노동단체도 견고하고 혁명적일 수 없다. 교양과 의식을 갖춘 노동자들의 동맹은 공청운동에 필요한 횃불을 제공한다. 조선 청년들 속의 사업은 특수한 성격을 띠며, 따라서 다음과 같은 활동 계획을 제시하는 바이다.

1. 조선 각지에서 건전한 분자들로 "노동청년회"라는 이름의 공산단체를 결성한다.

이들 단체에 대한 지도를 위해 중앙집행위원회를 구성한다.

2. 모든 청년단체와 관계를 수립하고 거기에 공산 분파를 창설한다. 그 외에, 우리와 관계를 맺게 될 단체들의 사업, 예를 들어 1) 노동 야학, 2) 학교 개혁, 3) 소책자 발행 등이 우리 사상에 해가 되지 않으면, (그들 모두가 사상의 확산에 얼마나 유용할지 살펴보면서) 그들의 사업을 전력으로 지원한다.

3. 조선의 독립을 목표로 세운 청년단체들과 긴밀한 관계를 수립한다.

4. 다른 단체들과 관계를 수립할 때 "조선의 독립"이라는 구호를 사용한다.

1921년 11월 28일, 김주[=김단야], 임원근

РГАСПИ, ф.533, оп.10, д.1878, лл.28-29.

대한청년단연합회의 보고

1919년 3월 1일의 인민혁명운동(봉기)은 조국의 해방이라는 생각에 사로잡힌 조선 청년들을 매우 강하게 자극하였다. 사건 후인 동년 4월, 중국 안동현에서 가장 활동적인 일꾼 30명이 모여 조선의 해방 문제를 논의하였다. 거기서 그들에 의해 조선[학생]청년단이 결성되었다. 이 단체의 조직 구조는 다음과 같이 특징지을 수 있다:

조선 각지에서 작은 청년회가 수없이 결성되었다. 청년들은 조직된 각 청년회에서 경찰의 눈을 피해 멋지게 활동하였다. 그러나 어찌하여 2명의 청년회 지도자, 즉 안병찬과 조재건이 일본 경찰에 체포되었다. 그랬음에도 청년회는 새 일꾼들, 즉 김승만을 위시한 17명의 지도에 따라 더 힘차게 활동하기 시작했다.

청년회는 조직 확장을 위해 총회에서 청년연합회로 개칭되었다. 그 후에 중앙집행위원회가 관전현 홍통구에서 조직되었다. 그곳은 일본 경찰에 의해 무참하게 파괴되었는데, 그들의 습격이 있었을 때 많은 사람이 죽거나 다쳤다. 몇 명이 잡혀갔지만, 그들은 감옥에서 석방될 수 있었다. 이제 사업은 극비로 진행되고 있다.

1) 청년회의 목표: 조선의 해방.

2) 조직자 규모: ① 김승만, ② 김찬성, ③ 김시점, ④ 박춘근, ⑤ 김두만, ⑥ 여순근, ⑦ 오학수, ⑧ 함석은, ⑨ 오능조, ⑩ 차경신, ⑪ 김리현, ⑫ 장덕로, ⑬ 고준택, ⑭ 조봉길, ⑮ 지중진, ⑯ 윤원장, ⑰ 류건혁

3) 청년회 강령: 정해진 목표의 실현을 위해 몸과 마음뿐만 아니라 자신의 모든 자금(자본)을 청년회 처분에 맡긴다.

4) 회원 수: 청년회 회원 수는 정확히 19,772명이다.

5) 회원 중의 사상 일꾼: 안병찬, 김승만, 김찬성, 김시점, 오능조.

6) 상무위원: 총재 김찬성, 부총재 김승만, 주임 박춘근, 회계 김시점, 총무 최지화, 서기 오능조, 류건혁, 교육부장 여순근, 교통부장 오학수, 교제부장 김두만, 편집부장 함석은.

7) 청년회의 재정 상황: 상황이 몹시 어려우며, 지출은 회비로 충당되고 있다.

8) 중앙집행위원회의 위치 및 세포: 위원회는 중국 관전현 홍통구에 있으며, 세포는 평안남북도, 황해도, 경성, 경상남북도 및 중국 관전현, 류허현에 있다.

9) 청년회의 사업 성적: 평안북도 신의주역과 [평안남도 강동]경찰서에 수류탄이 던져졌고, 그 결과 많은 일본 간첩이 제거되었다. 잡지가 70호까지 발행되었다.

10) 청년회의 무장 상황: 소총 28정, 리볼버 5정 및 수류탄 제조용 물질을 다량 보유.

11) 청년회의 미래: 중국과 조선에 있는 모든 청년회를 연합하여 조선의 해방을 위해 일본 정부에 맞서 봉기를 일으킨다.

1921년 12월 20일, 이르쿠츠크.　　　　　　대한청년단연합회 대표 류건혁, 윤원장

РГАСПИ, ф.533, оп.10, д.1878, л.30.

조선청년회연합회 "기성회"의 보고

연합회는 탁월한 일꾼 오상근과 김백구를 비롯한 27인에 의해 1920년 3월 7일 조선에 있는 모든 청년회를 하나의 센터로 통합하고, 청년 노동자들의 정신 수준을 높이겠다는 목표로 결성되었다. 이를 위해 동년 4월 15일 서울에서 대표자 총회가 소집되었다. 기성회는 200개에 육박하는 작은 청년회가 가입한 조선 유일의 거대 청년연합회이며, 보유 회원의 수는 정확히 57,613명이다.

본 연합회의 중앙집행위원회는 서울에 있으며, 그 산하에 3개의 부, 즉 교육부, 강연부, 운동부가 있다. 열성적인 중앙집행위원회 위원의 수는 위원장 포함 13명이며, 14명의 평의원이 있다.

월 회비는 10전이며, 이 돈으로 연합회의 지출을 충당하고 있다.

중앙집행위원회는 다양한 잡지의 발행과 강의 개설 및 금주운동을, 즉 한마디로 청년 노동자들 속에서 문명화 사업을 벌이고 있다.

그밖에, 청년 노동자들 모두가 새로운 사상들에 접할 수 있게 조선 각지에서 열심히 강연 활동을 벌이고 있으며, 이제 그 사상들은 각처에서 청년 노동자들을 사로잡고 있다. 이런 다양한 강연으로 연합회는 조선 청년들에게 유물론이 무엇이고 식민정책의 본질이 어디에 있는지 분명히 알게 한다.

조선청년회연합회 "기성회" 대표 이무, 권정필

이르쿠츠크, 1921년 12월

РГАСПИ, ф.533, оп.10, д.1878, л.31.

"붉은별무리"의 보고

1) 단체명: 붉은별무리(적성단)

2) 목표: 조선의 해방과 프롤레타리아 세계혁명

3) 강령: 자본주의 근절, 원시 상태로의 인간 회귀, 동방에의 마르크스주의 사상 유포.

4) 결성 시기와 의미: 본 청년회는 1919년 2월 10일 도쿄에서 만들어졌다. 회원 대다수는 조선의 각 도시로 흩어져 1919년 3월 인민혁명 운동의 적극적 참여자가 되었다. 동년 4월 18일 향후 사업 계획을 짜기 위해 다시 도쿄에 모였다.

5) 조직자: ① 이동욱, ② 장경봉, ③ 이광세, ④ 안병찬, ⑤ 문도, ⑥ 장최근.

6) 중앙집행위원회의 소재지: 일본 수도 도쿄, 센다가야.

7) 회원 수: 368명

8) 단의 중심인물: ① 이규로, ② 장경봉, ③ 이대관, ④ 김여주, ⑤ 이재간.

9) 상무집행국: 회장 이규로, 부회장 문정우, 집사부장 장경봉, 서기 문도, 위원 이재간, 이대관, 김여주.

10) 재정 상태: 여분의 수입이 전혀 없고, 회비를 모아 필요 경비를 지출하고 있다.

11) 주요 사업: 조선의 해방이 주된 과제이고, 이를 위해 각종 선언과 격문으로 청년들에게 호소한다.

12) 적성단의 미래: 본 회는 조선과 일본에서 노동자나 학생으로 구성된 모든 청년회를 통합하고, 지구위원회와 공산 세포를 수립해야 한다.

일본인 혁명가들과 협업하면서 조선공산당의 지도하에 군국주의 일본에서 공산주의를 선전한다.

대동조선청년회 "붉은별무리" 대표 문도

이르쿠츠크, 1921년 12월

РГАСПИ, ф.533, оп.10, д.1878, лл.32-39.

조선 청년 노동자들의 경제 상황에 대한 보고

1. 공업 현황

a) 가장 발달한 공업 분야는 무엇인가? 도(자)기와 면직물 분야이다.

b) 각 분야의 제조소·공장 수와 생산된 상품 규모

공장 명	공장 수	생산된 상품의 가치 총액(원)	순번
유리	77	749,978	1
실	4	109,221	2
비단	21	7,101,946	3
기계 제작	1	329,520	4
종이	77	1,227,337	5
제혁(마구용)	77	250,072	6
도(자)기	201	1,661,019	7
비누 제조	9	299,105	8
양초	4	5,990	9
성냥	3	84,493	10
화학	3	331,772	11
착유	8	100,029	12
비료 제조	5	196,547	13
철 조각	204	1,931,428	14
선반	35	213,736	15
목공	20	1,469,467	16
대장간	9	1,676,399	17
조선	15	653,600	18
정미소	384	89,279,169	19
제분	15	264,147	20
국수	6	83,284	21
제과	123	641,339	22
담배	14	14,963,956	23

양조장(알콜)	141	3,829,748	24
맥주 제조	7	97,549	25
아이스크림	1	37,887	26
제염	24	1,389,738	27
통조림	25	589,042	28
(해초로 만드는) 끈	3	61,450	29
인쇄	79	2,643,020	30
봉제	50	707,280	31
가마니	19	468,185	32
화학 미네랄	34	16,828,425	33
가스 전기	22	3,100,392	34
기타 소공장	64	1,340,207	35
	총계 1,700개소	156,801,630원	

이들 수치는 1918년 말 통계자료에서 가져온 것이다. 대략적인 현재 공업 상황은 제조소·공장이 모두 1,880개소이며, 생산된 상품의 가치는 총 150,000,000원이다.

c) 공업자본 규모는 5,000만 원이다. 이들 중 500만 원은 조합, 350만 원은 일본인, 나머지 4,150만 원은 외국인의 것이다.

d) 이들 제조소·공장은 누구의 것인가? 840개소는 조선인, 915개소는 일본인, 나머지는 외국인 소유이다.

e) 제조소·공장에서 일하고 있는 노동자의 수는 45,000명이다.

f) 평균 임금은 1.27원이다.

g) 현재 최소임금은 45전이다.

현재와 과거의 공업 발전 과정은 각 시기의 노동자 수로 측정된다. 조선에는 최근까지 봉건적 제도가 유지되고 있었고, 결국 모든 조선 인민은 하나의 생산 분야, 즉 농업에만 종사하였다. 따라서 조선의 과거 경제생활에서 나라의 공업 발전에 관한 자료를 발견할 수 없고, 단지 지금에서야 일본 자본의 강한 영향으로 조선에서 공업이 생겨나고 있다.

상기 제조소·공장들은 다수가 일본 자본의 소유이다. 이해를 돕기 위해 다음 표를 실었다.

년도	노동자 수
1914년	17,325명
1918년	40,036명
1920년	45,000명

2. 수공업 현황

a) 어떤 수공업 제품이 가장 널리 사용되는가? 대나무로 만든 광주리이다.

b) 수공업자 수는 대략 3,000명이다.

c) 이들 수공업자가 대공업자들과 싸울 수 있는 상황에 있는가? 조선에서는 과거에 수공업만 발전하였고, 수공업자들은 자기들끼리 뭉치지 않았다. 따라서 그들은 잘 조직된 공업자들에 맞서 싸움을 벌일 수 없었다. 그 결과 수공업자들은 조직화된 공업자들의 노예가 되는 경우가 자주 있다.

d) 과거와 현재의 수공업자 수는?

시기	수공업자 수
1914년	25,000명
1918년	30,000명
1920년	30,500명

주) 자본주의적 공업의 발전과 함께 (담뱃갑, 알곡 선별기 등) 수공업 제품도 발전하고 있다.

e) 과거와 현재의 수공업자 노임

년도	평균 노임
1917년	50전
1921년	85전

3. a) 과거와 현재에 자본주의적 공업에 의해 노동 현장에 투입된 청년 노동자의 수

이 문제에 대해 정확한 통계자료가 없으나, 어림잡아 보면 조선에 수공업에서도, 자본주의적 공업에서도 전체 노동자의 50%가 청년들이라고 할 수 있다.

년도	청년 노동자 수
1915년	6,000명
1920년	37,000명

b) 노동자의 (생산 분야별) 연령 제한은? 철공소는 14세 이하, 연초공장은 11세 이하 아동의 노동이 불가하다. 그러나 이런 제한은 문서로만 존재한다. 실제로는 상기 연령보다 어린 아동들이 노동 현장에 투입된다.

c) 10세 이하 소년 노동자들의 규모.

10세 이하 아동들은 노동자로 간주될 수 없다. 그들은 자기 부모의 사업장에서 조수 노릇만 할 수 있다.

d) 10~14세 노동자들의 수는 대략 6,000명이다.

14~18세 노동자들의 수는 대략 14,000명이다.

18~25세 노동자들의 수는 대략 22,000명이다.

e) 청소년 노동자들에 주는 임금

조선인 노동자는 평균 30전이다.

일본인 노동자는 평균 40전이다.

주) 이들 수치는 수공업에 종사하는 도제들의 상황을 지시하지 않는다. 그들은 겨우 굶어 죽지 않을 정도로 훨씬 더 어려운 상황에 있다.

f) 25세 이하 노동자들 가운데 문해자와 문맹자의 규모

문해자의 3%, 문맹자의 7%.

4. a) 초등학교 및 초등학생의 규모

학교 명칭	학생 수	학교 수
소/보통학교	84,309( )	482
비자립 학교	461	2
/총계	84,767	총 484

b) 실업간이학교의 규모

학교 명칭	학교 수	학생 수
농업학교	49	806
상선-공업학교	2	44
상업학교	6	258
직업학교	10	144
/총계	67	1,252

c) 중등학교의 규모

학교 명칭	학교 수	학생 수
고등보통학교	5	1,705
여자고등보통학교	2	3,788
농림학교	17	1,334
상업학교	3	357
실업학교	1	179
/총계	28	3,955

d) 고등교육기관의 규모

학교 명칭	학교 수	학생 수
법학전문학교	1	196
의학전문학교	1	304
공업전문학교	1	160
농림전문학교	1	48
/총계	4	708

e) 공립학교의 규모

학교 명칭	학교 수	학생 수
보통	600	90,000
중등학교	50	15,000
전문학교	3	450
고등교육기관	1	200
/총계	654	105,650

f) 조선 전체의 교육기관 규모

학교 명칭	학교 수	학생 수
보통학교	1,084	174,767
실업학교	67	1,252
중등학교	78	18,955
전문학교	7	1,158
고등교육기관	1	200
/총계	1,237	196,332

상기 인민학교의 절반, 즉 50%가 선교사들에 의해 운영된다. 고등교육기관 1개와 전문학교 3개가 미국의 영향 아래 있다.

g) 농촌 소재 학교의 규모

총 23,369개교	남학생 수	260,146
	여학생 수	829
	/총계	260,975

h) 월사금

학교 명칭	월사금
보통학교	25원
중등학교	35원
실업간이학교	30원
전문학교	45원
고등교육기관	55원

I) 수업은 일본어로 진행된다. 인민학교[=보통학교]에서는 조선어로 진행된다. 청년 노동자를 위한 무상 학교는 없다.

j) 8~25세 젊은이는 5,500,000명이다.

k) 젊은 노동자에 대한 성인의 태도는? 청소년 노동자들에 대한 태도는 매우 우호적이고 정겹다.

l) 많이 퍼져 있는 질병은? 정신병, 전염병 및 내과 질환이다.

m) 질병으로 고통받는 노동자의 규모는? 약 20%이다.

n) 사망자와 출생아의 수

년도	사망자 수	출생아 수	차이
1915	363.556	552.820	199.264
1916	402.410	563.772	161.362
1917	515.243	570.195	54.952

사망자 수는 26% 증가하였고, 출생아 수는 1.3% 증가하였다.

o) 미성년 범죄자의 규모

년도	남성	여성
1914	670	83
1915	876	91
1916	876	119
1917	941	116

남성 범죄의 규모는 이 시기에 18% 증가했으며, 여성 범죄는 35% 늘었다.

p) 조선인 여성의 문화 수준은 보통교육, 상업 및 잡역 분야에서 높아졌다.

q) 매춘 업소에서 일하는 여성의 규모

일본 정부의 암묵적 동의하에 8,000명의 여성이 이들 매춘 업소에서 자신의 삶을 망치고 있다. 그들 중 3,000명은 강제로 매춘업에 투입되었다. 최근에 조선인 여성의 의식과 문화 수준이 개선된 덕분에 일본의 정책으로 인한 이들 불행한 희생자의 수가 감소하고 있다.

5. 청년 농민의 상황

조선에서 청년 농민의 상황은 매우 애처롭다. 이는 그들이 동떨어진 농촌에 살면서 자신을 위해 정치사업에 참여할 작은 가능성조차 갖지도 보지도 못하기 때문이다. 그들의 자신에 대한 정신적 요구는 부모에 대한 효도로 귀결된다. 그들은 가족 부양과 농지 경작을 충분히 가치 있는 일로 생각한다. 하지만 농촌에도 역시 활발한 분자들이 있다. 그들은 지주와 자본가들에 고용되어 일하는 머슴이다. 1919년의 인민 봉기 후에 그들은 정치사업 및 조선의 해방을 위한 운동에 참여하기 시작했으며, 지금은 지도 일꾼들을 고대하고 있다.

a) 농지의 규모

밭 27,976,660정보 (1정보 = ⅓데샤티나)

논 15,444,304정보

b) 일본인 소유 토지 규모

동양척식회사가 753,000정보, 개인이 30,000정보를 소유하여 총 783,000정보를 소유하고 있다.

c) 200~350정보를 소유한 지주의 규모

조선인 60명, 일본인 144명이다.

d) 중농의 소유 농지 크기는 평균 100~150정보이다.

e) 빈농이 소유한 토지 규모

토지 1단보 이상을 가진 빈농: 600,165명.

토지 1단보 이하를 가진 빈농: 522,556명. (1단보는 0.1정보)

f) 빈농의 규모

13,900,406명.

g) 젊은 농부(25세 이하)의 규모

4,000,000명.

h) 농부의 품삯. 노동의 여러 종류에도 불구하고 보수는 대개 하루 평균 80전이다.

　　주) 상기 모든 수치는 작년의 자료이다. 현재 일부 정보는 정확하지 않을 수 있는
　　데, 이는 최근에 조선의 상황이 최근 급변했기 때문이다.

이르쿠츠크, 1921년 12월.

РГАСПИ, ф.533, оп.10, д.1878, л.40.

한국학생연합회(화동)의 보고

1. 중국 영토에는 이미 오래전부터 그곳에서 공부하는 조선인 학생회가 몇 개 있다. 각 학생회는 서로 상당히 먼 거리에 떨어져 있어 긴밀히 접촉할 가능성이 없었다. 이 때문에 1919년의 혁명적 봉기는 학생들의 지지를 얻지 못했고, 그들에게 영향을 주지도 못했다. 1921년 여름까지 그런 상황이 지속되었다. 그해 여름에 각 학생회는 새로운 정치와 관련된 상황 변화를 인정하고 미망에서 깨어나 서로 뭉쳐 하나의 틀로 결속하기 시작하였다. 올해 8월 22일 간도와 □□에서 각 학생회가 결속하여 화동(華東)한국학생연합회라는 이름의 강력한 단체를 구성하였다.

2. 회에 두 개의 부서가 있다. 우선 모든 작은 회에 의사부가 있고, 사업 지도를 위한 집행국이 상해에 있다.

3. 회원 수는 상해에 75명, 남경에 40명, 그리고 □□, 항주, □□, □□에 50명으로, 모두 합해 165명이다.

4. 본 동맹의 간부진: 의장 정광호, 부의장 탁명숙, 서기 김주, 경리 강빈. 조사원 박영찬.

5. 재정 상황: 회(會)의 재원은 입회비와 월 회비 및 기부금으로 조성된다. 워싱턴 회의에 반대하는 본 회는 극동민족대회[=극동인민대표대회]에 파견할 대표를 선출하였고, 이들은 현지에 도착했다.

정광호, 김상덕

РГАСПИ, ф.533, оп.10, д.1881, лл.10-12.

〈1922년 1월 30일부터 3일간 페트로그라드에서 개최된 제1차 원동혁명청년대회에서 조선 대표가 한 보고〉

조선의 청년운동

이 보고를 시작하기에 앞서 나는 모두 발언을 통해 여러분에게 이른바 조선의 성스러운 전통(예의지국)에 관한 기본 개념이라도 알려줘야 한다. 물론 그것을 아주 상세히 조명하는 건 의미가 없고, 그래서 여러분에게 몇 가지 사실만을 지적하는 것에 그치려 한다. 계급적 차이와 무관하게 모든 가족에는 남녀칠세부동석의 원칙이 있다. 가족 전통을 지키지 않은 것에 대해서 3,000개의 각종 처벌이 존재하는데, 그중에서 부모의 뜻을 거역한 행위가 가장 중한 죄로 여겨진다. 끝으로, 자녀들은 부모의 뜻에 따라 결혼을 하게 되는데, 이는 신혼부부의 삶에 매우 나쁜 영향을 미친다. 이런 전통을 준수하지 않는 행위는 형사 범죄와 마찬가지로 생각된다. 조선의 청년들은 먼 옛날부터 그런 전통의 틀에 갇혀 있었고, 경제나 정치나 문화 분야에서도 발전을 이룰 가능성을 갖지 못했다. 여성에 관해서는 더 말할 나위도 없다. 조선의 청년들은 최근까지 그런 상황에 있었다. 이제 외국자본의 침투와 함께 나라의 경제적 삶이 변화함에 따라 청년들의 경제적 상황이 바뀌고 있는데, 그와 관련해서 이념도 달라지고 있다. 우리가 경제 분야에 관해 말하고자 하면, 그리고 특히 조선 노동자들의 연령 자격을 언급하자면, 제조소, 연초공장, 방앗간, 발전소 등의 각종 생산 분야에서 노동하는 청년 남녀들이 대략 3만 명에 달하고, 하루 노동시간은 보통 11~12시간에 이르며, 임금은 70전(코페이카)을 넘지 않는다. 대다수의 연초공장에는 10세 아동부터 극히 힘든 물질적 생활 여건에서 노동하고 있다. 농촌 경제에 관해 언급하자면, 농업국가로서 조선에는 대략 20만 명의 청년 남녀가 농사에 종사한다.

청년들의 문화 수준: 19세기 말부터 개신교도들의 조선 침투와 함께 청년들의 이념적 인식이 점차 변하였고, 스며든 유럽 문화는 조선 청년들의 문화 수준을 더 한층 높이기 시작하였다. 최근에 주민의 문해율은 약 30%에 달한다.

1910년 일본에 병합된 후 조선에서 이루어진 학교의 성장에 관해 이야기하겠다. 1920년도 통계자료에 따르면, 초등학교가 1,084개교, [러시아의] 상급 초등학교와 동등한 특별 교육기관[=실업학교]이 67개교, 중등학교(김나지야)가 78개교, (중등 위의) 전문학교가 7개교, 고등교육기관이 1개교이다. 즉, 모두 합해 1,237개교가 있다. 이들 중에서

654개교를 제외하고 나머지 모두가 조선 청년을 일본 애국주의 정신으로 교육하려는 일본 관료의 통제하에 있으며, 수업은 전적으로 일본어로 진행된다. 이들 교육기관 이외에, 청년과 성인을 위해 낮이나 밤에 진행되는 각종 과정이 있다. 조선 내지의 조선인 학생 수는 모두 3만 명이며, 일본에 유학하는 조선인 학생이 2,000명, 중국 유학생이 260명, 미국 유학생이 100명이다. 학교 입학을 위한 경쟁으로 인해 현재 신입생 입학시험 제도가 시행 중이다. 내 생각에 그런 제도가 전 세계에 흔한 것 같지는 않다. 이것으로도 일본제국주의-미카도[=일왕]가 얼마나 잔인하고 야만적으로 행동하는지 알 수 있다.

정치 분야: 1896년에 청년단체(협성회)가 결성되고, 1903년에는 기독교청년회가 설립되었다. 1906년에는 조선청년회(대한소년단)가 설립되었고, 같은 해 학생회(청년학우회)가 만들어졌다. 이들 단체는 모두 잡지 발간 등의 문화계몽 사업을 벌였지만, 조선이 일본에 병합된 후 그들은 혁명 기관이나 선동선전 단체로 변하였다. 다양한 형태의 청년단체가 조선에 약 600개가 있다. 또 하나의 학생회(갈돕회)가 있는데, 그 회원이 약 300명을 헤아린다. 이 학생회는 오로지 생활이 매우 궁핍하여 학비를 벌기 위해 저녁때 뭐라도 돈벌이를 해야 하는 청년들을 회원으로 두고 있다. 여성들의 주도로 불우아동을 위한 보육회가 조직되었다. 병합 후 처음으로 도쿄의 조선인 학생들이 봉기를 준비하는 혁명단체(조선청년독립단)를 조직하였으며, 실제로 1919년 2월과 3월에 조선 전역에서 혁명운동이 일어났다. 현재 조선에서 청년들이야말로 조선의 운명을 가를 주역이다. 지금까지 조선의 청년들은 예를 들면 워싱턴회의에 참가한 미국 자본가들의 도움을 기다리는 순진한 혁명가들을 믿었다. 이제 우리는 자본의 타도 이외에, 서방의 적색 청년 프롤레타리아트와의 형제적인 굳은 동맹 이외에 다른 해방이 있을 수 없다는 걸 아주 잘 이해하고 있다. 이 자리의 동무들과 일본 근로대중-청년의 대표들을 보면서 나는 한 가지 상황을 강조해야 한다. 현재 원동에서 사회주의의 승리는 주로 일본 적색 청년들의 활동에 달렸으며, 따라서 여러분은 말뿐이 아니라 실제로 공산주의 정신으로 결속된 일본의 수백만 공산 청년의 대표 자격으로 제2차 원동민족대회에 참석해야 한다.

동무들! 원동과 서방의 청년들인 우리는 자본의 타도를 위해 함께 하나로 단결할 것이며, 제3 국제공청을 중심으로 뭉칠 것입니다.

공산청년인터내셔널 만세!
원동의 적색 청년 만세!

제1차 원동혁명청년대회 조선 대표

〈1922년 12월 국제공청 3차 대회에 조훈이 제출한 고려공산청년회 사업에 관한 보고〉

국제공청 집행위원회 앞

국제공청 3차 대회* 조선 대표 조훈의 고려공산청년회 사업에 관한 간략 보고

고려공산당 중앙위원회 회의 후인 1921년 10월 4일, 국제공청의 지령에 따라 고려공산청년회 중앙총국이 조직되었다. 여기에 고려공산당 중앙위원회의 추천으로 박헌영, 이괄, 김호반 동무가, 고려공산당 중앙위원회 대표로 김만겸(세울로프) 동무가, 국제공청 대표로 조훈 동무가 들어갔으며, 그렇게 해서 모두 5명으로 중앙총국이 구성되었다.

고려공산당 중앙위원회와 고려공청 중앙총국의 합동회의에서 박헌영 동무가 고려공청 중앙총국 책임비서로 선출되었다. 중앙총국은 당 중앙위원회가 있는 곳에 있어야 했다.

중앙총국은 남만주에서 활동하는 각 의병부대와 혁명단체들 사이에서의 선전-조직 사업을 자신이 첫 번째 과제로 정했으며, 이를 위해 김호반을 전권위원으로 삼아 남만주에 파견하였다. 김호반은 1921년 10월 8일 현지에 도착하였다.

이괄 동무는 당의 지시로 비밀 행낭을 갖고 이르쿠츠크에 있는 코민테른 집행위원회 원동비서부로 출장을 갔다. 그는 만주 역에서 체포되었고, 지금까지 그의 소식은 오리무중이다.

10월 말 중앙총국은 [고려공산]당 중앙위원회가 옮겨 간 상해로 이주하였다.

상해로 이주한 후에 중앙총국은 일꾼의 부재와 어려워진 재정 상태로 인해 조선 내지에서 사업을 시작할 수 없었고, 당 중앙위원회가 조선으로 옮겨 갈 때를 기다리며 이

---

* 개최 기간: 1922년 12월 4일~16일.

르쿠츠크에 출장을 간 동무가 돌아오기를 고대하였다. 그때 남만주와 상해에서 사업이 착수되었다.

고려공산당의 두 파벌의 통합[=1921년 11월] 후에 중앙위원회가 조선으로 옮겨 갈 수 없었고, 그 때문에 중앙총국도 그곳으로 이전할 수 없었다. 왜냐하면 자금원이 없었고, 또 중앙총국이 상해에 있었기 때문이다.

1922년 3월에 고려공청 조직은 조선, 길림(만주), 부카나스(간도), 상해, 북경에 하나씩 모두 5개가 있었다. 조선에 있는 조직의 회원은 6명, 길림(만주)이 12명, 부카나스가 8명, 상해가 36명, 북경이 16명 등 5개 조직에 속한 회원이 모두 84명이었으며, 이들 중 14명이 당원이었다.

5개 조직 중에서 조선에 있는 조직은 당의 전권위원을 통해 중앙총국과 관계를 맺고 있었고, 다른 조직들은 중앙총국과 직접 연결되어 있었다. 상해 조직과 북경 조직이 특히 적극성을 발휘하였다. 후자에 의해 종종 강의나 대담이 진행되었고, 다른 곳들로 선동원이 파견되었다. 그 결과가 천진(天津)의 학생동맹 사업이었다.

상해 조직은 공청 과목으로 강의를 진행하였고, 1919년 3월 봉기를 기리는 클럽을 열었다. 여기에 비당원들이 가입했는데, 그들의 수가 40명에 달했다. 클럽에는 스포츠부와 도서관이 있었고, 여기엔 마르크스주의 문헌(약 30권) 및 300부가 넘는 책과 신문이 있었다. 이용은 무료였다. 또한 신간 신문도 비치되었는데, 이는 선동적 의미에서 큰 성공을 거두었다.

1922년 1월 15일 칼 리프크네히트 동무 추모일에 상해 조직은 중국청년단 조직과 공동으로 도심에서 대규모 집회를 열고 자본가들에 반대하는 선전을 벌였다. 2월 8일, 중국공산당이 격문을 뿌렸을 때(음력으로 1월 1일) 프랑스 조계에서 그것의 배포를 떠맡은 상해 조직은 훌륭히 임무를 수행하였다. (그날 중앙총국 책임비서 박헌영이 체포되었으나, 그는 벌금을 내고 4일 후에 석방되었다) 조선 독립 선포일인 3월 1일에는 조선어로 된 선언서 400부가 살포되었다.

3월 26일 상해에서 반기독교청년동맹이 YMCA 세계대회 소집에 반대하는 집회를 열었고, 여기에 상해 조직이 적극적으로 참여하였다.

중앙총국은 일꾼들을 양성할 목적으로 당 학교를 열었는데, 그 프로그램은 「공산주의 입문」, 「공상적 사회주의와 마르크스주의」, 「실천」, 「당 강령」, 「공산당 선언」, 「스파르타쿠스단 강령」, 「국제공청」, 「조직 문제」, 「피압박 국가 문제」 및 「조선 혁명운동사」로 구성되었다. 수업은 1주에 평균 36교시이며, 그중 12교시가 소조사업에 할애되었다. 그밖에 러시아어 수업과 영어 수업이 있었다. 수강생은 모두 19명이었고, 이들 중 7명은 청강생이었다.

1922년 2월 28일, 당 학교의 졸업식이 있었다. 여기에 코민테른에서 이진, 국제공청에서 조훈, 중국공산당-청년단에서 국찬, 고려공산당에서 김만겸이 참석하였다. 식장에 인터내셔널가(歌)가 울려 퍼졌다. 당 학교 졸업자 중에서 5명이 조선으로 보내졌다. 그들 중 1인은 감옥에 있고, 1인은 중앙총국의 전권위원으로 활동 중이다. 당 학교 졸업자 중 2인은 일본에서 유학 중이고, 4인은 상해에 있으며, 1인은 사망했다.

출판사업

당 기관지『옳다』(진실)에서 제4면이 청년을 위해 할애되었다. 이 청년 면이 [『옳다』의] 8호에까지 나왔다. 발행 부수는 최대 200부에 달했다.

칼 리프크네히트 추모일에 선언서 2,000부가 발행되었다.

봉기일[=3월 1일]에 조선어로 된 전단 2,000부가 발행되어 조선으로 보내졌다. (중국어본 4,000부가 중국에서 배부되었다) YMCA 세계대회 소집과 관련해서 전단 2,000부가 발행되었다.

국제공청 원동비서부 격문 2,000부가 인쇄기로 발행되었다.

그리고 국제공청 제2차 대회에서 채택된「식민지에서의 사업에 관한 테제」가 120부,

조직 문제 120부,

러시아콤소몰「규약」120부,

국제공청 제2차 대회의「선언」50부,

메이데이 소책자 200부,

국제공청 제2차 대회에서 채택된「식민지에서의 사업에 관한 테제」일본어본 40부,

「일본 청년에 보내는 호소문」100부가 각각 발행되었다.

1922년 2월 극동민족대회[=원동민족혁명단체대표회]에 참가했던 대표단이 돌아왔고, 사업 무대를 조선으로 옮겨야 했다. 이를 위해 중앙총국도 옮길 필요가 있었다. 중앙총국의 이전을 위해 국원을 새로 뽑아야 했다. 박헌영이 책임비서로, 김주[=김단야], 임원근, 당 대표 김만겸, 공청 대표 조훈이 국원으로 선출되었다. 이들은 업무에 착수하여 다음과 같은 결정을 내렸다:

1) 서울(조선)을 중앙총국의 소재지로 한다.
2) 중앙총국은 곧 있을 조선청년회연합회 총회에서 중앙(?)위원회가 구성될 때까지 자기 사업을 확대한다.
3) 평양, 의주, 인천, 목포, 부산, 예산, 원산, 함흥 8개 도시에 고려공청 조직을 만든 후에 전국청년대회를 소집한다.
4) 중앙총국 책임비서는 서울에, 국원 2인은 조선 북부와 남부에 거주하면서, 매월 서울에서 협의한다.
5) 중앙총국 책임비서는 국제공청 대표와 연락을 유지하며 매월 사업 보고를 제출한다.
6) 조직은 세포 원칙에 따라 만들어져야 한다.
7) 공청에는 공산주의에 공감하는 28세 이하의 노동자와 농민이 가입한다.
8) 공청원은 25세가 되면 당 조직에 가입해야 한다.
9) 고려공산당의 두 파벌이 완전히 통합될 때까지 당과 관계만 유지하면서 당의 지도는 받지 않는다.
10) 중앙총국 관련 항목은 당 관련 항목과 같다.
11) 지출 비용은 가입비와 회비 및 기부금으로 충당한다. 가입비는 30전, 회비는 5전으로 한다.
12) 제1차 대회의 비용은 국제공청에 자금을 요청하여 충당한다.

중앙총국은 조선 이주를 위해 3월 16일에 달린 동무로부터 600달러, 3개월간의 사업을 위해 고려공산당 중앙위원회로부터 400달러를 수취하였다.

중앙총국 국원 김주 동무는 무사히 국경을 넘었으나 선천 역에서 체포되었고, 책임비서 박헌영과 국원 임원근은 국경을 넘기 직전 3월 29일에 안둥[=단둥] 역에서 경찰에 체포되었다.

처음에 그들에게서 의심을 살만한 문서가 아무것도 발견되지 않았다. 그러나 나중에 극동민족대회에서 돌아온 대표자들이 체포된 후 박헌영, 임원근 두 동무가 공산주의자라는 사실이 드러났다.

그들은 4월까지 조사를 받으면서 잔혹한 고문을 당했다. 그러나 그들은 조직을 누설하지 않았다. 고문으로 불구가 된 그들은 재판에 넘겨졌다. 그들의 사건에 변호사가 고용되었다. 그때까지 일본에 공산주의적 견해를 탄압하는 법이 없었기 때문에 그들이 석방될 것이라는 낙관적 전망이 있었다. 그러나 법원은 사회질서를 훼손했다는 혐의로 1년 6개월의 징역형을 선고하였다. 그들이 항소했으나, 심리가 계속 지연되었다. 재판은 비공개로 진행되었고, 신문은 그 사건이 동방에서 공산주의자가 체포된 첫 번째 사례라고 보도하였다. 이 동무들은 현재까지 평양 감옥에 갇혀 있다. 그들이 체포된 후 중앙총국은 다른 간부 일꾼들을 조선에 보내 서울 조직과 신의주 조직에 사업 방향을 제시했으나, 중앙총국의 새 비밀 국원들을 구성하는 데 착수하지 못했다. 그 동무들이 감옥에 있었기 때문에 내가 8월에 조직의 상황과 사업을 관리하기 위해 조선으로 갔다.

서울에서 독자적 공산단체와 몇 차례 협의한 후에 세 번째로 중앙총국을 구성하게 되었다. 책임비서에 정재달[=전우] 동무, 국원에 고준[=안병진] 동무, 피상일• 동무, 공산단체 대표 김일•• 동무, 국제공청 대표 조훈 동무가 선출되었다.

제2기 중앙총국의 결정이 완전히 새로운 국원들에 의해 채택되었다. 제3항에 수정이 가해져서 회비가 5전에서 10전까지 증액되었다.

새 중앙총국이 채택한 결정은 다음과 같다.

1) 책임비서는 서울에 위치한다.

2) 국원 1인은 사업을 위해 일본으로 파견된다.

3) 일꾼 2인은 선동-선전사업을 위해 조선의 지방으로 보낸다.

4) [국제공청] 제3차 대회 전까지 신문사업을 중지한다.

5) 고려공산당의 연합대회 전까지 지도부를 갖지 않는다.

6) 국제공청 제3차 대회에 조훈 동무와 정재달 동무를 대표로 파견한다.

그 후 나는 조선에서 돌아왔다. 조선의 3개 도시, 즉 의주, 서울, 김천에 고려공청 조직이 있다. 공청원은 모두 합해 약 80명이다.

결론

현재 거의 모든 사업이 일꾼을 육성하고 외부 영향에서 자유로운 독자적인 청년 기관지를 만드는 데 집중되고 있다.

•   김사민으로 추정된다.
••   김사국으로 추정된다.

우리의 영향 덕분에 서울민족청년회[=서울청년회]는 조선청년회연합회 제3회[*] 정기총회 때 거기서 떨어져 나왔고, 독자적으로 활동하는 8개의 다른 청년회를 이끌었다. 그리하여 지금 조선청년회연합회는 조선에 있는 571개 청년회 중에 100개만 규합하고 있다. 이런 실패의 원인은 청년회에 대한 조선청년회연합회 중앙[집행]위원회의 잘못된 지도에 있다. 현재 회원을 모두 합하면 약 8,000명에 달하는 16개 단체가 연합회에서 탈퇴하였다. 조선청년회연합회는 제4회[**] 정기총회에서 완전히 와해할 것으로 예상이 된다. 우리의 영향력 덕분이다. 서울청년회는 우리 동무들, 즉 중앙총국 국원들에 의해 지도되고 있으며, 이 단체를 중심으로 독자적인 나머지 15개 단체가 정신적으로 뭉쳐 있다. 16개 단체로 구성된 이 그룹은 곧 있을 조선청년회연합회 제4회 정기총회에서 불필요한 분자들을 제거하고 남은 청년회를 모두 통합하는 데 적극적으로 나설 것이다. 새로운 통합의 구호는 이렇다: "조선의 해방은 오직 세계 사회혁명의 과정에서 가능하다".

---

[*]　　원문에는 제2회로 표기되어 있다.
[**]　　원문에는 제3회로 표기되어 있다.

РГАСПИ, ф.533, оп.3, д.45, лл.21-29.

〈고려공청 중앙총국 대표 조훈과 전우가 국제공청 3차 대회에 제출한 보고〉

보고

1922년 8월 13일 국제공청 대표 조훈 동무가 조선에 도착했다. 그의 참여하에 공산청년회를 결성하기 위한 조직사업이 진행되었고, 망명지의 고려공산당 두 적대 파벌에 대한 공산청년회의 전술이 마련되었다. 그들이 완전한 통합을 이루어낼 때까지 그들과의 관계를 중단하고, 조선 내지에 있는 공산단체와의 관계만 유지하기로 결정되었다. 청년회 중앙총국은 분산되어 있는 조선 청년회들을 통합하기 위한 조직사업에 착수했다. 중앙총국은 1922년 8월 13일에 5명으로 조직되었다. 중앙총국의 소재지는 서울이다.

공산청년회 회원······················102명

공산청년회 후보회원··············217명

회원 성분:

공장 노동자·························26명

농민 ·······························15명

인쇄공 ······························15명

자유직업자 ·························27명

무직자 ······························19명

후보회원 성분:

농민································ 76명

공장 노동자························25명

자유직업자 ·························45명

노동자 출신 학생 ············47명

무직자································24명

세포 수:

1) 평양, 2) 강화, 3) 진천, 4) 부산, 5) 신의주,

6) 김해, 7) □□, 8) 전주, 9) 진주

합법적 청년회:

(1) 서울청년회

a) 1919년 12월 5일 조직됨

b) 소재지 ‥‥‥‥‥‥‥‥‥‥ 서울

c) 회원 수 ‥‥‥‥‥‥‥‥‥‥2,350명

d) 집행위원 수 ‥‥‥‥‥‥‥‥ 10명

서울청년회는 공산청년회 회원들을 중심으로 결집해 있으며, 조선청년회연합회가 제3회 정기총회에서 분해되는 데 큰 역할을 하였다. 조선청년회연합회에서 탈퇴한 8개 청년회와 가족처럼 긴밀한 관계를 유지하고 있으며, 중립적 입장의 112개 청년회와도 좋은 관계를 유지하고 있다.

(2) 무산자동맹회

a) 1922년 10월 5일 조직됨

b) 소재지 ‥‥‥‥‥‥‥‥‥‥ 서울

c) 회원 수 ‥‥‥‥‥‥‥‥‥‥250명

d) 집행위원 수 ‥‥‥‥‥‥‥‥‥5명

(집행위원 3명이 우리 단체의 회원임)

이전에 존재했던 571개 청년회는 소부르주아 청년들로 조직되었고 민족운동의 성격을 띠었다. 따라서 제조소의 청년들과 노동자 출신 학생들로 무산자동맹회를 다시 조직하게 되었고, 이것의 조직자는 공산청년회이다. 현재 이 동맹회는 공산청년회의 합법기관이며, 그 내부에 중앙총국이 있다.

청년은 조선 혁명운동의 기본 핵심이며, 거기서 엄청난 역할을 했다. 그러나 조선에서 봉건제가 무너지면서 청년 대부분이 서방, 특히 러시아의 혁명 사상에 심취하였다. 그들은 서로 단합할 수 없었고, 민족운동의 청년들과의 접촉하에 활동하였다. 또한 조선에서 민족주의자들에 지도되었던 3월 봉기[=3·1운동]의 철저한 실패와 러시아에서의 프롤레타리아 혁명의 승리는 조선에서 청년회가 노동자와 빈농들 사이에서 적극적 활

동을 벌이는 경향을 강화하였다. 노동자회를 조직하는 일이 시작되었다. 이때부터 조선의 노동운동 및 농민운동은 10월혁명을 세계 사회주의혁명의 출발점으로 보고 있으며, 사회주의 혁명운동을 조직하고 있다. 조선의 청년 사회주의 운동에서 민족주의적 청년들과의 충돌이 목격되는 것은 놀라운 일이 아니다.

운동은 각종 제조소에서 일하는 노동자 출신 학생들로부터 시작되었다.

청년회 관련 통계:

도(道)	청년회 수	회원 수
경기도	35	6,296
충청북도	7	1,199
충청남도	28	3,400
전라남도	54	9,160
전라북도	48	8,160
경상북도	46	6,820
경상남도	54	9,180
황해도	29	493
평안북도	45	6,750
평안남도	72	1,224
강원도	18	2,860
함경남도	54	9,180
함경북도	13	2,200
총합	571	97,316

* 총 571개 청년회 중 기독교청년회가 102개, 천도교청년회가 83개, 불교청년회가 21개임.

상기 청년회는 모두 민족해방의 목표에서 서로 완전히 고립되어 있다. 1919년 10월 13일에 첫 번째 청년회가 조직된 후, 청년회들이 연합하여 청년회연합회를 결성한 다음 혁명사업에 착수하였다. 1921년 11월 청년회연합회 회원 오상근과 청년회 회원 김명식, 장덕수, 최팔용, 이봉수가 그들의 범죄행위로 인해 청년회들에서 제명되었다. 그들의 청년회를 청년회연합회에서 추방하라는 요구는 거부되었다. 청년회연합회에서 8개 단체가 탈퇴하고, 112개 단체는 중립적 입장을 견지했다.

하지만 나중에, 적극적 행위가 전혀 불가함을 이해한 112개 청년회와 탈퇴한 8개 청년회는 혁명사업의 부흥을 위해, 또한 모든 청년회의 통합 문제 및 혁명사업 수행 시 힘의 집중화 문제에 대한 해결을 위해 의기투합하였고, 일본 관헌 쪽에서의 방해가 없는 경우 1922년 9월에 대회를 소집하는 문제가 조선청년회연합회에서 탈퇴한 8개 청년회의 주도로 제기되었다. 위에 적시된 청년회연합회 571개 회원단체 성원들의 사회 성분을 보면 그들은 중·대 부르주아지의 일원들이며, 따라서 그들의 의식은 단지 민족해방으로 쏠려 있다. 그런 중에도 그들은 조선청년회연합회에서 탈퇴된 8개 청년회 회원들처럼, 프롤레타리아 혁명과 피압박 인류의 해방을 자신의 과제로 정해놓고 있다.

청년 농민의 상황:

조선에서 최근 통계에 의한 농가의 토지 소유 현황은 아래와 같다.

대규모 토지 소유……………16,274호

중규모 토지 소유……………14,112호

소작농 …………………………1,005,606호

자영농 …………………………525호

머슴 ……………………………1,043,003호

조선인 농가: 2,653,706호…………10,819,250명

일본인 농가: 10,210호 ……………40,157명

중국인 농가: 835호…………………2,760명

15세 이상 청년 농민의 청년회에 대한 태도를 보면, 그들은 청년회에 별로 가입하지 않는다. 농민은 자기 노동의 결과 얻은 수입으로 지출을 모두 감당하지 못하기 때문에 다른 보조적인 돈벌이를 할 수밖에 없다. 왜냐하면 그들은 자신이 생산한 것보다 더 많이 토지 소유주에게 납부하기 때문이다.

그런 상황의 결과 분명한 것은, 청년 농민이 주인에 대해 엄격한 종속 상태에 있다는 사실이다.

농민들 사이에 이른바 "머슴회"가 점차 생겨나고 있는데, 여기에 청년 머슴들이 적극적으로 참여한다. 농촌의 큰 마을에는 거의 모든 곳에 야학이 있다.

거의 모든 농촌에 낡은 형태의 서당이 있다. 여기서 수업은 겨울에만 3개월간 진행된다.

조선인 청년 노동자의 상황:

조선은 자본주의가 바로 막 생겨나기 시작한, 농업이 지금껏 근로대중 대다수의 유일한 생존 수단인 나라이다. 척박한 토지를 경작하기 위해 아이들까지 포함해 거의 모든 식구가 동원된다. 최근에, 조선식산은행을 통해 시행되는 일본의 제국주의 정책으로 인해 알거지가 되고 토지를 빼앗긴 농민 대중이 제조소와 공장으로 향하고 있다. 그러나 임금은 가족의 최저생계비를 충족시키기에 턱없이 부족하기에, 결국 모든 식구가 돈을 벌러 일하러 갈 수밖에 없다. 그렇게 해서 조선에서 처음으로 청년 노동자가 등장하였다. 이들은 양적으로 급속히 진화하고 있다. 현재 조선에서 청년 노동자의 수는 9,043명에 달한다.

민족성	소년	소녀	합계
조선인	3,591	5,236	8,827
일본인	183	32	215
중국인	51	-	51

청년들 대부분(약 60%)이 연초공장에서 일한다. 교육받을 가능성을 빼앗긴 청년 근로자들은 담배 개비를 말거나 담뱃갑을 풀로 붙이거나 하는 작업을 통해 자본가-기업주에게 상당한 이윤을 남겨준다.

나아가 아동노동이 산업현장에 널리 적용되는데, 구체적으로 그것은 정미소의 알곡분류 작업(25%), 고기잡이 현장(10%), 기타 부문(5%) 등에서 많이 동원된다.

일본제국주의 압제하에 있고 또 문화적으로 덜 발달한 나라로서 조선에선 아동 노동자의 등록이 이루어지지 않고 있으며, 따라서 청년 노동자의 연령별 통계자료가 없다. 제조소와 공장에 15세 이상의 청소년이 다수인 것은 분명하나, 그곳에서 8세 아동들도 만날 수 있다.

게다가 일본인 아동은 조선인 아동보다 최소임금을 더 많이 받는다. 하루 최소임금과 최대임금은 아래와 같다.

연령	소년		소녀	
	일본인	조선인	일본인	조선인
10세 이하	-	22~27	-	22~23
12세 이하	-	22~35	-	21~30
15세 이하	30~77	29~69	25~40	25~56
15세 이상	54.3~85	46.1~60	50.1~□□	45.1~□□

단위 = 전(1원은 100전으로, 이는 미화 0.5달러와 같음)

아동노동은 무엇에 의해서도 보호되지 않고 성인들과 똑같이 착취되었다. 노동일은 연장되었다. 국영기업에서 하루 10시간, 사기업에서 11시간까지 늘어났다. 삶의 여건은 극히 힘들었다. 경영진은 아주 잔혹했다. 조금만 지각하거나 한눈을 팔면 바로 해고되었다. 게다가 많은 사람이 멀리서 출퇴근을 하게 되었는데, 이는 기업 주변에 저렴한 거주 공간이 없었기 때문이었다. 가족과 떨어져 공장 근처에 살게 되면 비용이 많이 들고, 그래서 노동으로 번 돈이 한 푼도 남지 않게 된다.

1921년 학교, 교사, 학생의 수:

교육기관		초등학교			중등학교				전문학교	
		보통학교			고등보통학교(남)		고등보통학교(여)		전문학교	
재정		관립	공립	사립	관립	사립	관립	사립	관립	사립
학교 수		3	675	37	7	10	2	5	4	2
학급		20	2,823	134	61	62	15	20	42	13
교사	조선인	8	2,478	1,416	26	94	7	25	9	21
	일본인	18	1,015	16	95	28	24	22	83	7
	총합	26	3,493	157	121	122	31	47	92	28
남학생	조선인	511	130,912	4,844	2,134	3,484	-	-	476	174
	일본인	4	49	-	74	-	-	-	173	-
	합계	515	136,961	4,844	2,208	3,484	-	-	649	174
여학생	조선인	269	19,064	1,620	-	-	458	607	-	-
	일본인	-	27	-	-	-	74	-	-	-
	합계	269	19,091	1,620	-	-	532	607	-	-
총계		780	156,051	6,464	2,208	3,484	532	607	649	174

교육기관	실업학교				
	농업학교	상업학교		공업학교	수산학교
재정	공립	공립	사립	공립	공립
학교 수	19	6	2	1	1
학급	42	16	6	12	2
교사 조선인	24	7	4	1	2
교사 일본인	80	27	26	19	1
교사 총합	104	34	30	20	3
남학생 조선인	1663	661	121	220	40
남학생 일본인	101	46	-	38	-
남학생 합계	1,764	707	215	258	40
여학생 조선인	-	-	-	-	-
여학생 일본인	-	-	-	-	-
여학생 합계	-	-	-	-	-
총계	1,764	707	215	259	40

교육기관	실업보습학교					각종 학교		
	농업학교	상업학교	실업학교	공업학교	수산학교	일반학교	종교학교	
재정	공립	공립	공립	공립	공립	사립	사립	☐☐
학교 수	15	5	7	2	1	356	279	☐☐
학급	19	9	14	3	3	736	918	☐☐
교사 조선인	8	6	9	1	1	903	928	☐☐
교사 일본인	13	3	14	1	2	32	23	☐☐
교사 총합	21	9	26	2	3	935	951	☐☐
남학생 조선인	626	390	120	63	28	22,223	20,550	☐☐
남학생 일본인	-	8	-	-	-	-	-	☐☐
남학생 합계	626	398	120	63	28	22,223	20,550	☐☐
여학생 조선인	-	-	-	33	-	1416	9197	☐☐
여학생 일본인	-	-	-	-	-	-	-	☐☐
여학생 합계	-	-	-	33	-	1416	9,197	☐☐
총계	626	398	120	96	28	23,639	29,749	☐☐

이들 수치 이외에, 25,692명의 교사 밑에서 남학생 290,983명, 여학생 1,642명이 공부하는 낡은 형태의 학교[=서당 등]가 25,484개 있다. 이들 학교에서는 전통 방식으로 한자, 고대 성현들의 금언, 중국 문학작품 및 고대 영웅들에 관한 각종 이야기를 아동들에게 가르친다.

또한 일본 정부에 의해 허가되지 않은 새로운 형태의 학교도 있다. 이들 학교는 조선인의 자금에 의해 운영되는데, 이곳의 교육 프로그램은 일본의 관립 학교 프로그램과 거의 같다. 그 차이라면 이들 학교에서 민족주의가 발전하고 강화되고 있고, 따라서 그들이 격렬한 민족주의의 온상이라는 데 있다. 이들 학교 이외에 (문맹퇴치를 위해) 성인 농촌주민들을 대상으로 설립된 야학도 있다.

야학·················· 325개

남학생·············· 33,650명

여학생 ·············· 2,532명

조선의 경제 상황

조선을 병합한 일본은 그곳에서 식민정책을 시행하였고, 그로 인해 조선의 노동대중은 다른 선진국의 프롤레타리아들에 비해 최악의 경제 상황에 놓여 있으며, 일반적으로 조선인들은 자신의 공업을 발전시킬 현실적 가능성을 사실상 박탈당했다.

발전된 기술이 없기에 조선은 자신의 천연자원을 널리 개발하지 못하고 겨우 농업에 종사하였다. 그래서 조선의 유산계급은 주로 소유 토지의 규모에 따른 분류가 가능하다. 즉, a) 600만 원 이상 가치의 토지 소유자가 100명 이내이며, b) 100만 원 이상 가치의 토지 소유자가 250명 이내, c) 50만 원 이상 가치의 토지 소유자는 450명 이내, d) 10만 원 이상 가치의 토지 소유자는 2,000명 이내, e) 1만 원 이상 가치의 토지 소유자는 7,800명 이내이다.

5만 원 미만 가치의 토지 소유자들이 전쟁 때 상업에 빨려 들어갔다. 상업을 시작하는 데 필요한 자본금 마련을 위해 그들은 자신의 토지를 토지은행이나 "[동양]척식회사"에 저당을 잡혔다. 전쟁이 끝나면서, 그리고 세계적 위기가 도래하면서 이는 은행이나 "회사"에 새로 연루된 사람들에게 영향을 미쳤다. 현재 그들은 완전히 거지가 되었다. 그들에겐 채무를 즉시 상환할 여력이 없고, 결국 담보로 제공된 모든 토지가 토지은행의 자산이 되고 있기 때문이다. 이로 인해 조선 거주 일본인 자본가들의 수중에서 본원적 자본축적이, 조선인 자본가들의 완전한 영락이, 그리고 프롤레타리아 산업예비군의 거리로 내몰림이 시작되고 있다.

　주식회사에 저당을 잡히지 않은 토지의 소유자들은 자본주의 체제의 발전 덕에 상업 체계로 넘어가야 한다. 그러나 조선에 민족자본이 발전하지 않았기 때문에, 자본주의 경제의 맹아들이 일본 자본에 흡입되고 있다. 이 때문에 조선은 일본에 병합되었을 때 완전한 영락에 도달해 있었다.

고려공산청년회 대표단

조훈, 전우[=정재달]

РГАСПИ, ф.533, оп.3, д.68, лл.1-4.

〈국제공청 집행위원회가 1923년 초 고려공산청년회에 보낸 훈령〉

극비

고려공산청년회 앞

존경하는 동무들!

국제공청 집행위원회는 [1922년 12월 4일~16일 거행된] 국제공청 제3차 대회의 결정을 집행하면서 1923년 3월 11일~18일을 군국주의와 반동 정치 및 새로운 전쟁의 위협을 널리 알리는 국제 선전 주간으로 정하였다. 국제 캠페인의 구호들은 제3차 대회의 상기 문제에 대한 결의문에 담겨 있다. 조선이 처한 비상한 상황의 결과, 공청은 캠페인의 전 과정에 일본제국주의에 대한, 식민지 조선 주민에 가해지는 억압에 대한 항쟁의 성격을 부여해야 한다. 아울러 군국주의의 발흥과 전쟁 발발 위험성을 예고하는 자본주의적 생산양식의 모든 체제와 일본제국주의 체제와의 관계를 강조해야 한다. 일본은 극히 침략적인 정책을 시행하고 있고, 공청은 이번 캠페인에 조선인 주민의 가장 광범한 대중을 이용할 수 있을 것이다. 캠페인을 벌일 때 모든 노동단체와 함께하면서 그들의 기구를 캠페인에 활용해야 한다. 동시에 민족-혁명적, 종교-혁명적 청년단체에 캠페인 활동에 동참하자고 제안해야 한다. 조선의 동무들은 그들 단체에 침투해야 하며, 거기서 우리가 제시한 반(反)제국주의 투쟁 구호와 방법이 가진 합목적성과 적실성을 입증하면서 그 구호와 방법을 선전해야 한다. 이런저런 단체가 캠페인 활동에의 참여를 거부하는 경우, 이런 사실을 활용하여 그들의 어중간한 비현실적 정치를 폭로해야 한다. 해방운동의 온갖 혁명적 시도를 에워싸고 있는 반동 정치와 경찰폭력 및 탄압체계에 대한 투쟁에서 조선 동무들의 입장은 절대로 명확하다. 여기서 반동 정치는 무엇보다도 군국주의 및 제국주의와 긴밀히 연결되어 있으며, 여기서 우리의 요구는 혁명 투쟁에 대한 제약이 전혀 없는 환경의 조성, 청년회를 자유롭게 결성할 권리의 획득, 탄압체계와 경찰폭력 등의 제거 필요성에서 도출되어야 한다.

이번 캠페인에서 극히 중요한 계기는 식민지-반식민지 인민에 대해 자행되는 제국주의적 억압에 관한 소비에트 러시아의 입장을 선전하면서, 그것을 일본제국주의의 침략정책에 담긴 입장과 대조하는 것이다.

또한 조선의 동무들이 이 캠페인에서 주목해야 할 부분이 있다. 그것은 사업의 합법적 측면과 비합법적 측면의 상호 관계이다. 캠페인의 지도권은 공청의 비합법적 중앙 수중에 집중되어야 한다. 운동의 합법적 형태에서는 합법적 공청의 중앙위원회에 위원단을 설치하거나 혹은 이 사업을 합법적 중앙위원회에 직접 맡기고 합법적 형태로 캠페인을 벌이는 것이 똑같이 필요하다. 합법적 중앙위원회 혹은 그의 위원단은 캠페인을 벌일 때 비합법 중앙의 지령에 복종해야 한다.

조선 동무들의 사업은 조선에 주둔하는 군대에서도 대대적으로 전개되어야 한다. 이 사업은 일본 공청의 「호소문」을 점령군에 유포하고(이에 관해서 우리의 지시가 일본 공청에 전달되었다), 조선 각지에 주둔하는 부대의 분위기를 파악하는 것에서 시작되어야 한다. 가장 믿을만한 곳에서 그런 예비 작업을 거친 후에 더 중요한 사업에, 즉 병사 대중을 고향에서 떼어놓는 제국주의 정책에 대한, 병사들에 정치적 권리를 부여하기 위한, 일본을 새로운 전쟁의 길로 내몰고 있는 일본 지배계급의 군벌에 대한 우리의 요구를 선전하는 사업에 착수할 수 있다. 순조롭게 캠페인을 벌이기 위해 국제공청 집행위원회는 조선 동무들에게 일본 동무들과 연락하여 그들로부터 실제적인 도움을 받을 것을 권고한다.

끝으로 국제공청 집행위원회는 다음과 같은 지시를 내리는 것이 필요하다고 생각한다.

1. 이 회람을 받는 즉시, 청년들 사이에서 사업을 할 공청원 및 기구를 편성하여 캠페인을 시작해야 한다. 캠페인 준비는 다음과 같이 이루어져야 한다:

a) 캠페인 시행 문제는 캠페인에 관한 구체적 지령을 작성하는 비합법적 중앙위원회의 논의에 맡긴다. b) 이들 지령은 합법적 공청의 중앙위원회에 의해 논의되는 합법적 계획의 기본이 된다. c) 계획은 그것을 논의하고 지역 상황에 맞게 구체화할 지방의 합법적, 비합법적 그룹들에 송부되며, 지방에서 합법적 사업 형태와 비합법적 사업 형태 간의 상호 관계는, 중앙에서처럼, 중앙위원회의 엄격한 감독하에 둔다. d) 중앙위원회는 자신의 전권위원들을 □□□□하며, 전권위원 후보는 합법적 중앙위원회와 비합법적 중앙위원회 간 합의로 정해진다. e) 중앙위원회는 회람에서 언급된 단체들을 캠페인에 끌어들이는 협상을 진행한다. f) 중앙위원회는 국제공청 집행위원회의 호소문 「동방 청년에게 고함」을 유포한다.

2. 캠페인의 향후 전개에 긴요한 예비 사업이 종료되면 중앙위원회는 대중사업에 착수한다:

이를 위해 a) 공청의 일꾼들을 동원하고, b) 당의 병력을 끌어들이고, c) 집회, 회합 등을 거행하며, d) 마련된 결의를 채택, 유포하는 동시에 우리의 격문과 문헌들을 보급하고, e) 시위 등을 (가능하다면) 조직한다.

3. 출판사업을 계속한다:

a) 캠페인에 관한 격문들 및 조선에서 그것이 갖는 성격과 의미를 밝힌 문서를 발간한다. b) 국제공청 집행위원회의 격문「동방 청년에게 고함」을 재발간한다. c) 일본 부르주아지 내 군벌의 정책에 관해 점령군 병사들에게 보내는 호소문을 발간한다. d) 우리의 요구, 정치적 권리 등에 관해 병사들에게 보내는 호소문을 발간한다. e) 일본의 조선 정책에 대한 항의 필요성을 일본의 노동자와 청년들에게 알리는 호소문을 발간한다.

4. 캠페인 때 중앙위원회는 지방 청년회에 사업 방향을 제시해야 한다.

5. 캠페인 종료 후에 그것의 진행과 결과에 대한 상세한 보고서를 모든 자료와 함께 국제공청 집행위원회로 발송한다.

6. 추가 지시가 필요할 경우 즉시 국제공청 집행위원회에 문의한다.

공산주의적 인사와 함께, 국제공청 집행위원회

РГАСПИ, ф.533, оп.10, д.1883, лл.5-7.

서울총국 위원 전우가 조선어에서 번역

고려공산청년회 중앙총국의 사업 보고

(국제공청 3차 대회[=1922년 12월] 후의 사업)

고려공산청년회 중앙총국은 1922년 9월 13일 임지인 서울에 도착하였다. 계획에 따른 사업을 위해 중앙총국은 우선 합법기관인 "무산청년회"를 결성하는 데 착수하였고, 그 내부의 조직사업이 종료됨에 따라 우리 총국이 관계를 맺은 다른 청년회들에서의 사업으로 넘어갔다. 전자에서처럼 후자에서도 우리는 우리 세포를 갖고 있다. 그렇게, 다른 청년회들에서 세포를 조직하는 사업이 계속되었다.

중앙총국은 청년당대회를 소집하는 일에 참여하여 "타협적인 청년들을 모두 혁명운동에서 배제하고, 청년들을 계급 전선에 집결시키자!"라는 구호를 제기하였다.

그때 우리 총국은 실패를 경험하였다. 서울의 중립적 공산단체[=중립공산당]의 책임일꾼 중 한 명인 김한이 의열단과 관계를 맺고 일본 경찰서에 대한 테러에 적극적으로 가담하면서, 우리 조직들도 거기서 출판부에 참여하게 되었다. [1923년 1월] 테러 행위가 적발된 후 우리 조직은 일본 경찰에 의해 괴멸되었고, 그 결과 무산청년회가 폐쇄되었다. 주요 일꾼 중 4명이 체포되었고, 그 탓에 사업이 잠시 중단되었다.

청년당대회 자체는 우리의 체계적 사업의 결과가 아니다. 그것은 우리가 패닉 상태에 있을 때 벌어졌다. 국제공청 동방부에 의해 그곳에 파견된 신용기[=신철] 동무는 "토요회" 및 대회 소집 관련 주요 일꾼 몇 명과 연락을 주고받으며 국제공청의 명령서와 편지를 유포하였고, 흩어져 있는 각 청년단체의 통합에 적지 않은 노력을 기울였다.

대회는 폐막 전에 해산되는 바람에 좋은 결과에 이르지 못했다.

또한 우리 사업에 다툼이 생겼다. 서울[청년]회 일부 회원들이 김사국의 지도하에 40만 루블[=공산주의 선전비의 남비(濫費) 사건]과 아무르 사건[=자유시사변]에 관한 문제를 제기하면서 중앙총국에 대적하기 시작했다. 그들은 조선 인민에게 죄를 지은 그런 공산당과 자기들은 절대 함께할 수 없다고 이야기했다.

시간이 좀 지나서 우리는 무산청년회의 사업을 재개할 수 있었고, 그를 통해 각지의 다른 청년회와 관계를 맺을 수 있었다.

우리의 세포들:

1. "토요회"에……………………4명
2. "무산청년회"에……………… 22명
3. "갈돕회"에 ……………… 13명
4. "김해청년회"에………………6명
5. "신의주청년회"에………………4명
6. "진주청년회"에………………6명
7. "부산청년회"에………………3명
8. "평양청년회"에………………6명
9. "강화청년회"에………………3명
10. "여성동우회"에 ………………4명
11. "도쿄 무산청년회"에 ………… 12명
12. "대구청년회"에……………… 5명

총계……88명

중앙총국의 구성:

1) 고준.   2) 피상일.   3) 신용기.

서울국의 구성:

1) 고려공산청년회에서 전우.   2) 국제공청에서 조훈

지방에서 모든 사업은 해당 지역 위원회에 의해 지도된다. 그밖에 현재 조선에 종교단체 천도교의 청년회 약 40개가 있다. 그들이 우리의 강령과 규약을 수용하도록 그들과 대화를 진행하였는데, 내가 떠난 후에 그 문제가 우리에게 좋은 결과를 얻었을 것으로 생각한다.

청년회 상황을 보면 김사국이 25개 청년회와 연결되어 있고, 조선청년회연합회는 약 3개의 청년회와 연계를 맺었다.

우리의 영향력은 12개 단체 및 현재 협상이 진행 중인 단체들(천도교 청년회)에 미치고 있다.

중앙총국의 합법단체로 활동하고 있는 기관들:

1. 서울 무산청년회

2. 도쿄 무산청년회

3. 평양 5.1청년회

4. 토요회

나머지 청년회들은 아직 관망하는 태도를 견지하고 있다.

РГАСПИ, ф.533, оп.10, д.1882, лл.2-2об.

전조선청년당대회 프로그램

우리는 조선의 해방운동이 세계적 사건들의 진행과 관련하여 완전히 정의롭다고 생각하면서, 그리고 그런 운동에 기여하기를 바라면서 청년회 대회를 소집한다. *

대회 소집 발기회에 참여하기를 원하는 청년회는 대회 프로그램을 수령하고 10일 이내에 밑에 첨부된 양식에 따라 신청서를 제출한다.

1. 의제: 사회, 문화교육, 공업, 평등과 자유, 청년회 발전 및 기타 삶에 관련된 문제.

2. 조선 내지와 외지의 조선청년회는 모두 대회에 참가할 수 있다. 그 외에, 발기회 혹은 대회에 참가하는 청년회의 추천을 받은 개인도 대회에 참가할 수 있다.

3. 대회에 참가하는 대표들은 의결권과 심의권을 가지며, 개인은 심의권만 갖는다. 대회에 참가하는 청년회에는 5원, 개인에는 2원이 징수된다.

4. 청년회 1단체당 대표의 수는 8명으로 제한된다.

5. 대회 참가 신청서는 서울청년회 사무실에 있는 대회 소집 임시사무소로 보내야 한다.

6. 대회는 서울에서 소집된다. 신청서 접수 마감일은 3월 14일이다.

7. 대회는 올해 3월 15일에 개최된다. (토요일부터 1주일간)

8. 참석하는 대표들은 자격심사위원단에 등록된다.

1923년 1월 9일

발기단체: 1) 서울청년회, 2) 대한청년회, 3) 천도교유신청년회, 4) □□청년회, 5) 양주청년회, 6) 포항청년회, 7) □□청년회, 8) 진영청년회, 9) 상주청년회, 10) 울산청년회, 11) 수원청년회, 12) 의성청년회, 13) □□청년회, 14) 춘천청년회, 15) 대전청년회, 16) □□청년회, 17) 소비자노동회, 18) 노동공제회

---

*   1923년 3월 24일~30일 서울청년회를 비롯한 94개 단체가 참가한 전조선청년당대회가 거행되었다.

РГАСПИ, ф.533, оп.10, д.1882, л.3.

〈전조선청년당대회 참가를 촉구하는 1923년 3월 24일 자 격문〉

조선 청년들에게 고함

낡은 생활 기반에 대한 인류의 불만이 크다. 그리고 그 불만은 시시각각 고조되고 있다. 그와 함께 인류의 평화와 자유 및 평등에 대한 열망이 커지고 있다. 청년들에게도 이런 열망이 크다. 그것은 청년들에게서 더 큰 힘을 얻는다. 조선 청년들 역시 무(無)권리와 불평등이 자유와 평등으로 대체되어야 한다고 주장한다. 그들은 평화와 자유 및 평등에 대한 열망의 실현을 자신의 기본 목표로 삼고 있다. 자유의 문제는 조선 청년들에게 생과 사의 문제다.

조선 청년들의 활동사를 보면서 우리는 조선의 현존 청년회들 사이의 관계 부재, 청년들의 낮은 지적 발전 수준, 느린 작업 속도를 확인한다.

조선의 현존 청년회를 모두 통합하고 청년들의 활동 속도를 가속화할 목적으로 전조선청년당대회가 소집된다.

우리의 뜻에 공감하는 사람은 우리 생활의 많은 당면 문제가 해결되고 밝은 미래로 나아가는 길을 모색하는 데 큰 힘을 보태게 될 대회에 모두 참가할지어다.

전조선 대회.

대회에서 논의될 문제들

1. 문화교육 문제.
2. 경제 문제.
3. 종교 문제.
4. 민족 문제

5. 여성 문제.
6. 노동 문제.
7. 청년회 사업 및 기타 사회적 성격의 문제들

РГАСПИ, ф.533, оп.10, д.1882, лл.4-7.

전조선청년당대회의 선언과 결의

우리는 자본주의 제도의 모순적인 경제적, 사회적 구성 및 문화, 법, 전통, 이념, 예술을 근본적으로 파괴하고, 계급도 인간의 인간에 대한 착취도 없는, 즉 모두가 사회를 위해 일하며 과학으로 성취된 복지를 온전히 누리는 그런 사회를 건설한다는 목표를 세웠다.

사랑과 진실과 정의가 있고, 국가도 민족도 없는 자유, 평등, 박애의 나라를 세우려고 하는 우리는 피압박 인민들의 일원으로서 국제 프롤레타리아 연대를 확고히 지지한다.

우리는 우리의 목표를 달성하기 위해, 자신의 계급적 상황을 인지한 모든 프롤레타리아를 통합하고 착취계급에 대항케 할 수 있음을 확신한다.

본 대회는 아래 내용을 자신의 당면 목표로 설정하면서 자신의 실천 활동의 기본으로 삼고자 하며, 이에 그것에 관해 선언하고 8개 문제에 대한 다음과 같은 결의를 조치로 채택한다.

1부의 결의

인민교육 문제에 관한 결의

1. 인간에게 착취 이념과 착취성을 주입함을 목표로 하는 현존 인민교육 기관들에 단호히 항의하며 절대 반대한다.

2. 인공적이 아닌 자연적인 교육, 부분적이 아닌 전인적 교육, 강제적이 아닌 자유로운 교육, 낡은 전통을 주입하는 교육이 아니라 인간을 계발하는 교육을 실현한다.

3. 프롤레타리아트가 착취계급과의 투쟁에 필요한 지식을 획득할 수 있도록 노동자들을 위한 야학을 설립한다.

여성 문제에 관한 결의

1. 현대의 가족관계를 타파한다.

2. 여성과 남성 간의 경제적 평등을 달성한다.

3. 부모와 딸, 남편과 아내, 그리고 여성을 노예 상태에 두는 남성과 여성 간의 현존 상호 관계를 근절한다.

4. 사랑의 자유를 달성한다.

종교 문제에 관한 결의

1. 종교를 절대로 인정하지 않는다. 그 이유는 다음과 같다:

  а) 종교는 그 어떤 현실적 기반도 없다.

  б) 종교는 하늘의 신성화이자 조상 숭배이다.

  в) 종교는 신비주의로서, 인간에 대해 엄청난 권력을 가진다.

  г) 종교는 보수적 요인으로, 사회에 진보 가능성을 주지 않는다.

  д) 종교는 각종 과학에 반한다.

  е) 종교는 국가의 침략 정책을 지지한다.

  ж) 종교는 미신과 두려움의 원동력이다.

  з) 종교는 본질상 사회의 경제적, 사회적 삶과 그 어떤 연관도 없다.

2부의 결의

경제 문제에 관한 결의

1. 자본주의사회를 절대 수용하지 않는다. 그 동기는 다음과 같다:

자본가와 지주는 프롤레타리아트를 경제적으로 끝없이 착취한다. 이로부터 다음과 같은 결과가 초래된다: 사회가 무질서의 도가니가 되고, 프롤레타리아는 자본가와 지주의 노예가 되며, 사회에 염세주의와 재액이 만연하며, 정치적 측면에서 나라가 중심부와 주변부로 양분된다.

노동 문제에 관한 결의

1. 노동계급은 자본가의 착취로부터의 해방에 있어 혁명의 방법으로 행동해야 한다. 이 혁명적 행동은 노동계급이 자본가와 투쟁하는 데 기반이 되어야 한다. 그 이유는 다음과 같다: 자본가와 지주는 프롤레타리아트의 잉여노동을 전유한다. 이는 모든 생산수단과 교역 독점권 및 정치권력이 자본가와 지주의 수중에 집중되어 있기에 발생한다.

2. 노동자에 의해 제조된 생산품은 자본가나 지주만이 아니라 전 사회에 필요한 것이며, 사회 구성원은 모두 능력에 따라 노동 의무를 지고 필요에 따라 생산품을 받을 권리를 가진다.

3부의 결의

1. 민족 문제에 관한 결의

  а) 부르주아지는 인간 사회의 경제적, 정치적 관계의 산물인 민족주의를 노동계급을 착취할 목적으로 이용한다. 노동계급에는 민족도 국가도 있을 수 없다. 그래서 우리는 민족과 국가를 청산하기 위해 결연히 노력해야 한다.

  б) 민족주의 깃발 아래 전개되는 투쟁은 경제 관계에 기초하는 계급투쟁으로 대체되어야 한다.

2. 사회 문제에 관한 결의

전조선청년당대회는 현존 사회에 다음과 같이 요구하고 그에 맞춰 행동한다:

  а) 부르주아 사회를 지지하는 언론·통신 기관들에 맞서 단호히 대항한다.

  б) 농민회를 조직한다(토지 소유자와 농민들 간의 타협 정책을 용인하지 않는다). 농민의 계급적 자의식에 기반하여 농업 운동을 벌인다.

  в) 노동조합을 조직한다(노동자들의 조직된 궐기를 마비시키는 자본가와 노동자의 타협 정책을 용인하지 않는다).

  г) 생산조합과 소비조합을 조직한다.

  д) 일본 자본, 즉 동양척식회사의 식민정책을 용인하지 않는다(일본의 노동단체와 농민단체를 통해 일본인 주민 사이에서 동양척식회사의 식민정책 중단과 불용에 관해 선동하고, 이들 단체가 일본 정부에 그에 관한 청원을 하게 한다).

  е) 실업 노동자들의 시위를 준비한다.

  ж) 다이쇼 8년[= 1919년]에 공포된 일본 정부의 의무결정 폐지 운동을 준비한다.

  з) 공자 사당의 재산을 몰수하여 그것을 노동자의 문화교육 사업에 쓰이도록 한다.

  и) 대중의 자유로운 양육과 교육을 심화, 확대한다.

  к) 초등[= 보통]학교 무상교육을 달성한다.

  л) 현존 학교를 재편한다.

  м) 교육은 모국어, 즉 조선어로 실시한다.

본 결의의 다음 4개 항목은 적지 않는다.

РГАСПИ, ф.533, оп.10, д.1883, л.12.

〈여운형 등의 국민대표회의 관련 1923년 4월 10일 자 결의안〉

조선어에서 번역

현 시국에 대한 결의

기본 생각:

본 국민대표회의는 조선 내외의 각 독립운동단체를 통합하여 일대 독립당을 조직하기로 결의함.

1923년 4월 10일

제안자: 1) 여운형, 2) 선우섭, 3) 최충신, 4) 여인빈

동기:

1919년 3월의 궐기 전까지 10여 년간 조선 내지와 외지의 민족혁명단체들이 쏟은 엄청난 노력에도 불구하고 근본적인 결과를 성취할 수 없었다. 그 원인은 바로 그 단체들이 하나로 통합되지 않았던 데 있다. 이를 고려하여 현재 조선 전역에서 모든 민족-혁명단체의 통합을 요구하는 거센 목소리가 울리고 있다. 우리처럼 나머지 대표들도 그런 통합을 고대하고 있다.

통합은 현 국제적 정치 상황을 고려하면서 단일 중앙혁명기구의 창설이라는 구호 아래 진행되어야 하며, 그것은 굼뜬 기관이 아니라 기민하고 솜씨 있게 일하는 조직이 되어야 한다.

РГАСПИ, ф.533, оп.10, д.1883, лл.13-20.

〈국민대표회의에 참석했던 선우섭이 1923년 4월 12일 상해에서 쓴 편지〉*

조선어에서 번역

선우섭이 상해에서 보낸 편지

(상해 국민대표회의 고려공청 대표)

며칠 전 김학완(김달현)** 동무가 이곳에 도착했고, 김일선*** 동무의 추천으로 그와 만났습니다. 김학완 동무의 말을 통해 조선에서 당 사업과 청년 사업이, 특히 무산청년회의 사업이 순조롭게 진행되고 있음을 알게 됐습니다. 상황이 매우 고무적입니다. 모든 사업이 무산자동맹회에 의해 수행되고 있습니다. 현재 무산자동맹회에는 70명의 회원이 있는데, 지금 극빈 학생층(갈돕회)에서 회원을 받고 있습니다. 에스페란토어 공부를 핑계로 1주일에 4회 강의를 진행하며, 수상한 자가 나타나면 강의를 중단하고 에스페란토어를 공부합니다. 그들은 출판사업을 하지 않고, 당분간 전우 동무와 그로부터 올 소식을 기다리고 있습니다.

내가 김달현 동무를 불신하며 그에게 당 사업 비밀에 관해 이야기하기를 피했음에도 불구하고 그는 안병진****이 수차 편지를 보냈으나 답장을 받지 못했다고 내게 말했습니다. 며칠 후 안병진은 집에 간다고 하면서 의주 쪽으로 떠났습니다. 그는 아직 서울에 도착하지 않은 것 같습니다. 당 사업(무산자동맹회)은 전우***** 동무가 있었을 때와 같은 상황에 있습니다. 무산자동맹회는 별동대처럼 사업하고 있습니다. 사상 사업은 [조선]노동연맹회*가 담당하고 있습니다. 노동연맹회가 수행한 당 사업은 무산자동맹회의 사업과 같습니다. 왜냐하면 노동연맹회는 본질상 무산자동맹회이기 때문입

- ●   이 문서의 주석은 역주가 아니라 원주이다.
- ● ●   무산자동맹회 회원.
- ● ● ●   조선으로 가는 조선공산당원.
- ● ● ● ●   국외에 체류 중인 고려공청 중앙총국 집행위원.
- ● ● ● ● ●   고려공청 중앙총국 비서로, 며칠 전에 당 사업을 위해 조선으로 떠났습니다.
- ●   평양에 있는 노동자연합회로서, 광부들로 구성되어 있습니다.

니다. 일본 경찰의 추적으로 인해 무산자동맹회는 비밀리에 사업을 하고 있으며, 무산자동맹회의 개별 회원들(이들은 당원입니다)은 노동연맹회에서 일합니다.

농민운동은 당에 의해 지도되고 있습니다. 상황은 전우 동무가 있을 때와 변한 게 없습니다. 전우 동무가 있을 때 우리와 함께 일했던 김사국* 동무와 김사민** 동무만이 현재 김명식*** 그룹과 함께 일합니다. 김사국이 전우 동무와 정봉안**** 동무의 모스크바 비밀 여행을 폭로했습니다. 김사민 동무는 감옥에 있고, 김사국 동무는 소문에 따르면 만주나 블라디보스토크 쪽으로 도주했습니다.

노동연맹회에는 50개 지방과 10여 개 도시의 단체들이 가입해 있습니다. 사람들은 노동연맹회가 다른 단체보다 사업을 가장 잘한다고 합니다. [조선]노동공제회***** 해산 후에 노동연맹회는 사업을 더 잘했습니다. 무산자동맹회는 위에서 언급한 대로 별동대처럼 사업을 했습니다. 1월부터 무산자동맹회는 연회* 5~6개를 해산시켰습니다. 이 일은 청년회와 함께 진행했으며, 수천 루블의 손해를 보게 했습니다. 김상옥**의 거사 후에 조선의 민심이 요동을 쳤고, 테러 행위에 큰 의미를 부여하고 있습니다.

내가 보기에 무산청년회 회원 김학완은 여기에 당 업무차 온 게 아니라 테러에 사용할 폭탄을 사기 위해 온 것 같습니다. 김학완은 내가 블라디보스토크로 떠날 때 김일선에게 그가 온 목적이 무엇인지 물어보고 그의 대답을 전우 동무에게 전해주었으면 한다고 내게 부탁했습니다. 이야기가 더 길어지는 걸 원치 않았던 나는 그에게 고려공청 대회에 관해서만 물었고, 이에 그는 대회가 순조롭게 진행될 희망이 별로 없다고 했습니다. 이는 대회 의사일정에 오른 문제들이 매우 심각해서 경찰이 대회를 엄중히 추적하고 있기 때문이었습니다. 당은 대회 준비에 수동적으로 임하고 있습니다. 청년회는 [이하 원문 누락].

김학완과 이야기할 때 누가 들어오기에 대화를 멈췄습니다. 안병진을 만나면 내게

- 서울에서 일하는 고려공청 중앙총국 위원입니다.
- ● 전우 동무 전에 고려공청 책임비서였으며, 일본 경찰에 체포되었습니다.
- ● ● 당내 제 분파의 통합을 요구했습니다. 이 그룹은 잡지 『신생활』을 중심으로 결성되었습니다.
- ● ● ● 정봉안은 모스크바 동방노력자공산대학에서 공부했습니다.
- ● ● ● ● 노동공제회는 자진 해산한 후 다른 단체들과 통합되었습니다.
- 연회는 가장 부유한 친일 분자들에 의해 마련되었습니다. 전반적으로 인민이 영락하는 상황에서 친일 분자들이 연회를 열었기에 그것들을 해산한 것이었습니다.
- ● 2월에 서울의 경찰서에 폭탄을 던져 일본 밀정 1명을 죽였습니다. 그는 경찰에게 쫓기던 중에 죽임을 당했습니다.

편지를 쓰라고 전하라고 그에게 부탁했습니다. 김학완은 다음 날 아침 일찍 조선으로 떠났습니다. 지금까지 안병진에게서 어떠한 소식도 받지 못했습니다.

이제 아주 심각한 이야기를 해야겠습니다. 재일 조선인 공청단체들이 집행위원으로 김약수* 동무를 선출했습니다. 지역의 상해파는 그에 반대했는데, 그 이유는 1) 김약수가 이르쿠츠크파에 속하고, 2) 일본공산당에 의해 김약수가 코르뷰로에 선출된 것은 친이르쿠츠크파 위원을 선출한 것이라는 것이었습니다. 상해파는 그것을 공정하지 않다고 생각했고, 그로 인해 일본공산당이 매우 난처한 상황에 놓였습니다. 정태성**의 말에 의하면, 김약수는 재일 공산주의자들에 의해 선출되었고, 일본공산당의 승인을 받았습니다. 김약수가 코르뷰로 위원이 되지 않으면 재일 조선인 공청단체들은 개별 그룹으로 활동할 것입니다. 정태성[= 정남국]은 며칠 전 일본으로 떠났습니다.

지난 편지에 나는 중국청년단 위원에게 광둥 대회 회의록을 요청했다고 썼습니다.

다음 날 내가 그에게 갔지만 그는 없었고 어디로 갔는지 알 수도 없었습니다. 이해가 되지 않았습니다. 사람들은 그가 광둥에 갔다고 했습니다.

국민대표회의에 관해 간략히 쓰겠습니다. 왜냐하면 이진***이 그곳에 가고 있기 때문입니다. 지금까지 국민대표회의는 비공식으로 회의를 진행했습니다. 국민대표회의 간부회는 노동 문제 후에 시국을 논의하자고 국민대표회의에 제의했고, 이런 문제 배치가 비공식 회의에서 수용되었습니다. 어제(4월 11일)부터 국민대표회의가 공식 개최됐습니다. 시국 문제를 노동 문제 다음으로 옮기는 것은 개조파****와 창조파*****의 간계에 의한 것이었습니다. 회의 중에 창조파는 민족해방운동의 문제에서 획기적 전기를 마련하거나 계획하자고 제안했습니다. 내 생각에 창조파는 새 국민위원회에서 새 정부를 구성하기를 원하는 것 같습니다. 개조파가 시국 문제를 노동 문제 다음으로 옮기자는 창조파의 주장을 지지했던 것은 국민대표회의가 일정을 다 끝내지 못하고 중간에 해산되게 되면 그 책임을 모두 창조파에 전가하기 위함이었습니다.

우리는 새로운 의사일정의 채택 후에 국민대표회의가 끝까지 이어지기를 바라고 있으며, 의사일정 변경 후에 그것이 아무런 성과 없이 중도에 해산되는 상황을 원하지 않

- 재일 조선인 공산주의자로, 일본공산당에 의해 코르뷰로에 추천되었습니다.
- ● 일본에서 온 동무입니다.
- ● ● 재러 공산주의자 대표입니다.
- ● ● ● 상해 정부를 남겨두자고 주장하는 다수 그룹.
- ● ● ● ● 상해 정부를 청산하자고 주장하는 그룹.

습니다. 후자의 경우 각지로 흩어진 회의 참석 대표들은 조선이나 다른 곳에서 그것의 해산에 관해 선동하면서 분열의 책임을 우리에게 떠넘기려고 할 것입니다. 그래서 우리는 당의 지령에 입각한 성명서를 국민대표회의에 제출했습니다. 편지에 성명서를 첨부하였는데, 자세한 건 모두 이진 동무에게 물어보길 바랍니다.

나는 국민대표회의에 온 것을 몹시 후회하고 있습니다. 여기서 할 게 없습니다. 전우 동무와 함께 문제를 해결한 후에 회의에 끝까지 남아 있어야 하는지 아니면 바로 떠나야 하는지 고민하고 있습니다. 청년회에 이익이 될 수 있는 나의 성명에 대해 회의의 다수는 눈길을 주지 않습니다.

국민대표회의가 분열된 후에 창조파는 러시아로 떠날 것입니다. 나는 그들과 함께 떠날 수밖에 없습니다. 사람들은 내가 창조파에 속한다고 말할 수 있지만, 그런 해석은 옳지 못합니다.

하림(조훈) 동무와 나는 장건상* 동무에게 불만이 있습니다. 그는 자신의 숙소를 알려주지 않았고, 그래서 비상 상황에서 그와 연락할 수 없었습니다. 지금까지 나는 장건상 동무가 아쉽지 않습니다. 정태성 동무가 일본으로 떠날 때 나는 그와 작별 인사를 하지 못했는데, 이는 그의 숙소를 몰랐기 때문입니다.

여기서 누구를 믿을 수 있겠습니까. 전 중앙위원 김응섭**은 지금 당에 맞서고 있습니다. 사람들은 그가 김두봉*** 같은 사람들과 새 공산당을 결성했다고 말합니다. 신채호**** 그룹은 코르뷰로가 미국에 조선에 대한 위임통치를 맡기자고 제안한 이승만 (상해 정부 대통령)이 하는 것처럼 행동한다고 생각합니다. 이 그룹도 역시 새 공산당을 조직했습니다. 적어도 그렇게들 말합니다. 우리 중 누가 진짜 이상적인 동무일까요. 장 동무는 자신의 책임을 이해하지 못합니다. 허송세월하고 있습니다. 그 어떤 당 사업도 하지 않으면서 자신의 권위만 지키고 있습니다. 나에 관해 말하면, 나는 밤에 잠도 안 자며 우리 사업에 실망하고 있습니다. 러시아에서 온 대표들 분파의 서기인 최충신은 장건상에게 블라디보스토크로 순조롭게 떠날 수 있게 해달라고 부탁했습니다. 마링 동무는 장건상의 부탁에 따라 최충신에게 50명이 떠날 수 있게 하겠다고 약속했습니다. 최충신은 자기 친지들, 그리고 (당에 반대하는) 김두봉, 신채호와 함께 투기적 행위를

---

*　　　　　상해 국민대표회의의 코르뷰로 위원입니다.
**　　　　당 중앙위원으로, 민족주의 노선을 따르고 있습니다.
***　　　역시 민족주의자입니다.
****　　비당원으로, 기자입니다.

한 인사들 및 대회와 아무런 관계가 없는 학생들을 데리고 가려고 했습니다. 그런 자들이 약 50명 모였습니다. 나는 그 일로 장건상 동무와 이야기를 해보려고 합니다. 러시아에서 이들 인사의 반당 활동에 대한 책임은 틀림없이 장 동무에게 지워질 것입니다. 이 자들은 러시아에서 어떤 공연을 하려고 합니다. 장건상 동무는 최충신 동무를 신뢰합니다. 이에 대해 상세히 이야기하지 않겠지만, 하나 말하고 싶은 것은 최충신 동무가 분파 회의에 두 번이나 참석하면서 당원 모임에는 한 번도 참석하지 않았다는 사실입니다. 그런 동무들은 말뿐인 공산주의자입니다.

나 개인에 관해서는 이진 동무에게 알아보십시오. 나는 우리 공청과 조선의 청년회에 도움이 될 수 있는 것을 국민대표회의에 요구할 수 없었습니다. 나는 우리의 요청에 호응하지 않는 국민대표회의에 남아 있고 싶지 않습니다.

최대한 빨리 편지를 쓰십시오. 곧 떠날 겁니다.

김교, 김원근, 박헌영, 김철훈 동무가 전당 잡힌 물건들을 내가 되살 수 있을지 매우 걱정됩니다.

며칠 전에 동무에게 조선의 청년회 해산에 관해 편지를 쓰려고 했으나, 우표를 살 돈이 없어 쓰지 못했습니다.

РГАСПИ, ф.533, оп.3, д.68, лл.14-16.

〈국제공청 집행위원회가 고려공청 중앙총국에 보낸 1923년 8월 1일 자 훈령〉

고려공산청년회 중앙위원회 앞

친애하는 동무들!

경제적 관계에서 임금 인하, 노동일 연장 등으로 표현되는 자본의 공세 시기는 정치적 관계에서 반동적 부르주아지의 독재로 나타난다. 영국에서 로이드-조지 정부, 즉 자유주의적 부르주아지가 보수당 정부로 교체되었고, 프랑스에서는 정부가 열렬한 제국주의자인 푸앵카레에 의해 지도되고 있다. 이탈리아에서는 노동자 단체의 괴멸로 기록된 파시스트 혁명이 발생하였고, 군사혁명 후에 불가리아 정부는 우선 공산단체를 궤멸시키는 작업에 착수했다. 교차시킨 뼈의 형상이 있는 흑기(黑旗), 즉 파시즘 깃발은 전 세계 반동 세력의 상징이 되었다.

독일에서 파시즘은 우선 독일 노동계급을 궤멸시키려 하면서 나날이 성장하고 있고, 폴란드에서 새 반동 정부는 아직 파시스트 정부가 아님에도 불구하고 폴란드 노동자들을 총살하면서 자신이 파시스트와 별로 다르지 않다는 것을 입증하려 애쓰고 있으며, "민주주의"의 미국과 군국주의 일본에서도 똑같이 파시즘이 성장, 발전하고 있다.

전 세계에서의 반동 세력의 성장은 반동 진영 내의 굵직한 모순들[이 깊어짐]과 동시에 이루어졌다. 전 세계에서 자본주의는 각고의 노력에도 불구하고 전쟁 전의 상태에 도달할 수도 없고 굳건히 버틸 수도 없다. 자본주의 시스템은 부패하고 있고, 기생적 형태를 취하고 있다. 즉, 자본주의의 열강 각자는 주로 약소한 나라에 대한 착취를 통해 살아남고자 애쓰고 있다. 그래서 프랑스는 루르 지방을 점령하여 독일로부터 즙을 빨아내고 있다. 영국은 바로 얼마 전에 소비에트 러시아에 전쟁을 도발했다. 러시아를 자신의 식민지로 삼으려는 노력의 일환이었다. 영국과 미국은 태평양에 대한 영향력을 장악할 목적으로 일본에 대한 공격을 꾀하고 있다. 자본주의의 열강 각자는 남보다 더 많이 차지하려고 시도하고 있으며, 이는 자본주의 세계 내에서 격렬한 충돌이 발생하는 원인이 된다. 그 결과가 군비 확장, 군국주의 발흥, 새 전쟁의 위험이다.

자본주의적 기생의 증식은 우선 동방 각국에 대한 강력한 착취 시도에서 드러난다.

전 세계의 제국주의자들이 중국으로 몰려들고 있으며, 세계 제국주의자들에게 중국을 복속시키기 위해 갖은 시도를 다하고 있다. 현재 중국은 외국의 통제에 완전히 예속될 위험에 처해 있다. 외국 신문은 중국의 왕정복고를 위한 운동을 벌이고 있다. 외국 제국주의의 영향을 받아 중국 군벌들은 서로 작당하여 자신들의 무력을 모두 쑨원에게 돌리기 시작하였다. 그는 그가 자주 드러내는 정치적 동요와 주저에도 불구하고, 중국의 노예화에 가장 단호히 반대하는 인물이다. 중국 인민에 군림하는 독재자가 되려고 했던 무능한 장군 차오쿤 은 중국에서 등장한 반동 정치의 가장 전형적인 표현이다. 반동 정치는 우선 노동계급과 노동운동에 박해를 가했으며, 노동운동은 중국 군벌들의 총검에 파괴되었다.

조선은 제국주의 일본에 약탈당하고 있다. 일본의 자본주의적 착취는 매년 증가한다. 농민대중이 파산하고 있고, 조선의 노동계급은 일본 자본의 노예가 되고 있다. 민족혁명뿐만 아니라 각종 사회운동의 온갖 발현이 일본 군국주의자들에 의해 뿌리째 잘려나간다. 그들은 바로 일본 관헌의 인가를 받아 존재했던 여러 청소년단체의 대회를 바로 얼마 전에 해산했다. 조선의 정예분자들이 모두 일본 감옥에 들어가 앉아 있다. 자본주의 일본 자체가 미국과의 투쟁을 준비하고 있고, 그래서 자신의 해군력을 증강하는 가운데, 학교부터 시작하여 정부에 의해 특별히 설립된 청소년단체에 이르기까지 국가의 완전한 군사화를 추진하고 있다. 일본 노동계급의 혁명운동은 일본 부르주아지에 의해 광란의 박해를 받고 있다. 파시즘이 일본에서도 생기기 시작하였고, 그것의 첫 번째 행위는 노동계급의 지도자 한 명을 살해한 일이다.

세계의 다른 모든 곳처럼 원동은 반동 세력, 파시즘, 군국주의, 외국의 압제가 판을 치는 지대가 되었고, 그것들은 온 무게로 근로계급과 특히 청년들을 짓누르고 있다.

그래서 국제공청 집행위원회는 제9회 국제청년데이 • 기념행사를 파시즘, 반동 세력, 군국주의, 외국의 압제에 대한 투쟁이라는 구호 아래 올 9월 2일에 치를 것을 결정하였다.

그날 우리의 공청 회원들이 시위를 벌일 수 있는 집회나 회합을 조직하라. 그뿐 아니라 대학이나 학교에서, 청년 노동자들 사이에서 집회나 회합을 열어 거기서 반동 세력

• 국제청년데이(국제 청소년의 날, Международный юношеский день)는 1915년 베른 국제 사회주의 청소년 회의의 결정으로 제정되어 1945년까지 기념된 진보적인 청소년의 국제 휴일로, 1931년까지 9월 첫째 일요일에, 1932년부터는 9월 1일에 행사가 치러졌다.

과 관련된 전반적 상황을 광범한 청년 대중에 설명해 주고, 군국주의와 파시즘과 반동 세력 및 외국의 압제를 규탄하라.

반동 세력에 대한 비판 선동을 벌이는 동시에, 광범한 대중에게 국제 노동운동과 청년 혁명운동과 국제공청에 대해 알려주고, 세계 프롤레타리아트와 노예화된 원동 대중이 갖는 정치적 이해관계의 공동성 및 원동 청년들이 국제공청을 중심으로 결속해야 할 필요성을 교시하라.

국제청년데이 행사에 대해 우리에게 즉시 회신하라.

공산주의적 인사와 함께, 국제공청 집행위원회

모스크바, 1923년 8월 1일

РГАСПИ, ф.533, оп.3, д.68, лл.5-7.

〈국제공청 집행위원회가 고려공청 중앙총국에 보낸 1923년 9월 15일 자 훈령〉

모스크바, 9월 15일

고려공산청년회 중앙위원회 앞

친애하는 동무들!

이번 11월 7일은 세계 최초의 노동자-농민 공화국인 소비에트 러시아, 즉 소비에트 사회주의공화국연방의 수립 6주년 기념일이다. 인류에게 새로운 날짜인 11월 7일은 소련의 근로자들뿐만 아니라 전 세계 피압박 인민들의 기념일이다.

그래서 국제공청 집행위원회는 그날에 소련을 위한, 프롤레타리아 독재를 위한, 외국 제국주의의 압제에서 피압박 인민들을 해방하기 위한 전 세계 청년 근로자들의 궐기를 조직한다.

동방에서 11월 7일에 게시되어야 할 기본 구호는 다음과 같다:

일본 – 소비에트 러시아와 조약을 체결하고 소련을 외교적으로 승인한다; 자본주의 일본은 러시아에 속했던 사할린섬 일부에 대해 영유권을 포기한다; 일본의 노동계급은 소련 근로자들과 연대한다.

조선 – 일본제국주의의 압제로부터의 해방과 독립을 위한 투쟁에서 조선인 대중은 소비에트 러시아 및 일본 근로자들과 긴밀한 동맹관계를 구축한다.

중국 – 소비에트 러시아와 함께 외국 제국주의에 대항한다; 소련과 조약을 체결한다.

몽골 – 몽골 근로대중과 소련 근로자들과의 결속을 강화한다; 러시아 근로자들이 몽골 해방에 도움을 준 사실을 강조한다.

터키 – 외국 제국주의에 대한 터키 인민의 승리는 소비에트 러시아와의 동맹의 결과다; 이들 승리를 강화하고 견고히 하는 일은 향후 터키 인민과 소비에트 러시아의 긴밀한 동맹에 의해서만 가능하다.

페르시아 – 소비에트 러시아와의 동맹은 페르시아가 제2의 인도가 되는 것을 막고 페르시아를 영국 제국주의의 압제에서 해방한다.

인도 – 소비에트 러시아의 근로자들과 함께 인도 독립을 위해 영국 제국주의에 대항한다.

이런 구호들 아래 광범한 대중의 가두시위, 집회, 회합 등을 조직해야 한다.

국제공청 집행위원회는 11월 7일 기념일 행사 준비에 즉각 착수할 것을 동무들에게 요청한다. 그 내용은 다음과 같다:

1) 기념일 행사를 위해 당과 공청 및 노동조합의 대표들로 구성된 공동위원단이 중앙과 지방에서 조직되어야 한다.

2) 그날 행사를 모든 단체에 교시하는 회람 편지를 발행한다.

3) 소비에트 러시아 및 당사국에서의 11월 7일 기념행사를 위한 격문, 전단, 선언문을 발행한다.

4) 11월 7일 기념행사 준비 관련 캠페인을 정기간행물에 보도한다.

5) 광범한 노동자, 농민, 청년 학생 대중이 참가하는 시위를 준비한다.

6) 11월 7일 기념일에 연설할 열성자들을 선발한다. 이를 위해 공청의 열성 일꾼과 회원들의 회합을 열어 6년간 소비에트 러시아가 성취한 모든 것, 특히

  1. 소련은 무엇인가,

  2. 현재 소련의 강성함,

  3. 소련의 급속한 경제 재건,

  4. 소련에서의 민족 문제,

  5. 소련의 청년 노동자-농민의 상황,

  6. 소련의 청년 학생과 학교의 상황,

  7. 소련, 동방의 피압박 인민들, 외국의 제국주의에 대해 조명해야 한다.

공청 회원과 열성 일꾼들은 상기 문제들을 잘 통달한 후에 청년 노동자, 농민, 학생들 사이에서 광범한 선동을 벌이기 시작하여 그들을 시위에 끌어들여야 하며, 시위는 대중적 성격을 띠어야 한다. 시위 이외에 학교, 대학, 제조소, 공장 등에서 회합을 열어 소련에 관한 합당한 결의안을 도출해 내야 한다.

국제공청 집행위원회는 11월 7일의 기념행사 준비에 즉시 착수할 것을 제의하면서, 그날이 청년들의 대중 연설로 기념되고 여러분 단체의 강성함을 특징짓게 되기를 희망한다. 기념행사의 결과 및 신문, 잡지나 결의문 같은 자료들을 모두 우리에게 즉시 발송하기를 당부한다.

공산주의적 인사와 함께, 국제공청 집행위원회

РГАСПИ, ф.533, оп.4, д.22, лл.1-3об.

〈페트롭스키가 국제공청 집행위원회 원동 주재 대표 치토비치에게 보낸 1923년 1월 27일 자 서한〉

1923년 1월 27일

친애하는 동무,

우선 우리가 모스크바에서 했던 대화에 관해 몇 마디 하겠습니다. 내가 보기에 동무의 블라디보스토크 여행은 특히 하나의 사업 상황으로 인해 생긴 일입니다. 어쨌든 그것은 어떤 시각에서 보더라도 시의적절합니다. 이제 동무는 원동에서 훌륭하고 노련한 간부 일꾼들을 선발해야 할 필요가 있다는 사실을 확인했을 것입니다. 다른 측면에서, 동무는 상당한 경험을 얻었고 자신의 지식을 늘렸습니다. 내가 보기에 동무가 영어 공부를 시작한다면, 그건 매우 유용할 것입니다. 일반적으로 그것은 동무가 현재 진행하는 사업을 위해서도 큰 의미가 있습니다.

이제 그 일에 관해 말해봅시다. 동무가 모스크바를 떠난 시점은 국제공청 집행위원회에서 국민당에 관한 문제가 논의되고 있을 때였습니다. 동무는 우리의 결의가 집행위원회에서 반대에 직면했다는 걸 이미 알고 있습니다. 그것은 1) 중국사회주의청년단 회원 중 누가 국민당에서 일할 것인가의 문제, 2) 중국사회주의청년단 회원이 국민당 내에서 해야 할 조직사업에 관한 문제에 제기되었습니다. 첫 번째 문제에 대해 우리는 가장 공산주의적으로 확고한 회원들이 국민당에 가서 일해야 한다고 규정했습니다. 하지만 집행위원회에서 토론은 청년단의 모든 회원이 국민당에서 일해야 하며, 국민당에의 가담 문제에 대해 청년단 내부에서 어떤 이견도 있으면 안 된다는 쪽으로 귀결되었습니다. 두 번째 문제에 대해서는 당의 전술을 견지하기로 결정되었습니다. 청년단의 전술은 시국의 요구에 따라 규정될 것입니다. 당이 당원이나 청년단원의 손으로 국민당의 새 지부를 조직하는 것이 필요하다고 판단하는 경우, 그것은 코민테른 집행위원회 원동국의 승인을 얻어서 하게 될 것입니다. 동무에게 어떤 개인 정책이 있어선 안 된다는 건 논쟁의 여지가 없습니다. 이것을 내가 말하는 이유는 우리의 다른 동료들에게 그런 기도가 있기 때문입니다. 예를 들어, 달린은 우리가 국민당과의 관계를 신속히 단절하게 되는 그런 정책을 시행하면 좋겠다고 이야기합니다. 내가 보기에 물론 그는 더는 그렇게 말하지 않고 실제로 우리의 노선을, 일반적으로 집행위원회의 노선을 시행할 것입니다. 집행위원회의 처음 결정이 그러했습니다. 그다음에 라□리가 긴 시간에 걸쳐 결의안을 작성했고, 부하린과 대화를 나눴고, 마침내 이제 우리는 다음과 같은 결론에 도달했습니다: "집행위원회는 청년단원들의 국민당에의 가담 필요성을 확인만 하고, 나머지는 (즉, 사업 조건, 조직 원칙 등을 규정하는 일 모두는) 동무를 포함한 코민테른 집행위원회 원동국의 몫입니다." 동무는 거기서 그런 문제의 연구에 종사하게 됩니다. 어쨌든 내 개인적인 생각으로는, 당에 대해 엄한 규제를 하지 않을 수 있다면, 청년단에 대해선 엄격한 지령이 내려져야 합니다. 왜냐하면 청년단이 계급관계에서 더 잡다한 조직이기 때문입니다. 이 일에 중국공산당과 중국청년단을 끌어들일 수 있지만, 그런 지령은 내가 보기에 코민테른 집행위원회 원동국을 통해 내리는 것이 필요한 듯합니다.

신문을 보고 최근 중국에서 일어난 몇 가지 사건을 알았습니다. 천중밍의 패배, 북경 정부와 쑨원의 공모 시도, – 이는 모두 더 큰 사태로의 어떤 전환을 의미합니다. 그것으로 중국의 잦은 변동이 끝나지 않을 수 있습니다. 어쨌든 동무는 우리에게 원동 문제에 대한 자료가 얼마나 적은지 알고 있습니다. 동무는 우선 모든 자료를 우리에게 보내야 하며, 다른 측면에서 자료를 개인 정보로 남겨두면 안 됩니다. 중국사회주의청년단의 사업 여건에 관해 자세히 기술하여 내게 보내길 바랍니다. 즉, 청년단이 사업을 공개적으로 하는지 아니면 지하에서 하는지, 비합법으로 사업을 한다면 과연 그들에게 사회주의청년단이라는 이름을 유지하게 할 가치가 있는지, 비합법의 환경에서 청년단에 의해 어떤 방법들이 적용될 수 있는지, 청년단 내에 어떤 사조와 편향들이 존재하고 있는지, 사업의 무게중심을 청년 노동자들에게로 이동시키는 일은 잘 진행되고 있는지, 청년단원들이 어느 정도로 민족주의에 사로잡혀 있는지 등에 대해 기술해야 합니다.

이 청년단의 정보 이외에 중국 상황 전반에 대한 정보가 필요합니다. 동무는 현재 집행위원회의 어떤 지령이 시의적절하다고 생각합니까? 특히 청년단이 처한 전반적 여건이나 상태와 관련해선 어떤 지령이 적실합니까?

이제 일본과 조선에 대해 말해봅시다. 동무가 조훈과 연락할 수 있습니까? 일본의 일은 어떻게 되어가고 있습니까? 아마 외교적인 기반 탐사가 시작되고 있겠지요. 우리는 특히 일본에서 청년들의 경제 운동이 어떻게 진행되고 있는지 알고자 합니다. 그런 정보들이 일본과 조선 모두에 대해 필요합니다.

이것이 지금 모스크바에서 동무에게 쓸 수 있는 전부입니다. 사업 상황 전반에 대한 정보가 동무에게 있을 것입니다. 어쨌든 모스크바에 요구할 게 있으면 써 보내시오. 동무의 요청을 들어주도록 노력하겠습니다.

이 편지를 사적인 것처럼 수취하십시오. 회신도 같은 방법이어야 합니다. 지령에 따른 보고는 모든 항목을 그대로 유지합니다.

동무의 인사와 함께, 페트롭스키

P.S. 특히, 일본의 상황을 연구하여 "공.청.인."[=공산청년인터내셔널]을 위해 현재 일본의 운동 상황에 관한 기사를 작성하길 바랍니다. 본인이 할 수 없는 경우 그 일을 일본인들에게 시키고, 그다음에 기사를 내게 보내시오. (영어나 러시아로 쓰면 더 좋습니다) 문헌 부분에 대해서 우리를 절대 잊지 말고, "공.청.인."을 위해 자료를 꼼꼼히, 양적으로 충분하게 준비하시오.

재정 상황은 어떻습니까? 동무와 보이틴스키와의 관계는 어떠합니까?

[러시아콤소몰 중앙위원 겸 중앙위원회 정치교육부 부부장] 페트롭스키

РГАСПИ, ф.533, оп.4, д.22, лл.11-13.

〈국제공청 집행위원회 비서 쉴러가 1923년 초 치토비치에게 보낸 지령〉

코민테른 집행위원회 원동국 내 국제공청 집행위원회 대표 치토비치 동무 앞

존경하는 동무,

이제 이미, 원동에서 우리가 하는 실천사업의 상당 부분이 코민테른 집행위원회 원동국 내 우리 대표부를 통해 진행되어야 할 필요성이 설명되었다.

국제공청 집행위원회는 우선 원동에서의 운동에 관한 자료를 받아야 한다. 지금까지 제3차 대회가 끝나도록 우리는 동방 각국으로부터 어떠한 보고도 받지 못했다. 그런 가운데 국제공청 집행위원회의 구체적 사업 계획은 동방의 청년운동에 대한 실질적 지도를 예정하고 있는데, 그러기 위해서는 각국 공청에 의해 추진된 사업들에 대한 평가가 이루어져야 한다. 특히 필요한 것은 중국사회주의청년단 쪽의 정보이다. 왜냐하면 현재 중국에선 청년단의 사업 전체에 자국을 남기는 큰 사건들이 발생하고 있기 때문이다. 우리 계획이 실현되게 할 목적으로 국제공청 집행위원회는 다음과 같은 지시를 내린다:

I.

1) 조선, 중국, 일본 공청의 보고가 좀 더 정기적으로 이루어질 수 있도록 조치하라. 각국 공청은 정기 보고를 통해 공청의 상황과 사업 및 청년 노동자들의 운동에 대한 개요를 알려야 하며, 또한 국제공청 제3차 대회에서 채택된「결의」의 이행 상황에 관한 정보를 다음과 같은 식으로 구성하여 보고할 필요가 있다고 생각된다.

　a) 국제공청 제3차 대회「결의」의 이행 결과.

　b) 국내 청년 노동자들의 경제 상황과 노조 운동에서의 공청 사업.

　c) 공청의 정치교육 사업과 그 결과.

　d) 청년 농민과 학생들 사이에서의 사업.

　e) 적들(기독교청년회, 국가)과의 투쟁.

f) 각 정당과의 상호 관계, 공청의 정치노선.

g) 공청의 조직사업, 통계자료, 언론 상황 등

h) 총결.

동무는 위 내용이 담긴 보고를 정기적으로 제출해야 하며, 개별 문제들에 대해서는 위의 보고 형식에 구애받지 않고 자료를 보내는 게 바람직하다. 동무의 다음 보고에 본 지령의 이행 결과를 기재하라.

2) 원동 각국의 운동에 대한 지도가 구체적으로 이루어지지 않는 것은 그곳 사업의 합법 형태와 비합법 형태에 대한 정보 부족 때문이다. 국제공청 집행위원회는 각국 공청의 모든 사업 형태와 그 병립 상태에 대해 정확한 표상을 가져야 한다. 따라서 동무는 최단 시일에 그 문제에 대한 모든 자료를 수집하여 우리에게 필요한 정보를 제공해야 한다.

3) 청년 농민의 문제 및 그들 사이에서 진행되는 사업 형태의 규정에 관한 문제를 밝혀야 하는데, 그에 관한 정보가 없다. 우선 동무는 특히 그 문제를 상세히 다룬 보고서를 제출하라고 각국 공청에 요청해야 한다.

4) 중국청년단에서 비공산 분자의 숙청 작업이 어떻게 진행되는지 다음 보고에서 우리에게 통지하라. 우리는 최대한 빨리 그 문제에 대해 지시를 내릴 것이며, 우리의 지시가 그 사업의 수행 필요성에 대한 인식과 부합되게 하는 것이 매우 중요하다.

5) 얼마 후에 중국에서 청년단 대회가 소집될 것이다. 그 분야에서의 동무의 조치 및 청년단 대회의 준비 상황에 관해 통지하라. 정확히 언제 청년단 대회가 예정되어 있는가?

6) 조선에 대해, 동무에게 의병 투쟁과 이 운동에 대한 공청의 참여 문제 관련 자료를 수집하라고 제안한다. 의병 운동의 구성 분자들, 당과 공청의 역할 및 의병 투쟁의 역사적 진행에 관해 자세히 기술하라.

7) 조선의 당 위기 및 당의 상태 개선을 위한 공청의 사업에 관해 동무가 가진 모든 정보를 우리에게 통지하라.

8) 소비에트 러시아와의 외교관계 정상화 캠페인과 관련한 공청사업이 일본에서 어떻게 진행되는지, 국제공청 제3차 대회의 「결의」와 관련해서 우리가 그들에게 편지로 내린 지령이 어떻게 이행되는지에 대한 정보를 수집하라.

9) 동무의 재량하에 있는 기타 모든 정보를 즉시 우리에게 보내라. 왜냐하면 원동에서 국제공청 집행위원회의 사업을 활성화하는 것이 우리의 당면 전투 과제이기 때문이다.

II.

원동의 국가들을 위한 예산이 다음과 같은 식으로 승인되었다:

> a) 국제공청 집행위원회 원동 대표부
>
> b) 중국
>
> c) 일본
>
> d) 조선
>
> e) 국제공청 집행위원회를 위한 신문들

가장 합리적인 (신문, 선동, 선전 등에 대한) 자금 지출을 위해 노력하고, 구성원의 유지에 더 적게 지출하라.

이제 국제공청 집행위원회가 원동에서 신문을 반드시 정기적으로 수취할 수 있도록 하라. 동시에 코민테른 집행위원회 원동국의 모든 자료(공보, 격문 등)를 우리에게 발송하라.

III.

대표부 자체 내의 사업이 (공청과의 관계, 사업 환경, 기구 등과 관련해서) 어떻게 진행되는지 우리에게 통지하라.

VI.

이에 더해 중국사회주의청년단의 편지, 중국의 청년단과 국민당의 상호 관계에 관한 국제공청 집행위원회의 「결정」을 동무에게 발송한다. 이 문제의 실제적 결정을 위한 무게중심이 중국공산당으로 이전하고 있음을 동무는 이미 알고 있다. 따라서 동무는 (국민당 내 청년단원들의 조직사업, 분파활동 등에 관한) 「결정」의 이행과 관련하여 청년단에 생길 수 있는 제 문제를 코민테른 집행위원회 원동국과 함께 해결해야 한다.

P. 쉴러

РГАСПИ, ф.533, оп.4, д.22, лл.21-23.

〈국제공청 집행위원회 비서 쉴러가 치토비치에게 보낸 1923년 3월 20일 자 지령〉

모스크바, 1923년 3월 20일

코민테른 집행위원회 원동국 내 국제공청 집행위원회 대표 치토비치 동무 앞

존경하는 동무,

올 2월 12일과 19일 날짜가 적힌 동무의 첫 번째 보고를 4일 전에 수취하였다. 집행위원회는 올 3월 19일 회의에서 이 보고를 청취하였고, 동무의 2가지 제안에 대해 다음과 같이 결의하였다:

a) 앞으로 동무는 국제공청 집행위원들에게 흔히 배포되는 약식 보고서를 받게 된다. 이는 동무가 국제공청 집행위원회 사업과 서유럽의 운동 상황에 대해 알아야 하기 때문이다.

b) 우리 대표부의 재정 업무와 코민테른 집행위원회 원동국의 통합이 불가피하다. 왜냐하면 청년단체의 재정지원과 회계 보고 체계가 일련의 객관적 상황으로 인해 구분되어야 하기 때문이다. 이런 업무적 측면이 동무에게서 많은 시간을 뺏을 수는 없는데, 왜냐하면 동무는 코민테른 집행위원회의 경리부가 동무의 회계 보고를 특별 장부에 기재하며 처리하도록 그 대표와 합의할 수 있기 때문이다. 동무의 제안 예산을 우리가 알수 있게 우리에게 발송하라.

동무의 보고 내용에 대한 우리의 지적 사항은 다음과 같다:

1) 민족해방투쟁 문제뿐만 아니라 원동 근로청소년 운동 문제, 그리고 노동자들의 계급투쟁 문제도 우리 사업의 기본 문제여야 한다. 예를 들면, 조선의 청년 노동자들에 대한 일본 자본의 착취에 반대하는 투쟁 구호를 내세우는 게 가능하며 또 필요하다. 청년들 사이에서 혁명적 해방투쟁의 정신으로 체계적인 교육사업을 벌이라고 조선 민족 혁명단체 대회에 제의하는 게 가능하며 또 필요하다. 조선 학교의 일본화에 대한, 조선에서 조선인 청년과 일본인 청년의 평등화를 위한 투쟁 강령을 제시하는 게 가능하며

또 필요하다. 이 모든 구호의 도드라진 특징은 그것들 모두가 민족해방운동의 구호이기도 하다는 데 있다. 민족주의자들은 그런 구호들에 충분히 서명할 수 있다. 따라서 그런 것 이외에 우리는 공산주의적 구호를 내세워야 하며, 이들 구호는 처음에 선전을 목적으로 이용될 뿐만 아니라, 운동의 좌익을 형성하기 위해서도 이용될 것이다. 물론, 그를 위해 청년들의 상황, 민족해방운동 그룹들, 해당 식민지에서의 부르주아지의 구체적 역할에 관한 문제를 잘 해명해야 한다. 적어도 우리 투쟁의 계급적 동기가 민족주의 분자들에게 예속되어선 안 된다. 우리와 그들 간에 전술적 결합이 구축되어야 한다.

2) 우리 대표부는 국외 공청의 활동에 주의를 집중해야 한다. 주된 조직적 과제는 a) 중국과 일본 및 조선의 공청 중앙위원회들 사이에 긴밀한 관계를 확립하고, b) 이들 공청의 중앙국이 우리에게 보내는 보고를 (매월 보고 혹은 처음에는 격월 보고의 형태로) 늘 정기화하는 것이다. 이것이 중요하다. 따라서 국제공청 집행위원회는 약소민족들 (일본인, 조선인, 중국인)이 손해를 끼칠 게 아니라 주요 조직 과제 수행에 조력할 것인 만큼 그들 사이에서 사업할 것을 권고한다.

3) 우리는 동무가 보낸 자료에 만족한다. 이제껏 우리가 받은 게 아무것도 없었기 때문이다. 동무는 우리에게 우리 공청의 (합법적, 비합법적) 간행물, 청년운동에 관한 신문 비평 등을 비롯해 청년운동의 상황을 얼마간 그려볼 수 있게 하는 모든 자료를 보내야 한다. 자료를 수집하고 보내는 일에 특히 주의를 집중하라.

4) 국제공청 집행위원회는 일본에서 진행되었고 현재 진행되고 있는 소비에트 러시아와의 외교관계 정상화 캠페인에 관한 구체적 정보와 자료를 다른 자료들과 함께 보낼 것을 요청한다. 그 캠페인에 어떤 청년단체와 그룹이 참여하는가? 그들에 의해 어떤 집회가 열리고, 그 집회에서 어떤 결정이 채택되는가? 그들에 의해 어떤 격문이 발행되고, 얼마만큼 그것이 배포되는가? 일본의 학생 대중의 분위기는 어떠하며, 캠페인에 대한 그들의 태도는 어떠한가?

5) 국제공청 집행위원회는 동무가 고려공산청년회 대회에 우리의 환영사를 전달하길 바랐다. 거기에는 우리가 생각하는 운동의 당면 과제들도 적시되어 있었다. 하지만 그것은 시간적 제약으로 성사되지 않았고, 국제공청 집행위원회 명의의 성명을 내달라는 짧은 전보를 동무에게 보냈다. 대회에 관한 보고를 보내라. 여성불자회가 대회에서 어떤 역할을 했고, 취한 입장은 무엇이고, 조선의 청년회에서 어떤 영향력을 갖고 있는가?

6) 중국에서 주된 현안은 곧 있을 청년단 대회이다. 대회 준비가 어떻게 진행되고 있

는가? 모스크바의 우리는 동방노력자대학 중국반에서 토론을 진행하였고, 러시아 환경에 잘 적응한 중국 여성 프롤레타리예바 동무를 [대회에 파견할] 사절로 선발하였다. 우리는 처음에 그녀를 예를 들면, 청년 철도 노동자들과 같은 하층민 사이에서 일하게 하려 한다. 동방노력자공산대학 중국반 회합에서 채택된 「결의」 초안을 이 편지와 함께 발송한다. 그것은 초안이긴 하나 거의 최종안이나 마찬가지다. 프롤레타리예바 동무 이외에 대회에 참석하러 (현 국제공청 집행위원회 내 중국사회주의청년단 대표인) 주윤칭 동무와 우리의 대표 자격으로 달린 동무가 중국에 간다. 동무는 블라디보스토크에서 대기하고 있어야 한다.

7) 우리는 저번 편지에 대한 회신을 기다리고 있다. 우리가 얼마나 빨리 신문들을 받을 수 있는가? 그 신문들의 발췌문에 대해 우리가 동무와 모스크바에서 합의한 바 있지 않은가? 모스크바에서 받은 정보가 부족하다는 동무의 푸념에 대해 우리는 동무가 어쩔 수 없이 급하게 블라디보스토크로 떠남에 따라 상황이 아주 좋지 않게 조성되었다는 것만 지적할 수 있다. 자료를 동무에게 직접 내주거나 지금 그것을 동무의 관리하로 발송하는 것이 불가능하고 생각된다. 왜냐하면 국제공청 집행위원회 자체가 사업에 필요한 그 자료들을 보유하고 있지 않기 때문이다. 동무는 어떤 나라에 대한, 어떤 정보가 동무에게 필요한지 써내야 하며, 그러면 그때 우리가 그 정보들을 동무에게 제공하려고 노력할 것이다.

8) 이제 지령이다. 5월 23일 함부르크에서 제2청년인터내셔널와 제2.5청년인터내셔널의 통합을 위한 대회가 열려야 한다. 우리는 그들에게 서한을 보내 통일전선을 제안했다. 동시에 그 대회와 관련해서 우리는 우리의 반(反)군국주의 캠페인을 계속하기로 결의하였다. 통일전선은 캠페인 벌일 때 우리에게 필요하기도 하다. 그런 방향에서 필요다고 생각되는 지시를 5월 22일까지 각국 공청에 하달하라.

두 번째. 메이데이 문제에 대해. 집행위원회는 짧은 격문과 작은 회람을 발행한다. 동방의 청년들에겐 특별한 격문을 발행하는데, 그 원문을 동무에게 발송한다. 동무는 필요할 경우 각국 공청에 메이데이 관련 문제에 대한 지시를 내려야 한다. 또한 메이데이 캠페인에 대한 보고서 작성 준비를 잊지 않도록 각국 공청에 지시하라.

세 번째. 반동 정부에 항거한 중국의 학생운동에 대한, 그리고 그것이 무엇에 의해, 어떻게 끝났는지에 대한 정보를 보내라. 우리는 동무로부터 어떠한 정보도 받지 못했다. 우리는 중국사회주의청년단 중앙위원회를 통해 혁명 학생들에게 축사를 보냈고, 동무에게 지령을 내릴 것을 요청하였다. 그렇게 하였는가?

동무에게 다시, 또다시 요청한다. 동무가 가진 청년운동에 관한 모든 정보를 우리에게 발송하라. 현장에서 사업하는 동무들이 청년인터내셔널에서 협력하게 하고, 지역운동을 조명하는 자료를 우리에게 보낼 수 있게 하라.

공산주의적 인사와 함께, 국제공청 집행위원회 비서 P. 쉴러
국제공청 집행위원회 동방부

РГАСПИ, ф.533, оп.4, д.22, лл.29-30.

〈국제공청 집행위원회 비서 쉴러가 치토비치에게 보낸 지령〉

1. 코민테른 집행위원회 원동국에 파견된 국제공청 집행위원회 대표[=치토비치]가 자신의 사업 수행에서 의거해야 하는 것은 국제공청 제2차 대회와 제3차 대회에서 채택된 동방 문제에 대한 제「결정」과 국제공청 집행위원회 원동부의 사업 계획이다. 또한 그는 국제공청 집행위원회 및 코민테른 집행위원회 원동국의 지령들에 따라 자신의 실천 사업을 수행한다.

2. 대표는 서신 교환, 보고, 정보 제공, 자료 발송 등의 방법으로 국제공청 집행위원회와 지속적인 관계를 유지한다.

3. 국제공청 집행위원회의 대표는 블라디보스토크에 도착하면 원동 각국의 공청단체와 연락을 취하고, 그들의 상황과 사업에 관해 숙지한다.

4. 국제공청 집행위원회의 대표는 원동의 제 공청단체를 위한 모든 자료를 받으며, 받는 즉시 그것을 각 주소로 발송한다. 똑같이, 원동의 각 공청단체는 자신의 자료를 국제공청 집행위원회 대표를 통해 모스크바로 발송하기 위해 노력한다. 이때 국제공청 집행위원회 대표는 중차대한 문제에 대해 자신의 결론을 첨부해야 한다.

5. 원칙적 결정이 시급히 필요한 경우 국제공청 집행위원회의 대표는 코민테른 집행위원회 원동국을 통해 결정을 내린다. 이때 국제공청 집행위원회의 대표는 유사한 문제들이 코민테른 집행위원회를 통해 해결될 때 적용되는 통상적 방법을 견지한다.

6. 국제공청 집행위원회의 대표는 원동의 제 공청의 실천 사업에 대한 지휘 감독을 통해 그들의 비합법 사업에 대한 지원과 협조를 보장해야 한다.

7. 국제공청 집행위원회의 대표는 블라디보스토크에서 일해야 할 뿐만 아니라, 청년 단체의 사업에 대한 실제적 시찰과 참여를 목적으로 중국 및 다른 지역에 출장을 가기도 해야 한다.

8. 국제공청 집행위원회의 대표는 러시아 원동의 단체들과 관계를 정립하고 유지하면서, 그들의 역량과 자금을 이용하여 타국의 우리 사업에 도움을 주어야 한다.

9. 국제공청 집행위원회의 대표는 연해주 조선인 청년들 사이의 사업을 관장하는 총국(조훈)과 관계를 정립하고, 이 사업에서 상호 소통 관계를 유지해야 한다.

10. 국제공청 집행위원회 대표의 실제 임무는 다음과 같다:

a) 국제공청 집행위원회의 회람이 동방 각국의 공청에서 제대로 실행되는지 감독한다.

b) 앞으로 반군국주의 캠페인 진행에 특히 유의한다.

c) 중국, 조선, 일본의 공청단체를 지지, 지원하고, 대단위 공업 중심지의 청년 프롤레타리아들 사이의 대중 사업에 집중한다.

d) 중국사회주의청년단의 국민당 내 사업에 관한 국제공청 집행위원회의 「결정」을 실행한다.

e) 신문 등을 통해 (기독교청년회 등) 적대자들과의 투쟁을 조직한다.

f) 원동 나라들에서 당과 공청의 올바른 관계를 정립하고, 조선의 공청을 통해 조선의 당내 위기를 해결하는 데에 조력한다.

g) 국제공청 제3차 대회의 「결정」에 따라 일본공산청년동맹을 결성하는 일본인 동무들을 지원한다.

h) 블라디보스토크 및 다른 곳에 소집되는 원동 제국의 공청 대표자회와 비합법 협의회에 참석하고, 그것을 지도한다.

I) 사업 지도를 위해 필요한 원동 각국의 제 문헌과 기타 간행물을 국제공청 집행위원회 동방 방부로 발송한다.

j) 곧 있을 공청 대회를 위한 사전 캠페인을 벌인다.

k) 국제공청 집행위원회 대표는 자신의 사업에서 코민테른 집행위원회 원동국의 기구에 의해 □□된다.

국제공청 집행위원회 비서 P. 쉴러

РГАСПИ, ф.533, оп.4, д.22, лл.45-46.

〈국제공청 집행위원회 비서 쉴러가 치토비치에게 보낸 1923년 6월 14일 자 지령〉

모스크바, 6월 14일

존경하는 치토비치 동무.

최근 코민테른 집행위원회가 블라디보스토크 총국의 문제를 살펴보았다.

코민테른의 결정으로 총국은 지도 기능이 배제된 채 단지 정보와 연락을 위한 [국제 공청 집행위원회] 동방부의 대표부가 된다.

코민테른의 결정과 관련해서 우리가 동무에 대한 문제를 논의하였다. 우리는 동무 의 국제공청 집행위원회 대표로서의 전권을 유지하고, 동무에게 우리 지령의 틀을 벗 어나지 않는 한도 내에서 지도권을 위임하기로 했다.

나아가, 동무가 동무와 중국 사이에 관계랄 것이 거의 없고, 그 점에 대해서는 우리 에게 여지가 더 많다고 쓰고 있기에 우리는 중국을 직접 모스크바와 연결하기로 했다.

우리의 가장 중요한 편지들 사본을 우리는 정보 제공을 위해 동무에게 발송할 것이 다. 다른 측면에서 동무의 임무는 우리에게 중국 실정에 관한 구체적 정보를 보내는 데 있다. 왜냐하면 그 대목에서 동무가 우리보다 우월하기 때문이다.

결국, 동무가 할 활동의 주된 대상은 일본과 조선이다.

조선에 대한 동무의 정보와 조치는 극히 중요하며, 우리로 하여금 조선의 청소년운 동에 대해 알 수 있게 한다. 결국 동무는 자신이 목적에 맞지 않게 이용되고 있다는 동 무의 발언을 동무의 맡은바 활동으로 반박하였다.

고려공청 대회 소집에 대해 우리는 우리의 원칙적 동의를 전신으로 동무에게 통지 하였다.

우리는 대회 소집 전에 대대적 준비 작업을 진행하는 게 필요하다고 생각한다. 주요 한 것은 조선 내지에 우리 공청의 세력이 어떠한지, 공청에 단체나 회원이 얼마나 있는 지, 공청의 전반적인, 특히 정치적인 활동이 어떠한지에 대해 밝히는 것이다. 우리가 러시아와 중국 망명자들에 무엇을 갖고 있고, 대회가 어디서 어떻게 소집될 것인가?

이 모든 문제를 해명하고, 그 외에 동무가 예상하는 대회 의사일정 및 대회의 개별 문제에 대한 동무의 의견을 통지하라. 이들 정보를 수취한 후에야 우리는 우리가 예상하는 코민테른의 중국 문제 해결 방안(이에 관해 우리는 이미 동무에게 통지했음)에 맞춰 대회와 관련한 자세한 지령을 보낼 수 있을 것이다.

아무튼 고려공청 강령 문제가 어떻게 되어가고 있는지 통지하라. 동무들의 규모와 강령 초안을 알아보고 그것을 우리에게 발송하라. 물론 이 모든 것이 대회전까지 진행되어야 한다.

알다시피 조선에 대한 사업이 아주 많고, 우리는 동무가 지금 거기에 자신의 온 정신을 집중해야 한다고 생각한다.

조선청년총동맹 대회의 두 번째 소집에 관해 말하면, 이 대회를 고려공청 대회 후에 소집하는 것이 시의적절할 것 같다.

재정에 관해서. 동무에게 2분기 자금을 보냈다. 동무에게 600루블, 중국에 1,750루블, 일본에 400루블, 조선에 500루블이 할당되었다. 돈이 들어왔는지 확인하라.

위 예산 이상의 금액을 보내는 것은 우리에게 전혀 가능하지 않다. 1분기 지출 보고서를 우리에게 보내고, 그에 관해 조선, 중국, 일본에도 요청하라. 보고서를 받지 못하는 경우 재정지원이 중단될 것이다.

공산주의적 인사와 함께, 국제공청 집행위원회 비서 P. 쉴러

국제공청 집행위원회 동방부장 C. □□

РГАСПИ, ф.533, оп.4, д.22, лл.61-63.

〈국제공청 집행위원회 비서 쉴러가 치토비치에게 보낸 1923년 7월 23일 자 지령〉

모스크바, 1923년 7월 23일

존경하는 치토비치 동무.

동무가 보낸 올 7월 5일 자 편지를 받았다. 우리는 일본공산청년동맹 중앙총국의 위원 중 1인을 모스크바로 소환하기로 했다. 그가 빨리 올 수 있도록 조치하라.

동무가 과연 일본 대표를 우리 총회로 소환하는 조치를 했는지에 대해, 그리고 그가 도착하지 않는 이유에 대해 통지하라.

C 동무의 보고에 따라 우리가 일본공청에게 국제공청 제3차 대회의 「결정」들로 조명된 사업으로 옮겨가도록 압박하지 않기로 했지만, 동시에 일본공청이 경제사업에 종사하면서 이 사업을 담당하는 특별부를 두는 것은 필요하다고 생각한다.

여기에 동봉한 일본공청에 보내는 편지에서 동무는 우리가 그런 쪽으로 문제를 제기하고 있음을 보았을 것이다.

아무튼, 우리에게 일본의 각 공장과 기업에서 세포를 조직하는 문제가 대두되었다. 문제는 대체 어떤 세포를 조직하는가에 있다. 공청 세포, 아니면 공청에 의해 지도되는 합법단체의 세포? 세포가 무엇인지, 우리의 전체 구조 속에서 그것이 어떤 위치를 차지하는지 미리 설명한 다음 일본 대표단과 그 문제를 놓고 상의하라. 일본 대표단의 의견을 속히 우리에게 통지하라. 우리 의견은 □□□□에 □□되었다.

조선에 관해 말하면, 여기서 우리가 동무에게 저번 편지에서 언급한 것에 관한 정보를 우선해서 받는 것이 필요하다. 우리는 고려공청 대회를 연기하는 게 필요하다는 내용의 전보를 7월 26일 동무에게 보냈다. 먼저 대대적인 준비 작업을 하고, 강령 초안 및 가장 중요한 문제들에 대한 대회의 결의안을 논의하고 작성해야 하기 때문이다. 그래서 우리는 고려공청 중앙위원회의 권위 있는 위원 1인을 블라디보스토크로 소환하기로 했다. 대회의 제 문제에 대한 초안 및 테제 작성을 위해 동무가 위원이나 의장으로 참여하는 특별위원단을 구성해야 할 수도 있다. 그러나 동무에게 지령을 내리기 위해

선 우리에게 자료와 초안들, 그리고 [원문 누락]이 필요하다.

국제국 회의에 대해서. 제□차 국제국 회의가 열렸다. 결의안이 교열과 번역을 거친 후에 여러분에게 발송될 것이다. 지금은 알림 정보만 보낸다. 파인베르크 동무에게 영문 번역을 부탁하고, 번역본을 확실한 방법으로 중국, 일본, 조선으로 발송하라.

보다시피 특히 조선에 대해 일이 무척 많다. 그래서 현재 일이 없다는 동무의 말은 전혀 근거가 없다. 조선의 대회 때문이라도 동무를 블라디보스토크에서 데려오는 것은 절대 생각할 수 없는 일이다. 시간이 나면 원동에 대해 연구도 하고, 기사를 써서 중국, 조선, 일본의 우리 신문뿐만 아니라 유럽과 아메리카의 청소년 신문에도 그것을 게재하기를 바란다.

우리와 동무가 원동에 관해 교환한 편지들에 있는 불일치에 관해 말하면, 지금까지 동무가 보낸 모든 편지가 우리에게 승인되었다. 실제로 동무가 쑨원에 대해 과도하게 굴었던 경우가 수차 있었다. 여기서 필요한 건 코민테른에서 나오는 지령을 준수하는 것이다.

동무가 쓴 「블라디보스토크에 관한 헌법」의 전반적 의미는 동무가 우리의 결정 없이 독자적으로 새로운 정치적 혹은 원칙적 노선을 제공한 데 있다. 그러나 동무가 받은 지령이 있다면, 동무의 교신은 그 지령에 기초해야지, 처음에 승인을 위해 모스크바에 보내지고, 나중엔 원동에 보내져서는 결코 안 된다. 동무는 그 교신을 단지 정보 제공 차원에서 우리에게 발송해야 한다.

공산주의적 인사와 함께, 국제공청 집행위원회 비서 P. 쉴러
국제공청 집행위원회 동방부 C. □□

РГАСПИ, ф.533, оп.4, д.22, л.64.

〈국제공청 집행위원회의 1923년 9월 2일 국제청년데이 격문〉

만국의 청년 노동자, 농민, 병사여, 국제청년데이에 대오를 정렬하라!

이 혹독한 시기에 우리는 여러분에게 호소한다. 9월 2일 제9회 국제청년데이에 청년 인터내셔널의 기치 아래 만국의 젊은 공산주의자들과 함께 나가 분연히 궐기하자.

만국의 노동계급과 빈농들은 착취계급의 끝없이 노골화하는 공세를 격퇴해야 할 필요성으로 야기된 장엄한 투쟁의 전야에 있다. 이 착취계급은 5년 전에 "끝난" 전쟁의 모든 부담과 손실을 노동자와 극빈 농민들에게 아주 훌륭하게 전가하였고, 그들의 상황은 전혀 견딜 수 없게 되었다.

여러분의 상황도 견딜 수 없게 되었다!

나날이 깊어지는 여러분의 가난과 무섭게 성장한 착취 덕분에 자본가와 대지주들은 자신의 부와 지배를 강화하고 있다. 여러분의 착취자들은 여러분의 임금을 점점 더 많이 삭감하고 있으며, 여러분의 노동일을 점점 더 길게 연장하고 있다.

여러분이 궐기하지 않는다면, 노동자를 약탈하는 자들과의 투쟁에서 승리하지 않는 다면, 8시간 노동일은 곧 전설로 사라질 것이다.

청년 노동자, 농민들이여! 9월 2일에 거리로 나서라. 여러분의 의지를 과시하고, 우리와 함께 싸우자.

견딜 수 없는 정신적, 육체적 학대에 맞서 싸우자!

8시간 노동일을 연장하는 정책에 맞서 싸우자!

충분한 임금 만세!

6시간 노동일 만세!

РГАСПИ, ф.533, оп.10, д.1883, л.28-31.

〈조선 혁명운동의 현황에 관해 치토비치가 국제공청 집행위원회(동방부)에 보낸 1923년 10월 16일 자 보고〉

국제공청 집행위원회 블라디보스토크 주재 대표[=치토비치]
1923년 10월 16일

국제공청 집행위원회(동방부) 앞

이와 함께 얼마 전 조선에서 온 한 동무의 보고가 여러분에게 발송된다.
첨부: 상기 문서

조선 혁명운동의 현황
(여러 정치 사조들)

나의 보고가 있기 전까지 조선의 경제 상황에 관해 많은 정보가 있었고 그 상황이 현재 많은 차이가 있지 않기 때문에 나는 조선의 정치 상황에 대해 상세히 진술하고자 한다.

조선의 전체 상황을 본다면 우리는 두 개의 정치 사조를 지적할 수 있다. 즉, a) 민족주의적 문화계몽운동과 b) 프롤레타리아, 머슴, 노동자 및 반(半)프롤레타리아트의 프롤레타리아 운동이 그것이다.

민족주의적 순문화 운동을 주도하는 세력은 구귀족층이다. 그들은 일본 군국주의에 의해 특히 억눌려 있었는데, 그 때문에 늘 더 혁명적이었고 혁명운동을 지도했다.

그러나 일본 정부가 그들에게 이익이 되도록 일부 양보를 하자 그들은 점차 자신의 지향을 바꾸기 시작했으며, 일본 정부의 정책을 옹호하는 길로 접어들었다.

이 운동의 주요 단체는 다음과 같다:

1. 조선청년회연합회
2. 『동아일보』
3. 민우회

4. 동명사

5. 조선교육협회

상기 단체에 맞서 이른바 "물산장려회"라는 소부르주아 계급운동이 성장하였다. 이 운동의 주된 원인은 제국주의 전쟁 시기에 조선인 지주-중농의 모든 토지를 탈취할 수 있었던 "동양척식회사"의 강력하고 공격적인 사업이었다.

그렇게 해서 힘든 경제 상황은 머슴들의 저항을 초래했으며, 이로부터 자연적으로 농민운동이 발생하였다.

프롤레타리아 운동의 중심에 선 단체들은 다음과 같다:

1. 노동연맹회

2. 무산자동맹회

3. 노동공제회

4. 토요회

5. 서울청년회

6. 노동대회

머슴, 노동자, 농민의 단체는 모두 170개에 이른다.

1. 노동연맹회는 조직 형태에서 노동조합과 비슷한데, 머슴, 노동자, 농민의 단체 12개를 통합하고 있다. 그것은 서울에 소재하며, 노동자들 사이에 영향력이 있다.

5월 1일에 선언서 5만 부가 배포되었다.

2. 무산자동맹회는 김한이 체포된 후 일본 경찰의 엄중한 감시하에 놓였으며, 그로 인해 다른 단체들처럼 자유롭게 사업을 할 수 없었다.

3. 노동공제회의 모든 지회는 계급적 선발이 있었다는 근거로 폐쇄되었다. 주된 원인은 일부 지도부의 행태였는데, 그들은 금화 4만 루블을 갖고서 다른 인물들과 함께 투기를 벌였다.

4. 토요회는 1922년 이괄, 민태홍, 현칠종, 황영록 동무들에 의해 결성되었고, 1923년 4월까지 비합법 상태에 있었다. 토요회는 공장 노동자들 사이에서 사업을 벌였고, 지

금은 60명의 회원과 30명의 후보 회원을 보유하고 있다.

5. 서울청년회는 다른 단체들과의 협조하에 활동하면서 청년대회 소집에 적극적으로 참여하고 있다. 서울청년회의 주도로 잡지『청년당』의 발행이 준비되고 있다.
조선공산당(=중립당)은 중립적 입장을 견지하고 있다.

특히 신용기 동무가 도착하면서 급격한 변화가 있었다. 그는 조선공산당(=중립당)을 통해 국제공청의 선언서를 넘겨주었다. 그는 현재 긴밀한 관계를 유지하고 있고, 그래서 사람들은 그를 "이르쿠츠크파"로 간주한다.

1923년 10월 16일

РГАСПИ, ф.533, оп.10, д.1883, л.32-38.

〈간도 상황에 관한 김호반의 1923년 10월 30일 자 보고〉

조선어에서 번역

러시아공산당원이며 러시아콤소몰 회원인 김호반 동무의 보고

보고

I. 지리적 상황과 대중의 동향

a) 북간도는 중국 북동부에 위치하는데, 그 덕분에 그곳 토양이 농사에 적합하다. 간도는 두만강을 두고 조선과 접해 있으며, 그 때문에 조선인 이주자들의 다수가 그곳으로 들어갔다. 현재 간도에 거주하는 조선인은 30만 명이 넘는다.

문화적, 공업적 측면에서 간도는 일본과 비교해 상당히 낙후되어 있으며, 따라서 일본은 간도를 경제적으로 예속시킴으로써 자신의 식민지로 만들고 있다. 그래서 간도에선 일본의 영향력이 강하게 느껴진다.

b) 그곳에 일본의 영향력이 강화된 탓에 조선인 주민들의 동향은 중요하지 않다. 그들은 대부분 혁명 지향성을 갖고 있지 않으며, 조선인들의 온갖 혁명적 시도는 일본 경찰에 의해 진압되고 있다. 이제 조선인 주민들은 그런 사건을 속물처럼 방관하는 데 익숙해 있다. 혁명적으로 지향된 민족주의자들은 그 수가 매우 적다. 사회주의와 그 사조들에 대해서는 이야기할 것도 없다. 여기엔 많은 원인이 있다:

1) 강력한 경제적 예속화.
2) 조선의 3월 봉기 이후 생겨난 간도 지방의 혁명부대와 혁명단체들이 일본군 부대에 가차 없이 진압되었다.
3) 간도의 조선인 의병부대들이 자기들끼리 싸움을 벌였는데, 그것은 조선인 양민들에게 적지 않은 해를 입혔다.
4) 조선인 의병들을 지원했던 마을들 역시 잔혹한 탄압을 받았는데, 때론 마을 전체가 불타는 일까지 있었다.

어느 정도 혁명적인 대중은 청년 학생들이라고 할 수 있다.

II. 경제 상황

일본인들은 간도를 경제적으로 장악하기 위한 일련의 상업과 공업 기관을 보유하고 있다:

1. 농민상호부조금고
2. 상조부(일본영사관 부서)
3. 주식회사
4. 철도회사
5. 조선은행 지점 등

일본인들은 위 기관들을 이용하여 국가의 모든 경제활동을 집중하였다.

지진 후에 조선은행과 일련의 다른 기관이 폐쇄되었다.

일본의 정치가 가한 가장 무거운 부담은 오롯이 조선인 주민들의 몫이 되었다.

6. 각 도시에 소 상업, 고리대금업, 수공업, 주류 판매, 매춘 및 각종 노름이 널리 퍼져 있다. 많은 수의 청년 학생이 도시로 몰려들고 있는데, 그 이유는 오로지 생활비가 다른 곳에 비해 싸기 때문이다.

7. 조선인 농민들은 중국인 지주에게서 토지를 임차하여 농사를 짓고, 수확 후에 소작료를 현물로 지급한다. 남은 농작물은 일본인들의 수중에 들어가는데, 이는 그들에게만 있는 소비재 제품을 교환으로 취득해야 하기 때문이다. 그러나 간도 농민들의 삶은 연해주 조선인 농민들의 삶에 비해 훨씬 좋다.

III. 정치 상황

여기서 중국인들보다 일본인들의 영향력이 훨씬 더 크기에 조선인들에 대한 박해가 도를 넘고 있다.

혁명사업의 유일한 중심은 청년 학생들이다. 일본영사관은 그들을 예의주시하면서 종종 다양한 집단부락 조성이나 각종 조치를 통해 그들을 자기편으로 끌어들이려고 한다.

조선총독부의 간도 특별전권위원 히다카 헤이고로는 "광명회"(계몽의 빛)를 조직하고서 이를 통해 조선인들에 대한 자신의 동화정책을 시행하려고 생각한다. "광명회"에는 1) 청년회, 2) 처녀회, 3) 고아원, 4) 외국어학교 등 일련의 다른 보조 단체가 있다. 그 구성원은 조선과 중국 및 일본의 청년들이다.

그들이 세운 목표는 권리의 평등, 인간의 진실과 진리를 위한 투쟁, 그리고 그를 통해 원동과 전 세계의 평화를 지킨다는 것이다. 광명회가 일본영사관의 단체라는 의심을 피하려고 후자는 "자유사상" 혐의로 전자를 박해하는 척하고 있다.

온갖 곳에 방첩대가 활동하고 있다. 영사관, 총독부 및 기타 기관에 소속되어 있는데, 그 때문에 조선인 혁명가들을 잡기 위해 경쟁하는 밀정들이 아주 많다.

IV. 단체의 구성

1. 청년회:
 a) 명신청년회 – 회원 약 350명
 b) 용정청년회 – 회원 약 250명
 c) 청년회 – 회원 약 100명

위 단체들은 학생회처럼 협소한 목표를 추구하며 스포츠 활동에 종사한다. 최근에 친일 분자들이 그곳들로 침투하기 시작했고, 그로 인해 청년회들은 스스로 설정한 목표조차 이행하지 못하는 상태가 되었다.

2. 종교 공동체:
 1) 천도교, 2) 장로교, 3) 유교, 4) 시천교, 5) 대동교, 6) 청림교, 7) 태을교, 8) 원종교, 9) 불교.

이들 중 회원 수가 가장 많은 것이 유교청년회이며, 두 번째가 천도교청년회이다. 가장 조직적인 것은 불교청년회이다. "원종교"는 종교 교파라기보다 몽상가 집단에 가깝다.

3. 친일 단체:
 a) 조선인거류민회 – 회장 이희덕, 부회장 강근.
 b) 주민대표대회

이것은 공공연히 친일을 표방하고 나선 단체가 아니라 1922년 조선인 최 씨가 중국 병사들에 총살당한 사건에 대한 조사와 항의를 위해 조직되었다. 현재 이 단체는 주민들에 대한 영향력이 전혀 없다.
 c) 광명회 – 회원이 250명이다. 부속 기관으로 70명 회원의 여성(처녀)회, 학생이 70명인 외국어학교, 학생 40명의 여학교, 그리고 수용 아동 50명의 보육원이 있다. 총원은 약 430명이다.

4. 각종 단체:

a) "적기단" – 이 단체는 길림성 돈화현에 있다. 전체 회원은 50명으로, 간도 각지에 거주한다. 이 단체는 고려공산당에서 벌어진 파벌 싸움의 보조 기관이다. 1922년 [10월] 베르흐네-우딘스크에서 고려공산당 [합동]대회가 소집되었을 때, 그 대회의 좋지 않은 결말을 예견한 일부 분파 분자들이 자신의 파벌 싸움을 이어나가기 위해 이 적기단을 결성하였다. 이동휘, 김규면, 장도정이 그 조직자이다. 그들이 적기단의 목표로 세운 것은 약탈과 테러에 대한 직접적 참여였다. 또한 목표 중 하나로 삼았던 게 상해파에 대한 지원이었고, 그렇기에 종종 대중 앞에서 이런저런 것에 대해 선동을 하고 있는데… 상해파 고려공산당의 구(舊)중앙위원 김규면, 장도정, 최이붕[=최계립], 우시욱 등이 적기단의 중앙위원이 되었다. 그들에게 조직적으로 갖춰진 것은 전혀 없다.

최근의 정보에 의하면, 이용이 군사학교를 개설하기 위해 이만을 떠나 돈화에 도착했다고 한다. 그러나 적기단이 약탈 행위로 인해 중국 병사들에게 괴멸된 후에 그들 중 많은 사람이 체포되었다. 중앙위원 우시욱은 일본영사관에 의해 체포되었는데, 이는 그가 후자와 연결된 상태에서 동시에 이동휘와 관계를 맺었기 때문이었다. 그런 사실이 폭로되었다.

b) 최명록[=최진동]의 무장 부대가 있다. 여기엔 약 200명의 대원이 있다. 최근에 그들은 조선인 마을에서 자신의 부대를 위해 강제로 의연금을 거두기 시작했다. 그 일이 일본인들에게 적발되었고, 그들 중 몇몇이 체포되었다. 그들이 현재 청산리에 있다는 정보가 있다.

c) 또한 "군정서"의 지지자들이 있는데, 그들 역시 청산리에 있다.

d) 대한국민회 – 이 단체는 나름의 역사를 갖고 있다. 현재 대한국민회는 소수의 회원을 보유하고 있다. 상기 단체들은 모두 민족혁명의 길을 추구한다.

e) 김사국이 이끄는 조선공산당. 이들은 북간도에 자신의 중앙총국을 두고 있으며, 조선 내지의 단체들과 연결되어 있다. 이들은 자신들 이외에 다른 공산당을 전혀 인정하지 않으면서 단일한 ("중립적") 공산당을 창설하려고 노력한다. 이들의 주된 활동 기지는 용정인데, 거기엔 그들의 회원이 약 15명 있다. 이 단체는 청년 학생들에 의지하려고 했으며, 그를 위해 "동양학원"을 만들어 학생들을 대상으로 활동하였다. 그러나 그 단체는 일본의 탄압을 견디지 못하고 무너질 수밖에 없었다. 그들이 폭탄 하나로 일본영사관을 폭파하려고 했던 일이 있었다. 그러나 그게 적발되어 11명이 체포되었다. 즉, 단체가 완전히 해체된 것이다. 그렇게 해서 지금은 용정에 김사국의 조선공산당이 없다.

5. 교육기관:

a) 간도의 조선인 주민들의 교육 문제를 정리하기 위해 "피교육자-교육자 협의회"가 만들어졌고, 협의회에 의해 인민 중학교가 설립되었다.

b) 천도교는 정원 1,200명의 중학교와 300명의 소학교를 운영한다.

c) 미국인 선교사들은 정원 300명의 중학교와 150명의 소학교를 운영한다.

d) 장로교인들은 용정에서 정원 600명의 중학교와 400명의 소학교를 운영한다. 또한 이들은 정원 50명의 여자중학교와 70명의 여자소학교를 운영한다.

e) 유교회는 정원 200명의 여자중학교를 운영한다.

f) 구산중학교의 정원은 200명이다.

그밖에 각 중국 학교에 약 70명 정도의 조선인이 다닌다.

g) 독일인 선교사들 역시 손을 놓고 있지 않다. 그들은 정원 150명의 중학교를 운영한다. 간도의 학생 총수는 5,000명을 상회한다. 그들 중에서 우리에게 가장 충실한 학교는 1) 동흥학교, 2) 영신학교, 3) 은진학교이다.

V. 고려공청의 사업

간도에 도착하고서 나는 김사국 그룹과 그곳에 고려공청을 수립하는 데 대해 협의하였고, 시간이 좀 지나 그것의 조직화에 착수했다. 처음에 우리 조직은 회원이 모두 13명이었는데, 나중에 20명이 되었다. 현재 일부 회원이 러시아로 떠났고, 일부는 일본 관헌에 체포되었다. 그래서 현재 우리 단체에 15명의 회원이 있다. 사회적 성분은 학생들이다. 고려공청의 수립 후에 우리는 총회를 4회 진행하였다. 3회 때 우리는 사업과 학생들의 지도를 위해, 흔적 없이 해체된 학생 중앙기구를 다시 만들기로 하였다. 이 기구는 우리의 합법기관이 되어야 한다.

VI. 소비에트 러시아 및 고려공산당에 대한 관계

연해주가 붉은 군대에 점령된 후에 많은 반혁명 분자들과 선교사들은 소비에트 러시아를 떠날 수밖에 없었고, 결국 그들은 간도로 갔다. 소비에트 러시아의 본질을 알지 못한 채 많은 자들이 반(反)소비에트 선전을 일삼으며 거기로 대중의 동향을 몰아가고 있다. 그것은 일부분 현 상황에 적응해야 하는 필요성에 기인한다. 소비에트 러시아가 평등 원칙을 선포하고서도 아직 "황색 노동"의 문제를 해결하지 못했다는 말을 자주 들을 수 있고, 사람들은 소비에트 러시아를 강도 국가라고 부른다. 소비에트 러시아의 상황을 잘 모르는 조선인 대다수가 그런 말을 믿는다.

고려공산당에 대한 태도에서 그들은 공산당이 내부 파벌투쟁을 하면서 조선 민족운동에도 영향을 미쳤다고 생각하며, 그에 불만을 가진 대다수의 민족주의자는 고려공산당이 어떻게든 조직적 투쟁을 벌일만한 능력이 있다고 생각하지 않는 편이다. 전반적으로 우리 당을 신뢰하지 않는다.

VII. 우리의 상황

1. 관계. 앞으로 우리 목표를 달성하기 위해선 다른 단체들과 소통하며 협력하는 것이 필요하다.

2. 일꾼의 육성. 우리에겐 일꾼들과 관련해서 많은 결함이 있다. 그들을 육성해야 한다.

3. 우리의 주된 활동 기반은 청년 학생들이며, 따라서 다시 수립되는 중앙기구를 통해 그들과 결속되어야 한다. 이 점에서 우리에게 도움이 필요하다.

4. 소비에트 러시아의 사업 방법을 널리 알려야 한다. 이를 위해서 러시아 전역을 둘러보고 우리에게 기본적이나마 러시아의 사회상을 알려줄 견학단을 구성해야 한다.

1923년 10월 30일

РГАСПИ, ф.533, оп.10, д.1883, л.39-41.

〈간도 상황에 관한 남희의 1923년 12월 12일 자 보고〉

조선어에서 번역

간도의 상황에 관한 보고

A) 경제 부분

최근에 간도 주민들은 매우 비참한 상황에 있다. 부자와 빈자를 구분할 수 없다. 모두 같은 처지에 있기 때문이다.

빈곤은 일본에서의 지진 후에 심화되었다. 현재 일본 은행이 모두 문을 닫았다. 그렇게 해서 도시와 농촌과의 관계가 거의 끊어졌다.

B) 정치 부분

일본의 지진 이후 지금까지 조선인 주민들에 대한 중국 정부의 정책은 나쁜 쪽으로 변해왔다. 중국의 부흥을 위해 강력한 사업이 진행되고 있다.

군대 양성, 도로 수리 등을 위한 사업이 나날이 강화되고 있다. 중국 정부는 일본 군국주의의 취약점을 이용하고 있다.

민족주의 단체에 대한 중국 관헌들의 관용적 태도가 노골화되고 있음에 반해, 사회주의자들이나 그 단체들에 대한 그들의 태도는 아주 엄격해졌다. 그들은 사회주의자들을 탄압하는 정책을 쓰고 있다.

간도의 일본 경찰은 점차로 그 세력이 약해지고 있다. 모든 은행과 많은 상업기관이 문을 닫았다. 이는 원동에서 일본의 힘이 전반적으로 떨어지고 있는 것으로 설명된다.

일본영사관은 스파이 작전을 강화하는 일에 착수했다. 그들은 직접 또는 간접적으로 일할 법한 밀정들을 모집하고 있다.

간도에 조선인들의 동화 사업을 벌이는 "광명회"가 있다. 이 단체는 도덕성을 내세우며 사업에 착수하였다. 그러나 내적 구조는 청년들을 모두 포섭하고 그들의 의식을 모두 마비시킬 수 있게 설계되었다.

또한 『간도일보』가 있는데, 이는 의심할 바 없이 친일 신문이다.

C) 농민 상황

시민 회의가 존재했을 때 여기의 농민들은 거기에 참여하여 자신의 희망을 피력할 수 있었다. 그러나 그것이 일본인들에 의해 해산된 후 농민의 상황은 나빠졌다. 그렇게 해서 농민들은 사회적 삶에서 유리되어 자신의 농사에만 전념하려고 했다. 그러나 마적들의 잦은 습격을 받으면서 농민들은 현존 체제에 대해 적대감을 느끼고 있다.

임차인들에 대한 지주들의 잔혹한 수탈은 거의 광란에까지 이르렀고, 농민들은 점점 혁명화되고 있다.

D) 민족주의 단체

"광복단", 의군단, 그리고 김좌진 당은 하나로 활동하고 있다. 이들은 10~20명의 그룹을 조직하여 그들을 조선 혁명운동에 사용할 자금을 모으기 위해 각지로 파견하고 있다. 이 모두는 일본 관헌의 큰 주목을 받았다. 역시 그들은 지역마다 자신의 연락소를 두고 있다.

E) 인텔리겐치아

조선인 지식인층은 민족주의운동과 사회주의운동의 사이에 있다. 지금까지 그 중간에서 지켜보고 있다. 사실, 그들 중 사회주의에 공감하는 자들이 적지 않지만, 내가 보기에 공개적으로 사회주의자로서 나서는 경우는 아주 적다. 일본의 압력이 지식인들에게 강하게 작용하였다.

F) 학생들의 이념

각 학교에서 "학우회"라는 단체가 학생들을 통합한다. 이들 단체는 선거로 구성된다. 그들 사이에 정치적 동요가 있는 게 보인다. 많은 학생이 사회주의로의 길을 찾으려 하면서 운동을 공부하고 있으며, 간도 각지로 떠난다.

G) 종교 공동체

간도에는 장로교, "천도교", 가톨릭, 시천교 등 일련의 종교회가 있다.

장로교도의 활동은 사회주의 운동에 반대하고 자기들끼리 분파 싸움을 벌이는 데서 표현된다. "천도교"회가 오히려 사회주의 운동에 더 호의적으로 대한다. 천도교도는 사회주의 운동을 공부하면서 그 사조에 따라 활동을 벌이고 있다.

1923년 12월 12일,
노보키옙스크. 남희

РГАСПИ, ф.551, оп.10, д.1883, л.42-43.

〈간도 공청의 활동에 관한 남희의 1923년 12월 12일 자 보고〉

조선어에서 번역

우리 조직의 활동에 관한 보고

우리 조직[=고려공청 간도 지부]은 김호반 동무의 주창에 따라 1923년 4월 수립되었다. 처음엔 모두 8인, 즉 이태훈, 주청송, 윤영환, 이기석, 오찬원, 홍범우, 김석완, 남희표, 김호반 동무가 있었다.

처음부터 지금까지 우리 공청 조직에 30여 명이 입회하였다. 그들 중 주청송, 김병국 동무는 모스크바로 공부하러 갔고, 윤영환, 김호반, 최택종, 김철, 남희표 동무는 간도에 계속 머물 수 없게 되어 러시아로 떠났다.

채태근 동무는 영고탑으로 떠났고, 손명선 동무는 조선으로 갔다. 그렇게 해서 지금은 3개 세포에 22명이 있다.

올해 11월 19일 간도에서 이태훈, 강우, 김세관 동무로 구성된 고려공산청년회 총국이 수립되었는데, 책임비서는 이태훈(해수) 동무이다.

우리의 향후 전술은 직접적 참여를 하지 않고 학생들 사이에서 점차 권위를 획득하는 것이다. 그래서 우리는 한 명이나 몇 명의 동무를 학생회에 들여보내 이들을 통해 공청원을 모집하고 있다.

우리는 우리 조직의 양적 확대가 아닌 질적 향상을 도모하는 차원에서 공청원을 선발하고 있다.

그런 방법으로 우리는 간도 전역에서 우리 사업을 벌이려 한다.

1923년 12월 12일,
노보키엡스크. 남희

РГАСПИ, ф.533, оп.10, д.1883, л.44.

⟨적기단에 관한 남희의 1923년 12월 12일 자 보고⟩

조선어에서 번역

"적기단"에 대하여

A) 이 단체는 북간도에서 영향력을 갖고 있다. 중앙위원회 위원인 최계립, 정성호, 남(XX)는 용정에 있으면서 단원들을 모집하고 있다.

B) "적기단"은 민족주의적 색채를 띠며, 사회주의자와 그 그룹들에 반대한다. 이는 한 적기단원과 나눈 대화에서 설명된다. 공산주의운동에서 전에 했던 분파활동을 계속하는 것이 그들이 설정한 첫 번째 과제이다. 그러므로 그들은 (XX)에 있는 동무들 모두에, 또 (X) 분파에 반대한다.

그들은 주로 농민들 사이에서 사업을 벌이면서 그들을 공산당 (X) 분파에 맞서게 한다. 그래서 많은 사람이 (XX)에 있는 동무들을 무의식적으로 반대한다. 최근에 그들은 (누군가를 암시하면서) "사회에 해로운 자들을 모두 박멸하자!"라는 구호를 내세웠다.

그 결과, 대중은 공산주의가 조선인에게 적합하지 않다는 것을 소비에트 러시아에서 온 사람들을 보고 알았다고 말한다.

그런 상황이 우리 사업을 적잖이 방해하고 있다.

그 밖에 그들은 이동휘를 자신들의 지도자로 내세우는데, 그래서 전에 이동휘를 추종했던 자들이 그들을 따라다녔다.

의연금 모집이 강제적으로 계속되고 있고, 그 때문에 대중의 불만이 크다.

1923년 12월 12일,
노보키옙스크. 남희

РГАСПИ, ф.533, оп.10, д.1883, л.45.

〈남희의 1923년 12월 12일 자 제안〉

조선어에서 번역

제안

1) 간도의 고려공산청년회와 그 총국을 승인하라.

2) 우리를 속히 공청 코르뷰로와 연결하라.

3) 우리가 조선 내 단체들과 관계를 수립할 수 있도록 허락하라.

4) 우리를 포시에트 지구와 연결하라.

5) 공청 코르뷰로의 일꾼들을 그곳으로 파견하라.

6) 정기적으로 문헌을 간도로 발송하라.

7) 우리 공청원이 러시아에 가면 러시아콤소몰 회원으로 전임시키라.

8) 김사국 청년회와 관계를 수립하는 것이 필요한지 답변을 달라.

9) 여름방학 때 우리가 연해주를 견학할 수 있게 기회를 달라.

10) 포시에트에 도착한 동무들에게 앞으로 어떻게 있을지 지침을 달라.

11) 민족주의자들과 사회주의자들의 싸움에서 우리가 취할 입장은 무엇인가?

1923년 12월 12일,
노보키옙스크. 남희

РГАСПИ, ф.533, оп.4, д.54, лл.1-3.

〈국제공청 집행위원회 원동 주재 대표 치토비치와
국제공청 집행위원회 조선 담당 대표 조훈이
고려공청 중앙총국에 보낸 1924년 1월 1일 자 서한〉

고려공산청년회 중앙총국

친애하는 동무들,

고려공청 중앙총국의 총노선을 상당 수준에서 규정해야 하는 주요 정치지령이 코민테른 집행위원회 코르뷰로에 의해 코르뷰로 내지부 앞으로 발송되었다.

현재 지주, 부르주아지, 영락한 농민, 상대적으로 수가 적은 노동계급 간의 다양한 경제적 이해관계의 충돌에 기초하여 조선의 민족해방운동에서 세력 재편이 이루어지고, 그것이 큰 틀에서 완성되고 있다.

진행 중인 세력 재편에 기초해서 일본 정부가 자신의 "현명한" 안정화 정책으로 주민 부유층의 신뢰를 얻어내거나 그들을 중립화하려고 노력하는 데 반해, 일부 조선인 동무들은 계급모순을 밝혀내는 데 주의를 최대한 집중하면서 민족적, 종교적 단체들과 거리를 두려 한다.

조선에서 향후 몇 년간 민족해방운동이 정치 생활의 주요 요인이 된다는 객관적 여건을 고려하면, 고려공청의 전술은 해방운동의 지도권이 노동대중의 단체들로 넘어가게 하는 데 있어야 한다.

그런 상황은 청년 민족단체와의 선 긋기가 아니라, 오히려 농촌과 도시에 사는 수백만 명의 영락한 조선인 주민들의 이익을 반영하는 경제적, 정치적 요구를 제기함으로써 광범한 대중을 최대한 포섭하며 민족해방운동의 기반을 확충할 것을 요구한다. 조선의 청년 공산주의운동은 민족해방운동을 쪼개는 노선을 택해서는 안 되며, 자신을 그 운동으로부터 고립시켜서도 안 된다. 더구나 현 조건에서 민족해방운동 외에는 다른 실제적 혁명운동이 전혀 없다.

청년 민족혁명단체의 3월 전국대회는 민족 통일전선 전술이 가진 중요한 의미를 아주 놀랍도록 예증한다.

고려공청은 그런 방향에서 전력으로 자신의 활동을 강화하고, 제2차 청년 민족혁명

단체 전국대회 소집 관련 사업을 주도하는 단체들과 긴밀한 접촉에 들어가야 한다. 이는 단일한 민족혁명청년동맹의 창설을 목적으로 한다.

하지만, 동시에 우리는 고려공청 대회를 거행하기 전에 청년단체의 제2차 전국대회를 소집하는 것이 시의적절하다고 생각하지 않는다.

고려공청에 미리 민족 통일전선 전술을 이해시키고, 그 문제에 대한 행동 노선을 고려공청 대회에서 규정하는 게 필요하다. 그 후에 비로소 청년 민족혁명단체 제2차 대회의 소집이 가능하다.

조선에 통일된 공산당이 없는 것은 본 노선의 시행에 상당한 방해가 된다.

그와 관련해서, 전처럼 고려공청은 향후 자신의 사업에서 통일된 조선공산당이 창립될 때까지 오직 국제공청 집행위원회에 복종하면서, 당 내부에 있는 상당 수준 무원칙의 분쟁에 대해 불개입과 중립의 노선을 견지해야 한다.

고려공청의 직접 사업에 관해 말하면, 우리는 여러분이 다음과 같은 일에 주의를 집중하는 게 필요하다고 생각한다:

1) 공청사업의 무게중심을 청년 프롤레타리아-반(半)프롤레타리아 대중에게로 옮긴다.

2) 청년 프롤레타리아들을 공청으로 포섭한다.

3) 고려공청 대회를 준비한다.

본 편지를 받으면 중앙총국은 이번 지시를 면밀하게 검토하고, 사전에 대회 의사일정과 대회 기간에 대해 논의해야 하며, 우리와의 의견 조정과 지난 기간의 사업 보고를 위해 신용기를 우리에게 보내야 한다.

총결 보고는 관련 수치 자료를 포함해야 한다.

동시에 1923년도 전체에 대한 재무 보고를 해야 하며, 하지 않을 경우 앞으로 보조금이 박탈된다.

사업 자금 500루블을 보낸다.

간도에 고려공청이 수립되었는데, 지금은 회원 수가 아주 적다. 간도 공청과 고려공청 중앙총국 사이의 관계 정립을 위해 필요한 정보를 우리를 통해 통지하라.

국제공청 집행위원회 원동 주재 대표 치토비치
국제공청 집행위원회 조선 담당 대표 조훈

1924년 1월 1일, 블라디보스토크

РГАСПИ, ф.533, оп.4, д.54, лл.20-26.

〈치토비치가 국제공청 집행위원회에 보낸 1924년 3월 4일 자 서한〉

국제공청 집행위원회(러시아대표단) 앞

친애하는 동무들,

나는 달린 동무의 「보고」에서 제기된 문제들의 해결을 잠시 미뤄달라고 요청하는 짧은 편지를 파인베르크 동무를 통해 전달하였다. 유감스럽게도, 달린에게 「보고」의 사본이 없기에 내가 주로 조선 문제에 대한 주요 논쟁점을 기억에 따라 서술할 수밖에 없었다.

계급모순의 성장에 기초하여 특히 최근에 조선의 민족해방운동에서 사회세력의 재편이 목격되고 있으며, 이는 불가피하게 운동의 외형을 확대하며 투쟁의 낡은 형식과 방법에 대한 재평가를 초래하고 있다.

심지어 조선에서 들어오는 아주 제한된 정보에 의해서도 민족해방운동의 서로 모순된 두 과정을 확인할 수 있다. 그것은 1) 일본의 보호 아래 조선에 자치권을 위임하고 일본 자본과 상호 합의하는 방식으로 조선의 평화적 해방을 이룬다는 프로그램을 추종하는 가장 부유한 조선인 주민층의 운동, 2) 노동자와 빈곤화된 농민대중이 온갖 형태의 착취에 맞서 벌이는 자주적 해방운동이다.

그와 관련하여 분명한 예가 되는 것이 민족적, 혁명적, 종교적 단체에서의 점증하는 분열, 조선인 부르주아지가 자신의 권리 확대 요청을 담아 일본 정부에 낸 청원, 그리고 노동자와 농민의 단체들을 통합하고자 하는 힘의 현저한 성장 등이다.

『동아일보』라는 자주 성향의 2월 5일 자 조선 신문 사설을 보면, 조선에서 노동자-농민 단체의 통합을 위한 대규모 준비 작업이 진행되고 있다.

앞으로 얼마 후엔 서울에서 40개 이상의 노동자-농민 단체의 통합을 시도하는 대회 개최가 예정되어 있고, 조선 남부에서는 "남선노농동맹"이라는 이름으로 60여 개의 각종 단체를 통합하기로 정해졌다.

조선의 노동대중과 가장 급진적인 인텔리겐치아 깊은 곳에서 상당한 변화가 생기고, 민족해방운동의 사회적 기반이 변하고, 계속된 투쟁을 위한 혁명 에너지의 결집과 조직화 과정이 이미 전혀 다른 토대 위에서 강화되고 있다. 점령자들과의 가장 격렬한 전투 시기에 등장한 상해 정부는 운동에서 일어나고 있는 세력 재편을 적시에 고려하지 못했고, 새로운 조직 원칙으로 개조되지도 못했으며, 결국 자신의 모든 권위를 상실하였다.

때맞춰 코르뷰로가 제기한 통일된 민족혁명 정당의 창립 방안은 일부 민족주의자들의 지지를 받았다.

코르뷰로의 기본 과제는 광범한 조선인 근로대중의 이익을 반영하는 강령에 기초하여 민족혁명 정당을 창립하고, 이를 통해 지속적인 영향을 발휘하는 데 있다.

조선의 해방을 위해 투쟁하는, 또 통일된 민족혁명 정당의 창립을 지향하는 온갖 민족단체는 코르뷰로의 전적인 지지를 받아야 한다.

아무튼, 당분간 문제는 추상적으로 민족 통일전선의 결성에 있었고, 지역(연해주)의 조선인 동무들로부터 어떠한 항변도 없었다.

민족혁명 정당 창립 문제를 코르뷰로와 함께 매듭짓기 위해 국민대표회의 대표단[=창조파]이 블라디보스토크에 도착했을 때, 현지의 조선인 동무들은 조선에서 영향력이 전혀 없는 기회주의자-망명자그룹인 한인사회당에 의해 고무되어 국민대표회의에, 또한 코르뷰로의 일반 전술에 반대하는 운동을 벌였다.

조선에서 그 그룹이 가진 영향력에 관해 현지 조선인 동무들이 한 발언은 우리가 가진 공식 자료와 모순된다.

그러나 심지어 그 그룹이 민족혁명운동에서 극히 적은 의미를 지녔음에도 불구하고 코르뷰로는 그들과의 교섭에 나섰다. 그 교섭은 결코 부정적 결과를 초래할 순 없었고, 오히려 민족정당의 창립에 큰 진전을 촉진하였다.

코민테른 집행위원회의 지령은 전체적으로 그 노선을 승인하고 있다.

아무튼, 달린 동무는 민족혁명 정당의 창립을 망명자들과 함께 논의하고 실무 작업을 벌이는 것에 반대하면서, 현지의 조선인 동무들 몇 명을 공평하게 지지하고 있다.

조선인 혁명가-망명자들은 조선 내지에서 어려운 □□ 상황으로 인해 민족해방운동에서 불가피하게 더 오랫동안 중요한 역할을 할 것이다.

의심의 여지없이 우리에겐 우리 사업의 무게중심을 조선 내지로 옮기는 게 필요하다. 그러나 그와 동시에 망명자들이 민족해방운동에서 갖는 의미와 역할을 무시하면서, 조야한 실수를 해서는 안 된다.

그와 관련해서 달린 동무는, 매우 피상적으로, 조선 문제에 대해 내가 분파적이라며

나를 비난하였다.

나는 그런 비난을 단호히 배격한다. 왜냐하면 내가 전체적으로 코민테른 집행위원회와 국제공청 집행위원회의 노선을 시행했다고 생각하기 때문이다.

다른 측면에서, "실수"는 신용기를 조선에 파견한 데 있다. 조선의 공산당 내 불화와 이에 대한 우리의 중립노선과 관련해서, 공청사업에 파견되는 동무가 코르뷰로에게서 어떤 위임도 받을 필요가 없다는 것은 이해가 된다.

원칙적으로 그런 노선은 무조건 옳다. 그러나 그것은 실제 사업에서 절대 실현될 수 없다.

내가 매월 사업 비용으로 받는 75루블을 갖고서는 그 누구도 우리 노선에 따라 공청들과의 독자적 관계를 수립하진 못할 것이다.

신용기 동무는 코르뷰로의 자금으로 출장을 갔고, 조선에 도착해서 그는 오직 공청사업에 전념해야 했다.

특징적인 것은, 우리가 달린 동무의 동의를 얻어 지금 조선에 보낸 조훈이 동시에 당노선에 대해서도 위임을 받을 수밖에 없었다는 사실이다. 왜냐하면 국제공청 집행위원회의 노선에 따라, 합당한 자금 없이 동무를 파견하는 건 불가능하기 때문이다.

나의 "분파성"에 대한, 또 "실수들"에 대한 모든 비난은 너무나 사소한 것이라서, 나는 앞으로도 계속 그렇게 하는 것이 옳다고 생각한다.

어쨌든 조선의 공산당 내 상황이 아주 심각한데, 최근에 당 위기가 더욱 고조되었다.

조선의 공산당에 나름 확고하고 시의적절한 지도부가 없는 것은 코민테른 집행위원회 동방부의 책임인데, 그런 상황이 당내 조직 파괴를 조장하고 있다. 코민테른 집행위원회 대표가 도착하게 되면, 싸우는 여러 분파를 잠시 화해시킬 수 있을 것이다.

내 생각에 그런 상황에서 벗어나는 유일하게 시의적절한 출구는 다음과 같다:

1) 조선 내지 및 망명지의 당 구성원들에 대해 신속한 정화 작업을 실시한다.
2) 코민테른 집행위원회의 대회에 대한 지도권이 미리 보장된 상태에서 당 대회를 소집한다. 당 대회의 구성은 조선 내지의 대표들이 절대다수가 되어야 한다.
3) 조선인 러시아공산당원 동무들을 조선 내부 문제의 결정에 참여할 수 없게 배제한다.

당내 불화는 불가피하게 공청으로도 옮겨간다.

공청에 대한 우리의 과제는 김사국을 위시한 "중립적" 그룹과 고려공청 중앙총국의 통합을 실행하는 데 있다.

우리가 당에서보다 공청에서 상당히 빨리 통합을 이룰 수 있다는 것은 분명하다.

위원단에 의해 채택된 고려공청 대회 준비 자료를 여러분에게 발송한다.

고려공청의 강령에는 일련의 결함이 있다. 내가 전에 그에 관해 달린 동무에게 알렸으나 그는 그것에 주목하지 않았다. 몇 달 전에 여러분에게 발송된 청년 민족혁명단체 3월 전국대회의 결의와 지금 우리가 제기하는 고려공청의 강령과 비교해 보라.

전국대회는 우리 강령에 규정된 요구보다도 더 급진적인 일련의 요구를 제기하였다.

나는 고려공청의 강령에 계급투쟁의 목표를 분명하고 정확하게 지적할 필요가 있다고 생각한다.

달린에게는 두 가지 계기가 있다. 그것은 첫째, 조선의 독립이고, 둘째, 조선 인민에 의한 국가 통치 형태의 결정이다. 이 기본적 요구들은 <u>민족혁명청년동맹</u> 강령의 뼈대가 될 수도 있는 것들이다.

강령의 그 부분에 상당한 수정이 필요하다. 그렇게 하지 않으면 조선의 온갖 청년 노동자와 농민들에게 민족혁명청년동맹과 고려공청 간의 기본적 차이가 전혀 이해되지 않을 것이다. 다른 측면에서, 강령에 추가로 삽입되어야 할 것이 있다. 그것은 조선 주민이 다른 나라로 망명하게 된 원인에 대한 지적이다. 이 대목이 매우 중요하다. 조선인의 망명은 특히 최근에 농민의 대중적 빈곤화로 인해 엄청난 규모가 되었다. 일본 자본은 영락한 조선 농민들의 토지를 성공적으로 매점을 하면서, 지진으로 고통받은 일본인들을 유리한 조건으로 채용하고 있다.

내 생각에, 민족 문제에 대한 테제 역시 수정이 필요하다. 이 테제에는 사회세력에 대한 분석을 제시함과 더불어, 운동의 주요 경향과 그 전망을 분명히 규정하는 게 필요하다.

달린 동무는 내가 작성한 테제를 수용하지 않았고, 처음 4개의 도입 항목만 남겨놓았다.

민족 문제에 관한 테제를 자료로 여러분에게 발송한다.

조선위원단 회의에서 나는 달린 동무의 제안을 지지할 수밖에 없었다. 왜냐하면 달린이 그것을 국제공청 집행위원회 명의로 제안하여 이의 제기가 불허되었기 때문이다. 그랬음에도 역시 나는 일련의 문제에 대한 나의 의견을 여러분에게 알리는 게 필요하다고 생각한다.

이제 중국청년단에 대해 몇 마디 하겠다. 나는 달린 동무가 도착하기 전에 중국에서 프롤레타리에프 동무를 소환하였다. 나는 그의 「보고」 사본을 여러분에게 발송하였다. 중국청년단 중앙위원회는 국민당에 청년부를 설립하는 문제를 제기하였다. 달린은 그것과 관련한 국제공청 집행위원회의 「결정」을 근거로 중국청년단의 문제 제기에 반대하고 있다.

나는 중앙위원회와 보로딘 동무의 노선이 기본적으로 옳다고 생각한다. 설립하려고 노력할 필요가 있는 것은 단지 청년부가 아니다. 민족혁명동맹에 조직적 자율성을 전폭적으로 부여하고서 민족혁명청년동맹을 결성해야 한다. 동맹의 결성은 한편으론 더 유의미한 청년층을 민족투쟁에 포섭할 수 있게 함과 더불어 그 동맹을 통해 우리의 영향력을 청년들에 발휘할 수 있게 하며, 다른 편으론 그런 동맹을 통해 우리가 국민당을 신속히 쟁취하고 재편할 수 있게 한다.

참된 학생회들이 그런 동맹의 바탕에 놓여야 한다.

달린은 그런 민족혁명동맹의 설립을, 적어도 청년부의 설립을 필요 없는 것으로 본다.

일본공산청년동맹. - 사노 [마나부] 동무가 상해에서 내게 오면서 일본공청의 상황에 대해 상세히 알 수 있게 되었다. 나의 부탁으로 그는 청년운동에 관한, 또 전술에 관한 보고서를 썼고, 나는 그 사본을 여러분에게 발송하였다. 일본에서 탄압이 강화되는 것과 관련해서, 일본공산당의 결정으로 공청이 청산되었고, 청년운동에 대한 일반 지도권은 다시 일본공산당 내 청년부로 넘어갔다. 일본 동무들에겐 최근까지 우리 공청에 대한 올바른 표상이 없었다. 일본공청에 젊은 당원들만 가입이 허용되었고, 그에 따라 공청은 자신의 주요 과제를 수행하지 못했다. 나는 일본 동무들에게 공청 재편의 시의적절성 및 완전히 다른 조직 원리에 입각한 공청 건설의 당위성을 꽤 설득시킬 수 있었다. 사노 동무의 모스크바 도착과 관련해서 그의 「보고」를 국제공청 집행위원회 회의에 제출하고 그 문제들에 대해 일정한 결의를 도출해야 한다. 달린은 상해에서 일본공청 대표와 만난 후에 그 문제에 대해 더 상세한 자료를 낼 수 있을 것이다.

지금 일본에 대한 기본 과제는 1) 공청의 올바른 건설과 청년부의 청산, 2) 합법적 노농청년동맹의 조직화이다. 사노가 지금 공청의 강령과 규약을 쓰고 있다.

이제 코민테른 집행위원회 원동국에 대하여. - 원동국의 1년간 사업 경험은 의심의 여지없이 그 기관의 시의적절성을 확인시켜 준다. 모든 사업은 근본적으로 조선 문제로 귀결되었다. 중국 동무들은 더 편리하게 모스크바와 직접적인 연락 관계를 맺고 있으며, 일본에겐 원동국이 블라디보스토크에 있는 게 극히 불편하다.

아무튼, 동방 각국의 경제적, 정치적 삶에 관한 신문 자료를 수집하는 일은 외국 신문과 잡지의 수령을 보장하기만 하면 모스크바에서도 완전히 가능하다.

블라디보스토크의 원동국을 유지하는 건 코민테른 집행위원회의 예산 측면에서 아주 비경제적인 항목이다. 대(對)조선 사업에 대한 지도권을 코르뷰로에 넘겨주고 블라디보스토크에는 연락사무소만 남겨둘 필요가 있다. 코민테른 집행위원회 대표가 도착하면 이 문제가 긍정적으로 해결될 게 분명하다.

국제공청 집행위원회 대표부에 관해 말하면, 그것은 내가 보기에 한층 덜 시의적절했다. 조선의 청년운동에 대한 일반 지도권은 러시아콤소몰 성(省)위원회 비서 나소코프 동무와 고려부 비서에게 공동으로 넘길 수 있다.

내가 사업을 사보타주하고 거부했다는 달린의 나에 대한 비난은 그가 수행된 사업에 대해 충분히 숙고하지 않고 피상적으로 접근했기 때문이라고 나는 생각한다. 위에 열거된 원인 이외에 자금의 부재는 나의 사업을 방해하는 큰 걸림돌이 되었다. 사업 자금으로 매월 내가 받는 75루블을 갖고서는 더 유의미한 사업을 벌이기 어렵다.

공산주의적 인사와 함께

1924년 3월 4일, 블라디보스토크

PГАСПИ, ф.533, оп.4, д.54, лл.31-35.

〈치토비치와 조훈이 고려공청 간도 주총국에 보낸 서한〉

고려공청 간도 주총국 앞

친애하는 동무들,

국제공청 집행위원회 원동 대표부는 여러분의 대표들에게서 간도의 고려공청 단체에 관한 소식을 들었다. 여러분에게 인사를 전하면서, 여러분이 자신의 주위에 간도의 모든 혁명 청년들을 결집하고, 그들로 하여금 조선과 간도의 수백만 피압박 대중의 해방을 위한 투쟁에 나서게 하기를 희망한다.

그와 더불어 우리는 우리 운동이 간도에서 발전하고 강화되는 데 엄청난 의미를 지닌 문제들에 대해 여러분의 주의를 집중하기를 바란다.

민족투쟁에서 고려공청의 기본 노선은 최근 우리가 고려공청 중앙총국에 보낸 1924년 1월 1일 자 서한[=앞의 문서 PГАСПИ, ф.533, оп.4, д.54, лл.1-3.]에 다음과 같이 규정되어 있다:

"현재 지주, 부르주아지, 영락한 농민, 상대적으로 수가 적은 노동계급 간의 다양한 경제적 이해관계의 충돌에 기초하여 조선의 민족해방운동에서 세력 재편이 이루어지고, 그것이 큰 틀에서 완성되고 있다.

진행 중인 세력 재편에 기초해서 일본 정부가 자신의 "현명한" 안정화 정책으로 주민 부유층의 신뢰를 얻어내거나 그들을 중립화하려고 노력하는 데 반해, 일부 조선인 동무들은 계급모순을 밝혀내는 데 주의를 최대한 집중하면서 민족적, 종교적 단체들과 거리를 두려 한다.

조선에서 향후 몇 년간 민족해방운동이 정치 생활의 주요 요인이 된다는 객관적 여건을 고려하면, 고려공청의 전술은 해방운동의 지도권이 노동대중의 단체들로 넘어가게 하는 데 있어야 한다.

그런 상황은 청년 민족단체와의 선 긋기가 아니라, 오히려 농촌과 도시에 사는 수백만 명의 영락한 조선인 주민들의 이익을 반영하는 경제적, 정치적 요구를 제기함으로써 광범한 대중을 최대한 포섭하며 민족해방운동의 기반을 확충할 것을 요구한다. 조선의 청년 공산주의운동은 민족해방운동을 쪼개는 노선을 택해서는 안 되며, 자신을 그 운동으로부터 고립시켜서도 안 된다. 더구나 현 조건에서 민족해방운동 외에는 다른 실제적 혁명운동이 전혀 없다.

청년 민족혁명단체의 3월 전국대회는 민족적 통일전선 전술이 가진 중요한 의미를 아주 놀랍도록 예증한다.

고려공청은 그런 방향에서 전력으로 자신의 활동을 강화하고, 제2차 청년 민족혁명단체 전국대회 소집 관련 사업을 주도하는 단체들과 긴밀한 접촉에 들어가야 한다. 이는 단일한 민족혁명청년동맹의 창설을 목적으로 한다."

고려공청의 기본 과제는 우리 공청이 일상의 사업에서 시의적절한 구호와 내용을 제시하고, 그럼으로써 현존 민족적, 종교적 청년단체들을 제국주의에 대한, 조선과 간도의 해방을 위한 혁명 투쟁의 길로 잡아끌고 밀면서 혁명해방운동에서 광범한 청년 근로대중의 수령이 되게 하는 데 있다.

우리의 과제는 광범한 조선인 청년 대중을 적극적인 정치투쟁에 끌어들이고, 청년들에게서 조선과 간도의 민족해방을 위한 미래의 전사들을 지휘할 간부들을 육성하는 데 있다.

기본적으로 그것은 조선 청년들을 민족혁명의 투쟁 정신으로 무장시키는 체계적 교육사업의 시행에서 표현되어야 한다. 그리고 그것은 특별 클럽과 청년학교를 설립하고, 청소년 서적을 발간하고, 나아가 문화-교육적 성격의 일련의 다른 조치를 함으로써 조선 청년을 정치투쟁에 끌어들이는 혁명적 전통에 기초하여야 한다.

청년 세대 교육의 가장 중요한 무기가 지금까지도 상당 수준에서 친일 분자들의 영향 아래 있는 학교인 까닭에, 우리의 간도 공청에게는 학교의 해방투쟁을 더 강화하는 것이 필요하다.

학교에 대한 가장 적실한 요구는 다음과 같아야 한다:

1. 모국어에 의한 청년 세대 교육.
2. 조선인, 일본인, 중국인 학생이 처한 상황의 완전한 평등.
3. 학생회의 자유 및 학생의 참여 아래 학교생활 모든 문제의 해결.

이와 더불어, 우리는 간도 학생회 대회의 소집을 강행할 필요가 없다고 생각한다.

대회 소집과 관련해서는 사전에 대대적인 준비 작업을 하고, 대회에 대한 우리의 주요 제안을 검토하고, 이들 제안에 대해 가장 큰 학생회의 지지를 확보하는 것이 필요한

데, 이때 긍정적 결과가 있다면 대회 소집이 시의적절할 수 있다.

그와 더불어, 우리 공청의 경제활동에 관한 문제가 있다. 간도의 고려공청에겐 청년 노동자와 머슴들의 처지 개선을 위한 본격적인 투쟁을 벌이는 게 필요하며, 이는 조선, 중국, 일본의 청년 근로자들이 처한 여건의 평등화, 청년의 공동 최저임금제 확립, 젊은 여성 노동자와 나머지 청년 노동자의 임금 균등화를 위한 투쟁 및 청년 실업과의 투쟁으로 나타나야 한다.

이를 위해 고려공청은 본 회람을 받는 즉시 용정에 있는 노동자회 "공제조합"에 침투하여 그 내부로부터 조합을 장악하고 자신의 영향력 아래 두어야 한다.

본 회람 편지에서 우리는 농민의 상황에 대한 구체적 자료가 없다는 이유로 우리의 농촌사업에 어떤 구체적 지시를 내리는 걸 자제하고 있지만, 그러나 그와 동시에 고려공청에겐 청년 농민의 상황 및 청년단체의 형태에 관한 연구에 최대한 주의를 집중하는 것이 필요하다고 생각한다.

여러분의 다음 보고에서 그 문제를 자세히 조명하라.

우리는 공청에 통합된 청년들의 수에 관해 충분한 정보가 없다. 하지만 지금 있는 자료에 따르면, 청년 농민회들에만 약 2,500명에 달하는 회원이 있다. 그런데 간도의 고려공청에 있는 회원은 20명뿐이다.

고려공청의 수적 규모가 작은 건 우리 공청이 그들 단체를 포섭하지 못하여 그들에게 우리 영향력을 강화할 수 없는 위험성을 내포한다.

그래서 고려공청의 인적 구성에 특히 심각한 주의를 기울이는 것이 필요하다.

공청이 비합법으로 존재하는 상황에서 주로 노동자와 영락한 농민 중에서 새 회원을 모집하면서, 각 신입 회원을 활동으로 검증하며 특히 경계심을 가질 필요가 있다.

통일된 조선공산당의 부재는 우리의 실제 사업에 상당한 장애가 되고 있다.

그와 관련해서 국제공청 집행위원회는 고려공청에게 통일 조선공산당의 창립 때까지 오직 국제공청 집행위원회의 지시에 따르면서, 이전처럼 당내의 무원칙적 불화에 대한 불개입과 중립노선을 향후 자신의 사업에서 견지할 것을 권고한다.

여러분의 간도 공청 단체를 승인하면서 우리는 그것을 고려공청 중앙총국에 예속시키는 것이 필요하다고 생각하며, 이미 그에 관해 중앙총국에 통지하였다.

간도에 중국청년단이 없기에 우리 고려공청에겐 중국인 청년들을 조직화하여 그들을 공동의 혁명운동에 포섭하는 사업을 벌이는 게 필요하다.

우리 쪽에서, 우리는 여러분이 그 사업에서 중국청년단 중앙위원회와 연결될 수 있게 노력할 것이다.

여러분에게 초기 조직사업 비용으로 150루블(일백오십 루블)을 보낸다. 앞으로 고려
공청을 통해 보조금을 수취하게 될 것이다. 이 금액의 지출에 대해 구체적 회계 보고를
발송하라. 자세한 편지를 기다린다.

공산주의적 인사와 함께, 국제공청 집행위원회 원동 주재 대표 치토비치
국제공청 집행위원회 조선 담당 대표 조훈

РГАСПИ, ф.533, оп.10, д.1887, л.88.

〈이길원이 김사국에게 보낸 1924년 3월 20일 자 편지 중 발췌〉

중동철도 부속 지대의 청년회 합동국 내 공산분파 비서 이길원 동무가
1924년 3월 20일 김사국 동무에게 보낸 편지에서
발췌

1. 올해 1월 15일 용정에서 중동철도 부속 지대*에 있는 청년회들의 대회가 열렸고, 거기에서 모든 청년회의 통합이 이루어졌다.
2. 간도의 의병부대들은 청년회와 함께 일할 것이며, 각 청년회에서 당 및 공청의 공산분파가 만들어질 것이다.
3. "대동학원"의 개교가 승인될 것이라는 희망이 있다.
4. "적기단"이 주민들에게 강제 모금을 하고 있고, 이로 인해 주민들이 공황 상태에 있다. 올해 그들은 6,000원을 성공리에 모금하였다.
5. "적기단" 지도자들은 입당을 했다.
6. "적기단" 의장 장도정은 내가 코르뷰로에 들어갔었다는 식으로 선동을 한다.
7. 지역 총국은 조선 내지의 공청과 협의를 하기로 했다.
8. 연해주의 상황 파악을 위해, 그리고 지역 상황을 연해주에 알려주기 위해 블라디보스토크에 갈 것이며, 이를 위해 국경 통행증 하나를 서둘러 얻어달라고 요청한다.
9. 모든 정치교육기관을 통합할 수 있었다.
10. 잡지 발행이 자금 부족으로 지체되고 있다.
11. "학우단"의 상황은 이전과 다름없다.
12. 강화인과 이길원이 합동국 위원으로 선출되었다. 의장 강화인은 군사학교를 졸업한 의병 출신의 당원이며, 비서 이길원은 당원이자 공청 지도자이다.

● 　　중동철도 부속 지대(полоса отчуждения КВЖД)란 러시아가 1903년 완공한 만주의 중동철도의 역(驛)들을 따라 이어지는 일종의 치외법권적 조차지로, 중동철도가 일본에 매각된 1935년까지 그곳에 소련의 주권이 미쳤다.

정치교육부장은 공산주의 동조자 박원이다.

경제부: 이르쿠츠크 당학교 졸업자로서 공청 지도자인 당원 이원호, 공산주의 동조자 황상강.

РГАСПИ, ф.533, оп.10, д.1887, л.1.

〈중동철도 부속 지대의 청년회 대회에 관한 1924년 3월 31일 자 보고〉

중동철도 부속 지대 청년회 합동국

(김사국의 정보)

1924년 1월 24일 중동철도 부속 지대의 청년회 대회가 열렸다. 모두 합해 회원이 약 1,000명에 달하는 14개 단체의 대표들이 참석하였다.

거기서 다음과 같은 강령과 결의가 채택되었다:

1. 인간 사회의 발전에 맞춰 우리는 새로운 형태의 사회, 즉 사회주의 사회가 조속히 구성되도록 전력을 다한다.

2. 1항의 달성을 위해, 조선인 주민의 문화 수준을 높이고 그들을 자기 생존 투쟁의 올바른 길로 보내는 일을 최우선 과제로 삼는다.

결의:

1. 대회는 우선 만주의 조선인 공업을 최대한 발전시키는 것이 필요하다고 생각한다.

2. 조선인 주민을 위해 모든 정치-교육기관의 통합과 단일한 사업 계획 작성이 필요하다고 생각한다. 프롤레타리아 문화의 생성에 특히 주의를 기울인다.

3. 대회는 조선에서, 그리고 망명지에서도 모든 청년운동의 통합에 전력을 다할 것이다.

4. 대회는 일본제국주의와의 투쟁을 위해 모든 혁명단체의 통일전선 수립에 온갖 노력과 조력을 아끼지 않을 것이다.

5. 대회는 "혁명자"라는 이름을 내세워 금전의 강제 징수 등의 방법으로 주민들을 약탈하는 분자들에게 가차 없는 투쟁을 선포한다.

6. 또한 대회는 혁명 기금에서 자금을 횡령하거나 자신의 권위를 높이기 위해 사적 이익에 지출하는 자들과 투쟁할 것이다. 자신의 사리사욕을 위해 자기 동료들의 이익을 배반하는 자들이 그 범주에 속한다.

7. 인민의 무지몽매, 즉 대중 속의 미신과 편견에 맞선 투쟁을 벌이기 위해 자연의
   문제들에 대한 학술 강의를 체계적으로 확대하는 사업을 시작한다.

1924년 3월 31일

РГАСПИ, ф.533, оп.10, д.1887, лл.9-10.

〈러시아콤소몰 하얼빈 성위원회 책임비서 쇼민이 1924년 10월 러시아콤소몰 중앙위원회 원동변강국에 보낸 보고〉

극비

러시아콤소몰 중앙위원회 원동변강국 앞

사본: 중동철도 부속 지대 코민테른 전권위원 포즈드냐코프 동무에게,

김 아파나시 동무에게(고려공청 중앙위원회 북만주총국 앞)

중동철도 부속 지대의 조선인 공청단체에 관한 정보

부속 지대에 일련의 공청 세포가 있다. 그들은 모두 하얼빈 세포를 통해 최근까지 우리와 관계를 유지했다. 그들 중에서 지도적 역할은 하얼빈 세포와 그 비서인 강 니콜라이[=강원익] 동무가 수행했다.

비교적 얼마 전에(1924년 8월~9월) 우리는 러시아볼셰비키공산당 하얼빈 당조직의 성국(省局)으로부터 중동철도 부속 지대의 고려공청 단체와의 관계를 변화시켜 여타 단체의 붕괴로 이어질 수 있는 위험을 피하라는 지령을 받았다.

러시아볼셰비키공산당 성국의 지시에 따라 고려공청과의 관계가 중단되었다. 쇼민 동무가 3차 변강협의회를 마치고 지나는 길에 러시아콤소몰 연해주위원회 고려부와 협의를 했다. 협의에서 밝혀진 것은 다음과 같다:

1) 강 니콜라이는 러시아콤소몰 성위원회의 신임을 받을 자격이 충분하다.

2) 중동철도 부속 지대에는 서울에 소재한 고려공청 중앙위원회의 지하 주총국이 이미 존재한다.

고려공청 중앙위원회 주총국이 얼마 전 와해되었다. 그 때문에 극도로 조심스럽게 일하고 있으며, 중동철도 부속 지대의 러시아콤소몰 성위원회와 지금까지 관계를 유지했던 고려공청 세포들과 연결될 가능성이 현재로선 없다.

그런 정보를 받고 러시아콤소몰 성위원회는 다음과 같은 결정을 견지하는 것이 필

요하다고 생각했다: "지금까지 우리와 관계를 유지했던 고려공청 세포들과 조속한 시기에 관계를 수립하라고 고려공청 중앙위원회 주총국에 권고한다"(중동철도 부속 지대 러시아콤소몰 성위원회의 ……일 자 회의 결정).

우리의 결정을 (러시아콤소몰 연해주위원회 고려부를 통해) 고려공청 중앙위원회 주총국에 알려주라고 러시아콤소몰 중앙위원회 원동변강국에 요청한다.

러시아콤소몰 성위원회와 세포들의 조선인 세포들과의 관계 및 그들의 사업에 대한 실질적 지도를 중단하고 나서도 우리는 예전처럼 (하얼빈 세포를 통해) 그들에게 물질적 지원을 하고 있다. 하지만 러시아콤소몰 성위원회는 오랫동안 그들에게 물질적 지원을 계속할 수 없다. 왜냐하면 그에 대한 특별 자금이 없기 때문이다.

고려공청 중앙위원회 주총국은 조속히 조선인 세포들과 관계를 수립하여 그들의 사업을 지도하고 그들에게 물질적 도움을 주어야 한다.

이와 함께, 철도선의 조선인 세포들 대다수가 본질상 민족단체라는 사실을 알린다. 그러나 그들은 고려공청 중앙위원회 주총국이 그들과 관계를 맺고 그들의 사업을 지도하는 것을 방해하지 않을 것이다.

여기에 러시아콤소몰 성위원회에 대한 강 니콜라이의 보고를 첨부한다. 이것을 고려공청 북만주총국으로 발송할 것을 요청한다.

러시아콤소몰 성위원회 책임비서 쇼민

РГАСПИ, ф.533, оп.10, д.1887, лл.3-3об.

〈고려공청 하얼빈 세포 책임비서 강원익이 중동철도 부속 지대 러시아콤소몰 성위원회에 보낸 1924년 10월 27일 자 보고〉

극비
......

중동철도 부속 지대의 러시아콤소몰 성위원회 앞

고려공청 하얼빈 세포는 1921년 4월 21일 강 니콜라이(라스토츠킨)과 신 표도르(철우)에 의해 조직되었다.

구성원은 모두 17명이었다: 1) 신 표도로, 2) 강 니콜라이, 3) 방우석, 4) 조병진, 5) 김 니키타, 6) 최 블라디미르, 7) 김 류보피, 8) 신 콘스탄틴, 9) 신 마리야, 10) 안태운, 11) 최남식, 12) 이웅, 13) 안 예반, 14) 박동관, 15) 황근, 16) 이재호, 17) 김 트로핌.

1922년까지 독립적으로 사업을 했다. 그해 3월부터 로자노프 콘스탄틴 동무의 중개로 [하얼빈의] 러시아콤소몰 성위원회와 관계를 수립했다.

메이데이에 맞춰 살포된 격문 및 단체를 위해 거둔 의연금으로 인해 1923년 5월 말 강 니콜라이 동무, 김 니키타 동무, 조병진 동무가 일본인들에게 체포되었다.

강 동무에 의해 1923년 1월 2일 하얼빈 조선인 학생들의 문화교육 소조가 조직되었고, 그 소조를 앞세워 교육사업(스포츠, 문맹퇴치, 음악 등)을 벌이기도 했다.

일본 감옥에서 4개월 반의 수감 생활이 끝나고 우리는 다시 우리 회원들 사이에서 사업을 시작하였다. 그러나 러시아콤소몰 성위원회와 소통이 없었는데, 이는 러시아콤소몰 성위원회의 일꾼들이 바뀌었기 때문이었다. 책임비서 강 동무가 떠난 후에 김 Л. 이 하얼빈 세포의 비서가 되었다.

1924년 8월 5일에 강 동무가 도착하면서 사업이 재개되었다. 세포 구성원은 1) 강 니콜라이, 2) 김 Л., 3) 김 안드레이, 4) 정 니콜라이, 5) 잘로그 니콜라이, 6) 김도한, 7) 박 마르크, 8) 조윤보, 9) 박도원, 10) 김 파벨, 11) 한 발렌틴, 12) 한 세르게이, 13) 최춘택, 14) 김창수, 15) 김 드미트리였다.

우리의 사업은 8월 29일(조선 국치일)에 맞춰 선언문을 살포한 것과 잡지 제4호를 발간한 것으로 당분간 종료되었다.

러시아콤소몰 성위원회와 관계를 유지하면서 물질적, 정신적 도움을 받고 있다. 강니콜라이 동무가 세포의 책임비서이자 러시아콤소몰 성위원회와의 연락을 위한 대표를 맡고 있다.

철도 단체들과의 관계(중동철도 노선)

우리는 산차고우 청년회(책임비서 안 예반)와 관계를 맺고 있다. 이 단체의 회원은 모두 98명이다. 산차고우 청년회는 민족적 편향을 크게 갖고 있으나 점차 계급적으로 바르게 서고 있다.

포그라니츠나야 역의 조선인 학생 소조가 김규 동무의 지도하에 활동하고 있지만, 계급적 양육을 위한 그들의 사업은 아주 약하게 진행되고 있다. 회원은 소년들까지 포함하여 모두 93명에 달한다.

샤오소푼 청년회는 이영백 동무의 지도하에 활동하고 있다. 이 단체도 역시 민족적이지만 부분적으로 계급교육 관련 사업도 벌이고 있다. 왜냐하면 이 단체에 충분히 의식화된 동무들이 있기 때문이다. 회원은 78명이다.

샤오소푼 학생회는 강석호 동무의 지도하에 활동하고 있다. 계급(공청)단체이며, 회원은 모두 77명이다.

무링(穆稜) 역에서 "교육회"가 황공삼 동무의 지도하에 활동하고 있다. "교육회"는 문화교육단체를 표방하지만, 청년들의 계급교육 사업도 진행한다. 회원은 모두 99명이다.

스터우허쯔(石头河子) 역에서 유창수 동무의 지도하에 "청년회"가 활동하고 있다. "청년회"는 문화교육을 목표로 추구하나 계급적 동기를 강하게 드러낸다. 회원은 46명이다.

스터우허쯔 역에서 "학교동창회"가 조근 동무의 지도로 활동하고 있다. 그 목표는 한 학교의 졸업자를 모두 연합하는 것이다. 회원은 39명이다.

하일린(海林) 청년회는 지도자 김 드미트리 동무가 떠난 후에 거의 와해되었다. 회원은 52명으로, 공산주의 단체이다.

하일린 청년회와 우청 청년회와는 우리가 관계를 맺고 있지 않다. 이는 그들이 의심을 받고 있기 때문이다. 이들 단체의 회원은 모두 합쳐 50~60명 정도이다.

위에 열거된 단체들 모두에게 조선어로 된 문헌이 필요하다. 하얼빈의 공청원인 우리는 열악한 재정 상황으로 인해 그들에게 조선어로 번역된 러시아 문헌을 제공할 수 있는 처지에 있지 못하다.

잡지에 쓸 자금도 없다.

중동철도 부속 지대에 조선인 청년들이 아주 많고, 이들로 일련의 공청 세포를 만들 수 있음에 유의할 필요가 있다.

이 모든 사업을 우리 하얼빈 세포가 이행할 수도, 모든 조직사업을 진행할 수도 있지만, 모든 문제는 자금 부족에 있다.

우리가 중동철도 부속 지대에 있는 모든 조선인 단체의 대회 소집을 추진하고 있지만, 역시 자금 부재로 인해 대회가 겨울까지 연기되고 있다.

공산주의적 인사와 함께, 하얼빈 고려공청 책임비서 강 니콜라이[=강원익]

1924년 10월 27일, 하얼빈

РГАСПИ, ф.533, оп.10, д.1886, лл.1-2.

〈박윤세가 조훈에게 보낸 1924년 11월 18일 자 서한〉

조훈 동무,

동무의 건승과 사업상 성취를 기원합니다. 간도에 도착한 후 내게는 아직 이렇다 할 성과가 없습니다. 우리의 과제를 해결하고 만주의 상황을 공부하기 위해 오늘 여기 하얼빈에 도착했습니다. 여기에 올 때 블라디보스토크를 거치지 않았는데, 이는 이영선이 내가 간도 공청에서 일하지 못하게 금하고 있으며, (전에는) 간도와 소통할 수 있게 하지 않았기 때문입니다. 그래서 나는 블라디보스토크에서 탈주병처럼, 즉 이영선의 허락 없이 간도로 왔는데, 이는 간도가 지도자들을, 특히 나를 요구하기 때문입니다. 간도 공청은 블라디보스토크 조직을 미워하며, 블라디보스토크로부터 그 어떤 지도도 받기를 거부하고 있습니다. 또한 블라디보스토크 조직은 우리를 우호적으로 대하지 않습니다. 이건 사실입니다. 우리는 우리가 편견 없이 올바르게 일했을 뿐이라고 생각합니다. 누가 옳고 누가 그른지는 우리의 역사 전부를 설명하는 날에 가리도록 합시다. 그날이 다가오고 있다고 생각합니다.

우리는 북간도 청년회의 수립에 착수했습니다. 청년회의 목표는 청년의 정치적 의미를 고양하고, 청년에게 권리와 의무를 교시하고, 조직되지 않은 대중에게서 단일한 단체, 규율이 있는 단체를 만들어내는 것 등입니다.

나는 동무에게 다음과 같은 의견을 제시합니다. 즉, 간도총국의 사업 범위가 간도에서 중동철도 부속 지대까지 확장되어야 하며, (만주)총국이 하얼빈에 있어야 한다는 것입니다. 앞으로 우리가 머물러야 할 하얼빈은 출판(번역)사업과 실질적 지도사업 및 문화교육사업을, 즉 다양한 소조 활동을 더 힘껏 벌일 수 있는 곳입니다.

다음 주소로 답장을 줄 것: ⋯⋯⋯⋯⋯⋯⋯⋯⋯⋯⋯⋯

이렇게 쓸 것: 바로 거기서 상업을 개설하십시오. 그다음에 우리를 하얼빈 영사에게, 러시아볼셰비키공산당과 러시아콤소몰의 성(省)위원회에 소개하십시오. 우리가 블라디보스토크에 있는 공청원들을 동원하고 이용할 수 있게 허락하십시오.

간도 상황을 상세히 알릴 것: 장쭤린[=장작림]의 조선인 징집 관련 상황에 대해, 조선의 온갖 그룹의 파벌 싸움에 대해 알리는 게 현재로선 불가능합니다. 또한 그 문제에 대해 고려공산청년회 중앙총국과 의견을 교환하기도 불가능합니다. 우리의 중앙총국이 현재로선 그 문제를 연구하고 논의할 여지가 없다고 생각합니다.

우리는 중국청년단과 관계를 수립하려고 합니다. 그러나 그에 대해 국제공청의 전반적 지도를 받고자 하며, 그것에 기초해서 우리가 연결되어야 할 것입니다.

블라디보스토크와 유리된 것은 우리에게 사업상 적지 않은 어려움을 가져다주었습니다. 그러나 우리가 간도총국을 만주총국으로 바꾸고 그것을 하얼빈으로 옮겨놓으면, 모든 게 잘될 것으로 생각합니다.

또한 우리가 우리 과제를 설정했는데, 그것은 자본주의와 투쟁을 벌이는 쑨원을 도와야 한다는 것입니다.

상기 주소로 가능한 한 빨리 답장을 주십시오.

1924년 11월 18일, 박윤세·박달

동방노력자공산대학 학생 모두에 인사를 전합니다.

РГАСПИ, ф.533, оп.10, д.1887, л.37.

〈박윤세와 김성이 간도 고려공청에 관해 국제공청 집행위원회에 보낸 1924년 11월 20일 자 보고〉

국제공청 집행위원회 동방부 앞

고려공청 중앙위원회 주총국은,

a) 국제청년데이[=9월 첫째 일요일]에 용정(센터)에서 벌인 집회와 시위 이후 비밀 지도가 어려워졌고, (총국 각 위원에 대해 감시가 삼엄함)

b) 우리가 국제공청, 고려공청 중앙위원회 및 중동철도 부속 지대의 각 지역과 멀리 떨어져 있기에 현재 그들과 연락이 어렵고 자주 단절될 뿐 아니라(중동철도 부속 지대에 10개(?)의 세포가 있음에도 불구하고 우리는 지금까지 그들과 관계를 수립하지 못하고 있음) 또 여행하기도 어렵고,

c) 센터가 외진 곳에 있기에, 발생하는 정치적 사건들에서 방향을 잡기도, 국제적 의미를 파악하기도 불가능하고,

d) 많은 물질적, 물리적 어려움으로 인해 출판사업을 벌이기 불가능하다는 판단에 따라,

9월 궐기 후에 더 중심적인 곳으로의 센터 이전을 모색했으며, 현재 상기 문제들, 특히 연락 및 출판사업 부분이 긍정적으로 해결될 하얼빈으로 센터를 옮기고 있다. 각 지역에 3인으로 구성된 성(省)총국을 둘 것이다. 이에 관해서는 다시 보고를 하겠다.

고려공청 중앙위원회 주총국 비서 박윤세
고려공청 중앙위원회 주총국 위원 김 발렌틴[=김성]

1924년 11월 20일

РГАСПИ, ф.533, оп.10, д.1887, лл.31-35.

〈박윤세가 보이틴스키에게 보낸 1924년 11월 21일 자 서한〉

존경하는 보이틴스키 동무,

동방노력자공산대학에서 조선에서의 코민테른 전술에 관한 동무의 보고를 듣고 나는 그것이 조선의 혁명운동이 가야 할 유일하고 올바른 길이란 것을 이해했습니다. 나는 동방노력자공산대학을 졸업하고 연해주로 갔습니다. 그곳에서 봉급을 받으며 살기 위함이 아니었습니다. 나는 지하활동을 할 목적으로 조선이나 간도로 가기를 원했습니다. 내가 블라디보스토크에 도착한 당일에 나는 러시아볼셰비키공산당 주위원회의 고려부 비서인 이영선을 찾아갔고, 또한 김철훈도 만났습니다. 그들이 내게 던진 첫 번째 질문은 정말로 동방노력자공산대학의 조선인 학생들이 오르그뷰로에 반대하냐는 것이었습니다. 나는 그 문제에 매우 조심스레 다가섰습니다. 왜냐하면 그것이 동방노력자공산대학의 조선인 학생 모두에게 관련되기 때문이었습니다. 나는 이렇게 대답했습니다: "비록 우리가 코민테른의 직접적 지도하에 우리 시대의 레닌주의-마르크스주의를 공부했지만, 또한 우리가 향후 조선 혁명운동의 주축으로 인정되고 있지만, 우리는 여러분을 두 분파로 갈라서게 만든 그 원칙적 이견들을 모르고, 또 (비록 여러분이 3번이나 모스크바에 왔음에도 그 문제에 대해 아무도 우리에게 보고를 하지 않았던 결과로) 오르그뷰로의 노선을 정확히 모르기 때문에 모스크바의 조선인 학생으로서 우리는 정확한 의견을 말할 수 없습니다. 전체적 □□에서 말하자면 여러분의 '전술'은 옳지 못하며, 여러분의 구호로 조성된 것은 모두 문자 그대로 모험주의밖에 없습니다." 이어서 나는 내가 조선으로 가길 원한다고 하면서 그들에게 허락을 구했습니다. 그들은 일주일 후에 확답을 주겠다고 내게 약속했습니다. 그다음에 나는 (구코르뷰로 지지자인) 최고려와 오성묵을 찾아갔습니다. 그들은 불안한 상태에 있었는데, 내게 다음과 같은 요지의 말을 했습니다: "지금의 분파 투쟁은 조선 내지와 연해주 사이의 투쟁으로 변하고 있다. 우리는 코르뷰로가 반드시 재건되어야 한다고 생각하진 않는다. 우리의 지향점은 다만 조선 혁명운동이 강화되고, 운동이 코민테른의 노선에 따라 전개될 수 있도록 프롤레타리아 대중의 면전에서 모험주의를 폭로하는 것이다." 다음 날 [러시아공산당 주위원회] 고려부가 나를 불렀습니다. 그곳에 갔더니 내가 마치 게페우[=국가정치부위부]에 취조당하는 범죄자가 된 듯한 느낌이 들었습니다. 그들은 내게 "동무는 누구를 만났고, 어디에 갔었냐? 그들은 무엇을 말했고, 그것에 동무는 어떻게 반응했냐?"는 등의 질문을 던졌습니다. 질문 중에는 특이하게도 "코민테른이 동무를 오르그뷰로의 활동에 대한 전권위원으로 임명했다는데, 그게 정말이냐?"라는 것도 있었습니다. 이에 그냥 욕을 해주었습니다. 내가 블라디보스토크에 머물렀던 한 달 동안, 웬만한 꼬마라도 믿지 못할 법한 많은 일이 있었습니다. 그러나 그 모든 걸 알릴 필요는 없다고 생각합니다. 9월에 그들은 나를 그곳에 잡아둘 심산으로 나를 러시아콤소몰 블라디보스토크 제2지구 지도원으로 임명하면서 내게 첫째, 나는 조선 혁명운동에 참여해서도, 그것과 관계를 맺어서도 안 되며, 둘째, 오직 러시아공산당원의 "책무"를 수행해야 한다고 경고했습니다. 지도원으로서 나는 조선의 상황이라는 관점에서 러시아공산당의 경험을 동료들에게 전해주기를 원했습니다. 그러나 러시아콤소몰 주위원회 고려부 비서 자리가 최성우(코르뷰로 지지자)에서 김 아파나시(상해파)로 교체되었는데, 후자는 우리에게 조선의 운동을 연구할 여지를 주지 않았을 뿐 아니라, 심지어 역사에 관해 공청원들과 이야기를 나누는 것조차 허용하지 않았습니다. 그건 이해가 되었습니다. 왜냐하면 운동을 연구하는 게 그들이 저지른 온갖 정치적 투기에 대한 폭로를 수반할 수도 있기 때문이었습니다. 그보다 좀 전에 고려공청 간도총국은 나를 총국 비서로 선출하고서, 9월 13일 유정희라는 한 공청원이 간도총국의 청원서를 가지고 블라디보스토크에 도착했습니다. 청원서에는 그들에게 지도자가 몹시 필요하며, 그래서 간도 조직을 만들었고 또 간도 상황을 잘 알고 있는 박윤세(나)를 파견해 주기를 바란다는 내용이 담겨 있었습니다. 나는 청원서를 들고 이영선에게 갔습니다. 그는 나를 분리주의자, 반(反)혁명자로 부르면서 사건을 주 감찰위원회로 넘겨 나를 당에서 제명하겠다고 위협했습니다. 나를 오르그뷰로에서 심판하겠다는 말도 들렸습니다. 결국 오르그뷰로가 나를 소환하여 다음과 같은 선고를 내렸습니다: "우리가 동무를 제명할 수도 있으나 당에 그냥 남도록 하겠는데, 이는 동무의 행동이 의도적인 게 아니기 때문이다. 앞으로 동무는 오르그뷰로에 복종해야 한다. 왜냐하면 오르그뷰로는 코민테른의 승인을 받은 조직이기 때문이다." 내가 이렇게 대답했습니다: "나는 혁명운동을 어디로 끌고 가야 하는지 모르는 소경들에게 복종하는 것이 익숙하지 않다." 그러자 그들은 나를 코르뷰로 지지자라고 비난했습니다. 이에 본인은 내가 코르뷰로의 노선을 알 수조차 없었던 것만 보더라도 나는 코르뷰로의 지지자가 아니라고 항변하며, 내가 지하활동을 벌일 수 있도록 나를 조선이나 간도로 보내달라고 요청했습니다. 그러면서 나는 분파 노선을 추구하지 않는

데, 왜냐하면 통일 조선공산당이 완전히 수립될 때까지 청년운동은 자주권을 가지며, 자주적 성격을 띠어야 한다는 게 나의 소신이라고 설명했습니다. 그들은 나의 요청을 거절하고서 나를 농촌도서실장으로 수찬 마을에 파견하기로 했습니다. 나는 혁명의 대의를 위해 비록 탈주자처럼 보일지라도 이 모험주의자들의 노예 상태에서 벗어나자고 결심했습니다. 그리고 비밀리에 발렌틴 세레브랴코프[=김성]와 함께 간도로 갔습니다.

오르그뷰로의 상황은 나날이 악화됐습니다. 그 안에 세 개의 그룹이 있었습니다. 첫 번째 그룹에 이영선, 김철훈, 이형근, 박창은, 박동희가 속해 있습니다. 두 번째 그룹에는 남만춘, 최동숙, 이괄, 박창규, 이성, 천민, 그리고 세 번째 즉, 상해파에는 장도정, 박응칠, 김 아파나시[=김성우], 김 미하일, 박애, 김동 등이 속해 있습니다. 거의 모든 결정은 채택되기에 앞서 오르그뷰로의 토론을 거쳐야 했고, 결국 이영선과 김철훈을 위시한 [러시아공산당] 고려부에 의해 채택되었습니다. 그렇지 않은 경우에 그 문제는 오르그뷰로의 의사일정에 오르지 못했습니다. 남만춘 그룹은 활동이 없었습니다. 상해파는 그토록 계급적으로 "복된" 계기를 놓치지 않고 이영선을 이용하면서 상해파가 승리할 수 있는 방향으로 행동했습니다. 구코르뷰로 지지자들, 즉 최고려, 김만겸, 오성묵, 채 그리고리[=채성룡], 김하석, 최고상, 콘스탄틴, 이훈 등은 그에 항의하면서 "연해주"에서 조선과 관계를 유지하며 당의 창설을 돕고 있었습니다. 블라디보스토크의 청년들 사이에는 "고참 일꾼들 대다수는 현재 사기꾼이다; 그들은 행동하는 혁명자였던 적이 전혀 없다; 혁명운동을 연구할 수 있는 책자들이 없다; 마르크스주의 문헌의 번역본이 없다; 조선 혁명을 연구하는 모임을 만들어야 한다; 교체가 불가피하며 필요하다는 등"의 생각이 퍼져 있었습니다. 이런 문제가 제기된 집회들이 있었으나, 그 결과는 없었습니다. "고참 일꾼들"은 "반혁명적" 문제들을 논의한다는 이유로 공청원들의 모임과 집회를 금지하며 공청원들이 결성한 제 서클의 강령과 움직임에 엄격한 통제를 가하기 시작했습니다. 청년들의 "고참들"에 대한 미움이 날로 커졌습니다. 이게 사실입니다. 연해주 청년들이 제10회 국제청년데이 기념행사와 공청원 3명이 체포된 일에 관한 소식을 들었을 때, 그들은 간도 공청을 정신적, 물질적으로 돕기 위해 러시아콤소몰 연해주 고려부 지도원인 김 보리스[=김강]의 주도하에 모프르[=국제적색구원회]를 위한 캠페인과 함께 야회를 열려고 했습니다. 이영선에게 허가를 요청했습니다. 그러자 그는 그 문제를 그때 떠나있던 김 아파나시에게 넘겼습니다. 몇 주 후에 돌아온 김 아파나시는 야회 개설을 민족주의적 접근이라고 하면서 그것을 절대 허가하려 들지 않았습니다. 하지만 격렬한 항의 끝에 결국 허가가 떨어졌습니다. 그들로부터의 지원은 아무것도 없었습니다. 반대로, 청년들이 모금한 그 보잘것없는 액수의 돈은 오르그뷰로 내의 분파 투쟁에 사용될 것으로 생각합니다.

지금 간도에는 공산주의자-당원들이 아주 많습니다. 그러나 어떤? 바로 상해파 지지자들입니다. 또한 학생들에게 천국에의 길을 설교하는 목사와 사제, 그리고 그와 유사한 사람들이 있습니다. 게다가 그들 중 일부는 니콜스크-우수리스크에서 게페우[=국가정치부부위가 조선인 의병들을 총살한 것을 증거로 들면서, 조선인 러시아공산당원들이 민족주의자들을 모두 박멸하겠다는 목표를 가진 자들이라고 선동을 하고 있습니다. 또한 여성 공산주의자들도 공범이라는 아주 조잡한 형태의 선동도 사람들에게 먹혀들고 있습니다. 그리고 창조파(신축파), 개조파(재건축파), 김사국 도당 등 온갖 종류의 그룹, 분파 지지자들이 있습니다. 또한 의열단(테러단)과 적기단 내지 "적기당"(비적)도 활약하면서 주민들을 약탈하고 있습니다. 그밖에, 만주 군벌 장쭤린 정권은 조선 청년들을 징집하라는 명령을 내렸습니다. 일본인들은 홍후즈 마적들을 조직했고, 이들은 매우 빈번히 조선인 청년들을 포섭하고 있습니다. 세계는 만주에서 무슨 일이 벌어지는지 모릅니다. 일본과 중국의 군·경이 가하는 잔인한 박해와 완전한 고립 속에서 출판사업을 벌이는 것은 불가능합니다. 총국의 존립이 매우 위태롭습니다. 그래서 우리는 총국을 간도에서 하얼빈으로 이전하기로 했습니다. 간도보다 하얼빈이 많은 점에서 상황이 훨씬 좋습니다. 중요한 점은, 하얼빈에서는 출판사업을 벌이고 모스크바와 좋은 관계를 수립할 수 있으며, 끝으로 금전적인 면에서 간도에서처럼 그렇게 힘들지 않을 수 있다는 것입니다.

우리는 동무에게 개인적 지도를 통해서라도 우리에게 도움을 줄 것을 요청합니다. 우리는 모험주의자가 아니라고 닐로프[=데니소프] 동무에게 일러주십시오. 우리가 러시아에서 일꾼들을 어떻게 받을 수 있을지 우리에게 가르쳐주십시오. 현 상황에서 조선혁명운동이 방향을 어떻게 잡아야 하는지 우리에게 가르쳐주십시오. 우리는 간도총국의 존립과 발전에 대한 책임이 동무에게 있다고 생각합니다. 모험주의적 혁명자들이 연해주와 간도에서뿐만 아니라 조선에서도 나다니고 있습니다. 만약 동무가 분파 투쟁과 조선의 전체 상황에 대한 자료를 요구한다면, 우리가 몇 달 내로 그것을 수집해서 동무와 코민테른으로 발송하도록 하겠습니다. 간도총국에는 조선혁명 연구위원단이 있고, 위원들이 이미 지방 각지로 파견되었습니다. 조속한 시기에 코르뷰로, 창조파, 개조파에 대한 자료와 연해주, 조선의 전체 상황에 관한 자료가 수집될 것입니다. 그러면 그때 바로 동무에게 그것을 발송하겠습니다. 그것으로 동무가 현 상황을 제대로 파악하는 데 도움이 되기를 바랍니다.

　동무에게 요청이 딱 하나 있습니다. 간도총국을 하얼빈으로 이전한다는 우리의 결정을 지지해 주십시오.

　1924년 11월 21일.　　　　　　　　공산주의적 인사와 함께, 박윤세

РГАСПИ, ф.533, оп.10, д.1887, л.30.

⟨하얼빈 주재 코민테른 대표 데니소프가 북만주 고려공청의 현황에 관해 보이틴스키에게 보낸 1924년 11월 21일 자 서한⟩

극비

코민테른 동방부 보이틴스키 동무 앞

존경하는 동무,

여기에 북만주의 고려공청 단체들에 대한 자료를 동봉하여 발송한다.

하얼빈에서 동무와 둘이 나눴던 대화에 따르면, 코민테른 동방부는 내게 고려공청과 어떤 성격의 관계를 정립할 것인지에 대한 지시를 내려야 한다.

지금까지 나는 단지 중국인 혁명단체들과 관계할 수 있었다. 그래서 내게는 고려공청과의 사업 가능성 자체가 분명하지 않다.

동무가 중국 깊숙이 있는 하얼빈에서 떠난 후에 고려공청 만주총국 위원 2명이 도착하였다. 중동철도 부속 지대에서의 사업 현황을 설명한 후에 그들은 지금 남만주 간도에 있는 총국을 하얼빈으로 이전하기로 했다고 말하였다. 이전을 결정한 동기는 하얼빈이 사업을 하기에 정치적 여건이 더 좋고, 또 국제공청과 연락하기에도 최적지라는 판단이었다.

동시에 고려공청 주총국 위원들은 내게 그들의 단체에 대한 물질적 지원 문제 및 나를 통해 코민테른으로부터 그들의 사업에 대한 지도를 받아야 하는 문제를 제기하였다. 그들은 조선 혁명운동에 철저하고 확고한 당이 없는 관계로 지도를 받는 게 필요하다고 생각한다. 왜냐하면 조선의 혁명당이 내부 불화로 찢어져 있기 때문이다. 주총국의 상세한 보고는 지출 예산과 함께 나를 통해 국제공청 원동부로 발송되었다.

지시를 주기 바란다.

중국인들 사이에서의 사업에 관한 보고는 하얼빈에서 동무에게 한 구두 보고 이외에 추가로 10일 정도 후에 발송하겠다.

하얼빈, 1924년 11월 21일. P. 데니소프

РГАСПИ, ф.533, оп.10, д.1887, л.38.

〈북만주 고려공청의 활동에 관해 김성과 강원익이 국제공청 집행위원회 동방부에 보낸 1924년 11월 22일 자 보고〉

국제공청 집행위원회 동방부 앞

고려공청 북만주 성(省)총국과의 협의 결과

참석자: 박윤세(고려공청 중앙위원회 주총국 책임비서), 김성(총국 위원), 강 니콜라이 라스토츠킨(성총국 책임비서), 러시아콤소몰 성(省)위원회 대표 알렉산드르 알렉산드로프.

1. 북만주 성총국의 전반적 사업 상황

성총국은 얼마 전에 사업을 시작하였다. 현재까지 중동철도 부속 지대의 모든 단체에 대한 지도는 고려공청 하얼빈 세포 책임비서 강 니콜라이(라스토츠킨)가 맡고 있다.

중동철도 부속 지대의 라인에는 경제투쟁 및 민족적, 계몽적 활동을 목표로 하는 10개의 청년단체가 있다. 이들 단체의 구성원은 농민과 머슴 출신들이며, 그들 중 7개가 고려공청 세포들이다. 성총국은 그들 세포를 통해서 상기 단체들을 (비밀리에) 지도한다. 사업 조건은 비합법적이다.

지난달치 보조금(미화 50달러)을 코민테른 전권대표 데니소프 동무에게서 받았다. 또한 중동철도 부속 지대의 러시아콤소몰에게서도 받았다.

성총국의 기관지가 발행된다. (문헌과 능력의 부족으로 내용이 만족스럽지 못하다) 삐라가 조금 살포되었다.

2. 협의 결과

1) 사업의 협력 유지와 성총국의 조직 구조 보존을 목표로 만주의 고려공청 중앙위원회를 주총국의 관할로 넘긴다.

2) 주총국에 중동철도 부속 지대 책임비서 니콜라이 강(라스토츠킨) 동무가 들어간다.

3) 성총국 및 성총국 기관지에 보조된 모든 자금은 주총국이 하얼빈으로 이전함에 따라 주총국으로 넘어간다.

4) 주총국이 하얼빈으로 이전함에 따라 성총국은 폐지된다.

고려공청 중앙위원회 주총국 책임비서 대리 김 발렌틴[=김성]

고려공청 중동철도 부속 지대 성총국 책임비서 강 라스토츠킨[=강원익]

러시아콤소몰 중동철도 부속 지대 성위원회 비서

1924년 11월 22일, 하얼빈

РГАСПИ, ф.533, оп.10, д.1887, л.40.

〈박윤세의 임무에 관해 김성이 국제공청 집행위원회 동방부에 보낸 1924년 11월 24일 자 보고〉

서울을 거쳐 간도로 가는 박윤세의 임무

1. 조선의 정치경제적 상황 전반에 대해 밝힌다.

 a) 조선의 기근

 b) 농민 소요

2. 조선의 혁명운동 상황 전반에 대해 밝힌다.

 a) 성인 단체 및 분파 투쟁의 그에 대한 영향

 b) 청소년 단체 및 분파 투쟁의 그에 대한 영향

 c) 여성-아동 운동 및 분파 투쟁의 그에 대한 영향

 d) 종교 단체의 활동

3. 고려공청 중앙위원회에 대해 밝힌다.

 a) 상시적 관계

 b) 출판사업상 관계

 c) 일반 훈령

4. 간도의 (최근) 상황에 대해 밝힌다.

 a) 기근과 이에 대한 주민 및 고려공청의 태도

 b) 열성분자 협의회를 준비한다.

 c) 타 단체들과의 상호 관계와 그들의 최근 활동

 d) 고려공청 중앙위원회 주총국의 하얼빈 이전과 관련된 간도총국의 설립

고려공청 중앙위원회 주총국 책임비서 대리 김성 발렌틴

1924년 11월 24일, 하얼빈

РГАСПИ, ф.533, оп.10, д.1886, лл.5-5об.

〈강원익이 조훈에게 보낸 1924년 11월 24일 자 서한〉

1924년 11월 24일
조훈 동무!

고려공산청년회 하얼빈 세포는 성(省)총국의 기능을 인수하여 올 11월 15일부터 사업을 하고 있습니다. 현재 우리는 주(州)총국 및 박림 동무, 김성 발렌틴 동무와 연결되어 있으며, 주총국을 하얼빈으로 이전하려고 합니다. 그곳이 간도보다 더 편리하다고 생각합니다. 그래서 우리는 이곳을 청산하고, 주총국을 간도로 이전하면서 여기에 지구국을 남기게 될 것입니다. 박윤세 동무는 하얼빈을 거쳐 중앙, 즉 중앙위원회로 갔고, 거기서 간도를 거쳐 하얼빈으로 되돌아갔습니다. 우리는 주총국의 3개월분 예산을 편성하여 국제공청 대표인 닐로프[=데니소프] 동무에게 넘겨줬는데, 보이틴스키를 만나지는 못했습니다. 그는 상해로 떠났습니다. 중동철도 부속 지대의 조직사업 현황은 다음과 같이 간략히 정리됩니다:

1. [중동철도] 라인과 공식적, 정규적 관계는 없고 단지 서신 관계를 유지하고 있다.
2. 성총국의 기능을 인수한 것과 관련해서 우리는 지시를 내리는 위치에 있기를 원한다. 그러나 또다시 자금 부재로 인해 문제가 미해결 상태에 있다.
3. 과거에 정치사업은 혁명기념일 등과 관련된 캠페인을 진행하는 데 있었다.
4. 출판사업 역시 계속되고 있다.
5. 단일한 조직 형태를 갖추는 게 필요하다고 생각한다. 그래서 제 단체를 청년회로 재편하고, 그 내부에 계급사업의 강화를 위해 고려공산청년회의 비합법 세포를 만드는 것이 필요하다.

대략 그렇게 사업이 그려집니다. 우리가 진행한 사업들이 당장은 잘 보이지 않습니다. 우리에게 조선어로 된 문헌이 없고, 이것이 모든 사업을 어렵게 합니다. 주총국이 여기로 오면서 사업이 활발해지기를 바랍니다. 어떻게 지내고 있는지요? 사업은 잘 진행됩니까?

성인 단체에 관해 알려주십시오. 우리는 곧 성인들을 조직화하는 데 착수할 것입니다. 하얼빈 세포에는 이미 지도원 그룹이 있습니다.

동무의 인사와 함께, 강 니콜라이 원익

P.S. 내가 동무에게 『조선일보』와 『시대일보』를 보냈는데, 받았습니까?
고려공청의 강령이나 혁명위원회의 규약과 강령 같은 것이 있다면 그걸 보내주었으면 합니다.

РГАСПИ, ф.533, оп.10, д.1886, л.6.

〈강원익이 조훈에게 보낸 1924년 12월 2일 자 서한〉

조훈 동무,

박윤세와 김 발렌틴(발렌틴 세레브랴코프 김성)은 여기서 나와 함께 있습니다. 박윤세는 고려공청 중앙총국이 있는 서울에 갔습니다. 간도로 보낸 그의 편지를 받았습니다. 일이 아주 많지만, 단지 돈이 없어서 일에 착수할 수가 없습니다. 박윤세도 금전적 위기 때문에 주(州)총국이 하얼빈으로 이전하지 못한다고 우리에게 썼습니다. 우리(박, 김, 강)는 고려공청 주(州)총국의 3개월분 예산을 편성하여 국제공청 집행위원회로 보냈습니다. 일이 좀 더 빨리 처리되도록 동무가 노력했으면 합니다.

우리는 어떤 이름을 가졌는지와 관계없이 그 내부에 혁명적 청년들이 있기만 하면 그런 청년회를 모두 포함하거나 통합하여 [만주 전역의] 합법적 청년회를 단일한 조직 형태로 만들려고 합니다. 각종 청년회 내부에 우리 세포를 조직하고 있습니다. 이미 우리는 그 사업의 일반 계획을 수립했습니다. 예산 문제가 결정되면 우리는 당장 사업에 착수할 것입니다. 주요 지령들 또한 좀 더 빨리 보내길 바랍니다. 각종 신문과 잡지를 발송하지 않았습니다. 왜냐하면 그것에 쓸 돈이 우리에게 없기 때문입니다. 보고는 다음번에 보내겠습니다. 그 보고에 만주 고려공청의 규모와 현황이 상세히 기술될 것입니다. 발랴=김 발렌틴는 나와 함께 살고 있습니다. 동무에게 청년회 규약을 보내겠습니다.

[박]윤세는 간도에서보다 조선에서 일하는 게 훨씬 쉽다고 우리에게 썼습니다. 일단 이것으로 마치도록 하겠습니다. 내가 이렇게 조선어로 쓰는 게 동무에게 편하다면, 앞으로도 그렇게 하도록 하겠습니다.

영사관(러시아콤소몰 성위원회)을 통해 니콜라이 강-라스토츠킨에게 빨리, 빨리 답장이 도착하기를 바랍니다.

우리의 우편 주소: 하얼빈, 프리스탄, 사서함 380호
속히 답장을 쓰길 바랍니다.
24일 동안 답장을 기다리겠습니다.

1924년 12월 2일, 동무의 인사와 함께

РГАСПИ, ф.533, оп.10, д.1887, л.83.

〈고려공청 하얼빈 주총국의 상황에 관해 김성이 보낸
1924년 12월 17일 자 서한〉

□□□□□□ 앞

정치적 긴장 고조에도 불구하고 (조선과 만주의 기근, 조선인 청년회와 조선인 의병들의 활동, 연락 두절, 2월 말 예정된 주(州)협의회 등) 현재 해야 할 일들이 많고, 즉시 지방에도 가야 한다.

하지만 고려공청 주총국은 손발이 묶여 사업을 중단한 채 있다. 이는 1) 국제청년데이 행사를 치른 후 주총국이 와해된 것(국원들이 각 촌마을로 뿔뿔이 흩어졌음), 2) 자금의 부재로 설명된다.

현재 우리는 더 합법적인 환경의 하얼빈으로 고려공청 주총국을 이전하려고 한다. 이에 모두가 찬성했는데, 문제는 자금에 있다.

되도록 빨리 답신이나 돈을 보내주기를 요청한다.

코민테른 대표인 닐로프[=데니소프] 동무를 통해 무엇이든 답을 보내달라.

동무의 인사와 함께, 고려공청 중앙위원회 주총국 비서 대리 김성 발렌틴

하얼빈 1924년 12월 17일

РГАСПИ, ф.533, оп.10, д.1887, лл.84-85.

〈김성이 조훈에게 보낸 1924년 12월 17일 자 서한〉

조훈 동무,

1924년 12월 17일, 하얼빈

예산에 관해 다시 요청합니다. 그곳 동무들 일은 어떻게 돌아갑니까? 어떤 상황인지 보고 있습니까? 간도의 고려공청 주총국은 9월 7일[=국제청년데이]의 궐기 이후 손발이 묶였습니다. 처음에 7명이, 나중에 20명 정도가 체포되었는데, 그들 중에 고려공청원이 1명 있었습니다. 일본 헌병대 쪽에서 조선인 청년들에 가한 엄청난 탄압의 결과 모든 사업이 실질적으로 중단되었습니다. 관리할 수가 없습니다.

이와 관련해서 우리는, 즉 박윤세와 나는 하얼빈 고려공청(성총국)의 상황을 파악하기 위해 이곳에 왔고, 여기서 지하활동이나 지방과의 연락 및 출판사업을 하는 데 훨씬 좋은 환경을 보았습니다. 가장 중요한 것으로, 이곳의 성총국과 공동 사업에 관해 합의하고서 중동철도 성총국의 비서 강 콜랴(라스토츠킨) 동무를 주총국의 일원으로 받아들였습니다. (공동 협의회의 결과를 보십시오)

코민테른 대표인 닐로프 동무와 공동 사업 및 이 문제의 지휘자에 관해 합의한 후 박윤세 동무를 서울을 거쳐 간도로 보냈습니다. 이는 중앙위원회와 접촉하여 정기 지령을 받고, 또 조선의 사회정치적 상황도 알아보고, 가능하다면 청년회들과 함께 고려공청 열성자 협의회를 소집하고, 고려공청 중앙위원회 주총국을 이곳으로 이전하기 위함이었습니다.

이와 관련해서 우리는 주총국의 이전 및 조직사업을 위한 예산을 닐로프 동무를 통해 여러분에게 보냈습니다.

현재 박윤세 동무는 간도에 무사히 도착했습니다. 일하기가 완전히 불가능하다고 합니다. 우리 모두 (황량한) 촌마을로 와서 여러분에게서 돈이 오기를 기다리고 있는데… 조속히 보내주십시오… 모든 게 준비되었습니다.

그러나 그와 관련해서 이게 무슨 상황입니까! 주총국은 손발이 묶인 채 그곳에 앉아 우리에게서 돈이 오기를 기다리고 있습니다. 과연 주총국이 거기서 협의회를 소집할 수 있을까요? 그곳에서 문제는 지하활동에서뿐만 아니라 자금에도 있습니다.

3월 1일 전에 협의회를 소집하려고 생각했는데, 이를 위해서는 우리가 물론 열심히 일하는 것과 여기서 성총국에 두 번쯤 다녀오는 것이 필요합니다. 왜냐하면 일본인들이 검열을 도입한 결과 현재 연락이 끊어졌기 때문입니다. 집세 납부, 잡지 정기 호 발간 등 전체적으로 엄청나게 많은 일이 밀려 있습니다.

우리는 3월 1일 전에 협의회를 소집하고, 그날 정연하게 궐기하려고 합니다.

지역의 콤소몰 성위원회는 금전적 지원을 거절하였고, 닐로프도 거절했습니다. 그러나 그들에게도 이 문제가 지금 허가 단계에 있습니다. 여러분의 답변이 오기 전에 우리 동료들을 불러 닐로프 동무와 콤소몰 성위원회에 보조금을 요청하려고 했지만, 지금 그들이 실제로 할 수 있는 게 아무것도 없습니다. 문제는 김(□□□은 정치적 투기꾼이 아님)이 할 대답의 뒤에 있습니다. 김에 대한 의심은 보이틴스키가 제기했는데, 따라서 동무가 그 예산을 전액 보낼 수 있을지의 여부를 떠나, 우리에게 돈을 지급하도록 코민테른 대표 닐로프 동무에게 암호로 타전하십시오. (형제여, 노력하시오. 우리는 정말 우울하고, 기가 죽어서 지내고 있습니다)

호기를 놓치지 않도록 그곳에서 노력을 좀 하십시오.

가장 주요한 것은 주총국이 이곳으로 이전하는 일과 협의회를 예정한 일입니다.

P.S. 대회를 위한 자료를 동무의 의견과 함께 발송했습니다. 강[=강원익]과 우리에게 블라디보스토크에서, 소비에트-당학교에서.

코민테른 전권위원(하얼빈) 닐로프를 통해 지급으로 답신을 주십시오.

하얼빈에서, 동무의 발랴 김-세레브랴코프[= 김성]

РГАСПИ, ф.533, оп.10, д.1886, лл.7-10.

〈김성이 보낸 1924년 12월 18일 자 서한〉

□□□□□□□□ 앞

1924년 12월 18일, 하얼빈

　오래전부터 동무에게 빨리 편지를 써서 현재 조성된 정치 상황과 우리의 당면 과제들에 관해 동무의 의견을 구하려고 했습니다.

　당내 분쟁에 관해 아주 짧게 말하고자 합니다. 왜냐하면 동무가 그것을 알고 있기 때문입니다. 주요한 것은 그 문제를 통제하려 한 옛 코르뷰로의 노선이 성공하지 못했고, 오히려 코르뷰로의 와해 후에 분쟁이 조선으로 또 중국으로 옮겨갔음을 우리가 보고 있다는 것입니다. 이 분파 투쟁은 현재 완전한 분해를 겪고 있습니다.

　동무도 알다시피, 조선혁명당 대회 소집을 위한 오르그뷰로가 연해주에서 조직되었습니다. 그러나 거기로 "상해파"가, 다른 자들에게 "유감스럽게도", 다수 들어갔습니다. 오르그뷰로 관련 사실은 이렇습니다. 거기에 3개의 분파, 즉 1) 남만춘파, 2) 이영선파, 3) 상해파가 있습니다. 각 분파가 지도권을 탐하고 있습니다. 얼마 전에 □□□□ 자신의 앞잡이가 "배신"했음을 감지한 이영선은 자리에서 소리치기 시작했습니다. (그는 자신의 노선을 추구합니다) 여기서 우리는 일꾼들의 교체를 목격합니다: 천민 – 블라디보스토크 군당위원회 지도원, 최동수 – 니콜스크-우수리스크 군당위원회 고려부장, 이괄 – 니콜스크-우수리스크 군당위원회 지도원 등등. 누구로 교체할지는 예민한 문제입니다.

　오르그뷰로의 모든 문제는 이영선 동무의 손을 거칩니다. 이영선 동무가 다음과 같은 말을 한 적도 있습니다: "조선당 문제는 연해주에서 정말로 가장 역겨운 문제이며, 지금의 험악한 분파 투쟁 분위기로는 각자가 모두 지도권을 탐하지만 아무도 그것을 갖지 못할 겁니다. 만약 갖게 된다면 그의 반대자가 그를 밀쳐낼 겁니다. 이는 책임일꾼들의 머리에 분파성이 뿌리내린 것으로, 그들이 분파 투쟁의 프리즘으로 각 순간을 평가하는 것으로 설명됩니다." 그는 출구가 하나라고 말합니다. 젊은 비(非)분파적 동료들을, 즉 공청원들을 당원으로 만들어 그들을 책임 있는 자리에 등용하는 것입니다.

보듯이 출구는 헛된 생각이 아니지만, 그것이 우리의 조선 문제를 최종적으로 개선할 지는, 물론, 의구심이 큽니다. 분명한 것은 이영선 동무가 자신의 기반이 무너지는 것은 보게 되면 아무것도 고려하지 않고 또다시 모험주의로 간다는 것입니다. 즉, 젊은 동료들의 목덜미를 잡고 그들 중에서 이영선파를 모집하려 한다는 것입니다. 이런 일이 벌어지고 있습니다.

다른 측면에서 이 정책이 좋긴 하나, 그에 관해서는 후에…

종합하면, 이런 상황에서 빠져나오는 "평화로운" 출구가 없다는 것이 보입니다. 연해주에서의 분파 투쟁과 망명자들의 역할은 분해 단계에 있는데, 태양이 어떻게 지평선 뒤로 숨는지 둘러볼 수 없을 정도로 그것은 빠르게 진행될 것입니다.

분파 싸움의 결과

우리 문제를 더 정확하게 분석하기 위해서는 당원과 공청원 및 비당원 대중을 살펴보고, 이들의 조선과 중국 대중에 대한 영향을 확인하는 게 흥미로울 것입니다.

분파 투쟁의 시작과 끝인 조선공산당의 역사를 봅시다. 조선 연대와의 살육전, 조선인 의병부대의 무장해제, 두 파벌 성원들의 서로에 대한 총사냥, 이영선의 부상(負傷), 일꾼의 교체, 고려부장의 독재, 최근 국경에서 조선인 의병 30여 명이 총살된 사건, 조선에서 오르그뷰로 대표(이성, 전우 동무)가 체포된 일, 공청원과 소년단원 및 비(非)당원 앞에서 계속된 공개적 접전 등. 이 모두는 아주 예민한 문제로, 대중이 그 답을 찾고 있는데… 찾지 못하고 있습니다. 분명한 예를 들겠습니다. 한 회합에서 보고자가 자신의 보고를 마치자 의장이 보고자에게 질문을 했습니다. 이때 여기서 한 소년단원이 일어나 정확히 다음과 같이 말했습니다: "질문에 끼어들지 않는 게 좋겠네요. 게페우[=국가정치부위부가 멀리 있지 않습니다." 이것이 그 상황을 명확히 강조하고 있지 않습니까? 즉, 대중의 불만이 고조되어 있으며, 문제가 어떻게든 해결되어야 한다는 상황 말입니다.

간단히 말하면 그렇습니다.

이제 우리의 공청 문제를 보겠습니다. 최근에 공청원 대중이 극도로 흥분했는데… 그 원인을 멀리서 찾을 필요가 없습니다. 상기 모든 사실과 이에 더해 설명이 안 되는 일들이 있는데, 최근에 다음과 같은 일이 있었습니다: 1) 당 토론회, 코르뷰로의 화해, 이와 관련해 일꾼들이 교체된 일; 2) 국경에서 조선인 의병들이 총살되고, 그중에 공청원 1명이 포함된 일. 이 사건의 결과로 큰 파장이 있을 것입니다… 지금 국외에서 연해주

공산주의자들을 비방하는 선동이 진행되고 있습니다. 민족주의적으로 지향된 우리 청년들 대부분이 맹목적으로 그들을 추종하고 있습니다. 전체적으로 그 모두가 반공산주의 선동에 비옥한 기반을 제공했습니다. 심지어 당의 징벌부대가 니콜스크-우수리스크로 파견되고 있고, 게페우가 그들을 다발로 잡아 총살하고 있으며, (총살당한 자가 18명이나 됩니다) 그럼에도 군당위원회의 조선인 책임일꾼들을 해하려는 시도가 있었습니다; 3) 이성[=이재복] 동무와 전우[=정재달] 동무가 체포된 사건으로, 이는 조선에 이미 운동의 전환이 있음을 잘 보여줍니다. 망명자들과의 분리는 자주적, 직업적 모험주의자-망명자들의 지도 없이 자주성에 기초해 새로운 운동이 시작되었음을 말해줍니다.

그래서, 공청원 대중의 고조된 불만은 이렇게 설명될 수 있습니다. 즉, 우리의 당 문제에서의 모순과 변증법적 축적 과정에서의 모순에 대한 몰이해가 벽(상기 사실들)에 봉착했고, 그것이 겉으로 드러났습니다.

조선 혁명에 대한 책임감이 거기서 생겼습니다. 가장 열성적인 공청 일꾼들만이 그것을 이해했다고 말할 수 있지만, 현 상황에 반대하는 선동의 길로 향하는 그들의 사업은 앞으로 그 규모가 커질 것입니다.

그때, 내가 이야기했듯이, 가장 열성적인 동료 공청원들이 조성된 상황을 논의하기 위해 모였습니다. 왕 미샤, 박윤세, 김 보랴[=김강], 그리고 나는 다음과 같이 결의했습니다:

1) 현 상황에서 벗어나는 "평화적" 출구는 있을 수 없다.

2) 분파 투쟁은 조선 혁명에 대한 큰 타격으로, 분해의 시기를 겪고 있다.

3) 모든 분파는 우리에 의해 면밀하게 연구되어야 한다. 그리고 다른 편에서 현 분파 투쟁에 대한 개인적, 전체적 선동을 벌여야 한다. 러시아콤소몰 성위원회도 그 문제를 대중적 비판에 넘길 준비를 해야 한다.

이때부터 우리는 우리의 일을 시작했습니다. 우리 동료들을 니콜스크-우수리스크, 블라디보스토크, 고르라이온에 심었고, 그들이 책임 있는 직책을 차지하게 하는 노선을 펼치며 선동을 하고 있습니다…

우리 노선의 시행을 위해 모든 보고를 활용하고 있습니다.

최근에 두 번의 대토론회가 있었는데, 여기서 분명히 언급된 것은 다음과 같습니다:

1) 왜 우리는 당의 원칙적(기본적) 결정에 대해 알지 못하는가.

2) 조선에서 무엇이 진행되는지 알지 못한다. (연락 관계가 없다)

3) 분파 분자들에 대한 비판.

4) 조선과의 연락 관계, 조선 문제 연구를 위한 소조 결성 등에 대한 요구.

그런 목적에서 우리 동료들이 각 군(郡)과 지구에서 □□□ 조사를 이용하고 있습니다.

고려부는 들끓고 있는 상태입니다. 질책이 쏟아지고 있습니다.

전체적으로 그런 사태가 진행되고 있는데, 이는 우리에게 그 문제에 대해 생각해 보게 합니다.

내 생각에 이 문제는 연해주나 조선에서의 우리 운동의 근본적 전환을 의미합니다.

조선에 연해주 분파 분자들과의 선 긋기가 있고, 연해주에도 같은 게 있는데… 이 대목은 역사적으로도 초래되었지만, 우리는 그것을 간과하지 말고 올바른 궤도로 보내기 위해 면밀하게 분석해야 합니다.

해야 할 일은 다음과 같습니다. 즉 연해주에서도 이 운동이 벌어지게 해야 합니다. 하지만 그와 관련해서 우리는 조선의 운동이 실제로 강하고 중앙집중적인 것이 되도록 그것을 개선하고 강화해야 하며, 이는 연해주 동료들의 사업을 쉽게 만들고 근본적으로 그들의 사업 방향을 바꿀 것입니다…

그때까지 간도와 관계를 유지하며 그들을 지도했던 나와 박윤세는 그때 고려공청 간도 주총국의 마지막 위원으로 선출되었습니다. 간도의 분파 단체들(적기단과 김사국)의 전체적 상호 관계 및 연해주에서 조성된 상황으로 인해 우리는 즉시 간도로 가야만 했습니다.

이영선 동무에게 요청했지만, 그는 완강히 거부했습니다.

우리는 거기서 문자 그대로 급히 도망칠 수밖에 없었습니다. 그때 나는 소년단 성총국의 "고려부장"이었고, 파견 명령을 받아 급히 도망쳤습니다. 범죄일 수도 있습니다. 나는 연해주의 조선 문제가 (최소 2년간) 통제되지 않는 상황에서 우리가 거기로 가면 안 된다는 걸 압니다. 그러나 우리가 혁명이 요구하는 바를 올바르게 수행한다는 인식이…

이것을 동무가 어떻게 생각할지 모르겠습니다만, 우리는 우리가 올바르다고 확신합니다.

문서를 모두 남겨놓고 갔습니다…

고려공청 주총국 두 번째 위원이 우리들, 즉 박윤세와 나를 동반했습니다.

도중에 두 번째 위원을 바로 □□□로 보내고, 우리는 하얼빈과 콤소몰 성총국 및 다른 문제들을 알아보려고 두름길로 갔습니다.

그 무렵 12개 세포와 10개의 공청단체를 헤아리는 간도 고려공청은 연해주의 "정상 배"들에게 완전히 무시되었고, 고려부는 분파주의적 민족주의 단체인 적기단과 이들의 고려공청 세포들을 공식적으로 지지했습니다.

그러나, 물론 우리는 자주적 청년운동의 입장에서 그들과 완강한 투쟁을 벌였고, 또 벌이고 있습니다. 우리는 최우량 분자들을 우리 쪽으로 포섭하여 공청을 조직적으로 완성한다는 노선을 추구하고 있습니다. 그들은 우리의 지도권에 이의를 제기하며 우리를 압박하고 있습니다.

물론 우리는 코민테른에 의한 조선당 건설의 문제가 해결되기 전까지 이 지도권을 내놓지 않을 것입니다.

최근에 국제청년데이 행사를 치른 후 조직이 무너졌습니다. 청년회원 27명과 공청원 □명이 체포되었습니다. 주총국 사업이 마비되었고, 우리는 시골 마을로 가서 (사방에서) 밤을 지냈습니다.

하얼빈에 도착했습니다. [여기서] 중앙이나 지방과의 연락 관계, 비밀사업, 출판사업의 측면에서, 가장 중요한 것으로 구성된 사업의 조직화 측면에서 아주 유리한 조건을 발견했습니다.

코민테른 대표 닐로프, 러시아콤소몰 성위원회 비서 쇼민, 고려공청 성위원회 비서 라스토츠킨(강 니콜라이), 그리고 우리 두 명이 참석한 회의에서 협상 후에 다음 사항을 확인했습니다:

1) 7개 세포가 있고, 청년회를 11개까지 포괄한다.

2) 지역 성위원회가 보조금을 준다.

3) (이론적으로 확고하지 않은) 잡지가 발행되고 있지만, 발행 자금이 있다.

결정 사항은 다음과 같습니다: 1) 성총국은 주총국의 지휘를 받는다. 2) 주총국에 중동철도 고려공청 성총국 비서 강 니콜라이[=강원익] 동무가 들어간다. 3) 성총국에 보조되는 모든 자금은 주총국으로 이전된다. 4) 잡지는 고려공청 주총국의 기관지가 된다.

이 문제의 해결과 일치를 위해 박윤세 동무를 서울을 거쳐 간도로 파견했습니다. 그는 서울에서 전반적인 경제적, 정치적 상황을 알아보고, 중앙총국과의 연락 문제와 주총국을 더 합법적인 여건의 하얼빈으로 이전하는 문제를 해결할 것입니다. (코민테른 대표) 닐로프 동무가 자금을 보냈습니다.

이와 관련해서 우리가 국제공청 집행위원회 원동부에 송금 관련 보고서를 보냈지만, 아직 답변이 없습니다.

러시아콤소몰에서 캠페인이 진행되고 있습니다. 우리에게 도움으로 100루블을 약속하는데, 그때 동료들을 □□하겠습니다.

사업 전망

지금 우리는 17개 고려공청 세포와 이 세포들의 영향 아래 있는 25개 청년회를 보유하고 있으며, 공청원은 200명, 청년회원은 1,700명에 달합니다.

1) 청년회에서 공청 핵심을 열심히 강화하고, 세포가 없는 그런 청년회에서 공청 핵심을 조직하고, 사업을 이들 공청 핵심과 청년회에 대한 지도가 가능한 상황까지 발전시킨다.

2) 조선 문제와 만주의 경제적, 정치적 상황을 면밀하게 조사한다. (총국 내에 특별위원단을 설치한다)

3) 신문과 전단과 소(小)기사 및 번역물을 발행함으로써 선동사업을 강화하고, 청년의 경제·정치 투쟁에 대해 지속적인 지도를 해나간다.

4) 2월 말에 주 협의회를 소집할 수 있게 준비한다. 공청원들의 조직적인 영향 아래 청년회 중앙기관을 설립한다.

5) 출판사업으로 잡지『우리의 목표』를 발행하고(제5호까지 발행됨), 농민들 사이에 통신망을 구축한다. 이론서, 전단, 소책자 등을 번역 출간한다.

6) 우리의 당 조직 문제는 현재 다음과 같은 식으로 그려진다:

1) 가장 열성적인 자들과 공청원 자격 연령이 지난 자들을 세포로 분리한다. 그 후 병행해서 혁명위원회 조직을 만들 것이며, 지도권은 이 "당원들"이 행사하게 되고, 여기에 모든 혁명단체와 개인들이 포함되게 된다.

전체적으로 전망은 밝습니다.

내 편지의 목적은, 동무가 알다시피(짐작했겠지요) 고참 일꾼들과 상의하기 위함입니다. 내가 편지에서 놓친 것이 많은데, 동무가 관심이 있으면 개별 문제에 관해 질문을 주었으면 합니다.

가장 중요한 것은, 동무가 (우리를 지지한다면) 그간의 경험을 토대로 특히 예정된 주 협의회(정강 등)와 특히 당 문제와 관련해서 많은 조언을 해줄 수 있다는 것입니다.

이 편지가 동무의 비평을 받고 우리가 사업에 관해 교신하게 될 것임을 확신하면서 이것으로 마치겠습니다.

동무의 인사와 함께, 김성 발렌틴

나의 주소: 하얼빈, 소련 총영사관, 러시아콤소몰 주위원회 앞.
고려공청 김성 발렌틴

РГАСПИ, ф.533, оп.10, д.1887, лл.22-24.

〈간도총국 책임비서 박윤세가 간도 고려공청에 관해 국제공청 집행위원회 원동부에 보낸 1924년 12월 18일 자 보고〉

고려공청 간도(북만주)총국
1924년 12월 18일

국제공청 집행위원회 원동부 앞

북만주(중국 간도)의 조선인 지하단체인 고려공청의 상황에 대해 간략히 설명하면 다음과 같다:

단체가 조직되기 시작한 시기는 1923년 중반이다. 현재까지 17개 세포에, 회원이 490명을 헤아린다. 구성원은 대다수가 농민이다. 노동자는 거의 없다.

지금 간도(북만주)에는 우리 조직인 고려공청과 두 개의 "공산주의" 단체가 병존하고 있다. 그것은 "적기단"(상해파)과 김사국의 "중립적" 단체이다. 적기단은 러시아공산당 연해주위원회 고려부로부터 큰 지지를 받고 있다. 이들 단체는 각자 고려공청 세포를 가지고 있으며, 우리 조직을 "자신의 지도하에" 예속시키려 하고 있다.

그와 관련해서 고려공청 간도총국은 국제공청의 지령에 따라 참된 조선공산당이 수립될 때까지 확고한 자주 노선을 견지하고 있다. 이 문제로 인해 사업에 정체가 아주 많다. 지금 우리는 그들 단체에 관해 면밀하게 연구하고 그들과 협력해 사업을 벌인다는 방향을 설정했다. 그런 판단의 근거는 다음과 같다: "분파 투쟁은 망명자들의 옳지 못한 정치의 결과이며, 망명자들은 현재 퇴행을 겪고 있다. 분파적 망명자 지도부는 가망이 없다. 사업은 망명자들의 지도를 배제하고, 조선의 자주적 혁명운동의 슬로건 아래 있어야 한다." (이에 대해서는 추가로 기술하겠다)

국제청년데이가 간도에서 성황리에 거행되었다. 도시 위로 붉은 깃발이 나부꼈고, 전단이 살포되었다. 그 결과 비(非)공청원 몇 명(7명)이 당일에, 또 20명이 나중에 체포되었는데, 그들 중 고려공청원이 1명 있었다. 견고해야 할 우리 핵심이 연약한데, 앞으로 그런 기동을 볼 수 있을지 모르겠다. 간도에서 거행된 국제청년데이 및 체포 사태와 관련해서, 러시아콤소몰 연해주 조선인 단체가 이룬 장족의 발달이 눈에 띈다. 공청원들은 자신들의 말을 듣도록 당원들을 압박하여 간도의 고려공청을 돕자는 캠페인을 벌였다.

중국 내전은 지금 다음과 같은 3가지 상황에서 진행되고 있다. 그것은 a) 간도의 기근(흉작), б) 조선인 청년 농민들의 군대 징집, в) 일본인들(장쭤린파)의 지도하에 자행된 홍후즈들(강도들)의 총격으로 50명에 달하는 조선인이 살해당한 사건이다. 우리의 판단은 이렇다: 1) 군대에 소환되는 조선인 청년들 사이에서 전쟁의 본질을 설명하며 쑨원의 당(민족해방운동)을 위한 선동을 벌이고, 2) 중국의 민족해방운동에서 미래의 민족 혁명군의 핵을 조직하기 위한 선전을 벌인다.

얼마 전에 러시아-중국 국경에서 30명이 넘는 조선인 의병이 연해주 게페우에 의해 총살되었다. 이와 관련해서 조선인 의병들이 테러 부대를 러시아 영토로 보내 러시아 공산당과 러시아콤소몰 구성원들(조선인)을 상대로 격렬한 투쟁을 전개하고 있다. 그들은 연해주에서 조선인 공산주의자들에 반대하는 대규모 선동을 성공적으로 벌이고 있는데, 공산주의자들에 반대하는 대중적 동향이 현저하며, 이것이 우리를 궁지로 몰고 있다.

우리의 향후 사업 전망은 다음과 같다:

1. 분파 지도자들로부터 자주성을 확보하기 위한 투쟁을 벌인다.

2. 고려공청의 자주성 문제에 대한 국제공청의 지령을 견지하고 확실하게 실행한다.

3. 간도의 혁명운동 전반에 대한 올바른 지도를 위해 공청원 자격 연령이 넘었고, 가장 의식화되고, 열성적이며, 규율이 잡힌 자들을 선별하여 당 핵심으로 삼는다. 이런 당 핵심의 (비합법적) 지도하에 조선인 혁명자위원회를 수립하는데, 여기에는 현재 혁명 무대에서 활동하는 모든 혁명자가 개인 자격으로 들어가게 된다. (계획안. 여러분의 재가를 기다린다. 추가 자료를 보내겠다)

4. 출판사업을 조직의 기본 사업으로 간주하면서, 곧 사업을 시작한다.

5. 사업의 진작 및 적극성 제고를 위해 정치 소조를 조직한다.

6. 모스크바 및 조선과의 관계 조절을 위해 센터를 용정에서 하얼빈으로 이전한다. (용정은 구석에 박혀 있어 큰 정치적 사건들이 비껴간다) 하얼빈은 이쪽이나 저쪽과 연락하기도 좋고, 출판사업을 하기에도 가장 좋은 곳이다.

7. 센터(고려공청 간도총국)를 하얼빈으로 이전함으로써 사업을 남만주와 북만주 및 중동철도로 확대할 수 있다.

8. 3월 말경 간도 고려공청 대회를 소집할 것이며, 이를 위한 준비 작업을 진행한다.

간도총국 책임비서(박윤세)

이 편지는 완성되지 못했는데, 왜냐하면 우리가 러시아에서 도착하기 전에 며칠 동안 작성되었기 때문이다. 앞으로 추가 자료를 보내겠다.

가까운 시일 안에 답장을 달라. 답장이 어디로 발송되었는지 조훈 동무를 통해 알려 주길 바란다.

РГАСПИ, ф.533, оп.10, д.1887, лл.59-69.

〈고려공청의 사업 전망에 관해 주청송 등이 간도 국제공청 원동부에 보낸 1924년 12월 20일 자 보고〉

국제공청 원동부 앞

간도 고려공청의 사업 전망에 관한 보고
(보고는 동방노력자공산대학 출신 4인에 의해 작성되었음)

간도는 북만주의 일부이다. 조선 북부 및 연해주와 경계를 접하고 있다.

간도 면적은 88,541 평방 데샤티나이며, 그 가운데 농경지가 약 80,000 평방 피트에 달한다. 금, 석탄, 각종 광석 등의 유용한 광물이 있다. 그리고 교통로로 철도와 차도가 있다. 철도는 1923년에야 일본인들에 의해 부설되었다. 그것은 조선에서 시작하여 간도를 가로질러 중동철도의 주요 역인 길림에 도달한다. 철도 간선에서 나온 각 지선은 모든 주요 도시로, 탄광으로, 금광으로 이어진다. 이 철도는 자신의 전략적 의미를 차치하고서라도, 이 지역의 천연자원 개발에 이용되고 있다. 차도 역시 모든 주요 지점을 잇고 있다.

주요 도시는 혼춘, 국자가,* 두도구, 그리고 용정이다. 이들 도시에는 중국 경비대와 행정기구(이런 것들이 농촌에는 없음), 일본 영사분관 및 각종 교육기관이 있다.

간도의 주민은 50만 명에 달한다.

이들 중 조선인이 340,000명,

중국인이 약 159,000명,

일본인이 약 1,000명,

미국인 등이 20명이다.

그리고 최근 간도에 웅크리고 있는 백위파의 수가 300~400명이 넘는다.

주민들의 주요 생업은 농사이며, 주요 반출 대상은 콩 등의 농작물이다. 콩 하나가

●   원문에는 '듀듸노이(Дюдыной)'로 표기되어 있다.

매년 약 1,951,540푸드가 반출되고 있다. 주요 주민인 조선인과 중국인의 약 90%가 농업에 종사한다. 경작지의 약 50%가 대지주의 수중이 있기에 조선인과 중국인 근로자들은 소작인이나 반(半)소작인 또는 머슴의 처지에 있으며, 소농들이 토지의 나머지 반을 경작한다. 일본인들은 상업에 종사하거나 기관에서 근무한다. 미국인과 기타 유럽인들은 문화 선교사나 목사로 활동하고 있다.

조선인 주민들이 처한 경제 상황은 애처롭기 그지없다. 농민들의 빈곤화 과정은 빠른 속도로 진행되고 있다. 이를 확증하는 사실로서 우선, 반(半)공식적 대부 기관이 자신의 활동을 점점 더 확대하고 있는 것, 그리고 동양척식회사 역시 많은 자본을 들여 자신의 지사를 열려고 하는 시도를 들 수 있다. 동양척식회사의 시도는 그런 투자로 일정한 이익이 창출되지 않는다면 있을 수 없는 일이다.

이 대부 기관은 자기 자본을 다음과 같은 방법으로 영업을 한다. 즉, 돈이 필요한 사람에게 사인보다 낮은 이자율로 돈을 빌려준다. 그러나 그때 대부금의 두 배 가치가 있는 토지 문서를 담보로 맡기는 것을 의무적으로 요구한다. 농민이 대부금을 약속한 기일에 갚지 못한 경우, 모든 토지는 통째로 대부 기관의 소유로 넘어간다.

세금은 직접세든 간접세든 모두 늘어나고 있다.

그렇게 해서 농민들에 대한 토지 탈취와 농민 통합이 늘어나고 있다.

정치적 측면에서 조선인들은 이중적 압제를 겪고 있다. 달리 말하면, 두 개의 권력, 즉 중국 권력과 일본 권력이 조선인들을 지배한다.

중국 권력은 조선인들에게 극히 야만적 방법으로 징벌을 가한다. 중국의 경찰과 병사들은 조선인 촌과 마을에서 노골적인 약탈을 자행한다. 돼지나 닭 등을 털어간다. 종종 아무런 이유 없이 양민을 학살하기도 한다. 예를 들면, 1923년 용정에서 대낮에 중국 병졸들이 조선인 두 명을 죽였다. 그런 야만적 행위가 어두운 외진 곳에서 대량으로 자행된다. 최근에 장쭤린이 조선인 청년들을 군대에 동원하고 있다는 정보가 있다.

일본 권력은 21개 조항의 조약을 중국과 체결한 후에 자신의 경찰기구를 통해 거의 무제한으로 조선인들을 지배하고 있다. 거의 모든 주요 거점에 일본영사관의 분관이 있고, 조선인 거주지에는 경찰 파출소가 있다. 일본의 영사분관은 조선인들에게 입법기구이자 행정기구이다.

헌병대와 스파이의 망이 넓게 퍼져 있으며, 첩자는 수천 명에 달한다(이들 대부분이 조선인임). 영사관에는 공식적으로 이른바 조선인회가 있는데, 이들은 일본영사관의 정책이나 경찰 정치의 선도자들이다.

조선인 주민들에겐 언론, 출판, 집회의 자유 등 조선에도 "있는" 온갖 자유가 박탈되어 있다. 심지어 조선에서 합법적으로 유포되는 문헌들조차 간도 조선인들에게는 불법이다.

일본 정부는 노골적인 강압 정치 이외에 여러 "사회자선단체"를 설립하는 방법으로 동화정책을 시행하고 있다. 예를 들면, 일본 정부 요원 히다카 헤이고로(일본인)●에 의해 간도의 주요 도시인 용정에서 약 400~500명으로 "광명회"가 조직되었다. 그가 개설한 사범학교에는 206명 이상의 조선인이, 유치원에는 100명이 넘는 아이들이 다니고 있다. 혹독한 교육을 통해 어린 학생들을 자신들의 충복으로, 열렬한 친일파로 만들어내고 있다. 그의 "자선 행위"를 보고 일부 순진하고 얼빠진 조선인들은 그를 사회주의자로 부른다. 여기서 지적해야 할 사실은 간도에서 그가 노동자 출신으로 행세한다는 것, 그리고 노동을 통해 번 돈으로 사회단체를 설립하는 것처럼 사기를 친다는 것이다.

청년들의 상황

어려운 경제 상황으로 인해 청년들은 높은 향학열에도 불구하고 자신의 지적 욕구를 채우지 못한다. 청년들은 혁명적이며, 피압박자의 복지를 위해 일하겠다는 열의와 각오로 충만해 있다. 청년들이 1919년의 3월 봉기의 선봉에 섰던 것은 우연이 아니다. 지나간 의병 운동을 청년운동이라고 부를 수 있을까? 그렇다. 왜냐하면 의병이 주로 청년들로 구성되었기 때문이다. 통합에 대한 지향이 있는데, 그 증거가 바로 각 지역에 수없이 많은 청년회이다. 그런 청년회가 문자 그대로 모든 촌과 마을에, 심지어 20가구가 안 되는 외진 곳에도 있다. 청년회의 목표는 청년의 통합과 육성이며, 이를 위해 토요일마다 온갖 주제를 놓고 토론회가 열린다.

이들 토론은 현학적 성격을 띤다. 현 정치 상황과 문화적 후진성으로 인해 혁명사업을 벌이지는 않는다.

청년 학생

간도에 중등교육 기관이 7개 있다. 이들 중 한 곳은 일본 정부의 자금으로, 나머지는 종교 단체 자금으로 운영된다. 학생들은 오로지 조선인이다. 각 학교의 학생 수는

● 　원문에는 '인고벤 재로(Ингобен-дяро)'로 표기되어 있다.

500~700명 정도이며, 학생 나이는 16~25세이다. 7개의 학교 중 4개 교가 용정에 있다. 학생들은 대부분 농민 가정 출신으로, 대다수가 중농이나 빈농의 자제이다. 부자나 부농[=쿨락]의 자제는 극히 소수이다. 그 이유는 첫째, 간도에 지주 이외에는 착취자가 적고, 둘째, 부잣집 자제들은 학교 구성이 간도보다 훌륭한 서울이나 일본으로 유학 가기 때문이다. 반대로 간도에는 물질적 결핍으로 서울이나 일본에서 학업을 지속할 수 없는 학생들이 흘러든다. 왜냐하면 간도의 생활비가 서울과 일본 대비 극히 저렴하기 때문이다.

그렇게 해서, 학생들 대다수가 가난하다. 대략 학생의 90%가 낮에 공부하고 밤에는 담배 판매, 물장수, 신문 배달 같은 일에 종사하거나 사환 등으로 일하며, 반쯤 굶은 상태로 연명하고 있다. 그들 가운데 절반 이상이 부모로부터 어떠한 지원도 받지 못한다.

학생들의 약 25%가 예전의 시골 교사, 의병, 사회일꾼 출신이다. 학생들은 대다수가 혁명적이다. 학생들의 목표는 참된 혁명자가 되고, 억압자들에 맞선 투쟁에 유용한 사람이 되는 것이다. 그들에게 지식은 안락한 삶터를 찾기 위한 수단이 아니라, 피압박 조선 인민의 문화 수준을 높이기 위해 긴요한, 억압자들에 맞선 투쟁에 필요한 무기이다. 여기에 1917년 10월 대혁명의 영향이 나타난다.

공산청년회

간도에서 공청이 등장한 시기는 1923년 6월이다. 공청원의 수가 50명에 달했는데, 이들은 출신으로 보면 농민 분자이고, 사회적 지위로 보면 지식인이다.

지역 농촌에 세포가 3개 있다. 이들이 만들어진 방법은 다음과 같다:

초기 회원들과 발기회 17명은 대개 중학교 상급생이었다. 학교를 졸업하면서 그들은 돈이 없어 학업을 지속하지 못하고 자기들 농촌으로 돌아가 교사로 일을 했는데, 그러다가 그곳에서 지역 청년회 지도자가 되었다. 지역의 열성자 4명이 청년회에서 공청 세포를 비합법으로 조직하였고, 그렇게 해서 지역 농촌에 공청 세포 3개가 존재하게 되었다.

간도에 조선인들의 여러 단체와 분파가 존재한다. 예를 들면, 테러단체 "의열단"이 있는데, 북경에서 조직된 이 단체의 목표는 조선을 일본의 압제에서 해방하는 것이다.

또한 주로 민족혁명을 추구하는 여러 그룹이 있는데, 이들은 자신을 공산 그룹이라 칭한다. 분명한 사실은 공산주의에 관해 아무런 표상도 갖고 있지 않다는 것이다.

사실 위 단체들은 살펴볼 필요가 없는데, 왜냐하면 그들은 정치적으로 아무런 의미가 없고 실제로 활동도 없기 때문이다.

하지만 여기서 "적기단"(붉은 깃발)에 대해서는 살펴볼 필요가 있다.

이 당은 이동휘를 지도자로 하는 상해파의 주도로 만들어졌다. 그 창설 과정을 보면 이렇다. "적기단"의 조직자 우시욱(조선인)이 1921년 11월 격문과 함께 (상해파 리더 이동휘의 동료인) 김립에게 받은 금액 약 12,000원을 가지고 간도에 왔다. 간도에 도착한 그는 영사관 고위 관리인 현시달의 주선으로 영사관에 자수하며 격문과 문서들을 제출하였다. 일부 금액은 영사의 밀정들과 만찬을 하는 데에도 쓰고, 또 결혼식 및 살림 도구 마련에도 사용하였다. 그는 영사관의 밀정이 되어 "적기단"에서 지도자의 한 사람으로서 사업을 하고 있다. 이 단체는 간도의 타이가(밀림) 깊은 곳에 은신하면서, 주민들을 무력으로 위협하는 방식으로 의연금을 "모집"하는 등 비적 활동에 종사한다. 반면 중심 지구에는 기독교 단체 회원들과 교사들 및 일본 정부 요원 히다카 헤이고로가 동화정책을 위해 설립한 "광명회" 회원들이 있다.

하지만, 조선인 공산주의자들 사이에 일어난 사건 및 1924년 봄의 코르뷰로 해산과 관련해서 "적기단"에 봄이 도래했다. 예를 들면, 조선공산당 창당대회 소집을 위해 새로 조직된 오르그뷰로에 "적기단"의 리더 중 1인, 즉 장재룡이 상해파 지지자인 박응칠과 함께 위원으로 들어갔다. 그리고 오르그뷰로가 모집한 동방노력자공산대학 입학생 상황을 살펴보게 되면 다음과 같은 그림을 보게 된다. 즉, 간도에서 9명의 공청원이, 그리고 고려공청 중앙총국에서 1명이 동방노력자공산대학에 들어가기 위해 블라디보스토크에 도착하였다. 그들 중에서 단 1명이 입학을 했는데, 이는 그를 간도로 돌려보내지 않으려고 했던 덕분이었다. 아무튼, 혁명 투쟁에 대한 관념이 없으면서도 자신을 1921년부터 조선공산당의 일원이라고 생각하는 기독학교 학생들을 성서를 들려서 모스크바로 보냈다. 여기서 지적해야 할 것은 동방노력자공산대학이 그들 중 일부를 레닌그라드 군사학교로 보냈으며, 앞으로 또 일부를 보낸다는 사실이다. 왜냐하면 그들이 공산노력자공산대학에 필요하지 않기 때문이다.

그들이 무지한 조선인 대중 사이에서 벌인 선동에 대한 또 하나의 예가 있다. 그들은 "조선인들 가운데 이동휘 한 사람만 레닌 동무와 20분간 접견을 했고, 나머지 사람들은 모두 레닌 동무가 있는 방의 문턱조차 넘지 못했다"라고 떠들고 다닌다. 그런 선동이 아무리 저렴하고 우스운 것일지라도, 여전히 그것은 누군가에겐 영향을 미친다. 봄 전까지 그랬다. 1924년에 그들은 러시아볼셰비키공산당원인 이르쿠츠크파 공산주의자들에 대한 온갖 악소문을 주민들 사이에 뿌렸다. 예를 들면, "러시아볼셰비키공산당 조선인 당원들은 조선인 주민들을 박해하는 러시아의 충견이다"라든지, "그들이 조선인 의병들을 전부 죽이고 무장해제를 했다"라고 하는 말들인데, 그 증거로 예전의 조선인 의병 3~4명이 강도 행각을 벌였다는 이유로 총살된 사건을 든다.

현재 연해주 당 조직의 상황은 위와 같다.

1924년 봄 전까지 간도 공청은 러시아콤소몰과 러시아볼셰비키공산당 블라디보스토크 주(州)고려부의 직접적 지도하에 사업을 했다. 훈령과 지령 및 물질적 지원을 받았다. 그러나 이동휘 지지자와 연합자들이 권력, 아니 지도권을 장악하면서 상황이 급격히 변하였다. 러시아볼셰비키공산당 연해주[위원회] 고려부는 간도 고려공청 일꾼들에게 적대적으로 대하고 있다. 이것은 다음과 같은 사실에서 볼 수 있다. 첫째, 이미 위에서 기술한 동방노력자공산대학 입학생 모집에서 볼 수 있다. 그러나 실질적으로 동방노력자공산대학으로의 학생 파견을 담당했던 "적기단"의 리더들이 공청원 8명을 간도로 되돌려 보내고, 이들 대신에 기독교 단체의 청년 10명을 동방노력자공산대학으로 파견하고 있음을 다시 한번 강조할 필요가 있다. 왜냐하면 그들은 간도에서 "적기단"에게 선발되어 파견되었기 때문이다.

둘째, 간도총국이 지도기관이 약하다는 판단으로 러시아볼셰비키공산당 블라디보스토크 주(州)고려부에 박윤세 동무를 간도총국의 책임비서로 간도에 파견해 달라고 요청하였을 때 주(州)고려부는 그것을 거절하였다. 그래서 박윤세 동무는 주(州)고려부의 허락 없이 연해주에서 간도로 도주하였으며, 현재 간도총국의 비서로 일하고 있다. 이제, 특히 박윤세 동무가 간도총국의 지도자로 있는 지금 연해주와의 관계는 완전히 끊어졌다.

간도총국과 고려공청 중앙총국과의 관계는 매우 약하다. 사상적 지도가 없다. 간도총국은 최근까지 형식과 실제 양면에서 고려공청 중앙총국에 예속되지 않았다. 왜냐하면 간도 공청은 중앙총국의 활동에 대해 알지 못했으며, 긴밀한 관계나 지도가 없었기 때문이다.

서울청년회와는 아무런 관계가 없다. 그러나 지적해야 할 것은, 간도에서 고려공청을 조직하던 초기에, 즉 1923년 6월에 서울청년회의 리더 김사국 및 그의 동료들과 긴밀한 관계가 있었다는 사실이다. 공청이 조직될 때 간도에는 김사국이 이끄는 당이 있었다. 이 당은 자신을 상해파나 이르쿠츠크파가 아니라는 뜻에서 "제3당"으로 칭했다. 고려공청 조직에 제3당의 당원 3명을 받아들였다. 다음 날 고려공청의 조직모임 후에 김사국을 제외한 제3당의 구성원 13명이 통째로 들어왔다. 김사국은 고려공청의 첫 번째 조직모임 전에 블라디보스토크로 떠났고, 나중에 조선으로 간 다음 오랜 기간 수감 생활을 했다. 그 후에 간도 고려공청은 김사국과도, 그의 지지자들과도 아무런 관계를 갖지 않았다.

간도는 의병 운동의 본거지이다.

일본군에게 괴멸된 후 간도의 조선인 의병들은 러시아볼셰비키공산당 지도하에 조선인 의병 운동을 통합한다는 목표로 1922년 러시아 영토인 아무르 지방으로 이동했으며, 현재 간도의 타이가에는 김규식이 이끄는 소수의 (100명 이하의) 의병들이 있다. 이들은 1922년에 의병부대와 함께 간도로 급히 도주했던 것인데, 왜냐하면 그때 소비에트 정권이 조선인 의병들의 무장해제가 필요하다고 봤기 때문이었다. 사실 그들은 소비에트 정권에 의해 비적으로 몰려 박해받지 말고 간도로 떠날 것을 나머지 의병들에게 강요할 목적으로 무고한 러시아 농민 4명을 고의로 살해하였다. 현재 그들은 하등의 의미도 갖지 않는다. 공청은 그들과 아무런 관계가 없다.

상기 단체들 이외에 노동자 직업(직장)단체도 존재한다. 예를 들면, 짐꾼 조합, 물지게꾼 조합 등이 있다. 공청은 아직 그 단체들의 지지를 얻지 못하고 있을 뿐만 아니라, 심지어 아무런 관계도 갖고 있지 못하다. 사실 이것은, 비록 일부이긴 하나, 그 단체들의 지도자가 반동적 친일 분자이기 때문이라고 설명되기도 한다.

결론

1. 만주 고려공청의 주요 당면 과제는 우수한 청년 농민들의 지지를 얻고 자신의 대열에 포섭하는 것이다.

학교와 농촌의 우수 청년회 대부분에 우리 세포를 조직하기 위해서 도시에서는 극빈 학생들을, 농촌에서는 지역 청년회 열성자들을 포섭한다.

2. 간도의 청년운동에 통일된 방향을 제시하기 위해, 그리고 조선청년회연합회와 통합하는 방법으로 청년운동을 조선 내지와 연결하기 위해 전(全) 간도 청년회연합회를 설립해야 한다.

3. 학생회와도 역시 같다. 이들 두 연합회는 공청이 자신의 사업에서 의지하는 합법 단체이다.

4. 제 학생회의 통합을 통해, 각종 교육기관의 학생들과 교사들 사이의 학교 쇼비니즘과 반동적 자세 등에 반대하는 사업을 벌인다.

5. 간도의 청년 학생들이 교육적 목적에서뿐만 아니라 생존 자금을 보충할 목적에서

거행하는 강의, 집회, 콘서트, 캠페인 등은 고려공청의 의지에 따라 학생회연합회에 의해 관리되어야 한다.

6. 지금까지 공청은 노동단체들에 주의를 기울이지 않았다. 이들 노동단체를 우리 편으로 만드는 것은 중요 과제 중 하나이다. 공청은 노동단체에 뿌리를 내려야 하며, 청년 노동자들을 포섭하고 그들에게 계급의식을 심어줘야 한다.

7. 연해주나 국제공청에서 나온 일꾼들에게 사상 지도권을 보장하고, 그들의 사업을 위해 물질적 지원을 제공해야 한다.

출판 및 모든 사업의 성공적 수행에 필요한 일꾼이 부족하다. 출판사업 하나만을 위해서도 초기에 이론적, 기술적으로 뛰어난 일꾼이 적어도 2~3명 필요하다. 우리의 생각으로는 한 미하일 동무와 김철 동무가 바로 그런 인물이다. 전자는 준비된 마르크스주의자이자 동방노력자공산대학 출신으로, 간도나 조선에 가기 위해 블라디보스토크로 떠났지만, 그곳에선 그를 붙잡고 놔주지 않았다. 후자는 공청 간도총국의 전 위원으로, 출판사업에서 충분한 준비와 실천 경험이 있다. 동방노력자공산대학에 입학하기 위해 블라디보스토크에 도착하였다.

8. 간도총국과 (만일 생긴다면) 만주총국은 조직적으로, 사상적으로 고려공청 중앙총국에 예속되어야 하고, 긴밀한 관계를 수립해야 한다. 그러나 현재 그런 관계가 수립되어 있지 않다. 왜냐하면 상호 소통이 없었기 때문인데, 고려공청 중앙총국은 1924년 초에야 간도 고려공청의 존재에 대해 알았다. 당장은 간도 공청이 고려공청 중앙총국에 정신적으로 100% 복종할 수는 없다. 왜냐하면 중앙총국의 활동과 노선에 대해 알지 못하고 그것이 공평한지도 올바른지도 모르기 때문이다. 형식적으로 복종을 인정하는 것만으론 충분하지 않다. 중앙총국 혹은 중앙위원회에 대한 본격적이고 실제적인 복종은, 국제공청의 정강에 따라 모든 단체가 협의를 거쳐 통합될 창립대회에서 중앙기구가 논의되어 선출되었을 때 비로소 가능하다.

간도 공청은 고려공청 창립대회의 소집을 위해 갖은 노력을 다해야 한다.

9. 최근 정보에 의하면, 장쭤린이 조선인 청년들을 동원하고 있다. 이런 동원은 반(反)군국주의라는 새로운 사업을 제기한다. 공청원들은 장쭤린의 병사 중에서 무장한 조선인 대중을 발굴해 작게는 민족혁명 의병부대로 돌리고, 크게는 붉은 의병으로 만들어야 한다.

10. 간도의 현 상황에서는 만주 전역에서 사업을 확대하고 출판 활동을 강화하기 불가능하다는 판단에 따라 우리는 간도총국의 사업 규모 확대와 하얼빈 이전에 관한 의

견을 지지한다. 간도총국의 하얼빈 이전과 함께 국제공청과의 원활한 관계 및 그의 지도가 보장된다.

1924년 12월 20일

이 보고는 전(前)간도총국 위원과 비서들 및 러시아콤소몰 주위원회 고려부 지도원에 의해 작성되었다.

주청송, 김호반, 남준표, 박 표도르

РГАСПИ, ф.533, оп.10, д.1886, лл.12-13.

〈김성이 조훈에게 보낸 1924년 12월 31일 자 서한〉

조훈 동무 안녕한가요.

동무로부터 답장이 오기를 학수고대하다 이제 더는 기다릴 수가 없어 다시 펜을 잡습니다.

그동안 우리에게 새로 일어난 일은 없습니다. 중동철도 부속 지대의 고려공청 주총국 비서는 혁명적 청년단체를 청년회(관련 규약을 보내겠습니다)로 재편하고 제 청년회와 고려공청 등에 지령을 내리기 위해 지방으로 출장을 갔습니다. 관련 자료가 발송되었습니다. 잡지『우리의 목표』제6호(레닌호)의 발행에 착수했으며, 레닌에 관한 소책자 발간을 생각하고 있는데, 그 일이 잘될지는 모르겠습니다.

묵덴[=선양]의 한 동무로부터 편지를 받았습니다. 3만 호에 달하는 농가를 규합하여 전 조선-만주 민족혁명단체 대회가 거행되었고, 거기서 구성된 중앙위원회가 우리와 접촉하여 함께 일할 예정이라고 합니다. 내 쪽에서 보기에 그가 어떤 사람인지 모르겠으나, (이곳의 고려공청 성(省)비서 강 니콜라이가 그를 내게 추천했습니다) 강 니콜라이의 이름으로 그와 교신을 하고 있습니다. 현재 답장을 받지 못했는데, 그가 쓴 것이 사실이라면 나는 그들과 협력하여 사업을 벌일 것입니다. (답장을 받게 되면 통지하겠습니다) 가장 중요한 것은 거기에 공청 핵심을 조직하고, 중앙위원회에 우리 동무들을 (비합법적으로) 집어넣고, 그렇게 해서 영향력을 장악하여 붉은 청년들을 쟁취하는 것입니다.

간도에서 박윤세가 정확하지 않은 정보들로 또 편지를 써 보냈습니다. (편지는 일본인들에게 검열됩니다) 아마 그가 공청 세포의 열성분자 협의회를 소집한 모양인데, 상황이 갈수록 더 나빠진다고 푸념을 합니다. 먹을 게 없고(굶주림), 추위로 집에서 동사할 수도 있고, 감시로 인해 때로 들판에서 밤을 지낼 수밖에 없다고 합니다. 돈을 간절히 요청하고 있습니다. 잘 들으세요, 조훈 동무. 기다리기가 지겹습니다. 그렇다 아니다 둘 중 하나로 답하시오. 보세요, 동료들이 죽기 일보 직전입니다.

이곳의 성(省)위원회와 닐로프(데니소프) 코민테른 대표가 금전적 지원을 단호히 거부했습니다. 왜냐하면 그것이 그들의 당 조직과 노조단체 모두의 실패가 걸린 문제와 관련되어 있기 때문입니다. 그래서 그 어디에서도 지원이 없습니다. 동무는 루블 150달러로 시작했고, 나중에 당비로 살 수 있을 겁니다.

형제여, 서두르시오. 그로 인해 사업에 전혀 진척이 없습니다.

우리 잡지의 발행을 위해 그곳에서 1) 동무를 포함하여, 2) 동방노력자공산대학, 3) 국제학교(레닌그라드)에 적을 두고 있는 우리 동무들 가운데 7명의 통신원을 선발하기 바랍니다.

잡지가 실제로 잡지답기 위해서는 통신원들이 필수적으로 있어야 하고, 각종 잡지도 필요합니다. 그것은 1)『공산주의 인터내셔널』, 2)『공산청년인터내셔널』, 3)『프라우다』, 4)『콤소몰스크야 가제타』입니다.

우리는 연해주와 조선에, 그리고 만주의 모든 고려공청 단체에 통신원들로 연락망을 구축하려고 합니다.

답장을 주십시오. 눈이 빠지게 기다리고 있습니다.

두루 인사를 전해주시고, 당신의 발랴 김-세레브랴코프

P.S. 젠장, 여기서 나를 추적하기 시작했네요.

1924년 12월 31일

РГАСПИ, ф.533, оп.10, д.1892, л.1.

〈김성이 국제공청 집행위원회 원동부에 보낸 1925년 2월 14일 자 보고〉

국제공청 집행위원회 원동부

이 편지로 만주에서의 우리 사업의 전개 과정에 관해 간략히 알리고자 한다.

이곳에서 서울을 거쳐 간도로 간 고려공청 주총국 비서 박[윤세] 동무는 무사히 목적지에 도착했다. 그에 의해 세포 협의회가 소집되었고, 그것으로 세포들을 견고하게 만들었다. 그는 최근 편지에서 세포 사업이 100% 진행되고 있고 주민에 대한 영향이 다른 것들에 비해 85%라는 사실을 알려왔다.

주총국의 하얼빈 이전 문제는 고려공청 중앙위원회와 합의되었다. 최근에 동료들이 이미 떠났다. 국원들이 간도에서 블라디보스토크로 갔다. 곧 이곳에 도착할 것이다. 간도에는 성총국이 남았다.

중동철도 부속 지대에 대한 사업이 개선되고 있다. 상기 사항과 관련해서 여러분에게 우리의 견적에 관해, 우리에게 무엇이라도 다만 얼마라도 송금하는 것에 관해 상기시킨다.

여러분을 믿고 이곳에 온 상기 국원들이 무일푼이 될 수 있다는 것은 특히나 심각한 일이다. 자금을 끌어올 방법을 찾지 못하는 한, 모든 사업이 정지된다.

유일하게 자금을 받을 수 있었던 중동철도 부속 지대의 공청은 지금 집도 없이 동냥에 의지해 자력으로 견디고 있다.

속히 보내주기 바란다. 만주 고려공청에 관한 자세한 보고는 동료들이 돌아오는 대로 보내겠다.

P.S. 있을 수 있는 의혹을 없애기 위해 간도에서 보내온 편지 두 통을 첨부한다.

동무의 인사와 함께, 순조롭고 신속한 결말을 기대하며,

고려공산청년회 주총국 책임비서 김성 발렌틴

1925년 2월 14일 하얼빈

P.S. 답신은 코민테른 원동(하얼빈) 대표 닐로프를 통해서 보내달라.

РГАСПИ, ф.533, оп.4, д.68, лл.18-19.

〈하얼빈 주재 코민테른 대표 데니소프가 국제공청 집행위원회에 보낸 1925년 4월 2일 자 서한〉

국제공청 집행위원회 앞

모스크바

친애하는 동무들,

북만주에서의 조선 사업에 대한 여러분의 편지들과 이 사업을 위한 자금을 받았다.

사업적 필요에 따라 지금 나는 10일간 하얼빈에 가 있어야 한다. 그래서 북만주 조선 사업의 상황과 가능성에 관해 지금 여러분에게 상세히 쓸 수 없다.

동무들에게 다음과 같은 대목에 대해 알려주는 게 필요하다고 생각한다.

하얼빈에서 사업하고 있는 김성과 강 니콜라이는 여러분에게 모스크바로 보고서를 썼던 동무들로서, 항상 나와 긴밀히 협력하기 위해 노력했었다. 러시아콤소몰 연해주 위원회(블라디보스토크)의 조회서에 따르면, 블라디보스토크에서 무단으로 하얼빈으로 떠났던 그들은 현재 러시아콤소몰 대열에서 제명된 상태에 있다.

(얼마나 순조로운지 말하기 어려운) 이곳에서 사업하며 위의 두 동무는 그들에게 생긴 불만을 들고 각자 내게 찾아왔다. 그리고는 각자 그들의 사업이 상대 탓에 밀정의 선동에 말려들 수도 있다는 의심을 진술하였다.

이런 두 상황은 나로 하여금 김 동무와 강 동무와의 관계를 단호히 거부하도록 만들었다.

여러분이 보낸 편지와 돈은 내게 보관되어 있다.

진정성에서 의심스러운, 나아가 정치적 투기에 종사하는 조선인 "일꾼"들과 함께하지 않는 조건이라면, 조선 청년들 사이에서 그 어떤 사업도 가능하다고 생각한다. 나는 사업을 벌일 수 있고, 또 사업을 지도할 준비가 되어 있다. 다만 국외 사업을 위해 절대로 믿을만하고 검증되고 능력 있는 동무들이 여기에 있을 때, 그런 경우에만 할 수 있다. 분명한 사실은 소련에서만, 신념이 확고한 고참 공청원 중에서만 그런 동무들을 구할 수 있다는 것이다.

나는 여러분(국제공청)이 속히 조선인 동무들과 함께 러시아공산당 중앙위원회 원동국과 러시아콤소몰 연해주위원회에 편지를 보내 거기서 김성(발렌틴)과 강 니콜라이 [=강원익]에 대해, 또한 하얼빈에도 없고 지금 어디에 있는지 나도 모르는 고려공청 북만주 총국의 구성원 모두에 대해 조회를 신청할 것으로 생각한다. (일꾼들 가운데 일부는 블라디보스토크에 있고, 일부는 간도나 서울에 있는 게 분명하다)

하얼빈에 돌아가면 조선 문제에 관해 더 자세한 편지를 써서 여러분에게 보내겠다.

공산주의적 인사와 함께, P. 데니소프

1925년 4월 2일

РГАСПИ, ф.533, оп.10, д.1892, л.5.

〈박윤세가 조훈에게 보낸 1925년 5월 21일 자 서한〉

조훈 동무 앞

조훈 동무, 우리가 어떻게 일을 해야 하는지 알려달라. 만주에서 올해 또 흉년이다. 공청원도 육성해야 하고, 대중들 사이에서 사업도 벌여야 한다. 사회주의자들을 탄압하는 엄한 법령이 공포된 상황에서 사회주의자 검거를 위해 쓸 예산이 20만 원 추가되었다. 우리에겐 선전 전단을 발행하기 위한 자금은 고사하고 생존을 위해 필요한 돈조차 없다.

60명의 과정생을 위한 학교 예산은 900원이 될 것이다. 전 만주 차원의 출판사업을 위해 700원, (만주와 조선 차원의 육상) 연락을 위해 최소 200원이 필요하다. 또 선동원과 출판 일꾼, 연락원들을 먹이고 재워야 하지 않겠나?

그들이 모두 13명이다. 각자 최소 15원이 필요한데, 전부 다 합하면 200원이다. (북만주, 남만주, 간도, 하얼빈에 있는) 11개 거점 지하공간의 유지를 위해 100원이 필요하고, 그 외에 사무비 및 신문·잡지 구독비로 50원이 있어야 한다. 우리 계산으론 매월 총 2,100원이 필요하다. 이 금액은 극히 최소한으로 계산된 거고, 적어도 매월 5,700원이 필요하다. 하지만 어찌할 도리가 없다. 그러나 매월 5,700원을 지출한다고 가정하면 1년에 81,000원이 되는데, 이 엄청난 금액은 러시아콤소몰 연해주 위원회가 매년 지출하는 액수의 10분의 1조차도 안 된다. 동무의 말 좀 들어보자. 의병부대는 그냥 횡사하기 위한 존재인가? 회비가 각자 10코페이카인데, 우리 회원이 대체 몇 명이나 되나?

우리에게 모두 1년에 2만 원 정도만 지급해 달라. 그러면 앞으로 우리가 사업 자금을 스스로 마련할 수 있을 것이다. 돈벌이 기구 같은 걸 만들려고 한다. 이것이 보고이다. 우리가 전에 요청한 자금이라도 속히 보내주기 바란다.

1925년 5월 21일 박윤세

우리에게 이도 저도 주지 않는다면 그건 우리에게 아무것도 하지 말라고 강요하는 것과 다름이 없는데, 그렇다면 우리에게 지령을 내려달라. 동무는 고려공산청년회에 사업을 남기겠지. 국제공청에서 나온 지령을 왜 □닌 동무가 틀어쥐고 우리에게 보여주지 않는지 이해할 수가 없다. 차라리 우리를 사업에서 손 떼게 하고, 더 유능한 다른 동무들로 교체하는 게 좋겠다. 우리에게도 출구가 없다. 계속해서 쓰고 있는데, 동무로부터 답신이 전혀 없고, 지령도 없다. 무슨 일인지 모르겠다. 아니면 우리 47명의 활동가를 공부할 수 있게 모스크바로 데려가 달라. 그러면 열심히 하겠다.

РГАСПИ, ф.533, оп.10, д.1892, л.18.

〈고려공청 만주총국이 모프르 중앙위원회에 보낸 1925년 5월 25일 자 보고〉

모프르 중앙위원회 앞

고려공산청년회 중앙총국 산하 만주총국은 모프르[=국제적색구원회]와 관련하여 다음과 같이 결정한다:

1. 모프르 임시위원회를 다음과 같은 5인의 동무로 조직한다.
2. 김성(의장), 김하일(경리), 강원익(북만주에서 모프르 단체 설립을 전담함), 김성호(간도에서 모프르 단체 설립을 전담함), 김강(간도에서 모프르 단체 설립을 전담함).
3. 입회비는 1달러이며, 회비는 월 5코페이카 또는 임금의 1%이다.
4. 사업은 올해 6월부터 시작되며, 그때까지 다음과 같은 준비 작업을 한다:
   a) 모프르의 호소문과 규약을 조선어로 번역한다.
   b) 크레스틴테른[=농민인터내셔널]의 모프르에 관한 호소문을 재인쇄한다.
   c) 모프르에 관한 각종 선동 삐라를 발행한다.
5. 발행을 위해 25달러를 지출한다.
6. 고려공산청년회는 모프르 사업에 전적으로 참여하며, 감옥에 갇힌 이들에 관한 자료와 정보를 모프르에 제공하기 위해 노력한다.

또한 모프르 중앙위원회에 a) 매월 만주위원회에 훈령을 내리고, b) 과제와 사업에 관해 교시해 달라고 요청한다.

1925년 5월 25일, 고려공산청년회 중앙총국 산하 만주총국

РГАСПИ, ф.533, оп.10, д.1892, л.21.

〈박윤세가 조훈에게 보낸 1925년 5월 25일 자 서한〉

조훈 동무 앞

비밀 유지 측면에서 우리 사업은 아주 바람직한 상태에 있다.

만주총국에는 연길(간도), 남만주, 북만주에 성위원회가 1개씩 모두 3개가 있다.

연길 성위원회는 회원이 96명이었다가 4명이 제명되어 현재 92명이고, 북만주 성위원회는 15명, 남만주 성위원회는 63명이다.

우리의 과제는 국제공청 제5차 대회 전까지 만주에서 회원을 700명까지 늘리는 것이다. 제1차 대회 때는 300명, 제2차 대회 때는 250명, 제3차 대회 때는 156명이었다.

성위원회는 각자 자신의 회원을 위해 공청회 회보 『콤소몰스키 베스트닉』을 발행하고, 만주총국은 광범한 혁명 대중을 위해 월간 잡지를 발행하고 있다. 러시아어로 된 각종 책자 등을 조선어로 번역하는 사업을 구상하고 있다. 대회 과정을 소집하려고 매달 생각하는데, 나머지에 관해서는 동무가 모두 잘 알고 있기에 쓰지 않겠다. 모두에게 돈이 필요하다. 간도의 5월 1일 기념행사를 위해 연해주위원회에 전단을 인쇄해 달라고 요청했다.

타 단체들에 대한 우리의 사업 노선은 모든 회원에게 의무적으로 각종 혁명단체나 교육·양육 단체에 들어가 활동하게 하는 것이다. 그건 그렇게 되었다. 그러나, 물론, 당장은 본질적 성과가 아직 없다. 하지만 뭔가 상황이 순조롭게 진행되고 있음을 감지하고 있다. 남의 단체에 들어간 우리 회원들은 모두 우리 총국의 지령에 따라 일하고 있다.

만주의 자세한 상황에 대해선 지금 언급을 자제하고, 우리가 편집한 소책자를 나중에 발송하겠다.

그러나 동무가 우리에게 돈을 주지 않는다면, 우리가 무엇을 할 수 있겠나? 아주 끔찍한 불행이다! 내가 고려공산청년회 사업에 참여하는 게 동무가 보기에 바람직하지 않다면, 내게 연락을 달라. 각종 러시아어 책자와 간행물을 두 총국에 속히 보내주면 고맙겠다.

끝.

아직 할 말이 남았다. 연해주에서 이영선이 코르뷰로를 배반했는데, 그가 신흥청년회를 미워하기 때문에 내 문제가 오래 지연될 것이다. 그런데 그의 반대자들은 박윤세가 이영선의 품 안에 있는 것처럼 떠들고 있다. 정말 짜증 나는 일이다. 동무가 중앙에서 직접 내 문제를 해결해 주면 훨씬 좋을 것 같다. 그들에게 가르쳐주면 좋겠다.

1925년 5월 25일, 박윤세

РГАСПИ, ф.533, оп.10, д.1908, лл.56-58.

〈박윤세가 1925년 봄 러시아콤소몰 중앙위원회 비서
차플린에게 보낸 서한〉

러시아콤소몰 중앙위원회 비서 차플린 동무 귀하.

나는 러시아콤소몰 연해주위원회의 결정으로 올 2월 콤소몰에서 제명된 동무들[=김성, 강원익 등]을 대표하여 동무에게 이 편지를 씁니다. 그들은 콤소몰 회원들에게 조선 공산주의자들에 대해 적개심을 갖게 하고, 콤소몰에 분파주의의 싹을 틔우고, 연해주의 사업 중심을 국외로 옮기려고 시도한 소부르주아적 의식을 가진 지식인이라는 이유로 제명되었습니다. 우리는 그러한 비난이 전혀 진실과 사실에 부합하지 않는 것으로, 그리고 호전적인 상해파 김 아파나시[=김성우]와 직업적 음모꾼 민성의 터무니없는 거짓말로 초래되었다고 생각합니다. 우리는 우리 발언이 소부르주아적인 내용을 담고 있다는 데 대해선 언급하지 않겠습니다. 왜냐하면 우리의 말과 구호가 대다수 고참 공산당원과 콤소몰 회원의 말과 구호였기 때문입니다. 비난의 나머지 항목들은 이미 우리 발언을 완전히 거짓으로 해석하고 있습니다.

1. 우리는 콤소몰을 당에 대적시키는 게 아니라, 활동 당원과 콤소몰 회원 모두를 분파 간부들에게 대적시킵니다. 우리는 분파 간부들의 다음과 같은 행태를 비판합니다:

첫째, 권력을 위한 이전투구를 지속하기 위해 고쳐지고 해명되어 매일 변하는 자신들의 강령을 정당화하기 위한 사실의 조작과 왜곡;

둘째, 연해주 조선인 기관들을 장악하여 분파 투쟁에서 유리해지기 위해 그것들을 둘러싸고 꾸며지는 순전한 음모들;

셋째, 청년을 각종 지도자의 수중에 있는 맹목적 무기로 여기는 그들의 기형적이고 분파적인 청년 교육.

우리는 그들이 우리를 분파적 간부들에게 비판적인 편향자로 봤을 수 있다고 이해하고 있습니다. 하지만 분파적 간부들이 연해주와 조선에서의 지도적 직책을 장악하고자 획책하면서 사업을 헝클어뜨리고, 국외의 분파주의를 연해주로 옮겨오고, 자신들의 연해주에서의 음모를 국외로 이전시켰기 때문에, 우리는 조선 혁명운동을 알아볼 수 없을 정도로 망가뜨리는 정치적 투기, 분파적인 청년 교육, 분파주의 원칙과 선동에 맞서 싸우는 것이 우리의 의무라고 생각했습니다.

2. 청년을 분파주의로 분열시킨 책임이 우리에게 있는가? 우리는 막 사고하기 시작한 젊은 세대를 자신들의 투쟁으로 끌어들이려는 분파주의자들의 시도를 우리가 끝장내지 못한 데 대해서만 책임이 있습니다. 그러나 마르크스주의를 빙자한 열성분자들은 분파를 만드는 데에 매우 유용한 재료를 제공했으며, 또 제공하고 있습니다. 그들은 다음과 같이 생각했습니다: "우리의 혁명 현실에서 분파 투쟁은 불가피한 현상이며, 따라서 진보적 현상이다." 그리고 그로부터 다음과 같이 결론지었습니다: "어떤 분파에 속하더라도 그 대열에서 분파 싸움에 참여해야 한다. 그중 하나는 객관적-프롤레타리아적 분파일 것이며, 다른 하나는 부르주아적 분파일 것이다." 기존 분파에 대한 추종자들이 형성되기 시작했습니다. 처음에는 김 아파나시 상해파의 충복들이, 나중에는 코르뷰로파 청년 그룹 등등이 출현했습니다. 그들에 맞서 우리는 분파 투쟁과 음모 및 모험주의를 타도하자는 구호하에, 세포와 군(郡) 및 주(州) 차원에서 콤소몰과 당-정부 기관의 젊은 세대와 일꾼들의 조직적 힘을 내세웠습니다.

이제 연해주 기관의 무게중심을 국외의 조선으로 옮기는 것에 대해 언급하도록 하겠습니다. 우리는 그와 비슷한 아무런 이야기도 하지 않았습니다. 우리는 협소한 연해주 틀에 갇힌 연해주 고려공청회가 처음으로 혁명 전망을 상실할 위험에 직면하고 또 조선과 조선 혁명운동 상황을 알지 못하면서 분파주의의 꾐에 쉽게 빠진 상황을 고려하여 (러시아콤소몰 중앙위원회의) 2월 결정에 대해 언급했을 뿐이며, 국제주의적 교육으로 노선을 잡고 국외의 조선 분자들을 국제주의적 교육 체계에 기본으로 포함할 것을 요구했습니다. 이것이 분파주의자들로 하여금 우리가 연해주 기관의 활동을 연해주에서 국외로 옮기라고 요구했다고 꾸며내도록 만든 전부입니다. 주위원회는 김 아파나시의 청원서 단 하나에 근거해서 궐석으로 우리를 제명했는데, 우리 역시 그의 분파적 정책에 대해 신랄하게 비판해 왔습니다.

우리가 당 노선에 따라 재심을 청원했지만 주위원회는 그를 받아들이지 않았습니다. 우리는 결과를 기다리지 않은 채 국외 사업을 위해 만주로 떠났고, 그곳에서 일련의 적대 그룹으로 분열되어 있는 프롤레타리아 청년들을 단결시키는 것을 주요 과제로 설정하고서 그들을 민족주의 단체를 비롯한 각종 단체의 분파주의적 지도로부터 끌어내려고 노력했습니다. 여건은 좋았습니다. 왜냐하면 서로 이기는 데만 관심이 있는 온갖 노인들이 자리를 차지하고 있는 기존 청년단체들이 통합을 지향하는 청소년운동을 궁지로 몰았기 때문입니다. 이에 우리는 견고하며 잘 조직된 공산단체가 존재하지 않는 만주에서의 혁명 역량을 조직화하는 임무를 띤 콤소몰의 대중 활동을 위해 프롤레타리아 기지, 나아가 혁명 기지를 건설하기로 결의했습니다.

무슨 이유에선지 우리를 불구대천의 적으로 여긴 분파주의 지도자들이 사업을 또다시 극렬히 방해하고 있습니다. 그들은 러시아공산당 하얼빈 성위원회 일꾼들을 우리에게 반대하도록 부추겼습니다. 얼마 전까지 러시아콤소몰 연해주위원회 정치교육부장이었던 러시아콤소몰 하얼빈 성위원회 비서가 특히 호전적인 태도를 보이고 있습니다. 나에 대한 그의 증오가 고려공산청년회 중앙위원회 만주총국에 대한 증오로 옮아가고 있는데, 이는 코민테른 집행위원회 및 프로핀테른[=국제적색노조]의 전권대표인 데니소프와 만주총국과의 정상적 상호 관계를 심각하게 방해합니다. 만주총국 사업의 첫 단계에 데니소프의 물적, 사상적 지원은 필수적입니다. 김 아파나시의 영향을 크게 받은 그리고리에프의 우리에 대한 태도를 보면, 그가 비서로 있는 러시아콤소몰 하얼빈 성위원회와 우리의 관계에 관해선 언급할 필요가 없습니다.

그밖에, 연해주의 분파주의자들도 당 및 콤소몰의 공개 모임에서 우리의 이름과 거주지를 공개하는 방식으로 우리의 사업을 방해하고 있습니다. 연해주에 퍼진 소식이 모두 일본 헌병대에까지 바로 도달하고 있습니다. 얼마 전 중국 경찰과 함께 일본인들이 하얼빈과 남만주에서 우리를 포위한 적이 있었습니다. 동료들은 간신히 트린스카야 병원으로 도주했고, 그곳의 민족주의자들이 그들을 숨겨주었습니다. 하얼빈에서는 우리에게 스파이를 한 명씩 붙였기 때문에, 동료들은 도주를 통해서만 겨우 화를 면할 수 있었습니다. 연해주 조선인 공산주의자들이 국외의 비밀을 어떻게 대하고 지키는지는 다음의 예를 통해 알 수 있습니다. 만주총국의 요청에 따라 연해주의 고려부장이 노동절 격문을 조선어로 인쇄했는데, 다음 날 그는 그것을 자랑했습니다. 콤소몰의 (공개) 모임에서 이렇게 말했습니다: "우리의 친애하는 고려공청원들이 선언서를 인쇄해 달라고 요청한 것을 다들 아시지요? 나는 하기 싫었지만 어쨌든 인쇄했습니다." 하지만 격문은 아직 발송되지 않았습니다. 이는 책임일꾼들이 배신이나 진배없는 적대감을 가지고 있음을 의미합니다. 나는 바로 그 일꾼이 편하건 불편하건 기회가 있을 때마다 고려공청원들을 비방하고 이들의 위신을 폄훼하는 것에 관해 말하지 않겠습니다. 대신 그 모든 것을 기술하겠습니다. 왜냐하면 그 모든 게 나로 인해 발생했기 때문입니다.

나는 모든 사업을 망치면서 근 몇 달간 여러 번 블라디보스토크에 갔습니다. 데니소프가 나를 그곳에 보냈습니다. 블라디보스토크에서 나는 이런저런 조회서를 받으려 했고, 그렇지 않으면 국제공청에서 나오는 지령의 교부를 거부했습니다. ▪

이 편지로 나는 연해주위원회가 우리를 혁명자로 대우하게끔, 그리고 고려부가 좀 더 적게 □□□하게끔* 우리 문제에 대해 다시 심사해 줄 것을 러시아콤소몰 중앙위원회에 요청합니다.

[이하 원문 누락]

● 　　이 문장의 정확한 의미를 역자로선 이해하기 어렵다.

РГАСПИ, ф.533, оп.10, д.1888, лл.22-23.

신흥청년사 규정

제1장

명칭, 목적, 위치, 사원 자격

§1. 본 회사는 "신흥청년사"(동인제)라 한다.

§2. 본 회사는 신흥청년의 통합과 육성을 목적으로 한다. (신흥청년은 새로 태어난 청년, 프롤레타리아 청년을 뜻한다)

§3. 본 회사의 본부는 서울에 있으며, 회사 동인이 5명이 넘는 곳에 지사를 둔다.

§4. 본 회사는 2항의 목적을 실현하기 위해 다음과 같은 사업을 예정한다.

　a) 월간 잡지 『신흥청년』을 발행한다.

　b) 인쇄업과 편집사업을 모두 진행한다.

　c) 필요한 시기에 각지에서 강연, 집회, 교육과정, 연구 캠페인을 벌인다.

　d) 사회 상황에 대한 통계자료를 수집한다.

§5. 1주 이상을 구입하고 이사회의 승인을 얻으면 누구나 동인이 될 수 있다.

제2장

§6. 자본금은 15,000원이다. 주식은 총 500주이며, 주식 1주의 금액은 30원*이다.

§7. 주식 출자금은 12회로 분납되며, 그때 처음에 8원을 납부하고, 나머지 금액은 2원 이상을 11회 분납한다.

(주: 납부 기간은 1년을 넘을 수 없다. 출자금은 일시불도 가능하다)

제3장

§8. 동인총회는 매년 8월 세 번째 일요일에 열린다. 이사회는 필요할 경우 임시동인 총회를 소집할 권한을 갖는다.

§9. 동인총회의 기능은 다음과 같다:

---

* 　원문에는 300원으로 되어 있다.

a) 이사회의 일반 경과 보고를 듣는다.

b) 이사회가 제출한 예산과 향후 사업 계획을 논의하고 승인한다.

c) 이사회를 선출한다.

d) 긴급한 문제를 결정한다.

§ 10. 임의의 수 이상의 인원 참석하에 다수결로 채택된 결정은 구속력을 갖는다.

§ 11. 모든 동인은 1표씩 갖는다. 주식 수는 의미를 갖지 않는다.

제4장

§ 12. 이사회는 9명의 동인으로 구성된다.

§ 13. 이사들이 이사회를 구성한다.

§ 14. 매년 재선거가 치러진다.

§ 15. 이사회는 몇 명의 이사들로 상무이사회를 선출한다.

§ 16. 더 합리적인 사업 전개를 위해 다음과 같은 부를 구성한다.

a) 서무부

b) 경리부

c) 편집부

d) 인쇄부

제5장

§ 17. 재정 결산은 매년 7월 말에 한다.

§ 18. 이윤의 절반은 적립금에 들어가고, 나머지 절반은 동인총회 결정에 따라 사용된다.

제6장
부칙과 세칙

§ 19. 동인은 기관지 『신흥청년』을 무료로 받는다.

§ 20. 동인은 이사회로부터 각종 조언과 지도를 받는다.

§ 21. 세칙은 이사회에 의해 정해진다.

발기인: 김찬, 김약수, 송봉우, 신철.   끝.

1924년 3월 7일

РГАСПИ, ф.533, оп.10, д.1908, лл.44-45.

〈1924년에 작성된 고려공산청년회 중앙총국 예산안〉

고려공산청년회 중앙총국 예산안

고려공산청년회 중앙총국은 프롤레타리아 청년의 해방과 통합을 자신의 목표로 세우고 자신의 모든 역량을 조직, 선전, 출판, 교육 사업에 집중해 왔다. 이러한 모든 노력에도 불구하고 고려공산청년회는 이 과업을 실행함에 종종 완벽한 성과를 거두지 못하였다. 그 원인은 자금이 부족했기 때문이다. 그러므로 현재의 "조선청년총동맹" 등과 같은 성과물을 유지하고 발전시키려면 고려공산청년회에겐 자신의 활동을 위해 견고하게 정립되고 엄격히 구분된 기금이 꼭 필요하다.

또한 기존의 세포들을 완벽한 형태로 정비하고 강화하기 위해, 또한 새 세포들을 조직하기 위해 다음번 대표자회가 열리기 전까지 [일꾼들을] 지방에 파견해야 한다.

상기 진술에 의거하여 고려공산청년회 중앙총국은 다음과 같은 예산을 제출한다.

예산

I. 중앙총국의 경상비 – 870루블

이 금액은 1개월간의 중앙총국 사업 경비와 1회의 지방조직 순회 경비를 계산한 것이다.

1. 조선청년총동맹의 지원 및 조선청년총동맹의 사회사업 경비 – 130루블
2. 신문 발간비 – 200루블
   a) 고려공산청년회 중앙기관지 『신흥청년』의 발간비
   b) 잡지 『염군』의 속간비
   c) 도서실 운영비
   d) 선전비
3. 신흥청년동맹의 유지 및 사업비 – 70루블
   a) 사무실 경비
   b) 신문과 잡지 발췌비

c) 4개 소조 운영비

  4. 예비비 기금 – 70루블

중앙총국의 1개월 지출액 470루블

5. "무산학원"(프롤레타리아 야학) 조직비 – 50루블

  6. 조선 남부 지방조직 순회비 – 130루블

  7. 조선 북부 지방조직 순회비 – 120루블

  8. 조선 서부 지방조직 순회비 – 100루블

II. 중앙총국의 특별비 – 1,000루블

  1. 프롤레타리아 운동에 대항하는 "□□□" 협회 및 그 분자들과 싸우는 전투단체를 조직하는 데 – 500루블

  2. 프롤레타리아 소년들을 조직하고 지원하는 데 – 500루블

특별비 지출 총액 – 1,000루블

РГАСПИ, ф.533, оп.3, д.95, лл.194-198.

〈국제공청 집행위원회가 1924년 11월 고려공청 중앙위원회에 보낸 훈령〉

모스크바, 1924년 11월

고려공산청년회 중앙위원회 앞

친애하는 동무들,

귀국의 공산소년단에 관한 조회를 담은 여러분의 편지를 받았다. 이에 우리는 지금 여러분에게 그에 관한 우리 의견을 제시한다. 물론 우리는 여러분에게 뭔가 분명한 의견을 낼 수 없다. 왜냐하면 우리가 귀국의 소년 노동자들의 상황에 대해 잘 알고 있지 못하기 때문이다. 물론 (부르주아, 기독교 등의) 소년단체가 있을 수 있겠다. 우리 생각으로는 지금이 귀국에서 소년 노동자들 사이에 운동을 시작하고 소년단을 창설하기에 마침 적당한 때인 것 같은데, 더구나 조선 인민에게 그에 대한 큰 관심이 나타나고 있지 않은가. 여러분의 편지에서 보이듯이, 소년단체에의 지향이 그토록 크다면 우리는 당연히 그 일에 착수하고, 우리의 지도하에 그 운동을 장악하기 위해 주도권을 발휘해야 한다.

우리가 그 일을 시작하지 않는다면 다른 자들이 그것을 차지할 것이고, 이는 그 운동에서의 우리 영향력과 지도력 상실을 의미한다. 이것에 유의하면서 여러분은 하루속히 소년단의 결성을 위해 모든 조치를 해야 한다.

고려공청은 소년들 사이에서의 모든 사업에서 주창자이자 지도자가 되어야 한다.

국제공청과 코민테른의 결의에 의하면, 조선의 공산소년단에 대한 지도권은 공청에 속해야 한다. 그 논거는 1) 청년이 소년의 심리와 필요를 더 잘 이해한다는 점, 2) 청년이 낡은 부르주아적 교육 방식에서 더 자유로우며, 소년을 계급투쟁 방식으로 더 잘 교육할 수 있다는 점이다. 계급투쟁 방식은 소년들을 죽은 객체로 만드는 것이 아니라, 반대로 그들을 동무로 간주하며, 따라서 그들을 자주적이고 자유롭게 사고하는 계급전사로 육성할 수 있다. 이것은 주지의 원리이다. 따라서 고려공청은 소년단, 즉 소년 노동자들의 지도자가 되어야 한다. 왜냐하면 고려공청은 조선에서 유일한 공산단체이기 때문이다. 그러나 그것은 다른 노동자 혁명단체가 지도부에 들어올 수 없다는 것을 의미하진 않는다. 어떤 경우에도 그 운동은 특히 초기에 공산주의적 성격을 문화계몽하게 드러낼 필요가 없다. 그것은 더 보편적 성격을 지녀야 하며, 외부로부터의 자유의견을 수용해야 한다. 이는 조선의 전 노동계급의 큰 영향력과 지지를 이용하기 위함이다. 그러나 지도권은 처음 시작점부터 여러분의 수중에 있어야 한다. 비록 일부 지방이 다른 노동자나 농민의 혁명단체에 주어질 수밖에 없다고 하더라도 말이다. 적어도 다른 단체들은 이 운동을 물적으로 지원해야 한다. 여러분의 나라에서 소년단의 현 운동은 모든 소년 노동자들의 운동과 하나가 되어야 하며, 모든 혁명적 프롤레타리아트의 지지를 이용해야 한다.

조직의 형태: 이 문제에서 우리는 서유럽과 아메리카의 경험을 전적으로 고려해야 한다. 왜냐하면 우리에겐 귀국의 특성과 상황에 대한 지식이 전혀 없기 때문이다. 우리에게 있는 조선에서 나온 자료 및 타국의 경험에서 나온 자료에 따라서, 조선에서 소년 노동자들의 조직은 다음과 같은 형태를 취해야 한다:

단체는 합법적이어야 한다. 왜? 그것은 첫째, 소년은 비합법적 사업에 적합하지 않으며, 둘째, 우리는 이 분야의 과제를 합법단체에서 훨씬 더 훌륭히 수행하고 있으며, 셋째, 만일의 경우 우리가 이들 단체를 은폐물로 이용할 수 있기 때문이다.

이들 단체에 10~15세의 소년들이 입회할 수 있다.

이들 단체의 첫 번째 일반 단계는 학교(인민학교와 미션스쿨)의 세포와 아동을 고용하고 있는 제조소의 세포들이다. 그런 것을 조직해야 한다. 활동과 조직에서 그들은 공청의 세포와 유사하다. 이들 학교(및 제조소)의 세포는 해당 도시나 농촌, 또는 생산 중심지의 세포가 되어야 하고, 많은 세포가 있는 곳은 하나의 지역 소년단으로 통합되어야 한다.

세포 구성원들로 지역 그룹이 만들어진다. 세포로 조직될 수 없는 소년들만 바로 지역 그룹에 들어갈 수 있다.

세포에는 그 활동을 책임지는 위원장을 둔다. 지역 그룹은 자기 지역에서 사업을 지도하는 총국을 3~5인(대부분 공청원)으로 선출한다.

다음 단계는 3인의 위원으로 구성되어 해당 군의 사업을 책임지는 군 위원회이다.

중앙위원회는 공청의 지도하에 단체의 모든 활동을 지도하며, 3인의 공청원으로 구성된다.

그러면, 기계적으로 구성되어서는 안 되는 소년단을 어떻게 조직할 것인가의 문제가 우리에게 제기된다.

각지에서 소년 노동자단체의 조직 임무를 맡은 주창자들(즉, 공청원들)은 학교와 제조소의 소년 사건들을 면밀하게 추적해야 한다. 그들은 자신이 개입해야 하는 상황(교사의 아동 구타, 혹은 제조소에서의 아동 폭행)을 보았을 때, 소년 노동자들의 모임을 소집하여 해당 지역에서 그 문제를 검토하고 그런 현상의 제거 필요성을 교시해야 한다. 그러나 단체 없이 그런 투쟁을 벌일 수 없다. 그래서 단체가 꼭 설립되어야 한다. 이것은 단체가 처음부터 구체적 형태를 취하고 자신의 존재를 정당화하기 위해 어떻게 설립되어야 할 것인가에 대한 요약일 뿐이지만, 그럴 때 단체가 생명력을 가질 것이다.

소년 노동자단체의 과제: 소년 노동자단체는 처음부터 전투조직이 되어야 한다. 이에 상응하는 과제도 있다. 우리가 생각하기에, 미래의 소년 노동자단체가 이행해야 할 가장 주요한 첫 번째 과제는 다음과 같다:

1. 문화사업, 즉 소년 노동자들을 공산주의식으로 생각하고 느끼도록 교육한다. 나아가 그들을 혁명적 프롤레타리아트의 투쟁과 궐기에 실제로 참여하도록 교육하고, 소년 노동자단체 자체의 캠페인과 시위를 통해 프롤레타리아트의 대의를 위한 훌륭한 계급 전사로 키운다.

2. 학교에서의 사업: 여기서는 우선 학교의 반동주의(구타, 반동적인 교습)에 대한 투쟁, 일본제국주의와 학교의 일본화에 대한 투쟁, 학교(미션스쿨 등) 내 소년 노동자들의 종교적 우매화에 대한 투쟁이 있다.

3. 소년 노동자들의 경제투쟁: 귀국에 가혹한 형태의 소년노동이 지배적이다. 소년단은 처음부터 나머지 노동자단체(공청 등)의 지지를 확보해야 하고, 소년노동에 대한 열정적 투쟁을 벌여야 한다. 이 투쟁은 소년노동의 근절이라는 구호 아래 벌여야 한다. 물론 그 투쟁은 처음에 국내 상황에 맞춘, 예를 들면 노동일 단축, 임금 인상과 같은 부분적 요구를 제시해야 한다. 그럼에도 역시 소년노동의 근절을 지향해야 하며, 이를 위해 열정적으로 선전 활동을 벌여야 한다.

4. 어떤 투쟁 방법이 적용되는가: 공청과 기타 노동자단체의 전면적 지지하에 벌이는 소년 노동자들의 시위도 있고, 성인이나 청년이 자신의 고유한 구호를 들고 벌이는 시위와 투쟁에 대한 적극적 가담도 있다. 소년들은 1차적 핵심 부분에서 계속 시위를 벌여야 한다. 여기에는 한 학교의 소년들이 자신의 요구가 수용되기 전까지 등교를 거부하는 학생 파업도 있고, 제조소의 소년 노동자들이 다른 단체들의 지지하에 벌이는 파업도 있다. 공청은 소년 노동자들의 각종 투쟁이 성공적으로 진행되고 그것이 구체

적 형태를 갖출 수 있게 그들의 투쟁에 적극적으로 참여해야 한다.

이것이 오늘 우리가 여러분에게 낼 수 있는 주된 방침이다. 여러분에게 요청한다. 이 문제들을 면밀하게 검토하고 여러분의 의견을 진술하라. 후에 우리는 소년 노동자들이 처한 상황에 관한, 부르주아 소년단체의 존재 여부 및 그들의 사업에 관한, 또한 앞으로 귀국에서 전개될 소년 노동운동에 대한 여러분의 전망에 관한 정확한 정보를 달라고 여러분에게 요청할 것이다. 여러분에게 정확한 자료가 있게 된다면, 우리가 여러분에게 구체적 지침을 내릴 수 있을 것이다.

여러분의 신속한 답신을 기다린다.

공산주의적 인사와 함께, 국제공청 집행위원회

РГАСПИ, ф.533, оп.10, д.1885, лл.7-11.

〈박헌영이 고려공청 중앙총국 명의로 국제공청 집행위원회에 보낸 1924년 12월 10일 자 보고〉

국제공청 집행위원회에 대한 고려공청 중앙총국의 총결 보고

목차

1. 재무 보고
2. 중앙총국의 활동
3. 일꾼들의 고과
4. 중앙총국의 구조
5. 단체에 대한 평가
6. 창립대회 소집에 관하여
7. 당 운동에 관하여
8. 새 과제

재무 보고

수입: 김광[= 김지종] 동무를 통해 들어온 550원

지출:

1) 341원 50전 – 기관지 『신흥청년』 발행비

 a) 96원 50전 – 인쇄기와 활자 운송비

 b) 150원 – 도쿄(일본)에서의 잡지 발간비

 c) 55원 – 보험금

 d) 10원 – 여행비

2) 70원 – "신흥청년동맹"의 경비

3) 55원 – 김광 동무의 임시 거주비

4) 70원 – 박철환[= 조봉암] 동무의 도쿄 왕복 여행비

5) 5원 – 서신교환 비용

잔액: 5원 50전

1924년 12월 9일 중앙총국 책임비서 박헌영과 박철환

중앙총국의 활동

우리의 사업은 현존 21개 세포의 확대와 개선에 집중되었다.

간도 고려공청과 몇 차례 서신교환이 있었다. 간도에서 책임일꾼이 한 명 우리에게 왔고, 우리는 그와 간도에 관해 협의하였다. 하지만 그랬음에도, 열악한 교통 사정 탓에 우리는 간도와 긴밀한 관계를 유지하지 못하고 있다. 그래서 간도에 관해 기술할 수 있는 게 별로 없지만, 그곳에 예기치 않은 궤멸이 없었기를 희망한다. 우리가 보기에, 국제공청이 조훈 동무를 통해 간도 쪽과 직접 소통하는 게 좋을 것 같다. 특별히 간도로 일꾼을 보내 그곳의 자세한 정황을 알아볼 수는 있다. 그러나 창립대회 소집과 관련하여 시급히 처리해야 할 일들과 오가는 시간의 문제로 인해 당분간 그렇게 할 수가 없다. 그러나 간도와의 연대성 확립을 위해 차후에 간도로 일꾼을 파견하는 것이 꼭 필요하다고 생각된다. 간도와의 일은 이런 상황이다.

조선 내지에서 우리 사업이 더 조직적으로 진행되고 있다. 관계가 긴밀하고, 세포들 내에 질서가 있고, 지방의 책임일꾼들이 큰 권위를 확보하고 있다. 대개 조선의 청년운동은 전체적으로 우리의 지도하에 있고, 우리의 강력한 지방 세포들이 그 전면에 있다. 대구, 마산, 진주, 부산을 비롯한 조선 남부의 주요 도시에서 전개되는 청년운동은 전적으로 고려공청의 지도하에 있다. 조선 북부에서도, 특히 함흥 등 주요 도시에서 우리는 청년들과 긴밀한 관계를 맺고 있다. 신의주, 평양, 황주, 해주 등 조선 서부의 주요 도시들과 서울, 강화 등 조선 중앙부에서도 우리 사업이 역시 만족할 만한 수준에 있다.

이 보고에서 우리는 전정관 동무가 떠나기 전까지의 우리 사업에 관해 언급하지 않을 것이다. 왜냐하면 그가 여러분에게 자세한 보고를 했을 것으로 생각하기 때문이다. 따라서 그가 출발한 후에 일어난 일들만 말하겠다. 우리에겐 다음과 같은 일이 있었다. 창립대회 소집을 위한 준비 작업이 최종적으로 마무리되었다. 우리는 대회가 최대한 빨리 개최되도록 노력했다. 각 세포 내에서 조직화 사업이 있었고, 우리와 그들과의 관계가 상대적으로 더 견고해졌다. "신한청년회"의 기관지로서 잡지가 2호까지 발간되었다. 그것은 조선 청년의 첫 번째 잡지로, 향후 고려공산청년회의 기관지가 되기에 충분한 자격을 갖췄다. 중앙총국 위원들이 모두 거기에 기고한다. 이 잡지의 표지와 내용은 여러분에게 우편으로 발송된 해당 잡지에서 보게 될 것이다.

본 잡지의 발생을 위해 많은 노고와 돈이 들었다. 조선 내지에서 인쇄하는 것이 허가되지 않아서 도쿄(일본의 수도)에서 할 수밖에 없었다. 그러나 일본에는 조선어 활자가 없기에 우리는 조선에서 인쇄기와 활자를 가져다가 일본에서 인쇄할 수밖에 없었다. 그런데 그것은 두 배나 많은 힘과 돈을 쓰게 만들었다. 우리의 상황을 헤아려보라.

잡지 제1호는 제10회 국제청년데이와 10월혁명 기념일에 헌정되었고, 그렇기에 그 것은 "과도하게" 혁명적 성격을 띨 수밖에 없었다. 배포를 위해 조선으로 가져오면서 결국 그것은 일본 관헌에 몰수되고 말았다. 2호의 발간을 준비하고 있다.

영문으로 된 국제 청년운동 및 국제공청에 대한 잡지와 문헌들을 우리에게 보내달 라. 그것을 우리 잡지의 원천 자료로 사용하려 한다.

일꾼들의 고과

1) 김광 동무가 지령과 자금을 가지고 서울에 도착하였다. 우리에게 공청의 상황에 관해 보고를 했다. 지금 그는 우리 조직에서 일하고 있다.

2) 신용기 동무는 중앙총국 위원회에 의해 고려공청에서 배제되었다. 이는 그가 책임일꾼이었을 때 있지도 않은 17개 세포에 관해 있다고 보고를 한 사기극과 그의 허풍 및 사업 비밀 누설 때문이었다. 조훈 동무가 떠난 후에 그런 17개 세포가 그 어디에도 존재하지 않는다는 사실이 밝혀졌다. 이 신고를 통해, 집행위원회에 보낸 그의 편지와 보고를 모두 이제부터 믿지 말라고 여러분에게 알리고자 한다.

중앙총국의 구조

중앙총국의 국원은 모두 7인이다. 이들 중에서

비서부에 2인,

조직부에 2인,

선동선전부에 2인,

교육부에 1인이 각각 배치되었다.

단체에 대한 평가

고려공산청년동맹의 구성은 □□하지 않다. 황색 분자와 수구 분자가 많다. 이 단체는 운동에 아무런 도움이 안 된다. 단지 해를 끼칠 뿐이다. 지도자는 이정윤, 김유인, 임봉순이다. 1924년 12월에 조직되었다. 지방에 아무런 기반이 없으며, 반동단체 그 이상도 이하도 아니다.

그렇게 해서 조선의 당 운동은 다시 그리고 또 몇 개의 □□로 세분된다. 만일 그렇게 그 분파와 파벌을 방치한다면, 그게 어떻게든 100개 이상이 될 것이다. 슬픈 현상이다.

청년운동 분야에서 현재로선 분할이 없다. 중앙총국 체계만 있을 뿐이다. 그러나 향후 이른바 서울청년회가 청년운동을 지도하게 된다면, 필경 거기에 분할이나 분열이 생길 것이다. 그러나 그들 자신이 국제공청 대표인 조훈 동무 앞에서 인정했던 것처럼, 서울청년회 안에 조직된 청년들이 없다는 것은 그나마 다행한 일이다.

그러나, 하지만 우리는 만약 여러분이 일반적으로 서울청년회의 보고, 그중에서도 김사국 같은 반동주의자의 보고를 진지하게 생각하거나 받아들인다면 우리의 사업이 실패할 수밖에 없다는 사실을 여러분에게 알리고자 한다. 김사국과 그의 패거리하고 관계를 갖지 않겠다고 마음에 새겨야 한다. 전에 조훈 동무가 여기에 머무는 동안 통합을 위해 무던히 노력했지만, 모든 게 무위로 돌아갔다. 왜냐하면 서울청년회 안에 아무것도 없기 때문이었다. 서울청년회를 돕거나 지지할 필요가 전혀 없다. 왜냐하면 아무리 살펴봐도 그것은 어떤 경우라도 사회주의자들의 단체가 아니기 때문이다.

앞으로 우리가 서울청년회에서 혁명적 지향과 열광을 보게 된다면, 우리는 그들과의 통합을 거절하지 않을 것이다. 그러나 현재 그 단체는 아무짝에도 쓸모가 없다. 서울청년회에 그 어떤 희망도 품지 말 것을 여러분에게 요청한다. 그들이 자기 잘못을 시정했을 때 비로소 우리는 그들을 즉시 여러분에게 추천할 것이다.

과거의 상해파는 최종적으로 자신의 존재를 중단했으나, 그랬음에도 그들은 일부 개별적 존재로 남아 있다.

창립대회 소집에 관하여

1. 대회 장소는 조선 내지가 되어야 한다. 그래야 한다는 판단 근거는 다음과 같다:
  1) 대의원들이 조선에서 국외로 나가기 어렵다.
  2) 대회에서 우리가 다른 단체들의 방해에 직면할 수 있다.
  3) 일본의 경찰망으로 인해 대의원들이 조선으로 돌아오기 어렵다.
  4) 여행 시에 시간이 지체되는 문제도 고려되어야 한다.
우리는 이런 의견을 무조건 고집하지 않는다. 우리의 희망 사항으로 표명할 뿐이다.

2. 대회 소집 시기에 대해서는 가능한 한 빨리 결정해야 한다. 대회 준비는 모두 끝났다. 대회가 지연되면 청년운동이 조선의 당 운동 세력들이 갔던 길로 빠질 가능성이 커진다. 그리고 모든 조건을 이용하면서 운동을 통합하여 단일 궤도로 보내고, 민족주

의자들을 우리 정신으로 지도하거나 혹은 이용하기 위해서는 즉시 대회를 소집하여 우리의 중앙 지도기구를 수립하는 것이 필요하다. 대회에 관련한 지시와 지령을 우리에게 즉각 보내줄 것을 요청한다. 그것들을 실현하기 위해 노력하겠다. 중앙총국의 1년에 걸친 사업은 바야흐로 대회라는 결과물을 산출하고 있다.

당 운동에 관하여

당 통합 운동은 괴멸되었다. 이성[=이재복] 동무와 전우[=정재달] 동무뿐만 아니라, 조선 내지부의 주요 일꾼인 신백우, 원우관, 이봉수도 체포되었다. 이들에 대한 재판이 1925년 9월 29일에 있을 예정이다. 당 운동에 관해 항상 통합 또 통합을 이야기하지만, 통합해야 할 대상들이 어디에도 없는데 어떤 통합이 있어야 하는가?! 조선 내지에서 당으로 조직되고 당으로 행동하는 이들은 오직 조선 내지부의 일꾼들이다. 상해파는 스스로 고한 것처럼, 안으로 그 어떤 당 조직도 없고, 밖으로 지방에 최소한의 기반도 없다. 이봉수, 주종건 등 몇 명만 남았다. 상해파는 사회를 위해 이미 존재하지 않는다. 서울청년회의 경우를 보면, 그들은 말로는 자기들 단체 안에 당 조직이 있다고 역설하지만 실제로는 아무것도 없고, 단지 그들을 반동단체라고 부를 수 있는 근거만 있다. 사람들은 그들을 인용부호와 함께 "공산단체"라고 부른다. 그 단체가 자기 행동으로 멋진 별명을 얻는 것 자체는 별로 중요하지 않다. 하지만 고려해야 할 것은 그 행동으로 서울청년회가 우리의 타 단체들에서, 민족주의자들에게서, 나아가 모두로부터 일정한 멸시를 받게 된다는 사실이다. 멸시의 확산에 특별히 종사하는 단체가 곧 서울청년회이다. 향후 그들에게서 과연 좋은 공산동맹이 생겨날지 그 여부를 장담할 수 없지만, 현재로서 우리는 그 어떤 경우에도 서울청년회를 동지로 받아들일 수 없다.

그럼 이제 당의 의미를 가진 북성회(북풍회)에 대해 말해보자. 북성회는 비록 그 내부에 당 조직은 없지만 대신 합리적인 분자들이 많이 있다고 할 수 있다. 조선 내지부와 관계를 유지하는 것 같다. 합법적 노선은 어느 수준까지 우리와 부합한다. 하지만 그래도 역시 지도자들 가운데 □□적인 정상배들이 좀 있다. 우리가 그들의 사업에서 우량한 지도자들을 지지하고자 한다면, 그 지도부에서 다른 정상배들을 제거해야 한다. 그러나 우리에게 권위 있는 당 기관이 없는 현 상황에서는 그것을 하기가 매우 어렵다.

그렇다면 우리는 다음과 같은 그림을 보게 된다. 즉, 당의 붕괴 후에 모든 그룹이 합법적으로나 비합법적으로 더 치열하게 서로 싸우겠다는 목표를 세웠다는 것이다.

우리는 코민테른 집행위원회에 다음과 같은 청원이 있다.

만약 코민테른이 믿을만한 조선 단체를 갖고 있다면 그 단체에 전적으로 의지하고 그에게 통일 조선공산당의 소집 과제를 맡겨야 하며, 훌륭한 보고로 아부를 할 다른 단체들을 지지하면 안 된다. 그렇게 하면 아주 가까운 시기에 통일된 조선공산당이 수립될 것이다. 그러나 반대의 경우나 이전처럼 통합만을 제안한다면, 통합을 달성하는 것은 고사하고 거꾸로 수백 개의 조선공산당이 등장할 것이다.

후자의 경우에 투쟁장은 또다시 지옥 같은 무정부 상태가 될 것이다. 그런데 당 운동에서 그런 상황이 몇 년간 더 지속된다면, 필경 청년운동도 엄청난 타격을 입을 것이다. 결국 사태는 서로 비밀사업을 배신하는 지경에 이르게 된다. 이것으로 전우 동무와 이성 동무가 체포된 일이 설명된다.

새 과제

여러분은 전정관 동무에게서 우리의 과제에 대한 보고를 받았을 것이다. 새 과제는 다음과 같다:

1. 프롤레타리아 청년을 위한 교육과정(클럽)을 만든다. 청년 근로자들의 육성을 위해 특별 교육기관이 있어야 한다. 현 상황에서 이 사업은 적지 않은 예산이 필요하다. 우리가 이 과제를 훌륭히 완수한다면 중앙총국의 발전이 가속화되고, 고려공산청년회의 영향력이 강화될 것이다.

2. 대표 한 명을 도쿄(일본의 수도)로 보낸다. 도쿄는 동방에서 사회주의 연구의 본산으로, 대체로 학문과 사회주의를 공부하는, 또 조선 혁명운동에서 지도자가 되겠다는 목표를 세운 조선 청년들이 많이 있는 곳이다. 우리는 우수한 청년들을 얻기에 필요한 단체를 만들 목적으로 도쿄에 있었다.

3. 도쿄에 우리의 출판사를 설립한다. 조선 내지에서는 우리에게 잡지 발행이 허가되지 않는다. 각 호의 발행을 위해 조선에서 도쿄로 인쇄기와 활자를 가져와 잡지를 찍는다면 비용이 두 배나 들고 기술적으로도 매우 어렵다. 도쿄 안에 출판사를 설립하면 대체로 각종의 다른 선전 책자와 전단을 발행하기가 편하고 쉬우며, 지출을 줄일 수 있다. 다른 측면에서, 우리가 도쿄에 우리 단체와 기구를 둔다면, 이는 자연히 일본의 공산청년동맹과 긴밀한 관계와 연대성을 확보하게 되는 것이다.

이 모든 것에 대한 여러분의 답변을 기다린다.

끝으로 여러분에게 부탁이 하나 있다. 비밀이 조선 밖에서 주로 공표되고 있기에, 고려공산청년회에 직접 참여하는 인사들을 제외하고서, 모든 비밀 사항을 알 수 없게 하는 것이 바람직할 것 같다.

1924년 12월 10일 서울, 조선

고려공산청년회 중앙총국 책임비서 박헌영

РГАСПИ, ф.553, оп.10, д.1885, лл.13-14.

고려공산청년회 중앙총국의 보고[*]

1. 사회일꾼협의회

사회일꾼들이 지방에서 일부러 협의회에 오기 어려운 관계로 협의회를 3월에 예정된 전조선민중운동자대회에 맞춰 거행해야 할 것으로 생각된다. 여기에는 지역 일꾼들이 대회의 대의원 자격으로 중앙에서 모일 수 있도록 함으로써 협의회의 비밀성을 담보하기 위한 목적도 있다. 협의회 준비작업은 종료되었다. 하지만 협의회를 전조선민중운동자대회 전까지 소집하지 못하는 이유가 또 있다. 그것은 지역 단체들에 협의회 여비와 대회 여비를 특별히 구분해서 지급할 수 없다는 데 있다.

2. 전조선민중운동자대회

이 대회는 (조선 내지부의 지도하에 있는 합법단체인) "화요회"의 주도로 소집되는데, 그 목적은 인민대중의 혁명운동에서의 문제 전반에 대해 모든 혁명적 단체가 참여하여 합동 토론을 벌이는 것이다. 대회에는 사상단체, 노동단체, 농민단체, 청년단체, 형평단체, 여성단체 등이 참가할 것이다. 중앙총국은 이번 대회 소집을 시의적절하며 유용하다고 판단했으며, 갖은 방법으로 그것을 지원하면서 그 일에 협조하고 있다. 대회 준비는 성공적으로 진행되고 있으나, 당국이 아직 대회 소집을 허가하지 않았다. 따라서 지금 당국의 허가를 받아내는 데 전력을 다하고 있다.

3. 청년단체의 도(道) 대회

이들 도 대회는 지방의 도 차원의 모든 문제 해결을 위해 소집된다. 이들 도 대회의 준비작업은 조선 남부와 북부의 7곳에서 이미 진행되고 있다. 그들 중 4곳에서 중앙총국의 직접적 지도하에 준비작업이 진행되고 있는데, 역시나 대다수의 경우 서울청년회(김사국과 그 도당) 쪽의 저항이 적지 않다. 그러나 지금 상황에서 그쪽에서의 큰 방해는 있을 것 같지 않은데, 단지 당국의 금지가 심각한 방해 요인이 될 수 있다. 조선 중부

---

[*]   필사본인 이 문서는 완성본이 아니며, 6번 항목부터 기술되지 않았다. 작성 시기는 1925년 초로 추정된다.

와 남부의 일부 지역에서 서울청년회의 저항이 이미 만만치 않으며, 따라서 지금 그들의 영향에서 벗어나도록 전력을 다하고 있다.

4. 노농총동맹과 청년총동맹

지금 노농총동맹 내부에서 서울청년회 분자들이 사업에 적지 않은 방해를 야기하고 있지만, 임박한 올해 대회에서 그들은 물론 화요회의 영향력에 눌려 별 의미를 갖지 않을 것이다. 의심할 바 없이 대회에서는 이들 두 단체 사이에 격렬한 충돌이 발생할 것이며, 이를 빌미로 당국에서 이번 대회를 해산시킬 위험이 충분히 존재한다. 그러나 그러함에도 역시 노농총동맹을 서울청년회 분자들의 퇴행적 행동 아래 두는 것보다 대회가 해산되는 게 더 낫다. 대회 소집과 그 준비작업에 때를 맞춰 당국의 박해가 가해지고 있으며, 따라서 현재는 지하에서 준비작업을 진행하면서, 대회 소집에 대한 허가를 받아내기 위해 전력을 다하고 있다.

청년총동맹 안에서도 서울청년회와 그 지지자들은 지역 단체들을 규합하면서 퇴행적 선동을 벌이고 퇴행적 행동을 하고 있다. 많은 지역 단체가 그들의 영향력 아래로 들어갈 수도 있으며, 따라서 중앙총국은 지역 세포들에 그들의 대회 준비작업 관련 지령을 내리려고 하며, 중앙총국에 반대하는 단체와 분자들의 힘과 저항을 분쇄할 수 있도록 지역 세포 구성원들로 대회 다수파가 대표될 수 있게 하는 노선을 견지하려고 한다. 그런 상황은 대회에서 격돌을 초래할 수 있으며, 그 결과가 대회의 해산이 될 수 있다. 그러나 각 단체 내부에 퇴행 분자들을 남겨두는 것보다 대회가 해산되는 게 더 낫다. 대회 해산 후에 무구한 분자들만 모아 대회를 소집하여 새 단체를 만들 수 있다. 다른 측면에서 중앙총국은 서울청년회의 영향 아래 있는 단체들을 그냥 두려고 한다. 이는 그들이 사업 과정에서 서울청년회가 벌이는 행동의 해악성을 인식하고 분명히 이해할 수 있도록 하기 위함인데, 하지만 그런 전술은 더 위험하며 긴 시간을 요구한다.

물론, 일본 당국은 이들 두 대회의 소집을 허가하지 않을 것이다. 그러나 이들 대회에서 분열이 이루어질 수 있다는 전망은 일본 당국을 각성시켜 두 대회의 허가가 나게 할 수도 있다.

5. 동방노력자공산대학으로의 학생 파견 문제

상해를 거쳐 학생을 파견하는 것은 합리적이지 않다. 왜냐하면 하얼빈을 통해 파견하는 것보다 더 위험하고 비용도 더 많이 들기 때문이다. 중앙총국은 학생의 출발에 즈

음하여 그들에게 적절한 도움을 주라고 하얼빈 조직에 요청하는 것이 합리적이라고 생각한다. (이 문제에 대해 답변이 주어지지 않았다)

6.

РГАСПИ, ф.533, оп.10, д.1891, лл.1-14.

〈조선청년총동맹에서 축출된 고려공청 계열 대구청년회가 작성한 1925년 3월 1일 자 항의문〉

대구청년회가 청년총동맹에서 불법 축출된 것에 대한 항의

1. 도입

도(道) 청년회 대표자회 소집의 시의적절성을 과연 증명할 필요가 있을까? 억압당하고 착취당하는 프롤레타리아트와 특히 청년 프롤레타리아들은 자신들의 역사적 과업을 위해 지속적인 양육과 배움이 필요하다. 그와 함께, 분산된 힘의 집중과 통합을 위해 노력하는 게 필요하다. 하나의 총체로 통합하고서 우리는 임박한 전투에서 승리를 담보하기 위해 이론을 연구하고 투쟁 전술을 고안해야 한다. 지역적 성격의 특수 문제들을 해결하기 위해 지역 전사들이 한 지붕 아래 모일 수 있게 해야 한다. 여기에 지역 대표자회의 모든 가치와 중대함이 있다.

2. 우리 청년회가 지역 대표자회를 소집한 이유

상기 시의적절성에 근거하여 청년총동맹 집행위원회는 작년 가을에 지역 대표자회 소집에 관한 결정을 채택했다. 우리 청년회는 그런 대표자회 소집에 공감하고 있음에도 불구하고 청년회 내부의 여러 사정으로 대표자회를 소집할 수 없었다.

올 1월 26일 청년총동맹 집행위원 조기승은 우리 청년회 집행위원 5~6명과 대화를 나누던 중에 "여러분의 주도로 경상북도 대표자회를 소집하는 것에 관해 어떻게 생각합니까?"라고 물었다. 이에 우리 청년회의 집행위원인 신철수 동무가 이렇게 대답했다: "우리 청년회는 오래전부터 대표자회 소집에 공감하고 있으나 우리 청년회 내부 사정도 있고, 또 그 문제에 대한 집행위원회 결정도 이미 있고 해서 내가 지금 책임 있는 답변을 할 수 없으나, 분명하게 말할 수 있는 건 우리 청년회가 그 문제에 대한 다른 청년회의 의견을 따르고 그들과 함께한다는 것입니다." 우리 청년회의 집행위원 최원택 공민은 또 이렇게 대답했다: "귀하가 오기 전에도 우리는 대표자회 소집에 깊이 공감하고 있었습니다. 그러나 그것은 지역 청년회들 사이에 자발적인 합의가 이루어졌을 때 실현되어야 하며, 대표자회에 대해 남은 문제는 시기를 정하는 일뿐입니다." 나머지 집행위원들도 그런 논조로 이야기했다.

그 후에 대표자회 소집과 관련해서 우리 청년회 집행위원회는 회의를 3회 열었고, 결국 1월 30일 경상북도 대표자회 소집을 준비한다는 결정이 내려졌고, 7개 대규모 단체에 그 결정을 알리며 대표자회 소집에 대한 그들의 의견을 물었다. 그 외에, 예정된 대표자회 소집에 대해 신문을 통해 모두에게 알렸다.

그 후에 우리 청년회의 비상 총회에서 대표자회 소집에 관해 집행위원회의 승인을 받았고, 이것 역시 모두에게 알렸다. 2월 8일쯤 상기 7개 청년회와 대표자회를 함께 준비하기로 합의되었고, 2월 20일 "안동청년회" 사무실에서 대표자회 소집 발기회가 열렸다. 그렇게 준비작업이 진행되었다.

3. 청년총동맹 집행위원회의 대표자회 소집 방해

위에서 이미 기술한 대로, 지역 대회 소집 준비작업은 순조롭게 진행되었다. 그러나 2월 16일에 우리가 청년총동맹 집행위원회의 통지문을 받았는데, 그 내용은 아래와 같다:

"청년총동맹 집행위원회. 제87호. 1925년 2월 12일.

경상북도 대표자회 소집 관련 조직위원회의 준비회의에 관한 통지:

이것으로 청년총동맹은 경북의 청년회들이 벌이는 중대한 청년운동의 발전을 촉진하기 위해, 총동맹에 가입한 단체들로 경북도 대표자회를 소집하는 것에 대한 자문회의를 소집하며, 그래서 여러분에게 발기회의 일원으로서 자문회의에 참석할 것을 요청한다.

1. 준비회의의 시간과 장소: 2월 25일(수) 낮 12시, 대구청년회 사무실.

2. 단체의 대표자: 한 단체에 2명까지.

3. 회의 일정:

   a) 조직위원회 위원 선출

   b) 준비작업에 대하여

청년총동맹 집행위원회"

위 통지문을 받고서 우리는 적잖이 놀라게 되었지만, 청년총동맹의 권위를 고려해 다음과 같은 답서를 보냈다:

"청년총동맹 앞.

경북도 대표자회 소집 관련 조직위원회의 준비회의에 관한 통지.

여러분의 제87호 통지문에 대한 답신이다. 1월에 우리 청년회의 결정에 따라, 그리고 다른 7개 단체의 동의하에 경북도 대표자회 소집 발기회를 안동청년회 사무실에서 (2월 20일에) 열기로 결정되었고, 따라서 발기회 앞에 놓인 장애물을 제거하는 차원에서, 다른 단체들에 발송한 제87호 통지문을 취소해 달라고 강력히 요청한다. (주: 우리 청년회가 주도한 경북도 대표자회 소집에 관해 전에 신문 지면을 통해 모두에게 알렸고, 우리는 여러분이 그에 관해 인지했기를 바랐다. 그러나 갑자기 여러분에게 그런 통지문을 받고 분개하지 않을 수 없었다)

1925년 2월 16일, 대구청년회"

결국, 그런 답신을 보낸 후에 우리 청년회는 청년총동맹 집행위원회가 문제를 올바로 해결하기를 바라면서 2월 19일에 우리 대표들을 안동청년회 회의에 보냈다. 하지만 그날 아침 청년총동맹으로부터 대구청년회 사무실 이용에 관한 새 통지문을 받았으며, 그날 저녁에 다음과 같은 내용의 전보를 받았다: "안동에서 하는 발기회를 중단하고 2월 25일에 열리는 회의에 참석하라."

안동에 있는 우리 대표들도 그런 전보를 받았다. 게다가 (자발적으로 발기회에 가담한) 안동청년회와 아직 아무런 관계를 갖지 않은 (전 안동청년회 고문이며, 서울에서 돌아온) 권태석 공민에게도 청년총동맹 집행위원 이영 공민의 명의로 회의를 중단하라는 내용의 전보가 발송되었다. 결국 그런 일들은 발기회를 방해하고 엎어버리려는 간계의 발현으로 보일 수밖에 없으며, 따라서 우리 청년회는 청년총동맹 집행위원회의 그런 행동에 분개하지 않을 수 없었다. 통합을 위해 노력하는 우리는 그들의 기본 사상이 무엇인지 전혀 이해할 수 없다.

우리는 우리 회의를 중단할 수 없으며 그들의 통지문이 폐기되어야 한다는 내용의 전보를 발송하였다.

안동에서 전보가 왔다. 발기회가 성사되었고, 대표자회 준비 과정 및 청년총동맹 집행위원회의 그릇된 행동에 관해 신문기자들의 취재가 있었다는 내용이었다.

4. 청년총동맹 집행위원들의 무책임하고 경박한 행동

안동에서 열린 준비회의가 끝나고 이틀이 지난 후에, 즉 2월 23일에 우리 청년회는 청년총동맹 집행위원 조기승 공민이 보낸 아래와 같은 내용의 엽서를 받았다:

"대구청년회 앞.

여러분이 대구에서 2월 25일 제6회 대표자회가 열린다는 청년총동맹의 통지를 받았으리라 믿는다. 그러나 대표자들 대다수가 준비회의를 위해 상주에 와 있고, 또 물질적 및 기타 제반 상황이 대구의 회의 개최를 허락하지 않는바, 우리는 회의를 상주에서 열기로 하였다. 지역 청년회들뿐만 아니라 청년총동맹에게도 그에 대한 승인을 얻었다. 이 소식을 여러분에게 알리면서 상주로 대표 2인을 파견하라고 요청한다. 사업이 과중한 탓에 이것으로 마치며, 이런저런 부족함에 용서를 구한다.

상주에서, 조기승"

같은 날 우리 청년회는 다음과 같은 내용의 서신을 또 받았다:
"대구청년회 앞.

제107호, 1925년 2월 19일

경북도 대표자회 소집을 위한 준비회의 관련 문제.

여러분이 발송한 상기 회의 소집에 관한 문서를 받았다. 우리는 여러분도 우리의 답신을 받았기를 기대한다. 우리는 여러분의 서신과 신문을 보고 안동에서 열린 준비회의에 관해 알게 되었다. 제6차 대표자회 소집 결정 후에, 우리 집행위원회의 제3차 비상 총회에서 모든 지역 단체에 그에 관해 알리면서 그 문제에 대한 그들의 의견을 물었다. 게다가 여러분의 청년회 쪽에서 아무런 답변도 없었다. 그 외에, 우리 대표 조기승이 여러분을 만났던 지난달에 여러분은 지역 대표자회 문제에 대해 타 단체들의 의견을 따르겠다고 대답했는데, 갑자기 아무런 연락도 없이 여러분은 □□를 마다하고 준비회의를 소집하고 있다. 게다가 그에 관한 통지를 우리 쪽에서 받은 시점은 우리가 2월 25일에 대구에서 그런 회의를 소집한다는 내용의 편지를 여러분에게 보낸 후였다. 따라서 그런 □□을 실제로, 또 원칙적으로 모순이라 할 수 없다. 그 외에, 지역의 단체들을 모두 돌아본 집행위원 조기승의 보고에 근거해서 밝혀진 것은 그 단체들이 모두 우리의 지도하에 있으며, 우리가 대표자회의 시간과 장소에 관해 직접 지시하기를 기다린다는 사실이다. 그래서 우리는 여러분이 안동에서 소집된 회의를 청산하고 2월 25일 대구에서 열리는 회의에 참석할 것을 희망한다.

청년총동맹 집행위원회"

위 편지에 기초해서 조기승 공민은 대구에서 2월 25일 열려야 하는 상기 준비회의가 그때 상주에서 열린 사회주의자 회의의 연장으로서 상주로 옮겨져야 했다고 결론지을 수 있었다. 따라서 그런 상황은 조기승 공민의 자의적이고 경박한 행동의 결과로 생각할 수 없다. 그런데 회의 참석차 대구에 머물던 일부 지역 단체 대표들은 총동맹 집행위원 측의 그런 경박한 행동을 보고서 격분한 상태로 자기 지역으로 돌아갔다.

5. 조기승 공민(총동맹 집행위원)이 검사위원 한신교 등과 나눈 대화의 내용

2월 22일에 상주의 한 호텔에서 총동맹 집행위원 조기승과 검사위원 한신교는 준비위원회 위원 12명과 함께, 대구청년회 집행부원인 김태창 공민과 석지목 공민의 동석 하에 대구청년회 회장 신철수 공민과 준비회의 소집 및 이 문제에 대한 청년총동맹 집행위원회 측과 대구청년회 측의 책임에 관해 대화를 나누었다. 한신교 공민이 먼저 다음과 같이 발언을 했다: "청년총동맹 집행위원회 지시로 조기승 공민이 경북도의 각 청년회에 출장을 갔고, 그는 대구청년회를 포함하여 지역 청년회가 주도하는 대표자회 소집이 불가능하다고 집행위원회에 보고했습니다. (이는 확실히 조기승의 실수입니다) 청년총동맹은 신문 기사를 보고 대구청년회가 주도한 회의 소집에 대해 알았지만, 그에 관해 대구청년회로부터 아무런 보고도 받지 못했기에 그 회의 개최가 성사될 것이라는 확신을 갖지 못했을 것입니다. 그래서 청년총동맹은 대구청년회에 2월 25일 대구에서 회의를 개최한다는 통지문을 보냈고, 이에 대해 대구청년회는 안동에서 소집되는 회의의 취소 및 2월 25일 소집되는 회의 참석 취소에 관한 전보를 보냈습니다. 이 전보 후에 나는 개인적으로 안동으로 향하던 도중에 상주에 들렀는데, 거기서 조기승 공민을 만났습니다. 그는 이미 지역 청년회를 모두 소집한 상태였고, 청년회가 곧 도착할 4~5개 단체를 빼고 대부분 상주에 와 있었습니다. 그래서 나는 여러분에게 상주에서 열리는 이 대회에 참석할 것을 제안하는 바입니다."

다음에 조기승이 이렇게 말했다: "2월 16일에 나는 대구청년회 집행위원 5~6명과 경북도 대표자회에 관한 대화를 나눴습니다. '소비에트는 그의 주도로 대표자회가 소집될 가능성에 대해 어떻게 보느냐?'는 나의 물음에 그들은 '내부 사업의 과중함으로 인해 대구청년회는 그것을 주도할 수 없지만, 장담하건대 그 문제에 대해서 다른 단체들의 의견을 따르겠다'라고 대답했습니다. 그들의 뜻을 확인하고서 나는 경주로 갔고, 회의를 2월 23일에 상주에서 열기로 정했습니다. (총동맹은 2월 25일 대구에서 회의를 소집한다고 통지했고, 조기승 공민은 상주에서 23일에 연다고 했는데, 이런 모순이 어디에서 생겼을까요?) 그 후 나는 신문 보도를 보고 대구청년회의 주도로 안동에서 준비회의가 소집된다는 걸 알았습니다. 그런데 그것이 보도된 날은 2월 16일, 즉 앞에서 말한 대로 내가 대구청년회 집행위원들과 대화를 나눴던, 그중에 그들이 회의 소집을 주도하지 않겠다고 했던 날이었습니다. 그 후 나는 다시 포항으로 가 그들에게 대표를 상주로 보내라고 통지했습니다. 다음에 나는 경상남도를 돌아본 후 대구로 갔고, 거기서 대구청년회 집행위원 이상훈을 만나서 그와 3일 후에 다시 만나기로 약속한 다음 다른 곳으로 떠났습니다. 대구로 돌아와서 나는 이상훈을 찾지 못했습니다. 대신 윤우열을 만나 대구청년회 주도로 안동에서 열리는 준비회의에 관해 물었습니다. 이상훈을 만나고 싶었으나 윤우열은 내게 □□회가 토요일에 안동으로 가기로 했기에 이상훈과 만날 필요가 없다고 이야기했습니다. 그래서 나는 다시 상주로 돌아갔습니다."

(주: 윤우열은 지금까지 대구청년회에서 제명되어 있다)

다음에 신철수 공민이 이렇게 이야기했다: "우리 청년회는 경상북도 대표자회의 필요성에 공감했으며, 올 1월 26일 경북도 대표자회 소집 문제를 놓고 청년총동맹 집행위원 조기승 공민이 우리 청년회 집행위원 몇 명과 나눈 대화에서 나는, 우리가 청년회 내부 업무의 과중함으로 인해 당분간 대표자회를 준비하는 일에 착수할 수도 없고 그 문제에 대해 청년회 내에 통일된 의견도 없는데, 그래서 우리 청년회는 다른 청년회들의 의견을 따르고자 한다고 말한바 있습니다.

이어서 우리 청년회의 다른 집행위원인 최원택이 말했다: "여러분의 도착 전에도 우리 청년회가 경북도 대표자회 소집에 깊이 공감했지만, 그것은 지역 청년회 간에 자발적인 합의가 이루어질 때 실현되어야 하며, 지금은 그냥 시간에 관한 문제만이 미결정 상태에 있습니다."

여기에 우리 청년회의 다른 집행위원 이상훈 공민이 부언하였다: "회의 소집을 알리는 작업에서 실제 조직업무로 넘어가기 위해선 옆에서의 제안 하나만으론 부족하며, 그를 위한 참가자 당사자들의 자발적 노력이 필요합니다."

그때 여기서 대화가 끝났다. 그다음에 그 문제를 놓고 우리 청년회 집행위원회가 회의를 세 번 하는 등 긴 논의 끝에 대표자회 소집 준비에 착수하였으며, 1월 30일에 지역의 주요 7개 청년회에 그에 관해 통지되었다. 그리고 2월 8일에 안동에서 준비회의를 2월 20일쯤 소집하기로 결정되었다. 그런데 갑자기 청년총동맹으로부터 2월 25일에 대구에서 준비회의를 소집한다는 서한을 받았고, 이에 우리가 다음과 같은 답신을 보냈다: "조기승 공민과 한신교 공민에 대해 분명히 말하겠다. 그것에 무관하게 2월 23일 회의가 과연 성립되는가? 그 결과 분열이 발생할 텐데, 그 모든 것은 조기승과 한신교의 행동으로 야기되었으며, 모든 책임은 그들에게 있다."

그것으로 모든 대화가 종료되었다.

6. 청년총동맹에서 대구청년회를 제명하는 문제를 청년총동맹에서 제기하는 것에 관한 상주 발기회에서의 결정

지역 대표자회 소집의 기본 아이디어는 위에 서술되었고, 소집의 시의적절성을 증명할 필요는 없을 것이다. 물론, 지역 대표자회 소집 작업은 주로 지역 단체의 몫이 되어야 한다. 하지만, 이미 지역 단체의 주도로 대표자회 소집 요구에 필요한 회의가 소집되어 있음에도 불구하고 청년총동맹은 그 회의에 대한 자신의 지도가 없었다는 핑계로 새로운 회의를 열고 있다. 그런 행동의 원인이 무엇인지는 알 수가 없다. 청년총동맹 집행위원 조기승 공민은 지역 대표자회 소집 필요성을 이야기하면서, 대구청년회에 대표자회 소집 관련 회의 개최를 주도한 것에 대한 책임을 물을 수 없었다. 그런데, 심지어 대구청년회 집행위원회가 일련의 회의를 통해 대표자회 소집과 준비작업의 시작이 올바르고 필요한 대구청년회의 사업이라고 결론을 냈음에도, 그는 그것을 무시하고서 회의를 중단하고 해산하라는 지시를 내렸다. 그럼으로써 그는 청년총동맹 집행위원으로 편파적으로 행동했다.

국내의 모든 청년회를 통합한 기관으로 청년총동맹은 그 일부 집행위원들의 노리개가 아니며, 개별 집행위원들의 행동에 무작정 복종할 수 없다. 그들의 행동을 냉철하게 보아야 하는데, 이는 그들 각자가 청년총동맹의 집행위원이기 때문이다.

본 상황에서 청년총동맹 집행위원회의 행동은 지역 단체들을 분열시키고 운동에 혼란을 초래한 개별 집행위원들의 자의적이고 무책임한 행위의 결과로서, 무엇보다도 청년총동맹 집행위원회의 권위를 크게 실추시켰다. 여기에 또한 상주에서 생겨난 악(惡)을 절대 용서할 수 없다.

7. 청년총동맹 집행위원회의 올바른 결정

a) 청년총동맹 집행위원회 회의의 억겨움

2월 23일에, 청년총동맹 집행위원회 회의의 개최 소식을 듣고서 우리 청년회는 안동에 소집된 준비회의의 원인과 현 상황 및 경북도 대표자회에 대한 우리의 시각에 대한 보고와 설명을 위해 청년총동맹에 우리 대표들을 보냈다. 실제로 준비회의의 상황은 이미 앞에서 기술했는데, 아무튼 청년총동맹 집행위원회에서 대표로 나왔던 한신교 공

민과 조기승 공민은 자신들의 실수와 잘못된 행동을 무시하고서 모든 비난과 책임을 대구청년회에 전가하려고 온갖 노력을 다하는 가운데, 괘씸하게도 청년총동맹에 거짓 보고를 했다. 실제로 좀 공정하게 판단하면 그런 일에 냉정하게 대할 수 없는데, 청년총동맹 집행위원 신태악은 집행위원회에 다음과 같이 제안했다: "우리는 조기승 공민과 한신교 공민의 정보를 충분히 들었고, 이젠 그 문제에 대한 올바른 파악과 결정이 필요한데, 그러기 위해선 이곳에 온 대구청년회 대표의 보고를 들어야 합니다." 그러나 이 제안에 대해 집행위원들 대부분은 대구청년회 측의 보고는 전혀 들을 필요가 없다고 일축하였고, 또한 일부는 대표로서 위임장을 가졌는지, 집행위원 측의 보증이 있는지 캐묻는 등 그냥 트집을 잡으려는 질문 공세를 폈다. 따라서, 눈이 똑바로 박혔으면 이 모든 걸 공정하게 보라. 심지어 개인적 문제를 결정할 때도 양쪽의 이야기를 들을 필요가 있다. 그것이 사회적인 일이나 문제라면 더더욱 그렇다. 문화계몽한 혁명자로서 더 자세히 이해해야 하며, 양쪽뿐만 아니라 그 일을 이리저리 아는 제3자의 이야기도 들어야 한다. 이것을 집행위원회는 웬일인지 하지 않았다. 그런 행동의 원인이 어디에 있는지 도통 알 수가 없다! 노골적으로 우리 대표들에 적대적인 그런 상황에도 불구하고 그들은 모든 걸 애써 무시하면서 "만일 여러분이 우리의 대표성을 의심한다면 전신으로 조회해도 무방하다"라고 말했다. 그런 발언이 있은 다음에야 아마 어쩔 수 없이 그들을 진정한 대표로 인정하면서 그들에게 말할 기회를 주었다. 이런 일은 군주를 인정하는 것과 똑같이 취급될 수 없다. 군주를 인정할지 말지는 단지 개인의 자유의사에 따르지만, 대표성의 인정은 경우가 다르다. 우리 대표들이 보고를 할 때 조기승 공민과 한신교 공민은 온갖 거짓말로 보고자의 말을 반박하였고, 청년총동맹 집행위원들 대부분도 소리를 질러대며 보고자의 말을 듣지 않고 방해만 했다. 집행위원회 쪽의 그런 태도를 보면서 우리의 대표는 보고를 계속하는 게 무의미하다고 생각했으며, 그것을 자신의 인격에 대한 모독으로 여기며 집행위원들의 행동을 지켜보기만 했다. 그런 행동을 보면서, 과연 그 회의를 모든 단체에 권위를 나타내는 청년총동맹의 회의라고 부를 수 있을까?

b) 우리 청년회의 이유 없는 제명

결국, 집행위원들 대부분은 심지어 우리 대표의 말을 다 듣지도 않고서, 상주의 회의에서 채택된 결정, 즉 청년총동맹에서 우리 청년회를 제명하는 결정을 승인하는 데 착수하였다. 이 문제를 두고 집행위원 임봉순(서울청년회 회원)이 총동맹 규약 제21조에 근거해서 우리 청년회를 청년총동맹에서 제명하자고 제의하자, 다른 집행위원 김두수

(서울청년회 회원)가 그것을 재청하였다. 그 결과 집행위원회는 토론 없이 제명 표결에 착수하였다.

표결 전에 조봉암 공민과 신태악 공민이 집행위원으로서 다음과 같이 제안하였다: "제명 문제는 아주 중대하여 자세한 검토와 논의를 요구하기에, 또 청년총동맹 정기총회가 곧 열리기 때문에 집행위원회가 그 문제를 잘 검토하고 논의한 다음 대회로 넘겨 거기서 결정하도록 하는 게 필요합니다. 그 문제의 결정을 여기서 하지 말고 연기해야 합니다."

이 제안을 무시한 채 집행위원들은 대부분 제명에 찬성표를 던졌고, 문제는 그렇게 일방적으로 결정되었다. 이로 인해 집행위원회 내부의 적폐가 드러났다고 볼 수 있다.

조봉암, 신태악(투표할 때 분개했던 조봉암은 거기에 참여하지 않고 회의장을 박차고 나갔고, 신태악은 반대하는 투표를 했음)을 제외하고 전원이, 즉 이영, 정백, 임봉순, 조기승, 김두수, 안준, 전도(이들은 모두 서울청년회 회원임)가 제명에 찬성하는 투표를 했다.

청년총동맹 규약 제21조: 1) 총동맹의 기본 사상을 위배하거나, 2) 총동맹 규약과 결정에 따르지 않는 단체는 청년총동맹 집행위원회의 결정으로 제명된다.

여기서, 집행위원회의 결정은 총동맹 총회의 승인을 받는다. 대구청년회는 자신의 강령이나 규약에 정해진 바처럼 진정한 청년 혁명단체로서, 청년총동맹의 사상에 부합하기에 그의 회원이 될 수 있다. 그래서 총동맹 규약 제21조 1항 위반에 관해 말이 있을 수 없다. 2항에 관해 말하면, 여기서도 역시 대구청년회는 총동맹의 결정을 위배하지 않았는데, 이는 안동의 회의가 작년 가을의 총동맹 총회에서 채택된 결정, 즉 지역 대표자회 소집 필요성에 관한 결정을 실제로 구현하는 차원에서 소집된 것이었기 때문이다.

그런 상황에도 불구하고 집행위원들 대부분은 문제를 논의하지도 않고 오직 자기 동료들의 거짓 보고에 근거하여 우리 청년회를 총동맹에서 제명하기로 결의했다. 그런 결의는 집행위원회의 역겨운 결정이라고 하지 않을 수 없으며, 이는 의심의 여지가 없다.

8. 결론

자신의 깃발 아래 240개 이상의 단체를 규합하고 있는 청년총동맹은 청년운동의 중앙본부이다. 이에 따라 그 집행위원회는 4만 명이 넘는 총동맹 회원들의 희망을 표현하는 대표이다. 따라서 그렇게 중대한 기관으로서 그것이 만일 특정 집단의 도구이거나 또는 특정 집단이 그것을 자신의 도구처럼 이용한다면, 그건 의심의 여지없이 사악한 범죄이다.

위에 기술되었듯이, 드러난 사실들은 청년총동맹 중앙위원 대다수의 행동이 어떻게 규정되어야 하는지 더없이 명료하게 보여준다. 그러나 청년총동맹은 아무것도 생각하지 않고 오직 자기 집단의 의견만으로 일을 자기 마음대로 처리하였다.

어떻게 그런 현상을 사악한 범죄라고 부르지 않을 수 있는가?

그래서 우리는 청년총동맹의 권위와 그의 이름을 확고히 세우기 위해서 오물이 모두 청소되고 더러운 분자들이 모두 제명된 깨끗한 총동맹 기관을 수립하려고 한다. 본 사건에 관해 말하면, 모두에 사건 내용을 설명하면서 우리는 여러분에게 진심에서 우러난 올바른 비판이 생기기를 희망한다.

1925년 3월 1일, 대구청년회

РГАСПИ, ф.533, оп.3, д.95, лл.191-193.

〈국제공청 집행위원회가 1925년 봄 고려공청 중앙총국에 보낸 훈령 1〉

친애하는 동무들,

국제공청 집행위원회는 여러분이 고려공산청년회 앞에 놓인 다음과 같은 과제에 주목해야 한다고 생각한다:

1. 고려공청의 기본 과제는 프롤레타리아-반(半)프롤레타리아 분자들과 청년 학생의 혁명 분자들을 자신의 대열에 끌어들여 그들을 계급혁명의 투쟁 정신으로 교육하면서, 모든 공산 청년을 자신의 기치 아래 결속하고 통합하는 것이다.

반동 정치, 국내의 다른 사회집단에 비해 수적으로 많은 프롤레타리아층, 단일 조선공산당의 부재, 그리고 공청의 맹아 상태는 본질상 향후 공청사업의 조직적 구성과 형태 및 방법을 규정한다. 여러분의 공청은 엄격한 중앙집중화와 비밀 준수 원칙에 기초하여 결성되어야 한다. 내부로 침투하는 밀정으로부터 공청을 지켜내고 공청원의 개인적 실패를 방지하기 위해 여러분은 확고한 신념과 열성으로 일하는 사람들로 공청을 구성하고, 동시에 지하 비밀사업의 완결성을 높이는 데 특히 심혈을 기울여야 한다.

오직 엄격한 규율이 확립된 후에, 또한 지도기관의 결정이 정확 신속히 실행되고 다수에 대한 절대복종이 확립된 후에야 고려공청은 조선 청년의 모든 민족 혁명운동의 지도자 역할을 맡게 될 것이며, 공청의 비합법적 분파를 통해 민족-혁명 청년연합에 자신의 영향력을 행사하게 될 것이다.

2. 현재 여러분의 공청은 주로 학생들로 구성되어 있다. 따라서 여러분에게 주어진 과제, 즉 진보적인 청년 노동자와 농민들을 공청에 끌어들인다는 과제는 완전히 시의 적절하다.

그러나 그들의 포섭은 여러분의 공청이 경제사업을 올바로 설정하는 경우 상당히 빠르게 진행될 수 있다. 하지만 여러분의 보고에 드러나듯이, 여러분은 올해 벌어진 파업들을 청년 노동자들의 경제적, 법적 지위를 지키는 데 이용하지 않았다.

국제공청 집행위원회는 청년 노동자들의 경제적 상황을 진지하게 연구하고, 청년 노동자들의 노동, 생활, 교육을 포괄하는 경제적 요구가 담긴 강령을 블라디보스토크 위원단*의 결정에 기초하여 작성, 제시할 것을 권고한다. 여러분의 공청은 이들 요구를 청년 노동자들 사이에서 널리 선전하고, 파업 때 노동조합의 지원을 받아 내보어야 한다.

3. 중앙총국이 당면한 기본 과제는 고려공청 창립대회를 준비하는 데 있다. 창립대회는 조선공산당 대회 후에 소집되어야 한다.

조선공산당 대회 후에 고려공청 대회를 소집하는 일은 다음과 같은 상황들에 기인한다.

즉, 지금은 조선에 통일된 공산당이 없다. 공산당에 단일하고 명확한 정치 강령이 없다. 코민테른은 각 콤그룹에 존재하는 이견들을 이해하고, 그들을 코민테른의 강령 위에서 통합하기 위해 전력을 다하고 있다. 그런 것이 조선공산당 창립대회의 기본 과제이다.

이런 상황에서 여러분의 대회가 한마음으로, 공산당의 정치노선을 기조로 거행되기 위해선 그것을 당 대회 후에 여는 것이 필요하다.

국제공청 집행위원회가 여러분에게 권고한다. 당내 파벌 싸움에 가담하지 말고, 그것에 쌓여 있는 그릇된 이견들을 모두 비판하면서 현존 그룹들을 코민테른 강령 위에서 하나의 당으로 통합하는 데 전력을 다하라.

고려공청 창립대회의 의사일정은 다음과 같다:

1. 고려공청의 강령.
2. 고려공청과 국제공청.
3. 고려공청과 청년 민족혁명운동.
4. 조직 문제.
5. 중앙위원회 선출.

창립대회에서 만장일치를 이루어 통합된 고려공청을 출범시키기 위해서는 블라디보스토크 위원단과 국제공청 집행위원회에 의해 채택된 테제와 결의들에 기초하여 공산 청년단체들을 [원문 누락] 해야 한다.

국제공청 집행위원회는 여러분에게 권고한다. 이 편지를 받는 즉시 여러분의 활동 및 향후 사업 계획에 관한 보고를 우리에게 발송하라.

공산주의적 인사와 함께, 국제공청 집행위원회

---

* 국제공청 집행위원회는 조선에 고려공산청년회 이외에 다른 공산 청년단체, 즉 서울청년회(고려공산청년동맹)가 있음을 인지하고 양자의 통합을 논의하기 위해 1925년 2월 말 블라디보스토크에서 조선위원단을 소집했다.

РГАСПИ, ф.533, оп.3, д.95, лл.199-200.

〈국제공청 집행위원회가 1925년 봄 고려공청 중앙총국에 보낸 훈령 2〉

고려공산청년회 중앙총국 앞

친애하는 동무들,

여러분의 상세한 보고를 받았다. 여러분의 사업 성과를 치하하며, 그에 관해 고려공청 대회에 보내는 편지에서 자세히 언급하고자 한다. 여러분의 창립대회는 가능하면 최대한 빨리 소집되어야 한다. 이제까지 국제공청 집행위원회는 블라디보스토크 위원단의 결정 후에 어떻게 서울청년회와의 통합을 구현할 것인가의 문제가 해명되기 전에는, 여러분의 대회 소집이 필요하다고 생각하지 않았다.

여러분의 보고를 보면, 중앙총국이 블라디보스토크 위원단보다 지금 많은 시각을 견지하고 있는 것 같다. 국제공청 집행위원회는 여러분에게 동의하지 않으며, 그 문제에 관한 우리의 의견을 대회에 보내는 편지에 기술하는 게 필요하다고 생각한다. 우리는 대회가 국제공청 집행위원회의 관점을 채택하도록 여러분이 대회에 도움을 주기를 희망한다.

서울청년회와의 관계에 대한 문제를 충분히 규명해야 한다는 시각과 관련해서 우리는 이전 편지에 적힌 의사일정에 하나를 추가하는 것이 필요하다고 생각한다. 즉, 전에 정해진 의사일정의 5개 항(즉, 1. 고려공청 강령, 2. 고려공청과 국제공청,[*] 3. 고려공청과 청년 민족혁명운동, 4. 조직 문제, 5. 중앙위원회 선출)에 특별 문제로 서울청년회와의 관계에 대한 우리의 노선에 대한 항을 하나 추가하는 것이 필요하다.

그에 맞춰서 국제공청 집행위원회는 서울청년회와 국제공청에서 소통할 것을 결정하였다. 고려공산청년회는 조선에서 국제공청에 의해 유일하게 공인된 지부로 남는다. 이런 결정으로 우리는 서울청년회의 통합에 대한 시각이 밝혀지기를 바랄 뿐이다. 만약 가능하다면, 우리의 조언으로 두 공산단체가 국제공청의 강령에 따라 서로 통합하

---

[*] 원문에는 '고려공청과 코민테른'으로 적혀 있다.

는 것을 돕고 촉진할 수 있기를 바란다.

이들 모든 문제에 대해 여러분에게 요청한다. 조속한 시일 내에 더 정확한 정보를 국제공청 집행위원회에 보내라. 고려공산청년회 대회의 소집 시간(2개월 내)과 장소이다. 여러분은 조훈 동무와 사전에 연락하여 합의해야 한다.

여러분의 예산에 관해 우리가 지금 정확하게 알릴 수 있는 게 아무것도 없다. 1925년 1월 1일부터 그것을 조금 증액할 수 있을 것 같다.

공산주의적 인사와 함께, 국제공청 집행위원회

РГАСПИ, ф.533, оп.3, д.95, лл.209-214.

〈국제공청 집행위원회가 1925년 4월 고려공청 창립대회에 보낸 훈령〉

고려공산청년회 창립대회 앞

친애하는 동무들,

여러분의 첫 번째 창립대회는 엄청난 의미를 지닌다. 왜냐하면 실제로 그것은 공산청년단체들이 하나의 단체로 통합을 이루는 시작점이기 때문이다. 그러나 그것은 시작일 뿐이다. 앞으로 여러분 앞에는 서울청년회와의 통합을 위한 커다란 과제가 놓여 있다. 이와 관련해서 어떠한 실수도 없이 올바른 전술을 적용하기 위해 국제공청 집행위원회는 여러분과 서울청년회가 조속히 통합할 수 있는 길에 관해 여러분에게 알리는 것이 필요하다고 생각한다. 이것은 더더욱 필요한데, 왜냐하면 여러분의 중앙총국이 여러분의 마지막 보고에 드러나듯이 그 문제에 대해 그릇된 입장을 취하고 있는 것 같기 때문이다.

1. 국제공청 집행위원회가 조선에 여러분 이외에 다른 공산 청년단체가 있다는 것을 알았을 때 국제공청 조선위원단이 올 2월 말 블라디보스토크에서 소집되었고, 여기에 두 단체의 대표들이 참석하였다.

그 어떤 원칙적 이견도 없음이 밝혀졌다. 현실적 통합 문제를 놓고 다양한 통합 형태가 제시되었다. 긴 토론 끝에 다음과 같은 결정이 만장일치로 채택되어 국제공청 집행위원회의 승인을 받았다: "국제공청 집행위원회의 전권위원 두 명을 조선에 파견한다. 그들에게 모든 단체를 조사하고 통합 필요성을 설득하는 작업을 벌일 권한을 부여한다. 그들에게, 필요할 경우, 대회 소집 총국을 조직할 권한을 부여한다. 현지에서 해결되지 않는 문제들에 대해서 전권위원들은 국제공청 집행위원회의 처분을 기다린다. 활동 기간은 한 달 반이다."

그런 결정에 대한, 즉 통합에 대한 반대는 누구에게서도 제기되지 않았다. 오히려 모두가 통합이 시급한 일이라는 데 동의하였다.

그랬음에도 불구하고, 국제공청 집행위원회는 최근까지 블라디보스토크 위원단의 결정이 현실에서 구현되고 있다는 통지를 조선에서 받지 못했으며, 따라서 자신의 조언으로 통합을 도울 수 없게 되었다. (그래서 말하면, 국제공청 집행위원회가 왜 여러분의 대회 소집을 허가하지 않았는지 그것으로 설명된다)

우리는 국제공청 블라디보스토크 위원단의 결정이 내려진 후인 지금 당장 공산 청년단체들이 하나의 고려공산청년회로 통합되어야 한다고 전혀 생각하지 않는다. 우리는 어려움에 관해 잘 알고 있다. 하지만 우리는 확신한다. 국제공청 지부로서의 고려공산청년회에 강제적인 국제공청 집행위원회의 결정과 김사국의 통합 필요성에 대한 발언은 이 방향에서 적극적 활동이 벌어질 가능성을 창출하여 결국엔 통합이 이루어질 것이다.

그러나 여러분의 중앙총국이 보낸 마지막 보고는 그 방향에서 아무것도 진행되고 있지 않을 뿐만 아니라, 오히려 통합 문제가 심지어 부정적으로 결정되고 있음을 보여준다.

중앙총국의 노선을 더 분명하게 보여주기 위해 보고의 일부 대목을 인용한다. 중앙총국은 이렇게 쓰고 있다: "서울청년회 안에서 알력이 생겼는데, 그 결과 김사국에 반기를 들었던 회원 20명이 청년회를 나가버렸다. 그런 알력은 서울청년회에 공산청년 세포가 부재함을 드러냈다. 그것은 김사국이 블라디보스토크에서 한 보고가 옳지 못하다는 걸 보여주었다. 이에 따라 중앙총국은 서울청년회와의 통합이 무익하다고 여겼지만, 서울청년회에서 공산주의 시각을 견지하는 일부 인사를 개별적으로 받아들이는 것은 가능하다고 생각했다."

중앙총국의 보고에서 발췌한 위 내용에 부정확함과 큰 실수가 하나씩 있다. 어디가 정확하지 않을까? 그것은 서울청년회에 공산 분자가 없다는 식의 단언에 있다. 심지어 중앙총국은 그것을 우리에게 입증하려 들지도 않았다. 오히려 중앙총국은 반대 사실을 증명했다. 서울청년회에서 나간 20명의 회원과 중앙총국이 나중에 받아들일 동무들 수십 명은 중앙총국이 인지하지 못한 공산 분자들이다. 그러나 그들에 관해 자신의 보고에 쓰지 않고 있다. 그러나 왜 지금 그들을 고려공산청년회에 받아들이지 않는가? 이 문제는 우리를 다른 기본 문제, 즉 어디에 실수가 있는가의 문제로 인도한다. 실수는 중앙총국의 노선이 객관적으로 자신의 대열에 많은 공산 분자를 보유하고 있는 서울청년회라는 혁명단체를 붕괴시키는 노선이라는 데 있다. 왜냐하면 중앙총국이 우리에게 통지한 결정, 즉 서울청년회 회원들을 개인적으로 받아들이고, 서울청년회와의 통합을 거부한다는 결정은 위의 해석 말고는 그 어떤 것도 의미할 수 없기 때문이다.

따라서 국제공청 집행위원회는 여러분에게 그 노선이 잘못되었다고 단호히 말한다.

그것은 코민테른과 국제공청의 노선에 배치된다.

우리에게 서울청년회에 관한 문제는 "서울청년회 지도자들이 동의하면 통합하고, 그들의 동의하지 않으면 그 안에서부터 통합을 쟁취한다"는 식으로 보인다. 그러나 중앙총국의 노선이 지향하는 붕괴란 결코 있을 수 없다.

심지어 중앙총국의 공식적 제안과 블라디보스토크 위원단의 결정에도 불구하고 김사국이 통합에 대한 바람을 전혀 표명하지 않았다고 하더라도, 중앙총국의 노선은 옳지 못하다.

김사국 말고 다른 길로 통합에 도달해야 하며, 서울청년회를 믿을 수 없는 자들의 수중에 남겨놓고 거기서 최정예 공산 병력을 데려오면 안 된다.

집행위원회는 대회에 어떤 노선을 택하라고 권고하는가?

첫째, 그 무엇에도 불구하고 통합 노선을 택하고 여러분의 사업 결과를 국제공청 집행위원회에 통지하라. 서울청년회 지도자들에 대한 여러분의 압박에 필요하다면, 그리고 우리의 조언이 필요하다면 우리는 즉시 상응하는 조치를 할 것이다.

둘째, 이와 더불어 서울청년회에서 여러분에게 합류하려는 분자들을 고려공청의 비합법적 분파들에 통합하고, 그들을 통해 서울청년회 안에서 통합을 위한 선전을 벌이라.

셋째, 일본 강점에 대한 실제적, 구체적 투쟁에서 여러분이 함께 행동할 수 있도록 무엇이든 다 하라. 일정한 행동강령 위에서 통합하자고 매번 서울청년회에 제의하라. 이 공동 투쟁은, 물론, 두 공산단체를 가깝게 하고, 여러분을 조직적 결합 쪽으로 가게 한다.

이 문제에 관해 국제공청 집행위원회는 여러분에게 몇 마디 더 말하고자 한다. 즉, 중앙총국이 저지른 실수의 이면은 서울청년회 와해 노선의 격돌을 의미하며, 서울청년회와의 싸움이 조선청년총동맹을 차지하고 강화하기 위한 여러분의 사업을 무위로 돌리거나 적어도 매우 어렵게 한다는 데 있다. 우리의 정보에 따르면, 조선청년총맹에 속한 많은 단체가 서울청년회의 지도하에 사업을 하고 있다. 그리고 끝으로, 서울청년회의 많은 회원이 조선청년총동맹 중앙집행위원이며, 그들이 연합회 상무위원회에 다수 포진해 있다.

이것이 국제공청 집행위원회가 서울청년회와의 관계 문제를 심각하게 논의하라고 고려공산청년회에 요청한 이유이다. 우리는 대회가 우리의 논거를 면밀하게 검토하여 우리의 제안을 만장일치로 받아들이기를 희망한다.

2. 당 문제에 대해서 국제공청 집행위원회는 예전 의견을 고수한다. 고려공청은 조선공산당 내 파벌 중 어느 하나라도 지지하면 안 되고 그들의 싸움에 중립적 입장을 취해야 한다.

여러분은 코민테른의 강령에 입각한 조선공산당의 통합을 방해하는 그들의 불화에 누적된 모든 것을 계속 비판해야 하며, 현존하는 여러 콤그룹의 통합에 전력을 다해야 한다.

3. 국제공청 집행위원회는 민족혁명을 지향하는 청년들을 조직하고 통합하는 사업과 조선청년총동맹에서 여러분이 거둔 성과를 흡족하게 생각한다. 오직 조선에서 모든 혁명 분자의 통합을 통해 광범한 청년 대중운동이 만들어질 수 있었다.

지금 여러분의 과제는 비합법 분파를 조직하는 방법으로 조선청년총동맹의 주요 부서들을 장악하고, 청년들을 일본제국주의의 이런저런 발현에 맞선 투쟁에 나서게 하는 데 있다. 그러면서 그것을 일본의 점령으로부터의 조선 해방과 연결해야 한다.

청년 프롤레타리아들을 통합하는 합법적 신흥청년동맹의 고려공청 중앙총국이 수립되었다는 소식에 우리는 특히나 기뻤다.

우리는 중앙총국의 소조 조직사업, 라이브 신문(Living Newspaper)의 상연 등을 훌륭한 시작으로 지적한다.

하지만 이 모든 교육사업은 청년 노동자들의 경제적 이익을 지키는 현실적 사업과 연계되어야 한다. 국제공청 집행위원회는 이미 한 편지에서 올해 전개된 여러 파업이 고려공청에 의해 청년 노동자들의 경제적, 법적 지위를 지키는 데 활용되지 못했다고 중앙총국에 지적한 바 있다.

대중사업 분야에서 여러분 앞에 다음과 같은 과제가 놓여 있다.

a) 조선청년총동맹으로 통합된 청년 민족혁명자들을, 해당 시점에 적합한 구호를 내세우며, 일본의 점령에 대한 투쟁으로 단련시킨다.

b) 조선의 근로대중에 대한 일본 부르주아지의 잔혹한 착취에 대항하는 경제적 요구를 담은 강령을 만든다. 이것을 청년 노동자들 사이에서 널리 선전하고, 파업 때 그것을 내세운다.

c) 조선청년총동맹의 주요 조직을 비합법 분파를 통해 장악한다.

d) 청년 프롤레타리아들을 공청으로, "신흥청년동맹"으로 포섭하는 일에 특히 주목한다.

고려공산청년회는 그 대열에 엄격한 규율이 확립되고, 지도기관의 결정이 정확하고 신속하게 이행되고, 다수에 대한 무조건 복종 등의 기제가 갖추어지면 조선에서 청년 민족-혁명운동의 지도자 역할을 맡을 수 있다.

　국제공청 집행위원회는 지금까지 여러분에 의해 성공적으로 수행된 강력히 중앙집중화된 비합법사업과 광범한 합법사업의 결합이 앞으로 더 큰 성과를 내고, 광범한 청년 노동자-농민 대중으로 하여금 일본의 점령에 대한, 조선 근로대중의 해방을 위한 투쟁에 나설 수 있게 하기를 기대한다.

공산주의적 인사와 함께, 국제공청 집행위원회

РГАСПИ, ф.533, оп.10, д.1891, лл.24-30.

고려공산청년회 창립대회

I. 대회 소집 조직위원단의 업무

고려공산청년회 중앙위원회는 대회 준비를 위해서 박헌영 동무, 김단야 동무, 박철환 동무 3인으로 구성된 조직위원단을 만들었다.

조직위원단은 다음과 같이 결정하였다:

1. 대회 소집 시간: 1925년 4월 18일[*]

2. 대회 장소: 서울

3. 대의원 자격: 각 세포를 대표한 자

4. 대회 일정

  a) 고려공산청년회 중앙위원회의 총결 보고

  b) 국제공청의 서한

  c) 창당대회에 관한 보고

  d) 고려공산청년회 강령

  e) 조직 문제

  f) 고려공산청년회의 민족 문제에 대한 입장

  g) 고려공산청년회와 국제공청

  h) 조선공산당과 고려공산청년회

  I) 선거

조직위원단은 상기 모든 문제에 대한 테제와 결의안을 작성한다.

II. 고려공산청년회 창립대회의 결정에 대해서

대회는 올 4월 18일 정오에 서울에서 열렸다. 조선 10개 도(道)의 18개 세포를 대표한 대의원 19명과 조선공산당에서 나온 1명이 대회에 참석했다. 총 20명이었다. 대의원들의 사회적 성분을 보면, 노동자가 1명, 문화계몽 농민이 1명, 인텔리가 18명이다.

---

[*] 원문에는 14일로 되어 있다.

대의원 중에 여성이 1명 있다. 나이는 1명이 28세이고 나머지는 20~25세이다. 조선공산당원이 9명이며, 공청원 경력이 1921년부터인 자가 4명, 1922년이 1명, 1923년이 3명, 나머지는 1924년부터이다.

1. 중앙총국의 활동에 관한 총결 보고

중앙위원회 비서 박헌영의 보고를 듣고 대회는 중앙위원회의 활동이 만족스럽고 그의 노선이 올바르다고 인정하였다.

2. 국제공청의 편지

김단야 동무가 국제공청이 창립대회에 보낸 1924년 12월 16일 자 편지를 낭독하였다. 대회는 조선 청년운동의 핵심 문제에 대한 국제공청의 노선을 전체로 승인하였다. 한 문제가 토론을 초래했는데, 그건 바로 서울청년회에 관한 것이었다. 그에 대해 다음과 같은 결정이 내려졌다: "서울청년회의 활동과 구성 및 강령을 보고 대회는 그를 전적으로 청년운동에 종사하지 않는 정치단체로 간주하며, 따라서 이 문제를 당과 함께 논의하여 합당한 공동 결정을 내려야 한다고 생각한다. 고려공산청년회와 서울청년회의 통합 문제에 관해 말하면, 전체 혁명운동의 와해와 결렬을 지향하는 그의 반혁명적 행태 및 관심이 온통 공산주의자나 공청원들과의 파벌 투쟁에 쏠려 있는 협소한 분파집단으로 변질이 된 그의 모습을 주목하면서 대회는 서울청년회와의 어떤 식의 통합도 불가능하다고 생각하지만, 동시에 서울청년회 뒤에 몇몇 대중적 청년회가 있음을 주목하여 대회는 반혁명적인 서울청년회 지도자들을 대중 앞에 폭로하면서 그들에 반대하는 광범한 캠페인을 벌여야 한다고 생각한다. 그렇게 해서 대중을 그들의 영향에서 벗어나게 해야 한다. 또한 대회는 서울청년회 내부에 공산 분자들이 있음을 고려하여, 그들을 서울청년회 지도자들의 영향에서 구출하여 공청으로 포섭함을 자신의 당면 과제로 삼는다."

3. 창당대회에 관한 약식 보고

김찬 동무가 지난 창당대회에 관해 보고를 했다. 보고자는 대회에서 서울청년회를 제외하고 조선의 모든 콤그룹이 통합되었다고 말했다. 서울청년회에 대해서 당대회는 그를 따르는 대중을 뺏어오고 그의 지도자들을 폭로하는 전술을 적용하기로 하였다. 고려공산청년회 창립대회는 당이 조직된 것을 축하하고, 자신의 결의안을 통해 사업에서 당을 전적으로 지지할 것을 약속하였다.

4. 고려공산청년회 강령

국제공청 동방부가 작성한 고려공산청년회 강령이 대회에서 전부 채택되었다. 토론을 초래한 것은 오직 제9조, 즉 조선의 근로자들은 자기 해방의 첫 단계, 즉 민족해방의 단계를 지나기 전까진 완전한 자유를 성취할 수 없다는 부분뿐이었다. 그 테제에 동의하지 않는 대회는 그것을 강령에서 제외하였다. 그 테제의 삭제 원인에 대해선 나중에 대회 의사일정 6항, 즉 '고려공산청년회와 민족운동'을 검토할 때 자세히 기술할 것이다.

강령에 추가 사항(과제)이 기재되었다:

a) 교육 관련 문제에서,

  1) 청년 학생운동에 참여하고 그것을 지도하는 게 학교 간부와 교사들의 의무는 아니다.

  2) 사회주의를 공부하는 학생 서클을 조직하는 데 완전한 자유가 있어야 한다.

  3) 학교의 종교 프로그램에 맞서 단호히 투쟁해야 한다.

b) 여성운동 문제에서,

  1) 여성을 노예화하는 낡은 전통과 풍습에 대해, 그리고 새로운 생활을 위해 투쟁한다.

5. 조직 문제

대회는 국제공청 동방부가 작성한 고려공산청년회 규약에서 조선의 현실과 상황에 부합하지 않는 대목을 많이 발견했다. 그래서 특별위원회에 의해 규약이 개정되었고, 대회는 그것을 수정된 형태로 채택하였다. 규약이 추가로 제출될 것이다.

6. 고려공산청년회와 민족운동

민족운동은 조선 청년운동의 중대 문제 중 하나이다. 따라서 대회는 민족운동에 주의를 집중하면서 극히 조심스레 접근하고 있다. 민족 문제에 대한 전술을 마련하기 전에, 민족해방운동의 전제와 방도를 조선의 여건과 상황에서 해명하는 게 중요하다. 조선의 민족해방운동에 두 개의 계기, 즉 1) 언제 조선이 완전한 해방을 이룰 것인가, 2) 누가 민족해방운동의 패권자인가를 식별해야 한다.

첫 번째 문제에 대해서 대회는 다음과 같은 테제를, 즉 조선의 완전한 해방은 일본의 경제적, 정치적 제도의 근본적 변화 후에 비로소 달성될 수 있으며, 조선의 혁명운동은 일본 프롤레타리아트 및 식민지 인민들과 긴밀히 묶여서 그들의 일반적 혁명운동 과정을 따라갈 것이라는 테제를 채택하였다. 따라서 조선에서 민족운동의 과제는 제국주의에 불만을 품은 분자들 모두가 연합한 민족통일전선을 수립하는 것이다.

조선의 민족해방운동은 일본제국주의를 폭파하고, 그럼으로써 일본 프롤레타리아트의 혁명운동을 촉진하는 폭발물의 역할을 해야 하며, 그것은 일본 전체의 운동에서 분리할 수 없는 예비대가 되어야 한다. 이로부터 민족해방운동이 전 세계의 혁명운동 과정에서 차지하는 중요한 의미가 유래한다.

두 번째 테제. 누가 운동의 패권자가 될 것인가? 이 문제는 그 중요성이 작지 않다. 국제공청 동방부는 자신의 강령에서 말하기를, 조선의 근로자들이 자기 해방의 첫 단계, 즉 민족해방의 단계를 거치지 않고는 완전한 해방을 달성할 수 없다고 했다. 이를 어떻게 이해할 것인가? 조선이 해방 후에 민족 부르주아지를 수반으로 하는 부르주아 공화국이 된다는 것인가? 아니다. 대회는 그 대척점에 서서 민족 부르주아지가 아니라 도시와 농촌의 프롤레타리아트가 민족혁명운동의 패권자가 되어야 하며, 따라서 일본 제국주의로부터 나라가 해방된 후에 부르주아 공화국이 아니라 조선의 광범한 근로대중의 이익에 완전히 부응하는 체제, 즉 소비에트 권력이 수립되어야 한다고 표명했다.

프롤레타리아 운동과 민족운동의 패권자는 당연히 조선의 프롤레타리아트가 되어야 한다. 그는 민족혁명단체들과 블록을 형성하며, 일본제국주의에 불만을 가진 분자들을 모두 이용하며 민족혁명전선을 수립한다. 이들 문제의 올바른 해결은 현대 조선의 운동이 갖는 특성을 전면적으로 고려할 때 비로소 가능하다. 그 정황은 어떠한가? 그에 관해 나는 이미 다른 곳에서도 기술한 바 있다. 현 조선의 상황에서 계속 자신의 존재를 과시하는 중대하고 능동적인 것은 조선의 프롤레타리아와 반(半)프롤레타리아들의 광범한 대중운동이다. 민족해방운동은 와해되었다. 모든 민족주의 집단 중에서 반(反)제국주의 집단이라고 볼 수 있는 것은 조선물산장려운동 후에 극히 수동적이고 무엇으로도 자신을 드러내지 않는 민족주의적 문화 활동가 집단뿐이다. 현대 운동은 1) 좌익 운동, 2) 민족 부르주아 운동, 3) 친일 운동의 세 그룹으로 나뉠 수 있다. 좌익 운동은 그 적극성과 의미로 수위를 차지하고 있다. 그것은 여기서 계급투쟁과 공산주의의 학교를 이수하면서, 소비에트 러시아 출신, 일본의 사회주의적 인텔리층 출신, 그리고 모든 환상이 깨진 후에 좌익 전선으로 이동한 민족주의적 혁명자 출신의 공산주의자들(프롤레타리아 인텔리들)에 의해 지도되고 있다. 그리고 주로 합법적 사업 영역의 사회운동에 가담하지만, 자신의 분명한 정치적 신조를 지니지 못한 이른바 사회주의자들이 공산주의자들의 뒤를 따르고 있다. 끝으로, 좌익 전선은 자신을 공산주의자나 사회주의자로 생각하지 않으나 계급의식으로 각성하여 혁명적 계급 정강에 입각해 있는 사람들, 즉 자본주의에 대한 적개심으로 자본주의와 일상의 투쟁을 벌이는 엄청나게 많은 조선의 노동자와 농민-소작인 대중을 대표한다. 민족주의자들: 민족주의자들 가운데 더 혁명적인 부분은 거의 전부 공산주의자들에게 넘어왔고, 다른 부분은 중국이나 러시아로 망명을 했다. 조선에 남은 민족주의자들은 더 □□하고 연약한 민족 부르주아지를 대표한다. 이들은 이른바 문화계몽운동에서 더 움직여 나아가지 못한다. 이들은 현재 간판만 올려놓고 어떤 활동도 전혀 보여주지 않는 "물산장려회"와 "민립대학기성회"를 중심으로 집결해 있다. 이 그룹에 의해 조선에서 3개 신문, 즉『동아일보』, 『시대일보』, 『조선일보』가 발행되고 있다.

조선 안에서 광범한 소부르주아 대중 역시 일본제국주의에 불만이 있다. 그러나 그들은 소극적이며, 어떠한 운동에도 참여하지 않는다.

끝으로, 마지막 그룹인 이것은 일본인들 지배하의 문화적-민족적 자치 강령(홈룰)에 입각해 있는 극단적 우익 집단이다. 좌익분자들은 친일파 우익 집단에게뿐만 아니라 민족주의자-문화운동가들에게도 부정적으로 대하며, 종종 그들을 친일파와 한 무더기로 취급해 던져버린다.

그렇게 해서, 대중운동에서 실질적 영향력은 조선 근로자들의 수중에 있다. 이전의 민족운동은 프롤레타리아와 반(半)프롤레타리아의 운동으로 넘어갔다. 운동의 패권자는 조선 프롤레타리아트뿐이다. 조선의 해방 후에는 근로자들의 이익에 완전히 부응하는 체제가 수립되어야 한다. 운동의 동반자로는 망명지의 민족주의자들과 (천도교 등과 같은) 민족주의적 혁명-종교단체가 있다. 나머지 모든 소부르주아적 (문화계몽) 집단들은 이들을 이끌어야 하는 조선 프롤레타리아트에 의해 활용될 수 있다.

7. 국제공청 가입에 관하여

고려공산청년회와 국제공청의 상호 관계에 관한 테제를 전적으로 수용하면서 고려공산청년회는 자신을 국제공산청년운동 부대의 하나라고 생각하며, 국제공청에 자신을 가족의 일원으로 받아줄 것을 청한다. 고려공산청년회 대표를 국제공청에 파견하는 문제를 중앙위원회에 넘긴다.

8. 고려공산청년회와 국제공청

대회는 고려공산청년회와 국제공청의 상호 관계에 관한 테제를 전적으로 승인하고 수용한다. 대회는 통일 공산당의 부재가 고려공산청년회의 활동에 영향을 미쳤음을 확인한다. 당의 창립과 함께 고려공산청년회의 사업은 당의 유일 지도하에 전개되어야 한다. 대회는 창립대회에서 조직된 조선공산당이 완전히 권위 있는 전 조선 혁명운동의 지도자가 될 수 있다고 생각한다.

9. 선거

중앙위원회에 7명, 검사위원회에 3명이 선출되었다. 후보위원 선출은 새로 선출된 중앙위원회로 넘겨졌다.

고려공산청년회 중앙위원회 2차 회의

1. 4개의 부를 두기로 하였다: 1) 비서부, 2) 조직부, 3) 선동선전부, 4) 회계출납부
2. 중앙위원회 사업 계획안을 채택하였다. (계획안이 추가로 입수되면 제출할 예정임)
3. 중앙위원회 후보위원이 정해졌다.
4. 고려공산청년회 대표 자격으로 모스크바 국제공청에 파견될 사절이 선출되었다.

РГАСПИ, ф.533, оп.10, д.1890, лл.20-24.

고려공산청년회 규약

(국제공청 지부)

I. 고려공산청년회 회원

1) 16~25세의 청년으로 고려공산청년회의 강령과 규약을 인정하고, 그의 조직 중 한 곳에서 일하며, 그의 모든 결정에 복종하고, 정규적으로 회비를 내는 자는 모두 고려공산청년회 회원이 된다.

   주: 제한 연령 25세에 달한 회원은 (심의권만 갖는) 준회원으로 남을 수 있다. 이 때 준회원이 지도기관 중 한 곳에 선발되면, 그는 의결권을 부여받는다.

2) 새 회원은 고려공산청년회의 강령과 규약을 체득하고, 정해진 후보 수습 기간을 거치고 혁명적 신념이 확고한 후보 회원 중에서 받아들여진다.

3) 고려공산청년회의 회원이 되는 방법은 다음과 같다:

   a) 고려공산청년회 회원이 되기 위해서는 기존 회원 2인 이상의 추천이 필요하다.

   주: 추천인은 피추천인에 대해 매우 엄중한 책임을 진다. 추천 사유가 허위일 경우에 그에 따른 징계가 고려공산청년회에서 제명되는 것에까지 이를 수 있다.

   b) 추천의 검증과 입회 결정은 세포의 예비 심사를 거친 후에 고려공산청년회 지역 위원회에서 한다.

4) 한 단체의 성원이 타 단체의 사업 지구로 이주하는 경우, 그는 후자의 성원으로 등재된다.

5) 고려공산청년회의 강령이나 규약을 위반하는 경우 고려공산청년회에서 제명될 수 있다.

6) 제명은 그 대상자가 속해 있는 세포의 총회에서 결정된다. 제명 결정은 고려공산청년회 지역 위원회의 승인으로 효력을 발한다. 대상자의 제명 확정 때까지 대상자는 고려공산청년회의 사업에서 배제된다. 제명된 회원들은 고려공산청년회 최고기관에 통지된다.

   주: 세포 총회에 3회 연속 불출석하거나 회비를 3개월 동안 내지 않은 회원은 고려공산청년회에서 자동으로 제명된다.

II. 고려공산청년회 후보 회원

7) 고려공산청년회 입회를 원하는 자는 모두 고려공산청년회의 강령과 전술 및 규약을 숙지하기 위한 특별 소조에서 후보 수습 기간을 이수하고, 또 후보의 혁명적 신념에 대한 검증도 거친다.

8) 후보 회원의 입회 방법은 회원의 입회 방법과 같다.

9) 청년 노동자와 농민의 후보 수습 기간은 3개월, 나머지 대상은 6개월로 정한다.

10) 후보 회원은 고려공산청년회 단체의 극히 비밀스럽지 않은 회합에 심의권을 갖고 참석할 수 있다.

11) 후보 회원은 고려공산청년회 일반회원과 같은 금액의 회비를 낸다.

III. 고려공산청년회의 조직 구성

12) 고려공산청년회는 지방별로 민주집중제 원칙에 기초해 구성된다. 특정 지방의 단체는 그 지방의 각 지구에 있는 단체들의 상급 단체가 된다.

13) 고려공산청년회의 각 지도기관은 선출로 구성되며, 모든 사업에서 하급 단체에 보고 의무가 있다.

　　주: 특별한 경우에 중앙위원회는 임시 □□지도기관을 임명할 권한을 갖는다.

14) 고려공산청년회의 최고 지도기관은 전조선 대회이며, 대회는 고려공산청년회의 강령과 규약을 확정하고 운동의 총노선을 정하고 중앙위원회를 선출한다. 각 단체의 지도기관은 총회와 협의회다.

15) 총회나 협의회는 위원회를 선출한다. 위원회는 집행기관이며 단체의 일상 사업을 지도한다.

16) 고려공산청년회의 조직도는 아래와 같다:

　a) 조선 내지 및 간도 – 전조선 대회, 중앙위원회;

　b) 도 – 도협의회, 도위원회;

　c) 시, 촌 – 총회, 지역위원회;

　d) 기업, 학교 – 세포 총회, 세포국.

17) 특수 형태의 고려공산청년회 사업을 위해 (정치교육부, 여성 사업 경제부 등의) 특별부를 둔다. 각 부는 위원회에 두며, 위원회에 직접적으로 예속된다.

18) 재정 출납의 검사를 위해 총회, 협의회, 대회는 각자 3인의 검사위원회를 선출한다.

IV. 고려공산청년회의 규율

19) 엄격한 규율은 고려공산청년회와 모든 회원의 첫 번째 책무이다. 고려공산청년회 지도기관들의 결정은 신속히 그리고 정확하게 이행되어야 한다. 그와 동시에, 고려공산청년회 내에서 결정이 내려지기 전까지는 운동과 관련된 모든 논쟁적 문제에 대한 자유로운 토론이 가능하다.

20) 최고기관의 결정 불이행 및 고려공산청년회의 다수 의견에 범죄로 인정되는 기타 과실들은 고려공산청년회에서의 제명까지 포함하는 징계 조치의 대상이 된다. 후보 회원으로의 전임은, 고려공산청년회의 징계 조치로, 허용되지 않는다.

V. 비(非)고려공산청년회 단체들에서의 분파에 관하여

21) 비공청 청년대회에, 그리고 3명 이상의 공청원이 있는 청년 민족단체와 노동단체 및 농민단체에, 나아가 여러 협의회 및 선거로 구성되는 단체에 [공청] 분파가 조직된다. 분파의 과제는 고려공산청년회의 영향력을 전면적으로 강화하고 공청 밖에서 그의 정책을 구현하는 것이다.

22) 고려공산청년회 위원회에서 분파 관련 문제들을 논의할 때, 후자는 심의권이 있는 자신의 대표를 해당 위원회 회의에 파견한다. 일상 사업을 위해 분파는 국(局)을 만들 수 있다.

23) 분파는 고려공산청년회의 관련 지도기관에 완전히 예속된다. 고려공산청년회 기관의 결정이 있는 문제들 모두에 대해 분파는 철저하고 굽힘 없이 그들 결정을 따라야 한다.

24) 분파가 일하는 비공청 단체의 결정이 예정된 각 문제는 분파의 총회나 국(局)에서 반드시 논의되어야 한다.

25) 비공청 단체의 제 문제에 대해 모든 분파원은 해당 단체의 총회에서 분파의 선(先) 결정에 따라 만장일치로 투표해야 한다.

26) 중앙위원회는 분파 및 그 사업 형태와 방법에 관한 일반 규정을 발표하고, 합법 혹은 비합법 조직으로서의 분파의 사업을 상황에 맞춰 정한다.

VI. 재원에 관하여

27) 재원은 회비, 공제금, 보조금 및 기타 수입으로 조성된다.

28) 회비 납부는 의무적이며, 월 임금의 0.5%로 한다.

주: 1) 회비의 백분비를 정하기 불가능할 경우, 회비 규모는 지역위원회가 정하여 중앙위원회의 승인을 받는다. 2) 실업자는 회비가 면제된다.

VII. 고려공산청년회와 공산청년인터내셔널[=국제공청, КИМ]과의 상호 관계

29) 모든 나라의 공산청년회는, 제3 공산인터내셔널의 일부로서 전 세계 청년 프롤레타리아트의 투쟁을 지도하는 공산청년인터내셔널로 통합된다. 고려공산청년회는 공산청년인터내셔널 집행위원회에 직접적으로 예속되며, 그의 지도하에 사업을 한다.

РГАСПИ, ф.533, оп.10, д.1890, лл.55-58.

고려공청과 민족운동

1. 일본 자본은 높은 이윤과 상품 판매 시장 및 값싼 원료 공급지를 확보하기 위해 조선을 장악하고 자기 식민지로 삼았으며, 조선 인민을 노예로 만들었다.

2. 조선을 점령한 일본 자본은 조선 인민의 사회적, 경제적 발전을 동결시켰으며, 철저하고 집요하게 조선의 신생 공업을 붕괴시키고, 농민들을 토지에서 밀어내고, 야만적으로 국부, 즉 조선 근로대중의 자산을 수탈하고 있다.

3. 일본 자본은 조선 인민을 정치적으로도 노예화했다. 일본 자본은 자기 점령기구의 도움으로 조선 인민의 기본적 인권을 박탈하였다. 그는 조선인 노동대중을 자신에게 강제로 예속시키려 한다. 이를 위해 일본 자본은 병영에 징집되어 고통을 받는 일본인 노동자·농민으로 구성된 군대와 대규모 관리 집단과 헌병대 및 밀정들을 보유하고 있다. 학교, 문학, 신문도 그런 목적에 봉사한다.

4. 민족해방운동은 정치적, 경제적 압제에 대한 사회적 항의 표시이다.

5. 조선 인민의 전 민족적 증오는 일상적 억압, 지나치게 힘든 노동, 대중적 빈곤화, 민족적 비하에 기반하여 매해 누적되었으며, 그것은 한편으론 러시아 혁명, 다른 편으론 윌슨의 민족 자결에 관한 악명 높은 선언의 영향으로 조선 인민이 그의 박해자들에 맞서 궐기한 자연적이고 평화적인 3월 봉기에서 최대로 증폭되었다.

6. 박해자들에 대한 전 민족적 증오는 3월 봉기에서 불가피하게 여러 사회집단 사이의 모순을 호도했으며, 완전한 하나의 민족 이익에 관한 관념을 조성하였다.

7. 3월 봉기 이후에 민족해방운동의 파도가 현저히 줄었다.

자본주의 국가들과의 외교적 교섭으로 독립을 이룬다는 정책이 파산하였다. 민족해방운동의 조직성이 제대로 갖춰지지 못한 상황에서 분출된 개별적이고 분산된 의병 투쟁은 실패로 돌아갔다.

8. 그런데 조선인 노동대중과 가장 급진적인 지식인들의 심연에서 낡은 투쟁 형태와 방법에 대한 재평가에 기초해 상당한 변화가 생겼으며, 민족해방운동의 사회적 토대가 변화하고, 계속된 투쟁을 위한 혁명 에너지의 결집과 조직화 과정이 강화되고 있다. 대지주, 부르주아지, 빈곤화된 농민과 노동자들의 다양한 경제적 이해관계의 충돌에 기초해서 민족-혁명운동에서 세력 재편이 이루어지고, 이것이 큰 틀에서 완성되고 있다.

9. 조선의 민족해방운동에서 기본적으로 두 개의 상호 모순적 과정이 발생하고 있다:

　　1) 조선인 주민 최고 부유층의 운동으로, 일본 보호하의 조선의 자치 및 일본 자본과의 상호 협조를 내세우며 조선의 평화적 해방 강령을 추구한다.

　　2) 노동자와 빈곤화된 농민대중의 운동으로, 온갖 형태의 착취에 맞서 자신의 해방을 추구한다.

10. 현실의 세력 관계는 민족해방 투쟁에서 가장 주요한 역할이 노동대중에 속한다는 것을 말해준다. 이것은 민족해방운동의 형식적 완성과 그것의 프롤레타리아·반(半) 프롤레타리아 대중의 계급운동으로 전화를 촉진한다.

11. 민족해방운동에서 고려공청의 당면 과제는 분산된 민족-혁명적, 종교적 청년단체들을 통합하고, 올바르게 조직된 민족-혁명 청년동맹을 결성하고, 조선인 근로대중 절대다수의 이익을 반영하는 정치적, 경제적 성격의 문제들을 전체 강령적 요구에 포함시킴으로써 조선인 근로 청년들을 운동에 포섭하는 데 있다.

일본의 통치권 타도를 위한 민족적, 혁명적, 종교적 단체들 모두의 공동 투쟁은 역사적으로 필연적이지만, 그것이 최고 부유층 조선인 청년들이 모든 민족주의 단체를 지지한다는 걸 의미하지는 않는다.

민족해방운동은 자본주의 질서에 대한 조선 프롤레타리아트의 향후 투쟁에 길을 낼 뿐이다.

국내의 현 계급구조에서 고려공청의 전술은 매우 유연해야 한다. 왜냐하면 현재 여건에서 민족운동 이외에 다른 현실적 대안이 없기 때문이다. 하나의 동맹으로 결속하고자 하는 조선인 근로 청년들의 전체적 지향은 고려공청의 형태에서 자신의 지도자를 구해야 한다.

자신들의 강령적 정강에서 본질상 서로 크게 구별되지 않는 현존의 민족적, 혁명적, 종교적 청년단체들을 하나의 민족-혁명 청년동맹으로 통합하는 것은 향후의 투쟁에서 공동의 전술과 연결되지 않은 비조직적 궐기 및 운동의 정체를 피할 수 있게 한다.

고려공청의 과제는 민족-혁명 청년운동에 조직적 영향을 주고 그것을 지도하는 데에, 기본적으로 조선의 독립 실현을 지향하는 부분적 요구들에 기초하여 조선인 근로 청년을 민족-혁명 동맹으로 통합하는 데 있다.

단일 민족-혁명 동맹의 강령에 있는 주요한 정치적 계기는 다음과 같다:

　　1) 조선의 독립 및 조선 인민에 의한 국가 생활의 형태[=국체와 정체] 결정.

2) 성별, 민족성, 종교적 신념과 무관한 권리의 완전 평등.

3) 모든 토지의 국유화 및 경자유전 원칙에 따른 토지 분배.

4) 민족적 결사, 노조 설립, 집회, 출판의 자유.

5) 종교와 양심의 자유.

14. 조선의 민족-혁명운동은 전체로 혁명적이고 세계적인 노동운동과 부단히, 불가피하게 합류하고 있으며, 그것과의 긴밀한 접촉하에 전 세계에서 자본주의 질서를 타도할 것이다.

РГАСПИ, ф.533, оп.10, д.1890, лл.93-98.

고려공산청년회 강령

자본주의가 아직 세상을 지배하고 있다. 공장주와 은행가와 지주들이 토지, 제조소, 공장을 장악하고 있고, 농민과 노동자 등 모든 근로자를 노예로 만들었다. 인간의 노동은 이 세상에서 한 줌의 자본가·지주 도당의 부의 축적을 위해 봉사하고 있고, 이와 동시에 수백만 명의 노동자-농민은 빈곤과 기아에 시달리고 있다. 이 세상에 두 개의 계급이 존재한다. 부와 권력을 소유한 억압 계급과 혹사당하고 퇴화할 권리만 있는 피압박 계급이 그것이다.

이윤, 오직 이윤만이 자본가와 지주의 생존 목표이다. 자본가들은 자신의 이윤 증대를 위해 자국에서뿐만 아니라 외국에서도, 특히 아시아와 아프리카에서 자신의 상품을 판매할 시장을 찾는다. 시장 확보를 위한 추격전에서 일국의 자본가들은 타국의 자본가들과 서로 야수처럼 물어뜯고 싸운다. 이것이 인류가 전율하는 그들 전쟁의 유일한 원인이다. 자신의 정치권력을 이용하여 자본가와 지주들은 일국의 근로자들에게 타국의 근로자들을 죽이도록, 즉 자신들과 무관한 공장주와 은행가 및 지주들의 이익을 위해 서로를 소탕하도록 강요한다.

토지와 공장이 한 줌 부자들의 수중에 있는 한, 이 세상에 평화란 있을 수 없다. 바로 어제 영국, 프랑스, 미국 및 일본의 자본가들이 독일 자본가들을 궤멸시켰고, 오늘 약탈물의 분배를 놓고 영국은 프랑스와, 미국은 일본과 서로 물어뜯고 싸우고 있다. 다시 세상에 새로운 끔찍한 전쟁의 위험이 드리우고 있는데, 전쟁의 모든 부담은 모든 나라, 모든 민족의 근로자들에게 고스란히 전가된다. 자기 상품을 비싸게 팔 수 있고 노동력을 값싸게 구매할 수 있는 시장을 위한 쟁탈전에서 자본가들은 타국을 장악하여 전체 인민을 노예화한다.

영국의 자본가들은 인도를, 프랑스 자본가들은 북아프리카를, 미국 자본가들은 필리핀 제도를 장악하였다.

일본 자본가들은 조선을 점령하고 조선 인민을 노예로 만들었다.

일본의 군국주의자와 지주와 공장주들은 조선 농민들에게 무거운 세금을 부과하고, 그들을 영락시키고, 그들의 토지를 일본인들에게 헐값에 팔도록 강제하였다. 그들은 농민들에 속한 원료를 푼돈으로 매점을 했다. 영락한 농민들의 무리는 도시로 가서 값

싼 임금으로 자신의 노동력을 파는 노동자가 되었고, 다른 많은 농민은 자신의 토지를 잃고 머슴이나 소작인이 되었다.

조선인 소부르주아지는 일본 상품과의 경쟁을 견디지 못하고 몰락하거나 일본 자본가들에 완전히 예속될 운명에 처해 있다.

다만 조선인 귀족과 지주 및 대상(大商)의 일부가 경제적으로 일본제국주의와 엮여 있으며, 조선 인민의 이익을 배반하기 시작하였다.

그렇게 해서, 일본제국주의는 수백만 조선 인민의 모든 고혈을 빠는 흡혈귀가 되었다.

경제적 노예화와 더불어, 일본 제국주의자들은 조선 인민에게서 모든 권리를 박탈하고 인민의 이익을 옹호하는 제 조선인을 총살이나 일본 감옥으로 위협하고서 그들을 정치적 노예로 만들었다.

이런 질서는 일본의 군대, 경찰, 헌병대 및 감옥에 의해 지탱되고 있다. 이런 노예화 기구를 유지하기 위해서는 조선인 대중에게 세금으로 무거운 부담을 지울 수밖에 없다.

대중의 노예화는 곧 대중이 자신의 자금으로 자신의 압제자들을 부양한다는 걸 의미한다. 이런 끔찍한 생각에 조선인 근로대중의 비극이 있다.

그렇게 해서, 제국주의가 된 자본주의는 자국에서 노동자와 농민을 노예로 만들며 타국 인민들에 대한 지배를 확립하고 있다.

이로부터 분명한 것은 식민지와 반식민지 피압박 인민들이 자신들의 해방투쟁에서 오직 하나의 동맹자를 갖는다는 사실이다. 그 동맹자는 세계의 노동계급 및 그의 전위대, 즉 자국의 자본가와 지주들에게 승리를 거두고서 세상에서 처음으로 근로자들의 국가인 소비에트사회주의공화국연방을 수립한 러시아의 노동계급과 농민이다.

조선의 노동자와 머슴과 빈농은 이중으로 노예가 되었다. 그 자체로서 그들은 그들의 노동에서 이윤을 짜내는 자본에 의해 노예가 되었으며, 민족 관계에서 그들은 조선 인민의 일부로서 일본제국주의에 의해 재차 정치적으로 노예가 되고 있다.

그래서 조선의 근로자들은 민족해방을 위한 첫 단계를 통과하기 전에는 자신들의 완전한 해방을 이룰 수 없다.

민족해방을 위한 투쟁에서 조선의 노동계급은 역시 민족해방을 바라는 타 계급들에 동맹자를 갖고 있다. 따라서 조선 근로자들의 과제는 민족해방을 지지하는 것뿐만 아니라 그것을 조직하고 지도하는 것도 포함한다.

대체로 조선의 민족해방은 광범한 조선 대중이 세계 노동운동, 특히 조선 인민처럼 일본의 지주와 자본가에게 억압을 당하는 일본 노동계급과의 동맹 투쟁으로 가능하다.

조선의 경제적, 정치적 노예화는 특히 조선의 청년들에게 강하게 나타난다.

청년 노동자들은 하루 12시간 이상 일하면서 조선에서 일본 청년들이 그만큼 일해서 받는 임금보다 적게 받고, 조선인 성인 노동자들이 받는 것보다도 역시 적게 받을 수밖에 없다. 청년 노동자들은 열악한 위생 상태에서 노동보호도 학교도 박탈된 채 일하고 있으며, 게다가 정치적으로 억압당하고 있다. 청년 농민들은 농업에서 시간의 제한 없이 가혹하게 수탈당하고 있을 뿐만 아니라, 그들이 순종적인 삶을 이어갈 수밖에 없는 치밀한 가부장적 상황에 놓여 있다.

청년 학생들은 민족 관계에서 특히 강하게 억압을 받는다. 그들은 그들에게 모국어인 조선어를 외국어로 가르치는 일본 학교에 다니도록 강요받는다. 이들 청년은 일본 제국주의가 자행하는 온갖 민족 탄압에 특히 강하게 반응한다.

조선의 광범한 청년 대중은 자신의 힘든 상황을 인식하고 자신을 조직화하는 방법으로 민족해방을 위해 노력한다. 이것이 조선에서 청년의 민족운동이 발전한 이유이다.

고려공산청년회는 청년들의 민족해방운동을 지지하면서, 그것을 단결시키고 조직하면서, 동시에 청년 노동자와 빈농을 조직화하는 데 주력하면서, 프롤레타리아 청년들의 권익을 수호하기 위해 전 세계 청년 노동자들 및 공산 청년단체들과의 긴밀한 동맹하에 결연한 투쟁을 벌이고 있다. 고려공산청년회의 기본적 구호는 이렇다:

만국의 프롤레타리아들과 피압박 인민들이여, 단결하라!

고려공산청년회는 다음과 같은 과제를 추구한다:

1. 정치 분야

 1) 조선의 완전한 독립을 위한 투쟁

 2) 광범한 근로대중의 이익에 가장 부합하는 제도의 확립

2. 청년 민족운동 분야

 1) 운동에 대한 지지

 2) 건고하고 중앙집권화된 청년 민족혁명단체의 설립

 3) 세계의 청년 노동자 운동, 특히 일본의 청년 노동자 혁명운동과의 동맹 구축

 4) 일본제국주의를 지지하는 단체들에 대한 투쟁

3. 경제 분야

   1) 청년 노동자와 머슴의 임금 인상을 위한 투쟁

   2) 조선인 청년 노동자와 일본인 청년 노동자의 임금 균등화를 위한 투쟁

   3) 노동일 단축, 임금의 □□□

   4) 고려공산청년회로의 노동자 포섭

   5) 노동조합의 결성과 강화

4. 교육 분야

   1) 초등, 중등, 고등 교육기관에서 조선어로 수업하기

   2) 동화정책을 선전하는 교재로 진행하는 수업의 절대 금지

   3) 초등교육 무상화

   4) 전적으로 청년 노동자와 농민을 위한 학교 망 개설

   5) 민주적 학사 운영과 학생 대표의 학사 운영 참여

5. 정치교육 분야

   1) 청년의 정신적 노예화 체계에 대한 투쟁

   2) 본 정강의 취지에 따른 광범한 청년 대중의 육성

   3) 청년 노동자와 농민을 위한 독학 학교 개설

   4) 현재 당면한 정치 문제들에 대한 강연과 집회의 개최

   5) 신문, 잡지, 소책자, 전단 등의 발행

6. 여성 문제

   1) 처녀와 청년의 임금 균등화

   2) 처녀들이 처한 가부장적 환경의 근절을 위한 투쟁

   3) 정치 생활로의 처녀들 포섭

고려공산청년회는 완전한 민족해방을 자신의 과제로 정하면서, 동시에 상기 각 요구가 청년들을 혁명화하고 단결시키고 조직화하는 의미를 지니고 있기에, 그것들을 이루기 위한 투쟁을 벌인다.

РГАСПИ, ф.533, оп.3, д.95, лл.218-220.

〈국제공청 집행위원회가 고려공산청년회 중앙집행위원회에 보낸 훈령〉

친애하는 동무들.

사소한 다툼과 분파적 섹트주의에 대한 투쟁을 끝내면서 고려공청은 혁명 투쟁의 광범한 대중 무대로 나가고 있다. 조선 혁명운동의 전위로서 고려공청은 일본 및 국제 제국주의와 싸우는 강력한 단일 군대의 편성을 위해 조선 청년의 모든 혁명자층을 끌어올려 결속시키고 있다. 단일한 청년 민족혁명군의 편성 문제를 해결하지 않으면서 고려공청은, 조선 청소년운동의 기본 핵심이자 공청의 주된 사회적 기반인 청년 노동자들의 혁명 교육과 조직화에 대한 주의를 누그러뜨려선 안 된다. 오히려 공청은 조선에서 작은 사회층인 청년 노동자들이 청소년운동의 기본 핵심으로서의 자신의 직분을 정당화할 수 있게 더한층 노력해야 한다. 고려공청은 청년 프롤레타리아들을 더 깊게 발굴하여 자신의 영향력 아래 넓게 포섭하고, 그들에게 계급의식을 불어넣는 교육 및 의식화 사업을 잘 조직해야 한다. 이런 과제를 완수하기 위해서는 프롤레타리아 운동의 당면 목표와 최종 목표에 대한 선동과 선전 하나로 충분하지 않다. 이를 위해 고려공청은 청년 노동자들이 처한 상황을 연구하면서, 그들의 문화-경제적 요구와 필요를 세심히 경청하면서, 사회혁명의 승리하에서나 가능한 것이긴 하나 그들이 처한 생활환경의 직접적이고 근본적인 개선을 위한 투쟁뿐만 아니라 그들의 경제 상황에 대한 부분적 개선을 위한 투쟁을 운동의 최종 목표와 결부시키면서 함께 벌여나가야 한다. 부분적 개선을 위한 투쟁을 단지 부분적인 경제 이익을 위한 투쟁으로, 청년 노동자들 사이에서의 권위 획득 수단으로 간주하면 안 된다. 이는 개량주의일 것이다. 부분적인 경제적 요구를 위한 투쟁은 전투적이고 혁명적인 교육의 한 요소로서, 근본적 개조의 계기가 아니라 직접 사회혁명으로 전화할 수 있는 개별적 계기로서 취급되어야 한다.

청년 프롤레타리아들은 어떤 경제적 요구를 내세워야 하는가? 조선의 프롤레타리아트는 자국과 외국 부르주아지로부터 이중의 착취를 당하면서 견디기 힘든 생활환경에 처해 있다. 권익을 완전히 상실한 청년 노동자들은 더 나쁜 상황에 놓여 있다. 10대들이 위생적으로 열악한 작업환경에서 하루 12~16시간을, 심지어 식비로도 부족한 보잘 것없는 급료를 받고 일해야만 한다. 성인 노동자들은 10대보다 두 배를 더 받지만, 그것은 일본 노동자들이 받는 급료의 반밖에 되지 않으며, 어떤 경우에는 그보다 더 적다. 노동자와 기업주의 일에 대한 행정당국의 입법적인, 그리고 그밖에 간섭은 10대 노동자의 상황을 개선하는 게 아니라, 오히려 더 강화된 비인간적 착취 가능성을 확대한다는 목표를 추구한다. 전체 청년 노동자들의 반 이상을 구성하는 학생들의 처지라고 좀 더 좋은 게 아니다. 학생-수습공들이 야만적 착취를 당하고 잔인하게 취급되는 현실은 차치하고서라도, 그들은 흔히 자신이 할 필요가 없는 작업을 수행하면서 수년을 자기 주인들의 전횡에 예속된 채 학생 상태로 있다. 비인간적 착취, 극히 적은 임금, 완전한 무법 상태, – 이런 것이 문화적 낙후성 및 조선인 청소년 근로자들의 신체적 퇴화를 초래하고 있다. 이로부터 다음과 같은 경제적 요구를 시급히 제기할 필요성이 생긴다:

1) 18세 미만 청소년을 위한 6시간 노동일.
2) 14세 미만 아동의 노동 금지 및 힘들고 위험한 생산 분야에서의 배제.
3) 동일 노동에 대해 성인과 동등한 임금의 지급 및 민족적 차이에 따른 임금 차별 청산.
4) 청년의 시간 외 노동과 야간 노동 금지.
5) 수습 기간 단축과 수습 시 임금 지급.
6) 학대와 체벌 금지.
7) 일요일과 기타 공휴일에의 의무 휴식제 도입.
8) 기업의 노동 위생 상태 개선.
9) 산업재해로 인한 질병 치료비 전액의 기업주 부담.
10) 상기 조치의 시행을 감독하는 기관의 설립.

상기 요구를 위한 성공적 투쟁 조건 중 하나는 조직성이다. 경제투쟁을 위해 청년 노동자들이 직업단체 내 청소년부에서 조직되어야 한다. 청소년부는 노동계급의 요구를 적은 일반 목록에 자신의 요구를 추가하면서, 자신이 그 일부를 구성하는 성인단체와 보조를 맞추어야 한다. 조직성은 투쟁을 위해 긴요하며, 투쟁 형태는 다양하다. 그러나 그들 형태 중 조선에서 가장 빈번히 나타나고 있는 것이 동맹파업이다. 성공적인 동맹파업 투쟁을 위해 지역 차원의 조직성으로는 충분하지 않다. 전국 차원의 강력한 중앙집권성이 필요하다. 최근 3년간 조선의 동맹파업 투쟁 경험은, 개별 직업단체가 분쟁의 승리자가 되었던 경우가 형제 단체들의 우호적인 지원을 받았을 때뿐이었다는 사실을 말해준다. 지원의 가장 일반적인 모습은 연대파업, 파업자들에 대한 물적 지원, 우호적인 여론 쟁취, 파업자들을 위해 구두나 인쇄물로 이루어지는 캠페인 등이다. 구두로 하든 인쇄물로 하든 선동은 계속되어야 마땅하며, 그를 위해 신문, 잡지, 연단 등 동원 가능한 모든 수단이 활용되어야 한다. 그러나 프롤레타리아트의 궐기 시기에 맞춰진 선동은 특히 극한의 전투 같은 양상을 띠며, 그것은 광범한 프롤레타리아 대중의 마음에 더 분명히 각인되는 효과를 낳는다. 이로부터, 청년 노동자들의 부분적 요구를 위한 투쟁 분야에서 고려공청에 다음과 같은 과제가 제기된다:

1) 모든 노동자단체와 청년 노동자단체를 단일한, 중앙집권화된 조선 노동조합으로 통합한다.
2) 모든 청년 노동자를 노동조합으로 끌어들이고, 거기에 청소년부를 설립한다.
3) 청년 노동자들의 경제적 요구 항목을 프롤레타리아트의 부분적 요구를 담은 일반 강령에 집어넣는다.
4) 선동을 주로 프롤레타리아트와 기업가의 충돌 시점에 맞추면서, 구두와 인쇄물에 의한 선동을 통해 청년 노동자들의 요구를 널리 알리고 구체화한다.

РГАСПИ, ф.533, оп.10, д.1891, лл.81-86.

고려공산청년회의 결성과 발전

조선의 공산청년회는 4년 전 결성되었다. 고려공산청년회가 결성된 날부터 그의 사업에는 많은 결함이 있었다. 객관적 상황은, 국내에 단일 공산당의 부재로 인해 청년회가 내부 사업을 방치한 채 일반 정치투쟁을 벌이고 지도하는 데 전력을 쏟게 되었다는 것이다. 주관적 상황은, 지도일꾼이나 기술-조직일꾼으로서의 경험 부족이 청년회 사업에 많은 지장을 초래했다는 것이다. 그 외에, 계속되는 당내 싸움이 청년회 사업과 발전에 부정적 영향을 미치지 않을 수 없었다.

1. 고려공산청년회 중앙총국의 결성

1921년 8월, 국제공청 제2차 대회 후에 조선의 청년 근로대중을 대표하는 고려공산청년회 중앙총국이 결성되었다. 그때 이미 이르쿠츠크에서 조직된 고려공산당이 존재하고 있었다.

국제공청이 이르쿠츠크 고려공산당 중앙위원회에 고려공산청년회를 조직할 일꾼들을 선발하라는 지령을 내림에 따라 처음으로 북경에서 (그때 이르쿠츠크 고려공산당 중앙위원회가 임시로 북경에 있었다) 이괄 동무, 김호반 동무, 박헌영 동무 및 당을 대표한 남공선 동무,* 국제공청을 대표한 조훈 동무 5인으로 고려공산청년회 중앙총국이 구성되었다.

2. 고려공산청년회 중앙총국의 재편

중앙총국은 1922년 3월까지 조선 외지에 있었으며, 청년회 일꾼 양성을 첫 번째 과제로 정하고 청년회 회원 26명으로 속성교육과정을 만들었다. 그 외에, 작은 선전사업을 벌였다. (그때 당과 공동으로 잡지 『콤무니즘』을 1,000부씩 4호까지, 주간신문 『프라우다』를 2,000부씩, 그리고 『공산주의 입문』, 국제공청 제2차 대회 결정문, 『공산당 선언』 및 코민테른 □□ 가입 조건을 발행했다.

● 　　앞의 문서 'РГАСПИ, ф.533, оп.3, д.45, лл.7-13.'에는 남공선이 아니라 김만겸으로 기술되어 있다.

일꾼 양성을 위한 단기속성과정에서는 『공산당 선언』, 『공산주의 입문』, 러시아공산당의 강령과 규약, 러시아소비에트연방사회주의공화국 헌법, 러시아콤소몰의 강령과 규약, 국제공청 제2차 대회 결정문, 다윈의 학설, 사적 유물론 및 시사 성격의 기타 문제들을 공부하였다. 11명이 과정을 끝마쳤으며, 수료식에서 코민테른 대표가 보고를 했다)

그 무렵 이르쿠츠크파와 상해파로의 당 분열은 이미 공청 단체에도 영향을 미치기 시작했다. 상해파 내부에 심지어 청년부가 있었다.

그런 상황에서 중앙총국은 국제공청의 승인하에 이르쿠츠크파와 모든 관계를 끊고 중립적 입장을 견지했다. 그 후 사업의 중점은 직접적으로 조선으로 옮겨갔다.

그 후에 중앙총국 위원 이괄 동무가 보고를 위해 중앙으로 파견되었으나, 도중에 체포되어 조선으로 압송되었다. 중앙총국의 다른 위원 김호반 동무는 간도로 갔지만, 지금껏 그의 생사와 관련된 어떠한 소식도 없다. 당을 대표한 남공선 동무는 중앙총국에서 나갔다.

그렇게 해서 실질적으로 2명이 남았고, 이로 인해 총국이 새로 구성되게 됐다. 조훈 동무와 박헌영 동무가 그대로 총국에 남은 상태에서 김단야 동무, 임원근 동무, 고준 동무가 새로 선발되었다.

3. 새 중앙총국의 사업 계획과 그의 □□□

1922년 3월 국제공청의 지령에 따라 중앙총국이 서울로 이전하게 되었다. 중앙총국은 서울 이전을 결정하면서 다음과 같은 과제를 설정했다:

a) 단일 조선공산당이 창립될 때까지 어느 한 파벌에 가담하지 않으면서 국제공청의 지도하에 모든 운동에 적극적으로 참여하고, 공산단체들과 긴밀한 관계를 유지하면서 공동 사업을 벌인다.

b) 혁명적 학생단체에 들어가 세포를 조직한다. 세포가 조직되면 조직 대회를 소집하고, 그다음에 국내의 모든 청년단체에 가입하면서 그들을 혁명화하는 사업을 벌이고 전체 통합을 이룬다.

c) 간도에 특별 단체를 조직하여 의병 운동과 연계시킨다.

그래서, 3월 초에 중앙총국 위원 1인이 서울로 넘어갔고, 다른 위원 3인은 3월 중순 서울로 가다가 도중에 국경에서 붙잡혔다. (이들은 1922년 4월 3일에 붙잡혀 1924년 1월에 석방되었다. 그들 중 1인은 현재 고려공산청년회 중앙위원회 책임비서[=박헌영]이며, 다른 1인은 중앙위원회 위원[=김단야], 나머지 1인은 중앙위원회 후보위원[=임원근]이다) 또

다른 위원 1인은 조선 외지에 체류하며 국제공청과 연락을 유지했다. 그렇게 해서 한 사람만 서울에 들어갈 수 있었는데, 세포를 단 하나 조직한 그는 부두 노동자들 사이에 영향력을 가졌다.

한 명으로는 폭넓은 사업을 펼칠 수 없었고, 단지 국제공청과 연락만 유지하였다.

4. 3차 중앙총국에서 5차 중앙총국까지의 사업

그런 상황에서 국제공청의 지령을 받고 채 5개월이 지나지 않아 중앙총국이 3차로 새로 구성되었다. 이전 구성원 1인이 새 중앙총국에 들어갔고, "노동연합회"에서 전위[=정재달] 동무 1인, 서울청년회에서 김사민 동무 1인, 중립 조선공산당에서 김사국 동무, 그리고 국제공청의 대표 1인이 새로 위원이 되었다. 새 중앙총국에 두 가지 문제가 제기되었다. 그것은 1) 중앙총국을 지도기관으로 정립하는 문제, 2) 당과의 관계 문제였다. 첫 번째 문제에 대해서는 긴 논쟁 끝에 중앙총국을 그냥 두고, 새로 구성된 총국을 이전 총국의 계승으로 간주하기로 다수결로 결정되었다. 그때 김사국 동무는 중앙총국을 청산해야 한다는 주장을 개진했다. 두 번째 문제에 대해서도 많은 논쟁이 있었으나, 결국 단일 공산당이 창립되기 전까지 분파 싸움에 개입하지 않고 오직 국제공청의 직접 지령에 따르기로 결정되었다. 그때 마침 코민테른 집행위원회가 베르흐네-우딘스크에서 고려공산당 연합대회를 소집하였다. 조선의 중립당 내부에 연합대회에 대해 두 개의 시각이 있었지만, 대회와 아무런 관계도 수립할 수 없었다. 그런 상황에서 중앙총국은 그 대회의 구경꾼으로만 있을 수 없어, 중대한 의미를 가진 그 대회를 살펴보았다. 그 무렵 마침 국제공청 제3차 대회가 소집되었고, 중앙총국은 거기에 자신의 대표들을 파견하면서 그들에게 연합대회에도 참가할 것을 위임하였다. 그밖에, 또한 중립당 측에서도 대회의 참된 목표 실현을 위해 연합대회 참가를 위임했다.

우리 대표들을 보낼 때 또다시 많은 논쟁과 의견 대립이 있었다. 그 결과 김사국 동무가 중앙총국에서 나가버렸고, 그다음에 총국 책임비서 김사민 동무가 동요 끝에 자기 형의 전철을 밟았다. 그때부터 김사국 동무와 김사민 동무는 중앙총국과 중립당에 맞서 싸우기 시작하면서 국제공청 제3차 대회로의 대표 파견 관련 기밀을 누설하였다.

그해에 김사국 동무와 김사민 동무는 이른바 "자유노동조합"의 결성을 시도하며 그 취지문을 유포하다 출판법 위반 혐의로 조사를 받았는데[=1922년 11월 『신생활』 필화 사건], 그 결과 김사민 동무는 1년 반의 징역형을 선고받았고, 김사국 동무는 외국으로 망명하게 되었다.

그 후 새롭게 (4차) 총국이 결성되어야 했다. 중립당의 김한 동무([1923년 1월의] 폭탄 투척 사건으로 7년간 서울 감옥에 투옥되었다)와 서울청년회의 이영 동무(서울청년회 집행위원이자 청년회연합회 집행위원), 그리고 3차 총국의 위원 3인이 새 중앙총국을 구성하였다.

위에 기술한 의견 대립과 불화의 여파로 중앙총국의 사업에 많은 결함이 있었다는 건 의심의 여지가 없다. 그러함에도 중앙총국은 서울청년회를 자신의 합법단체로 삼아 서울청년회를 바탕에 놓고 전 조선 청년들의 통합을 준비하였다. 그렇게 해서 서울청년회는 중앙총국의 직접적인 합법단체가 되었다. 그밖에, 중앙총국은 서울에서 "무산청년회"(프롤레타리아 청년회), 신의주에선 "노동청년구락부"(청년노동자클럽)를 조직하였으며, 이들 단체 안에 공산 세포를 만들기 위한 사업을 하고, 각 지역에 일꾼을 보내 청년대회 및 지역 청년회 재편을 준비하였다. 결국, 서울청년회 및 다른 7개 지역 청년회에 의해 청년대회 소집을 위한 조직위원회가 만들어졌고, 이것은 서울청년회에 속해 사업을 벌였다. 게다가 중앙총국 책임비서는 조직위원회의 결정에 따라 책임자 자격으로 조직위원회에 전임되었다. 대회 소집 조직위원회는 몇몇 동무를 제외하고 모두가 고려공산청년회 중앙총국의 존재를 몰랐다. 그러나 그때 국제공청 측에서 대회로 축하 서한을 발송했는데, 이로 인해 중앙총국의 존재가 알려지게 되었고, 그 서한은 지역 단체들이 대회를 크게 지지하는 데 촉매가 되었다.

그와 반대로, 중앙총국 내에 있던 이견 및 국제공청이 중앙총국을 통해 제의한 결의안 역시 다음 사항에서 조직위원회에 부정적 영향을 미쳤다. 그것은 1) 국제공청이 신용기 동무를 중앙총국 책임비서로 임명한 것, 2) 국제공청이 보낸 대회 결의안과 축하 서한, 3) 조선공산당 문제이다.

그때 중앙총국 책임비서 이영 동무는 국제공청의 결의안과 축하 서한이 국제공청 명의로 조직위원회에 직접, 또는 중앙총국의 합법단체인 서울청년회를 통해 발송될 필요가 있다는 주장을 개진하였다. 그밖에, 서울청년회가 당을 대표해야 한다고도 했다. 이영 동무가 표출한 그런 입장은 수용될 수 없었고, 신용기 동무를 중앙총국에 들이는 문제는 연기되었다. 그 후에 국제공청의 결의안과 서한이 인쇄되어 모든 단체에 배포되었다. 이영 동무는 자신이 중앙총국 위원임을 망각하고서, 조직위원회의 일부 위원들과 함께 "분리파" 편에서 청년회 대회를 청년당 대회로 이름을 바꿔서 청년당 대회를 소집하였다. 그러나, 유감스럽게도 대회가 공산주의적, 무정부주의적 성격을 구실로 일본 경찰에 의해 해산되었다. 그때 마침 "조선청년회연합회" 제3차 정기총회가 거행되고 있었다. 청년당 대회가 해산되면서 대의원들 대부분이 총회장으로 몰려가 싸움을 벌였고, 그 결과 60명이 체포되었는데, 거기에 이영 동무도 속해 있었다. 이영 동무가 체포된 후 신용기 동무가 책임비서 자격으로 중앙총국에 들어왔다. 그 후 즉시 중앙총 국은 한 사람을 일본에 파견하였고, 일본공산당의 주선으로 잡지 『농민운동』에 국제 공청의 모든 결의안 및 청년당대회의 준비 상황, 대회 자체, 구호 등에 대한 상세한 소 식이 실렸다. 그밖에, 이 모든 자료와 국제청년데이에 관한 소책자, 5월 1일에 관한 일 본 소책자가 비합법으로 발행되어 모든 지역 단체에 유포되었다. 이에 따라 조선에서 국제청년데이와 프롤레타리아 5월 1일의 의미가 조선인 대중에 알려지기 시작했다. 그 때 연해주에서는 러시아콤소몰 단체들이 일본제국주의와 66인의 체포에 항의하는 서 명운동을 벌였고, 이는 조선 청년운동의 국제적 의미에 영향을 미쳤다.

그에 반대로, 중앙총국에 대한 적대감이 증폭되었다. 그때 망명지에 있던 김사국 동 무는 자신의 추종자들에게 편지를 보내 국제공청이 청년당 대회를 위해 수만 루블을, 또 코민테른 집행위원회 역시 사업 선전비로 많은 자금을 보냈다고 했다. 이에 따라 중 앙총국을 탈퇴한 이영은 중앙총국에 맞서는 분자들과 연합하여 서울청년회에서 의심 스러운 자들을 모두 제거하자는 캠페인을 벌였으며, 그다음에 김사국과 연락을 취하고 는 중앙총국과 싸우기 시작했다. 그밖에, 서울청년회는 그때부터 비합법 사업을 인정 하지 않으면서 합법적으로 가능한 사업에만 종사하기 시작했다.•

•   1925년 4월 고려공산청년회 중앙집행위원회가 출범한 후 작성된 이 문서는 여기서 진술이 중단 되어 있다.

РГАСПИ, ф.533, оп.10, д.1891, лл.89-114.

〈고려공산청년회 중앙총국의 1924년 4월부터 1년간 활동 보고〉

1924년 4월~1925년 4월 고려공산청년회 중앙총국의 열성적 활동[*]

A. 고려공산청년회의 당 문제에 관한 입장

이미 위에서 기술한 대로, 고려공산당은 코민테른 집행위원회의 직접적 지도하에 1921년 5월 이르쿠츠크에서 창립되었다. 그리고 코민테른 집행위원회 대표 쿠뱌크 동무에 의해 지도된 연합 당대회가 1922년 9월 베르흐네-우딘스크에서 소집되었다. 연합 대회가 해산된 후 코민테른에 의해 [블라디보스토크에] 코르뷰로가 설치되었고, 동시에 조선에서 코르뷰로 내지부가 만들어졌다.[**]

1924년 5월 코민테른은 해산된 코르뷰로 대신, 조선공산당 대회의 소집을 위한 오르그뷰로를 블라디보스토크에 설치하였다. 오르그뷰로의 활동에 대해서는 코민테른에 충분히 잘 알려져 있다. 1924년 오르그뷰로 대표들[=정재달, 이재복]이 조선에 도착했으나 단체들과 연결되진 못하고 개인적 관계를 맺는 데 그칠 수밖에 없었다. 코르뷰로의 청산 소식을 듣지 못했던 코르뷰로 내지부는 코르뷰로 대신 오르그뷰로가 만들어졌다는 것을 알고 매우 놀랐다.

내지부의 일꾼들은 코민테른 대표들와의 관계 설정을 두고 방향을 잃었다. 그런 상황은 조선의 당 건설 준비 기관 내부에 갈등을 유발하였고, 그 결과 거기서 김약수와 이봉수가 나가버렸다. 그렇게 해서 조선 내부에 힘들게 만들어진 통합 콤그룹이 무너졌다.

---

[*] 이 문서는, 이 자료집을 감수한 임경석 교수의 지적에 의하면, 바로 앞에 있는 「고려공산청년회의 결성과 발전」에 이어지는 문건이다. 다만 л.87과 л.88이 누락되었을 뿐이며, 결론적으로 л л.81-86과 лл.89-114를 서로 별개의 독립된 문서로 보아서는 안 된다고 한다.

[**] 코르뷰로가 조선의 당 건설을 위해 국내로 파견한 신철, 김재봉은 1923년 봄, 서울에서 국내 사회주의 각 분파의 인물들을 접촉하였다. 이들은 북풍회의 김약수, 상해파의 이봉수 등과 함께 1923년 5월 당 창건 준비 기관으로서의 코르뷰로 내지부를 조직하는데, 그 구성원은 김재봉(책임비서), 신백우, 김약수, 이봉수, 원우관 등이었다. 또한 그때 5차 공산청년회 중앙총국이 신철(책임비서), 김찬, 안병진 등으로 구성되었다.

코민테른 쪽에서 조직노선을 그렇게 자주 바꾸는 상황에서, 그리고 청년운동과 고려공산청년회를 포함하여 조선의 혁명운동 전체를 지도해야 할 단일 공산당이 부재한 상황에서, 고려공산청년회 중앙총국은 매우 어려운 상황에 빠졌다. 고려공산청년회는 그 본분상 자신이 당이 될 수도, 당의 사업을 벌일 수도 없었다. 하지만 속히 단일한 당이 창립되어야 한다는 현실적 필요성을 고려하여 고려공산청년회는 조선공산당 창립을 위한 사업에 온갖 조력을 다했다.

하지만, 분파적이라는 비난을 받지 않기 위해서 고려공산청년회 중앙총국은 공식적으로 당 문제에 대해 중립적 입장을 견지했으며, 실제로 코르뷰로 내부의 주요 핵심이 되지 않은 채로 당의 창립을 촉진하기 위해 온 힘을 다했다. 고려공산청년회 중앙총국의 위원 3인은, 실제로 그때까지 무너지지 않고 자신의 사업을 지속해 온 당 내지부에 불법으로 들어가 성원이 되어 내지부의 활동이 활성화될 수 있게 했으며, 이를 위해 고려공산청년회의 활기차고 열정적인 분자들을 모두 지역에서 충원하였다. 그렇게 해서, 중앙총국과 당 내지부 사이에 긴밀한 관계가 확립되었다. 그래서, 당의 이익과 직접적으로 결부된 중앙위원회는 당 문제에 예민하게 반응하였다. 중앙총국과 그 일꾼들이 보기에, 당 단체들이 과거에 했던 모든 활동은 50%가 자멸적인 분파 투쟁 노선에 따른 것이었다.

분파 투쟁의 근절 필요성과 관련하여 중앙총국은 내지부와 함께 1) '분파적 집단이나 분자들의 열렬한 언행에 반응하지 않는다', 2) '주로 인텔리로 구성된 현존 콤그룹들을 통합하여 당을 창립하려는 이전의 전술은 단일 공산당 창립이라는 과제에 부합하지 않는 것으로 본다'라는 결정을 내렸다. 그런 당은 하층 노동자-농민 대중들 사이의 당 사업을 통해 그들을 구체적인 투쟁 구호로 대중운동에 포섭하고, 투쟁 과정에서 가장 혁명적인 분자들을 선발하고, 그들로 비(非)분파적이고 혁명적이며 행동하는 공산당을 조직함으로써 만들어질 수 있을 뿐이다.

중앙총국의 위 결정들을 실현하기 위해 11명이 넘는 열성자들, 즉 권오설, 신철수, 정경창, 진병기, 최윤옥, 조봉암, 전정관, 엄인기, 김상주, 백광흠, 장수산 등을 동원하여 동양척식회사의 영향력이 강한 강화도, 황해도, 전라도 등의 지역 및 프롤레타리아트가 집중된 부산, 마산, 인천, 평양, 해주, 함흥 같은 도시로 파견하였다. 이 일꾼들은 지역에 살면서 노동자와 농민의 대중운동(파업, 봉기)에서 지도적 역할을 하며 공청사업 및 당 사업을 벌였다. 그들은 가장 건실한 세포들을 재건하고 조직적으로 강화하면서 새 공산 세포도 결성하였다.

그밖에, 고려공산청년회 중앙총국과 당 내지부 일꾼들은 각 지방에 가서 두 연합회(조선노농총동맹과 조선청년총동맹)의 이름으로 노농동맹을 다시 조직하고, 현존 단체를 강화하였다. 끝으로, 그들은 노동자와 소작농 및 청년의 대중운동(파업, 시위, 봉기)에도 참여하였다.

중앙총국은 청년총동맹에 가입하는 청년회의 연소화를 이루기 위해 군(郡)이나 도(道) 대회를 소집하는 방법으로 지방에서 60개 청년회의 연소화(30세 이전)를 실현하였다.

계획에 따라 청년회 도 대회의 소집이 예정되었으나, 이들은 모두 승인을 받지 못했거나 해산되었다.

두 연합회(조선노농총동맹과 조선청년총동맹)에서의 중앙총국의 영향력

노농총동맹 집행위원 50명 중에는 당 내지부와 고려공산청년회 중앙총국, 북풍회, 그리고 서울청년회의 일꾼들이 들어가 있었다. 중앙총국과 당 내지부 대표들의 수는 다 합해서 집행위원회의 과반이 되지는 못했으나, 여기에 북풍회 대표들을 더하면 36명으로, 우리가 집행위원회의 절대다수를 구성했다.

상무위원 7명 중에는 당 내지부 대표 4명(신백우, 윤덕병, 서정희, 마명)과 중앙총국 대표 1명(권오설), 그리고 서울청년회 대표 2명이 있었다.

청년총동맹 집행위원 25명 중에는 고려공산청년회 회원이 8명이고, 나머지 17명은 서울청년회 회원들이었다.

상무위원 5명 중에는 고려공산청년회 중앙총국 대표 2명(조봉암, 김찬)이 있었다.

3명의 검사위원 중 1명은 고려공산청년회 대표 박헌영(고려공산청년회 중앙총국 책임비서, 4월 총회에서 선출됨) 동무였다.

그렇게 해서, 조선노농총동맹은 거의 전체가 당 내지부와 고려공산청년회의 영향력 아래 놓였다. 조선청년총동맹 내에서 당 내지부와 고려공산청년회의 대표들은 소수였다. 서울청년회 일꾼들의 분파활동하에서, 청년운동의 많은 문제를 해결하는 데 어려움을 겪었다. 그 첫 번째가 청년회의 연소화 문제였다. 하지만, 그럼에도 불구하고, 중앙총국의 일꾼들은 국제공청의 지시에 따라 즉각 60개 청년회의 연소화에 관한 결의를 실행하며 많은 사업을 했다.

동시에 중앙총국은 활동의 중심을 기초 대중단체들로 옮겼다.

1924년 5월부터 1925년 4월까지 중앙총국은 전 조선 차원에서 세 가지의 대중 사업, 즉 1) 기근구제운동, 2) 기자대회, 3) 민중운동자대회("민중대회")를 했다.

기근구제운동

1924년 가뭄과 홍수에 따른 흉작으로 인해 조선에 기근이 닥쳤다. 거기에다 일반적 경제위기가 조선을 덮쳤다.

1923년 조선에서의 상품 이출은 167,000,000원으로 나타났다. 이 중 쌀이 270만 석으로, 이는 88,000,000원에 해당한다. 따라서 쌀 하나가 금액으로 전체 이출의 50% 이상을 차지한다.

1924년 쌀 이출량은 흉작으로 인해 전년 대비 16.5% 감소한 250만 석이었다. 1923년의 이출량보다 20만 석이 적다. 따라서, 1924년에 흉년임에도 불구하고 강행된 쌀 이출이 없었다면 주민들을 급양할 수 있었다. 조선에서 300만 명이 굶주리고 있다. 왜냐하면 일본 부르주아지가 기근에도 불구하고 매년 200만 석 이상의 쌀을 실어 가기 때문이다.

기근과 관련해서 고려공산청년회 중앙총국과 당 내지부는 민족주의자, 자유주의 분자, 노인, 각 단체 등을 앞세워 조선의 광범한 사회층을 기근구제운동에 끌어들이기로 결의하였다.

기근자들에 대한 물질적 지원을 준비하는 것과 별개로, 기근구제운동을 일본제국주의에 대한 항의를 조직화하는 계기로 삼기로 하였다.

기근구제운동의 조직화를 합법적 대중 토론의 형태로 이용해야 했다. 이를 위해 1924년 9월 2일 서울에서 15명의 발기인단이 기근구제운동의 조직화 및 기근의 원인 연구를 위해 소집되었다.

발기인단은 9월 17일, 조선 사회단체 대회에서 구성된 조선기근구제회를 소집하였다. 기근구제운동을 위해 35명으로 된 중앙위원회가 조직되었다. 캠페인은 모두 공청원과 당원들의 힘으로 전개되었다. 그 와중에 집회 때 3명의 동무가 (반제국주의 선동 혐의로) 경찰에 체포되는 일도 있었다.

조선기근구제회 중앙위원회는 기근자들을 돕자는 호소문과 기사를 신문에 내고 전단을 발행하기도 했다.

그런 인쇄 자료가 모두 조선의 600개 단체에 배포되었다.

지방에는 지방 기근구제회가 있었고, 또한 특별히 배정된 강사들에 의해 기근자들에 대한 지원 문제와 관련된 일련의 강연이 진행되었다.

기근구제회들로 조선 전역이 뒤덮었다.

1924년 5월부터 1925년 4월까지 약 6만 원이 모금되었다. 이 돈은 모두 중앙 한곳으로 전달되었고, 거기서 가장 필요한 지역부터 순차적으로 배분하였다. 전라도에는 물질적 지원이 3회 있었고, 황해도 2회, 경상도 2회, 그리고 함경도에는 1회 지원되었다.

자금은 주로 프롤레타리아 대중에게서 나왔고, 마지막으로 조선인 부르주아 민영휘로부터 3,000원을 전달받았다.

기근구제회는 곧 대중적으로 널리 확대되었고, 이런 상황은 그것을 대하는 조선총독부 쪽의 노선 변화를 초래하였다.

경찰은 처음에 기근자 구휼에 관한 강의를 중간에 망치기 시작하더니, 나중에는 강의 개설을 불허하며 심지어 강사들을 체포하기도 했다. 이 운동에서 8명의 공청원이 체포되었다. 전주에서 일본 경찰은 심지어 기근구제회를 해산시키려 하다가 대중의 항의로 그런 시도를 철회하였지만, 모금액을 경찰서에 맡겨 보관할 것을 제안하였다. 그 외에, 경찰은 기근구제운동이 볼세비즘을 선전하고 있다고 비난하였다.

올해에 두 번째 자연재해, 즉 조선의 곡창지대를 덮친 홍수를 보면서 공청원과 당원들은 기근구제운동을 강화하였으며, 동시에 경찰과 싸우며 공개적으로 사업을 벌이고 있다. 기근구제회에 맞서 일본 경찰은 친일파와 관리들로 홍수 이재민 후원회를 조직하였다.

조선의 병합 후에 민족적인 정기간행물이 모두 폐간되었다. 조선에서 총독부의 기관지인 『게이조닛포』(경성일보)와 『매일신보』, 그리고 친일 신문들만 발행되기 시작했다. 이들을 열거하면, 우선 일본의 점령정책을 지지하는 1)『시사신문』은 발행인이 조선인 귀족 민원식인데, 그가 1921년 테러리스트에게 살해되면서 신문이 폐간되었고, 2)『대동신보』는 발행인이 귀족 선우순으로, 지금까지 계속 발간되고 있다. 일본어로 발행된 신문으로는 1)『조센신문』(조선신문), 2)『쇼교신분』(상업신문), 3)『부크센일보』(북조선일보), 4)『부산일보』, 5)『세이센닛포』(서방일보), 6) 신의주에서 발행되는 『오코닛포』(압록강일보), 7) 도산한 『반도신문』, 8)『영남신문』(경상남북도 신문)이 있다.

1919년 이후 민족주의자들에 의해 1)『동아일보』, 2)『조선일보』, 그리고 좀 늦게 3)『시대일보』가 창간되었다. 이 신문들은 즉시 엄청난 대중적 인기를 얻었는데, 첫 두 신문의 발행 부수는 평균 □만 부이다. 일본 정부는 우리에게 온갖 탄압을 가하기 시작하였다. 『동아일보』는 조선인 부르주아 회사 소유였기에 회계적 이해관계에 따라 일본의 검열제도에 순응하기 시작했고, 이는 신문에 대한 대중적인 불매운동을 초래하였다. 운동의 결과, 사회적 압력으로 협조주의적 분자들이 편집국에서 쫓겨났으며, 신문은 더 급진적인 민족주의 색채를 띠게 되었다. 신문이 재편되면서 9명의 공산주의자가 편집국에 들어갔다. 『조선일보』는 1924년까지 조선 병합에 책임이 있는 매국노 중 1인으로, 조선 정부의 마지막 농상공부 대신이자 조선인 자본가 중 한 명인 송병준에 의해 운영되었다. 혁명 분자들에 의해 불매 및 반대 운동이 전개되면서 『조선일보』는 친일파 수중에서 벗어나 현재 급진적인 조선인 부르주아지와 혁명적 인텔리들의 수중에 있다. 재편 후에 『조선일보』에 11명의 공산주의자가 사원으로 들어갔다. 공산주의자들(코르뷰로 내지부)은 『조선일보』를, 또 『동아일보』를 쟁취하기 위한 운동에서 지도적인 역할을 했다.

『시대일보』는 조선인 자본가-민족주의자들에 의해 운영되고 있지만, 역시 당의 절대적 영향력 아래 있다. 편집인은 "화요회" 회원으로 공산당 동조자이다. 신문사 기자 중에 8명의 공산주의자가 있다.

당 단체들과 함께한 고려공산청년회 중앙총국의 주도로 [4월 17일에] 전조선기자대회가 소집되었다. 이 대회의 목표는 출판물을 통한 조선 인민의 통일된 반제국주의적 여론 형성과 [4월 20일에] 소집되는 "민중대회"에 대한 정신적 지지였다. 고려공산청년회 중앙총국의 위원들과 공산주의자들이 "민중대회" 소집 조직위원단에 들어갔으며, 이에 더해 코르뷰로 내지부는 지방의 공산주의자들과 공청원들, 잡지 『신흥청년』의 직원들 및 다른 신문의 기자들을 모두 대회로 소환하였다. 일본 경찰은 대회에 "적색" 기자들이 압도적 다수인 것을 보면서 대회를 방해하기 시작했다. 그러함에도 불구하고 대회가 모든 준비를 마쳤을 때 총독부는 일본 신문의 기자들도 대회에 참가시킬 것을 요구하였다. 조직위원단은 소수파가 대회 대의원에 그들을 집어넣는 데 동의했음을 알았다. 대회에 대한 공감은 대회를 물질적으로 지원하고 대의원들의 축하회까지 해준 서울의 조선인 상업 부르주아지 쪽에도 있었다. 부르주아지의 그런 행동은 순전히 이기적인 목적에 따른 것으로, 전혀 낯설지 않았다. 즉, 조선인 상업 부르주아지에겐 막강한 일본 상업자본과 싸워야만 하는 자신들을 지지해 주는 출판물이 필요했다.

대회에 463명의 대의원이 참석하였다. 대회는 성황리에 거행되었다. 경찰은 대회 중에도 방해를 하고, 일본 신문의 기자들은 대회를 안에서 폭발시키려고 무던히 애썼으나 소득이 없었다. 하지만, 그럼에도 불구하고, 당(코르뷰로 내지부)과 고려공산청년회는 절대다수의 힘으로 자신의 결의안을 모두 통과시켰다. 대회는 다음과 같은 결의안(그들의 진로)을 채택하였다:

1. 대회는 출판 일꾼들의 모든 역량을 통합해야 한다고 생각하며, 대중적인 출판 기

관들의 강화와 확대를 위한 사업을, 또한 출판의 자유를 위해 투쟁을 시작한다.

2. 간행물법의 근본적 개혁을 위해 투쟁한다.

3. 언론, 집회, 결사의 자유를 제한하는 법률들에 대한 투쟁을 목표로 정한다.(이 항을 검열 기관이 모든 신문에서 삭제했으며, 그것의 공표를 금지하였다)

4. 현재 조선인의 어려운 경제 상황은 잔혹한 자본주의적 착취의 결과이며, 따라서 출판 기관은 경제 상황을 깊이 연구하여 대중에게 자본주의의 본질을 폭로하고, 대중을 근본적인 문제 해결의 길로 나아가게 해야 한다.(검열 기관에 의해 삭제되었다)

5. 광범한 근로대중의 운동을 전폭적으로 지지하며, 그것의 발전을 위해 협력한다.

"민중운동자대회"

악화일로의 경제적, 정치적 상황에 따라 조선에서 대중이 정치적으로 매우 빠르게 성장하고 있으며, 또한 그의 계급의식도, 따라서 그의 정치적 열정도 고양되고 있다.

1924년의 통계는 조선에서 그해에 대지주에 맞선 200번의 소작쟁의와 30번의 공장 파업이 있었음을 보여준다. 1925년 초 서울에서 전차 승무원들의 파업이 터졌고, 이것이 인쇄공, 정미 노동자, 섬유 직공, 운송 직공 등 많은 노동자를 끌어들이며 평양, 삼가, 인천 등지로 번졌다. 또한 북율(황해도), 암태(전라도), 지도(전라도), 사인(황해도), 완도 같은 지역에서 유혈 봉기를 수반한 소작쟁의가 벌어졌다.

1922~1924년에 "백정들"[=형평사]이 조직되었고, 1925년에 그들은 전조선 대회를 열고 40만 명의 구성원을 가진 전조선 통합단체를 결성했다.

대중운동이 불같이 성장하고 있지만, 거기엔 통일된 조직과 행동이 없었고, 따라서 그들의 행동을 한 방향으로 통일하고 운동의 발전 과정을 계획하고 그것을 지도해야 할 필요가 절실해졌다.

일본의 점령기구는 성장하는 운동의 위험에 직면하여 한편으론, 집회의 자유를 완전히 박탈하는 방법으로 조선노농총동맹과 청년총동맹의 합법적 활동을 마비시키며, 동시에 반역자들로 친일 단체와 파쇼 단체를 조직하면서 대중운동을 갈라치기하고 분해하는 근대화된 정책을 시행하였고, 다른 편으론 일본 의회가 제정한 치안유지법을 조선에 도입하였는데, 거기엔 공산주의자들에 대한 탄압을 강화하는 규정들이 추가되었다. 고려공산청년회 중앙총국은 객관적 상황을 고려하면서 활동적인 노동자, 농민, 여성, 청년, 백정 등의 단체들을 그 형태를 막론하고 모두 전 조선 차원에서 소집하여 ("민중운동자대회") 다음 시기 대중운동의 구체적 조직 방법과 투쟁 방법을 정하자고 결의하였다.

그 외에, 고려공산청년회 중앙총국 앞에 놓인 과제는 흩어져 있는 노동자-농민 운동과 기타 운동의 분자들을 통합하고(통일전선 결성), 미래에 그들이 자기들끼리 서로 지지하게 만드는 것이다.

결국, "민중운동자대회"는 위에 기술한 모든 조건과 그로부터 도출된 당면 과제의 결과물이다.

"민중운동자대회"를 소집하겠다는 고려공산청년회 중앙총국의 생각은 당 코르뷰로 내지부에서 논의되게 되었다. (코르뷰로 내지부는 코민테른이 블라디보스토크의 코르뷰로를 해체했음에도 불구하고 실질적으로 자신의 존재를 이어갔다) 본 문제에 대해 내지부에서 2개의 시각이 제기되었다. 그 하나는 대회 소집에 찬성하는 시각이고, 다른 하나는 소집에 반대하는 시각이다. (후자가 소수임) 후자의 논거는 그런 대회의 소집 자체가 시기상조이며, 또 분파적인 반대파 분자들이 일본 경찰의 손아귀에 놀아나면서 자신의 투쟁 및 조직 분해 사업을 더 강화할 것이기 때문에 당 단체들과 일꾼들에게 많은 후과가 초래될 것이라는 예상이었다. 마침내 합의가 이루어졌다. 즉, 고려공산청년회 중앙총국의 제안이 채택되었다. 대회를 치르기 위해 내지부의 합법단체인 "화요회"가 공식 발기인단으로 천거되었다.

1925년 2월 21일 민중운동자대회 개최 선언문이 발표되었다. 지방의 당(黨)과 공청 단체들이 대회를 위한 캠페인에 동원되었다.

중앙과 지방의 민중운동자 72명이 연합하여 민중운동자대회 준비위원회를 만들었다. 서울에서 21개 단체가 힘을 합쳐 민중운동자대회 후원회를 조직하였다.

큰 항구도시 인천에서 청년 노동자-농민 13명과 기타 단체들 역시 임의로 대회 응원회를 만들었다. 모든 단체가 운동에 휩싸였는데, 이들 단체에는 공산주의자나 공청원이 적어도 1명이 있었다.

그 외에, 응원회는 열성적 대중단체들을 모두 운동에 끌어들였고, 그들 내에서 일주일에 1회 이상 민중대회의 이념에 대한 토론회를 열었다.

"서울청년회"의 행태

처음부터 대회의 이념에 반대하고 나선 서울청년회는 "사회주의자동맹"을 조직하고 독자적으로 "전조선노동교육자대회"를 준비하기 시작하였다. 양자는 나중에 실패를 겪었다. 그때 그들은 "민중운동자대회 반대단체 전국연합회"를 조직하였다. 후자는 지방에서 민중대회 열성자들을 배신행위, 자금 탕진, 모험주의, 범죄 행각 등의 구실로 비난하면서 민중대회 반대운동을 벌였고, 심지어 도발적 성격의 전단을 뿌리기도 했다. 그랬음에도, 민중대회 연합조직위원단 이름으로 조봉암 동무가 그들과 협상을 벌였다. 서울청년회 대표 정백은 소집되는 대회에 함께 참가하자는 제안을 거절하면서, 자신들은 소수파로서 전체 대중에 용해될 수 있고 따라서 연합집단의 수중에 있는 하나의 도구가 될 수 있기에 대회 참여를 거부한다고 말했다.

그때 그들에게 중립을 지켜달라고 제의했는데, 이에 대해서도 그들은 그렇게 하면 자신들이 정치적 사망선고를 받을 수 있고, 그뿐 아니라 자신들이 뒷 선으로 물러나게 되고 대회에 참가하는 단체는 전면에 나서게 될 수 있기에, 자신들은 대회에 맞서 단호한 투쟁을 벌일 수밖에 없다고 말했다.

끝으로, 조직위원단 대표 조봉암 동무가 그들에게 일본 경찰에 도움만 주는 개인적이고 사소한 싸움을 하지 말고 사상적, 원칙적 대결을 하자고 제의하였다. 이에 대해 정백은 조선인들이 아직 사상투쟁을, 원칙 문제에 대한 투쟁을 이해할 정도로 성장하지 못했으며, 따라서 자신들은 바로 그런 형태(대중 앞에서 지도자들을 욕보이기)의 투쟁을 하는 게 합목적적이라고 보는데, 왜냐하면 그것이 나머지 대중에게 이해가 더 쉽기 때문이라고 대답했다.

서울청년회는 설립된 '민중대회와의 투쟁 단체'를 통해 다음과 같은 결의안을 채택했다:

1. "민중운동자대회"의 발기회, 즉 "화요회"는 그 지도자들의 사리사욕을 위해 외국(코민테른)과 결부된 모험주의적 단체이다. 그들은 거기서 돈을 얻어내려고 애쓰고 있으며, 따라서 "화요회"와 이들에 의해 소집된 "민중운동자대회"는 그 간계가 폭로되고 분쇄되어야 한다.

2. "화요회"는 이르쿠츠크파와 상해파의 결실이며, 따라서 논리적으로 그들은 자유시에서 자행된 의병 학살 및 40만 루블의 탕진에 대한 유책자이다. 이를 조사해서 대중에게 널리 알려야 한다.

결의안의 나머지 항목도 위의 것과 내용이 비슷한데, 이 결의안은 3개의 조선 신문에 게재되었다.

그 외에, 경찰의 묵시적 동의하에 그들은 결의안과 유사한 내용에다 "화요회" 일꾼들에 대한 개인적 도발을 적은 전단을 지방에 뿌렸다.

그렇게 해서, 서울청년회는 소집된 대회에 우리의 분명한 적, 즉 일본 경찰보다 훨씬 더 많은 해악을 끼쳤다.

대회 조직위원단은 대회에 대한 반대파의 공세를, 적어도 친일 단체들 쪽의 도발을 사전에 예측하였다. 그러나 서울청년회의 공세로 청년총동맹와 노동총동맹에 관한 문제가 등장함으로써 상황이 복잡해졌다. (전자는 중앙집행위원의 다수가 서울청년회 일꾼들이었으며, 후자는 그것의 절대다수가 당 내지부의 대표들이었다)

노농총동맹 중앙위원회는 전술적 판단에 따라 처음부터 공식적으로 민중대회 소집 준비위원단에 들어가지 않았다. 중앙위원회는 그렇게 해서 서울청년회와 청년총동맹를 조직위원단과 서로 협조하게 하고, 대회에서 청년운동과 노동자-농민 운동 문제를 제기하려고 했다.

하지만, 그런 시도에도 불구하고 서울청년회는 자신의 투쟁을 전혀 누그러뜨리지 않았고, 실질적으로 서울청년회 회원들로 구성된 이른바 "재경사회운동자 간담회"를 소집하였다. 이 간담회에서 청년총동맹을 민중대회와의 투쟁에 이용하기로 결의하였다. 이게 1925년 4월 1일이었다.

그 결의를 실현하기 위해 청년총동맹 중앙집행위원회 총회가 소집되었다. (중앙집행위원회에 서울청년회 회원이 16명, 고려공산청년회 회원이 8명 있었다) 거기에 고려공산청년회 회원이 단 2명 초청되었고, (나머지 6명은 대회 소집을 준비하느라 지방에 있었다) 다수파로서 그들은 민중대회 문제에 대한 기존 결의를 관철하려고 했다. 속내를 감출 목적으로, 의사일정 제1항으로 대구청년회를 총동맹에서 제명하는 문제가, (위를 보라) 제2항으로 민중대회에 관한 입장을 정하는 문제가 올려졌다. 고려공산청년회 대표 2명은 항의 표시로 회의장을 나갔고, 그들이 떠난 후에 그곳에 남은 자들은 "화요회에 의해 소집되는 민중대회를 법적 효력이 없고 해로운 운동"으로 규정하면서 청년총동맹과 노농총동맹의 폐지 결정을 내렸다. 그들은 상기 두 총동맹의 권위를 뭉개면서 그 결의를 지방에 유포하기 시작했다.

코르뷰로 내지부와 고려공산청년회 중앙총국은 반대파의 도발적 공세 후에 그러한 행위에 어쨌든 반응할 수밖에 없었다. 양자는 조선노농총동맹 총회를 소집하기로 했으며, 그의 명의로 즉각 민중대회에 대한 노동자-농민 대중의 결의를 채택하였다.

그 외에 '서울청년회가 노농총동맹의 권한을 찬탈하고서, 청년총동맹 총회에서 노농총동맹의 허락 없이 그의 명의로 결의안을 냈다'고 노농총동맹 총회 명의로 대중에게 고하였다.

고려공산청년회 강령에 입각해 있고 또 청년회의 연소화 문제를 처음으로 실행한 대구청년회를 청년총동맹 총회가 총동맹에서 제명한 것과 관련하여 고려공산청년회 중앙총국과 당 내지부는 중앙총국의 지시에 따라 연소화를 실행한 60개 청년회를 기반으로 삼아, 조선청년총동맹의 재편을 촉구하는 캠페인을 시작하기로 결의했다. 청년총동맹 재편에 관한 문제의 실현은 민중대회가 끝날 때까지 미루어졌다.

상기 결의를 실행하기 위하여 1925년 4월 8일 조선노농총동맹 총회가 열렸고, 다음과 같은 결정을 내렸다: "조선노농총동맹 총회는 민중대회의 소집이 완전히 시의적절하고 또 대중운동의 모든 열성분자를 통합하는 형식에도, 현재 조선 노동자-농민의 이익을 위한 과제에도 부합한다고 인정하면서 노동자-농민 대중단체의 이름으로 민중대회를 축하하는 바이다. 우리는 민중대회에 온갖 협조를 다 할 것이며, 총동맹에 속한 노동자-농민 단체들은 대회에 직접 참석해야 한다고 생각한다. 중앙집행위원회는 노동자-농민 운동 문제에 대한 테제와 결의안을 대회에 제출할 것이다."

동시에, 40만 명의 백정을 통합한 형평사 중앙위원회는 민중대회 지지 및 각 지방 단체의 대회 참석을 결정하였다.

그밖에, 조선 남·북부의 132개 노동자-농민 단체는 총동맹 중앙집행위원회가 소집된 총회에 제출할 결의에 전적으로 찬동하면서 총회에 각자의 대표를 파견하였다. 지방에서는 중앙의 지시 없이 자연적으로 민중대회 응원회가 만들어졌고, 이들은 대회의 이념을 널리 알리기 위한 선동 캠페인을 벌였다.

1919년 이후 처음으로 광범한 조선인 대중이 크게 움직이며 사태에 반응하였다.

4월 15일쯤, 기자대회 개막일에 맞춰 1,000명에 달하는 열성적 대중운동자들이 조선 각지에서 서울로 모여들었다. 이 상황을 가늠할 수 있게 하는 신문 기사를 살펴보자.

『조선일보』(4월 14일)는 「밀정의 대회」라는 제목의 기사를 실었는데, 거기에 이렇게 기술되었다: "민중대회 및 기자대회와 관련해서 노동자-농민 대중의 사기가 고조되는 상황에 관한 많은 보도문이 지방에서 도래하고 있다. 지방의 각 단체는 자신의 우수 인력을 대표자나 손님 자격으로 대회에 파견하고 있다. 수백 명의 사회주의자와 민중운동자들이 조선 각지에서, 심지어 일본에서 이미 서울에 와 있다. 그들의 뒤를 따라 약 400명의 밀정이 대표 보좌역 자격으로 서울에 체류 중이다. 그렇게 해서, 우리는 기자들 때문에 밀정의 대회를 보게 되었다."

『조선일보』(4월 16일): "지방에서 기자들이 알려온 바에 따르면, 두 대회의 소집과 관련하여 지방에서 완전한 정적과 황량함이 감돌고 있는데, 이는 훌륭하고 저명한 활동가들이 모두 대회에 갔기 때문이다."

그리고 『개벽』(잡지)도 5월호에서 똑같은 상황을 확인하고 있다.

서울청년회 일꾼들을 필두로 한 이른바 반대파에 대해 말하면, 그들은 민중대회를 반대하는 선전 캠페인에서, 특히 그들이 400개 단체의 서명을 담아 발표한 도발적인 선언문을 지방의 단체들이 거짓으로 폭로하면서 완패를 당했다. 실제로 그 단체들은 서명에 동의하지 않았을 뿐 아니라, 반대로 그들은 소집된 대회에 적극적으로 참가하였다. 심지어 서명을 한 단체 중에는 실제 존재하지 않았거나 이미 해체된 단체들도 있었다.

그런 실패 후에, 서울청년회에 의해 조성된 선동이 모두 비누 거품처럼 사라졌다. 그때 "반대파"는 대회 중에 몽둥이를 들고 회의장에 난입하여 대회를 해산시키기로 작정을 했다. 경찰은 처음에 대회 소집을 허가하면서 서울청년회의 대회 격파 능력과 그들의 캠페인 성공에 기대를 걸었다. 그래서 경찰은 반(反)대회파 사이비 단체가 벌이는 반혁명 활동에 온갖 도움을 다 주었다.

그 모든 시도에도 불구하고, 4월 15일 경찰은 기자대회가 소집되기 직전의 현실에 처해 있었다. 그로부터 이틀이 지나면 민중대회가 열리고, 그다음엔 백정 대회와 노농동맹 대표자회가 예정되어 있고, 그 뒤는 5월 1일이었다. 이 모든 상황은 경찰에게 더 단호한 행보를 하게 만들었다. 4월 19일 밤 11시, 민중대회가 열리기 10시간 전에 경찰은 대회 조직자인 조봉암 동무와 권오설 동무(이들은 고려공산청년회 중앙위원이다)를 불러, 일본 제국의 권력이 존재하는 한 그 강령상 볼셰비키적인 이번 대회는 허용될 수 없다고 통고하였다. 4월 20일 아침 군경이 모두 동원된 상태에서 경찰 기마대가 서울의 모든 거리를 점령하였다. 경찰은 (대회 조직위원단, 화요회, 북풍회, 신흥청년동맹 등) 대회에 관여한 모든 단체를 점거하고 그에 대한 수색을 벌였으며, 3인 이상의 집회를 금지하고는 이른 아침부터 조직위원단 사무실에 모여든 대표자들을 구타하고 거리로 내쫓았다.

민중대회에 관한 기사가 실린 『조선일보』, 『동아일보』, 『시대일보』의 각 호가 몰수되었다.

서울은 군영과 같았다.

그때 대회의 비합법 그룹은 낮 4시에 대규모 항의 시위를 벌이기로 결의하였다. 장소는 탑골공원(여기서 1919년 3·1운동이 시작되었다)으로 정해졌다. 거기 모인 사람들은 경찰에 해산되었다. 그러자 시위대는 서울 남부의 "남산"에 모여 밤 9시부터 우미관 광장에 집결하여 2열로 도심을 행진하기로 결의했다. 정해진 시각이 되자 시위대가 조선 역사상 처음으로 적기를 들고 광장에 모여들었고, 거기엔 1) "잔인한 폭력 경찰 물러가라!", 2) "만국의 프롤레타리아트 만세!", 3) "조선민중운동자대회 만세!", 4) "노동자 만세!" 등의 구호가 적혀 있었다.

대회에 참가한 대표자 500명과 수천 명의 손님, 그리고 시민들이 시위의 선두에 있었다.

시위는 가설무대를 갖춘 대중집회를 동반하였다.

상점 주인들은 자기들 가게의 문을 닫았다. 시위대와 경찰 사이에 충돌이 일어나 수십 명의 부상자가 발생하고 15명이 체포되었는데, 여기에 고려공산청년회 중앙총국 위원 1명과 후보위원이 끼어 있었다. 체포는 다음 날에도 계속되었다. 체포된 사람들은 8개월에서 1년 사이의 징역형을 선고받았고, 출옥 후에 3년간 요시찰 상태에 놓였다.

시위 날에 서울청년회는 민중대회에 반대하는 선언문을 찍어 거리마다 집마다 돌렸다.

대회 조직위원단은 대회 해산이라는 사태에 직면하여 신문에 대회 의사일정을 게재하였고, 결의안과 테제 초안이 대표자들에게 배포되었다. (결의안과 테제 초안은 여기에 특별히 첨부되었다)

대회에 대표를 파견한 단체들의 명단은 다음과 같다:

1) 노동자-농민 단체가 278개로, 이들 중 소작인회에서 나온 단체가 43개, 농민회(혼합)에서 76개, 노동자 직업동맹에서 31개, 노동동맹(혼합)에서 36개, 연합 노농동맹에서 나온 단체가 134개 있었다.

이들 단체에서 의결권을 가진 233명의 대표가 파견되었다.

2) 청년회(70%가 청년총동맹에 속함)가 101개 단체로, 이들 중 60개 단체가 연소화를 실행하였다.

이들에게서 190명의 대표가 파견되었다.

3) 사상단체가 48개로, 여기서 105명의 대표가 파견되었다.

4) 백정 단체[=형평사]는 18개로, 26명의 대표를 파견하였다.

5) 여성단체는 8개로, 19명의 대표를 파견하였다.

즉, 총 452개 단체와 373명이 105,423명을 대표해서 대회에 파견되었다.

고려공산청년회가 당과 함께 위에 서술된 합법적인 대중사업을 수행하였다.

최근 고려공산청년회가 벌인 지하활동이 밑에 간략히 기술될 것이다.

"조직사업

1924년 전까지 고려공산청년회 사업은 거의 전적으로 도시에 집중되었고, 지방으로는 확산이 되지 못했다. 사업 기반은 고학생, 상회 사무원 등이었다. 세포는 지역 단위로 조직되었다.

1924년 이후 고려공산청년회 중앙총국은 농촌과 각 공장의 청년회에 뿌리를 내리면서 거기서 세포를 조직하고 있으며, 그렇게 해서 산별 원칙이 세포 결성에서 확립되고 있다. 이전의 세포들은 해체되었고, 그 세포원들은 상응하는 공장 세포에 등록되었다.

또한 공산청년회의 사회적 구성이 개선되고 있다. 공산청년회의 성장은 청년 노동자-빈농들 덕이다. 신입 회원 후보가 거치는 수습 기간이 정해졌다. 입회 절차는 다음과 같다. 즉, 우리가 합법 청년회 내에 사회주의 공부 서클을 조직하고, 여기로 가장 열성적인 분자들을 끌어들인다. 한 서클에서 우수한 활동을 보이는 자들을 선발하여 상급 서클로 승급시키고, 곧 그들에게 실천적 과제를 부여한다. 두 번째 단계의 서클 멤버들 중에서 공산청년회 회원 후보들을 모집한다. 단, 후보들은 자신이 후보라는 사실을 알지 못한다. 후보 회원에서 회원으로 전임될 때 그는 자신이 청년회의 처분에 전적으로 헌신하고 비밀을 준수한다는 등의 서약서를 내야 한다.

고려공산청년회의 구성

현재 고려공산청년회는 42개 세포에서 활동하는 197명의 회원을 보유하고 있고, 후보 회원 수는 약 500명이다.

지역적으로 세포와 회원은 다음과 같이 분포되어 있다:

도	세포 수	회원 수
1. 평안북도	1	7
2. 평안남도	4	25
3. 황해도	3	14
4. 경기도(서울)	17	66
5. 충청남도	1	3
6. 경상북도	6	34
7. 경상남도	5	20
8. 전라북도	1	3
9. 전라남도	1	8
10. 함경남도	3	17
총합	42	197

여기에 2개의 공장 세포(500명이 일하는 평양 메리야스공장에 1개, 150명이 일하는 서울 인쇄공장에 1개)와 4개의 농촌 세포(황해도 북율, 경상북도 안동, 충청도 당진, 전라남도 광주)가 포함되어 있다.

청년회와 노동동맹 내에 30개 세포가 있는데, 그것은 1) 서울의 신흥청년동맹과 "여자청년동맹"과 "양말직공조합", 2) 신의주의 청년회, 3) 안주의 청년회, 4) 평양의 청년연합회와 노농동맹, 5) 황해도의 황주청년회와 노농동맹, 6) 함흥의 청년회와 "동무"노동동맹, 7) 성진의 "신흥청년회", 8) 대구의 청년회와 "농진당", 9) 안동의 청년회, 10) 김제의 청년회, 11) 마산의 청년회 혜성사와 노동동우회, 12) 진주의 상부노동동맹 내의 청년회, 그리고 13) 황주, 14) 순천, 15) 광양, 16) 부산, 17) □□, 18) 인천, 19) 강화 등에 있다.

사회주의 연구 서클과 신문사 편집국 내의 6개 세포는 1) "화요회", 2) 여성동우회, 3) 『조선일보』, 4) "혁청당", 5) 『시대일보』, 6) 인천의 "화요회"에 하나씩 있다.

고려공산청년회의 사회적 구성
노동자 – 55명, 농민 – 59명, 인텔리 – 83명.

고려공산청년회의 연령 분포
28세 – 3명(열성자), 27세 – 2명(열성자), 25~18세 – 192명

고려공산청년회의 성적 구성
남성 – 186명, 여성 – 11명.

고려공산청년회 중앙위원회의 기구
중앙총국의 위원은 5인이었으며, 2인은 지방에서, 3인은 서울에서 사업을 했다. 단 2인이 중앙총국의 기관 업무를 맡아 처리했으며, 나머지는 신문기자들이었다.

1923년 10월 중앙총국의 위원 수가 7인으로 되었는데, 이는 사업이 확대되어 5인으로는 일을 처리할 수 없었기 때문이다. 중앙총국이 와해될 경우를 대비해서 14명이 후보위원으로 임명되었다.

후보들은 대부분 지방에서 일하였다. 중앙총국 내에는 3명으로 된 비서부만 있었고, 여기서 모든 일을 맡아 처리하였다.

고려공산청년회 중앙총국의 경제사업

보고 기간에 중앙총국은 큰 경제사업을 수행하였다. 고려공산청년회의 공장 세포와 회원들은 각자 노동자 파업과 농민 궐기를 조직하고 지도하는 데 적극적으로 참여하였다.

파업의 원인과 규모 및 노동자의 파업 참여는 여기에 첨부된 도표에 적시되었다.

노동자 파업 때 다음과 같은 요구가 제시되었다:

1) 8시간 노동일.

2) 임금의 이전 수준 유지.

3) 임금 인상.

4) 노동자들에 대한 처우 개선.

5) 노동조합을 통한 노동자의 고용 및 해고.

6) 1주일에 1일의 유급 휴일.

7) 수습공의 처우 개선: 식사 및 최소임금 지급.

　　주: 수습공은 무임금으로 노동하며 자비로 식사를 해결한다.

8) 노동자의 생산성에 비례하는 노동보수의 폐지.

9) 노동조합의 인정.

소작쟁의 때의 요구 사항:

1) 소작인의 소작권 확립(소작권의 임의 이전 폐지).

2) 지세와 부가세의 지주 부담.

3) 젊은 성인 머슴의 임금[=새경] 인상.

4) 조선인 소작인이 추방된 토지에서 일본인에 의해 행해지는 식민화에 대한 규제.

5) 토지 소유자의 직접 임대(중개인 제도 폐지).

6) 최소 표준가격으로 농업용수 사용.

7) 소작인회 인정.

8) 단체협상을 체결하는 방식으로, 소작인회를 통한 토지 임대.

9) 소작료나 세금의 미납에 따른 소작인의 재산 몰수 금지.

선동-선전사업

대중 선동

1. 기획사업. 다음과 같은 캠페인을 벌였다: 1월 15일, 3월 1일(조선의 3월 혁명일), 3월 8일, 3월 19일, 5월 1일, 국제청년데이, 11월 7일. 이 날들에 현존 합법단체들에서 대규모 보고회가 거행되었고, 많은 기사가 출판물에 실렸다. 최근의 국제청년데이 기념행사는 전국 차원에서 치러졌는데, 이때 함흥에서 벌어진 대중 시위에서는 적기가 나부끼기도 했으며, 결국 시위는 해산과 체포로 마감되었다. 1월 15일과 레닌 동무의 추모일에는 전국 차원의 장엄한 행사가 거행되었다. 전단이 살포되고, 잡지 『신흥청년』과 『해방운동』의 특별호가 발행되었다.

2. 일회성 선동사업:

1) 작년부터 현재까지 전국 차원에서 친일 단체 "각파유지연맹"과 "보천교"에 대한 반대 캠페인이 거의 그치지 않고 있다.

2) 일본인 대상 『시대일보』 판매 행위에 대해.

3) 타협주의적 내용의 사설을 게재한 『동아일보』에 대해.

4) 기근구제운동의 조직화 및 최근의 홍수 때.

5) 노동자 파업과 농민 봉기 때.

이 모든 캠페인의 시기에 고려공산청년회는 당 단체들과 함께 대중 보고회를 열고, 전단을 살포하고, 신문에 기사를 게재하는 등의 일을 하였다.

대중 선전

강연

1924년 4월 중앙총국은 6명(열성자)으로 2개의 순회 강연단을 조직하고, 조선의 32개 장소에서 1) 청년 프롤레타리아의 과제, 2) 청년회의 농촌 과제, 3) 청년운동과 청년 사업(청년회의 연소화), 4) 청년 프롤레타리아와 사회주의, 5) 청년운동의 구호, 6) 미래는 청년의 것이다, 7) 청년은 민족적, 세계적 차원에서 통합된다는 등의 주제에 대해 강연을 하였다.

그 외에, 서울 및 기타 대도시에서 한 달에 1회 이상 상기 주제들에 대한 유료 강연을 진행했다.

1925년 2월 내내, 조선 역사상 처음으로 청년운동 문제에 대한 강연이 조선 전역에서 진행되었다.

1924년 여름에 사회주의 공부를 위한 단기 과정이 여러 곳에서 개설되었으나, 그것들은 시작과 동시에 해산되었다.

사회주의 연구 서클

(평양, 서울, 마산, 안동, 대구 등지의) 합법적 청년회 내부에 사회주의 연구 서클이 조직되었다.

이 서클들은 1주일에 2~4회 회합하고 있다.

출판사업

1) 중앙총국의 잡지 『염군』 – 프롤렛쿨트[=프롤레타리아 문화] 선전 기관지로서 1924년 4월호, 5월호, 6월호가 모두 압수되고, 잡지가 폐간되었다.

2) 중앙총국의 잡지 『신흥청년』 – 1924년 11월 7일에 창간호가 나왔다. 모두 2개 호가 발행되었는데, 전부 압수되었다. 일부(1,000부)가 비밀리에 배포되었다.

3) 소책자 『청년과 계급투쟁』, 『3월 1일』, 『적기 아래서』가 발행되어 비밀리에 배포되었다.

4) 전단 「5월 1일」, 「국제청년데이」, 「호소문」, 「국제공청」 등이 인쇄되었다.

청년 노동자-농민들 사이에서의 사업

최근에 고려공산청년회는 청년 노동자-농민들을 심중히 주목하고 있다. 중앙총국은 서울, 평양, 대구, 인천 등지에서 청년 노동자들을 위해 야학을 설립했다. 농촌 지역에 열성자들을 거주케 하는 방법으로 청년 농민들을 위해 야학을 설립하고 있다.

내부 교육사업

공산주의 운동과 역사 문제 및 모든 시사 문제에 대한 보고가 행해지는 '공청의 날'이 1주일에 1회 이상 거행된다.

공청의 열성자들은 회원과 후보 회원을 대상으로 개인별 교양사업을 진행하고 있다.

소년운동

조선에는 1) 보이스카우트가 최대 500개, 2) 부르주아적 성격의 소년단원이 최대 2,000명에 달하며, 3) 20개 프롤레타리아 청년단체의 회원이 약 1,500명 있다. 후자는 쑥쑥 성장하고 있다. 고려공산청년회는 프롤레타리아 소년회 혹은 신흥소년회라는 이름으로 소년단을 조직하기로 결의했다. 하지만 초기에 소년단이 모두 경찰에게 해산되었다.

여성운동

중앙총국에는 처녀들 사이에서 사업하는 특별부가 없었다. 새로 구성된 중앙위원회에는 '처녀와 여성들을 특수한 여성회(특수한 생활 여건)로 조직하는 사업'을 담당하는 처녀가 1명 있다. "여맹동우회", "여자청년동맹", "여자고학생회" 같은 단체가 있다.

학생운동

조선에는 옛날부터 학생회가 존재해 왔다. 7개 중등학교가 학생단체들에 맞서 싸우기로 협약을 맺었고, 학생회에 가입한 학생들이 학교에서 제적을 당했다. 상기 협약이 체결된 후에 학생회가 거의 모두 없어졌다.

지금은 특별학교 학생들의 국민회만 있다.

고려공산청년회는 국민회 혁명분자들로 "혁청단"(혁명청년단)을 조직하였다.

혁청단을 통해 내세워진 구호는 다음과 같다:

1) 새 강령을 위해 투쟁하자.

2) 불량 학교를 교체하자.

3) 조선어로 수업하자.

4) 공립학교를 만들자.

5) 학생들에게 자치를 보장하라.

이런 요구와 함께 서울의 휘문의숙, 서울의 배재, 서울의 고등보통학교, 평양의 가톨릭 학교 등에서 동맹휴학을 벌였다. 맹휴는 사회적으로 큰 사건이었으며, 많은 공감을 샀다. 맹휴는 실패하였다. 100명의 학생이 퇴학 처분을 받았고, 8명이 체포되었다.

결론

위에 기술된 사업들은 고려공산청년회 4월 창립대회 전까지 고려공산청년회 중앙총국에 의해 수행되었다.

이에 관한 더 자세한 자료와 대회 자료 및 대회 후 중앙위원회 활동에 관한 자료는 조선에서 받는 대로 가까운 시일 안에 제출될 것이다.

РГАСПИ, ф.533, оп.10, д.1891, лл.143-147.

〈고려공청 중앙총국과 서울청년회에 관해 주청송이 국제공청 집행위원회 동방부에 보낸 1925년 5월 17일 자 보고 서한〉

비밀

국제공청 집행위원회 동방부 앞

1923년부터 고려공산청년회 회원(1924년부터
러시아볼셰비키공산당 후보당원) 주청송 씀.

보고

최근에 민중대회 소집 문제를 두고 중앙총국과 서울청년회 사이에 격렬한 투쟁이 벌어지고 있다. 사건의 전개는 다음과 같다.

『동아일보』의 보도에 따르면, 우리 중앙총국에 의해 지도되는 화요회는 올 2월 22일 대중운동의 원시적 방식을 청산하고 조직적 통일을 기하기 위해 민중대회 소집이 필요하다는 결정을 내린다. 본 문제는 중앙총국의 박헌영(현 책임비서), 조봉암(전 책임비서), 김찬, 김단야 동무에 의해 주도된다.

3월 1일 조선청년총동맹 4차 총회는 화요회가 주창한 민중대회 소집에 반대하는 결정을 내린다.

3월 4일 자『동아일보』보도를 인용한다:

"조선청년총동맹 4차 총회의 안건은 1) 대구청년회의 제명에 관하여, 2) 민중대회 보이콧에 관하여, 그리고 3) 연령 및 기타 문제들이다.

I. 대구청년회의 제명 문제에 대한 총결 보고 후에 다음과 같은 결의를 채택하였다:

결의

대구청년회가 조선청년총동맹의 규약을 위반하고 조선청년총동맹의 권한을 무시하며 자신이 무단으로 청년회 도 대회를 소집하려 했으며, 간계를 써서 조선청년총동맹을 와해시키려 했다는 것이 14개 청년회의 자료 및 대구청년회 문제 조사위원단에 의해 사실로 확인됨에 따라, 대구청년회를 조선청년총동맹에서 제명하기로 결의한다.

I. 연령 문제에 관하여.

김해광(김사국), 박헌영(고려공산청년회 책임비서), 신태악, 조봉암 4인으로 위원단이 구성되었다.

I. 민중대회 문제에 관하여.

결의

1) 노동자, 농민, 청년이 민중대회의 지주가 되어야 한다. 그러나 그런 전 조선 단체는 우리나라에 대표적으로 2개, 즉 조선청년총동맹과 조선노농총동맹이 있다.

그러나 두 단체의 존재를 간과하고 그와 비슷한 대회를 별도로 소집하는 것은 각 단체의 발전에 큰 타격을 준다.

2) 따라서 민중대회의 주창자인 화요회와 조직위원단에 민중대회를 소집하지 말라고 경고한다.

3) 그렇지 않을 경우, 우리에 대한 적대적 도발로 간주한다."

그런데, 청년총동맹에서 대구청년회를 제명하는 문제에 심각한 불화가 있었음을 지적하고자 한다. 집행위원들 가운데 (중앙총국 전·현 책임비서인) 박헌영과 조봉암이 제명에 격하게 항의하였고, 사태는 조봉암이 집행위원회에서 나가버리는 지경까지 이르렀다(『동아일보』, 3월 2일 자).

4월 4일 자 『동아일보』 지면에 서울청년회를 필두로 민중대회 소집을 거부하는 236개 단체의 이름이 실렸다.

4월 14일 자에는 68개 단체의 이름이 게재되었다. 이 단체들은 모두 (직장) 노동자회, 머슴회, 여성회, 청년회이다. 그들의 호소는 대략 이렇게 요약된다: "4월 19일에 열리기로 예상되는 민중대회는, 그 소집 시기와 동기 등을 보면, 분리주의적이며 운동의 통일에 해로운 집회이다. 따라서 대회를 거부하고, 그것의 해악성과 분파성 등을 폭로한다."

위 문제를 놓고 조선청년총동맹에서 큰 분열이 생겼다.

상황은 대략 이랬다.

3월 말에 열린 집행위원회 총회는 집행위원회를 재편하였고, 참가하기로 결의했다. 김사국을 필두로 한 반대파는 4월에 개최키로 했던 조선청년총동맹 3차 대회의 지방

대표들로 구성되었고, 대회 대신에 본 집행위원회 총회가 열려 대회 기능을 수행했다: 집행위원회 선출이 있었고, 그들은 "열빈루"에 모여 1) 민중대회에 대한 태도를 밝히는 게 중요하므로 노농총동맹 총회를 소집하고, 2) 민중대회를 지지하는 분자들을 집행위원회에서 쫓아내기로 의결하였다.

그렇게 해서, 민중대회의 소집은 조선청년총동맹을 내세운 김사국 측의 조직적 저항에 부딪혔는데, 반면 민중대회 소집을 지지한 단체는 약 200개였다. 물론 수치가 실제 세력 관계를 보여주지는 않는다. 예를 들면, 4월 4일 한 단체의 이름이 민중대회 소집에 항의하는 단체들 명부에 포함되어 공표되었다. 그러나 나중에 보니 그 이름이 반대쪽 명부에도 들어 있었다. 전체적으로 실제 세력 관계에 관해 말하긴 어렵지만, 투쟁은 시작부터 격렬했다. 투쟁의 근원은 오직 분파 싸움일 수밖에 없었다. 왜냐하면, 조선의 콤그룹들 사이에 원칙에 대한 이견으로 생긴 불화는, 그리고리 보이틴스키의 말에 의하면, 현미경으로도 찾기 어렵기 때문이다. 싸움은 분명히 김사국이 이끄는 서울청년회가 한패가 되고, 이에 맞서 박헌영과 조봉암이 지도하는 중앙총국이 다른 패가 되어 벌어지고 있다. 그러나 이번 투쟁의 특징은 모든 운동단체가 싸움에 개입되었고, 그것이 격렬하게 진행된다는 데 있다.

그들이 싸우는 이유에 답하기 위해선 그들의 투쟁사에 있는 몇 가지 대목을 지적할 필요가 있다. 1922년 가을 전까지 김사국(당 대표 자격으로), 김시민(김사국의 동생, 책임비서 자격으로), 이영(김사국 측근)이 중앙총국에서 일하고 있었다. 미리 언급해야 할 것은 김사국이 중립당 지도자로서, 두 분파[=상해파와 이르쿠츠크파]를 인정하지 않을 뿐 아니라 그들과 격렬히 싸우고 있다는 것이다. 김사국이 1922년 가을 전까지 중앙총국에서 다른 사람들과 함께 일했던 것은, 그가 중앙총국이 망명자 분파와 아무런 관계가 없다고 생각했기 때문이었다. 가을에 그가 중앙총국에서 나갔던 것은, 중앙총국이 [국제공청] 제3차 대회에의 대표 파견(전우)과 관련해서 망명자 분파와 긴밀히 관계한 것이 동기가 되었다. 1923년 여름에 전우[=정재달]는 그 어떤 분파에도 가담하지 말라는 지령을 어기고 치타 대회에서 이르쿠츠크파에 합류했고, 중앙총국이 국외에서 돈을 받은 후에 김사민 역시 거기서 나갔다. 마지막으로 중앙총국에 남은 서울청년회 출신이 이영이었는데, 국제공청에 의해 임명된 신용기가 그를 대체했다. 조훈은 아직 이르쿠츠크파가 형성되기 전에도 이르쿠츠크파의 창시자들과 함께 일하였고, 나중엔 더 긴밀한 관계 속에서 일했다. 그리고 신용기 역시 이르쿠츠크파에 속했다. 그렇지만 신용기는 서울청년회에 완강한 입장을 견지하였고, 그래서 다른 동무들이 그를 중앙총국에서 밀어냈다. 중앙총국의 대표들은 투쟁사를 그렇게 이야기했다. 한마디로, 투쟁은 서울청년회가 중앙총국을 이르쿠츠크파에 가담한 조직으로 봤을 때부터 시작되었고, 중앙총국의 통합 시도가 실패한 후 중앙총국이 서울청년회를 반동적, 반혁명적 단체로 보면서 급격히 첨예화되었다.

물론, 격렬한 분파 싸움이 양 분파를 욕보이고 혁명을 배반하고 있는 조선의 공청운동에서 중립을 지킨다는 김사국의 입장은 옳다. 이는 상해파에도 이르쿠츠크파에도 혁명의 선구자들이 있다는 것을 배제하지 않으며, 또 그것은 이르쿠츠크파가 혁명에 해로운 것보다는 이로운 걸 더 많이 했을 수 있다는 것을 배제하지 않는다. 그러나 이들 두 분파가 분파 싸움을 하면서 모든 사업을 망쳤고, 그것이 혁명 대중에게 아무런 가치가 없다는 건 사실이다. 혁명 조선이 분파 싸움을 매장하고 싶어 한다는 건 모두가 인정하는 사실일 것이다. 과연 중앙총국이 분파 집단인가 또는 이르쿠츠크파와 조직적인 관계가 있는가 하는 물음에 대해 서울청년회는 주저 없이 그렇다고 답할 것이다. 실제로 중앙총국의 책임일꾼들은 이렇든 저렇든 이르쿠츠크파와 관계가 있었다. 나는 이미 조훈과 신용기를 지적했는데, 더 열거하자면 우리의 고준과 전정관(중앙총국 대표들), 안병진(이 사람이 고준이다), 그리고 상해파의 악선동으로 만주에서 살해된 안병찬이 있다. 전정관 역시 이르쿠츠크파에 가담하지 않았다손 치더라도 자기 사업에서 이르쿠츠크파와 밀접한 관계가 있었다. 이것을 내가 기술하는 이유는 그들이 이르쿠츠크파라고 낙인을 찍기 위함이 아니다. 나는 그들이 "이르쿠츠크파의 정치"를 했다는 것을 입증할 수 없다. 쓰는 이유는 그 모든 게 서울청년회가 중앙총국에 대해 그런 결론을 내리게 된 계기가 되었기 때문이다. 최근의 사태는 이들 두 그룹이 얼마나 치열하게 싸우고 있는지 분명하게 보여준다. 나는 중앙총국의 동무들이 민중대회를 소집하면서, 그것으로 서울파를 근절하거나 혹은 적어도 그들의 영향력을 제거하려고 한다는 결론을 낼 자신은 없다. 그러나 그렇게 생각하는 것도 가능한데, 왜냐하면 우리의 중앙총국은 최근에 꾀한 서울파와의 통합 시도 후에 그들을 반동적이고 반혁명적인 단체로 보고 있기 때문이다. 철저한 혁명자로서 그들은 "반동단체"를 분해하기 위해 당연히 갖은 방법으로 노력해야 한다.

결론

서울청년회는 분파 집단과 통합한 적이 없다.

중앙총국이 분파 집단인가 아닌가? 서울청년회는 중앙총국이 분파적이라는 것을 의

심하지 않는다.

원칙적, 전술적 문제들에 대해 그들 사이에 이견은 없다.

서울청년회와의 연합은 필요하다. 왜냐하면 최근의 사태조차 얼마나 그것이 "반혁명 음모 분야에서 위력적이고 능률적이며 유력한지를" 보여주고 있기 때문이다. 중앙총국 대표 전정관 동무의 말에 따르면, 통합을 위한 구체적 조치를 마련하기 위해서는 먼저 서울청년회의 참모습과 그에 대한 중앙총국의 견해를 밝히는 것이 필요하다.

1925년 5월 17일, 주청송

РГАСПИ, ф.533, оп.10, д.1908, лл.60-61.

〈김월성이 고□□에게 보낸 서한〉

고 동지,

1쪽에는 첫 줄 끝까지, 그리고 2쪽엔 9번째 줄 끝까지 그가 모스크바에 체류할 때 우호적인 인상을 받았다고 쓰여 있습니다.

2쪽에는 10번째 줄 끝까지, 그리고 3쪽에는 3번째 줄 끝까지 그가 모스크바에 있을 때 분파 내의 동지 관계에 나쁜 인상을 받았다고 쓰여 있습니다.

고 동지, 조선에서 조직으로 가장 강한 단체가 청년회입니다. (사회주의 단체와 대등한 수준입니다) 조선에서 청년회는 작은 시골 조직에서 군 단체로, 나아가 도 단체로 성장했습니다. 조선에서 청년회는 올바른 노선을 견지하고 있지만, 그래도 결함을 가지고 있습니다. 그것은 첫째, 경험 있는 지도자의 부재, 둘째, 경찰의 추적, 셋째, 분파 투쟁에 있습니다. 따라서 청년회 내부의 상황은 외부 환경보다 나쁩니다. 그 외에 노동운동, 농민운동, 여성운동이 있습니다. 농민운동이 가장 발전해 있고, 여성운동은 완전히 뒤처져 있습니다.

노동운동이 조직적으로 발전하고 있으며, 이로써 우리 운동의 내부 상황을 강화하고 있습니다.

4개 단체의 통합[=북풍회, 화요회, 무산자동맹회, 조선노동당의 통합]은 사실상 결렬되었습니다. 즉, 조선노동당이 통합된 4개 단체에서 떨어져 나갔는데, 이는 그것이 2개 분파로 분열했기 때문입니다. 그중 한 분파가 모든 비밀을 북풍회에 넘겼고, 나중에 다른 분파를 몰아냈습니다. 쫓겨난 분파가 노동당을 조직했습니다.*

화요회와 북풍회 간의 투쟁이 다음과 같은 문제를 놓고 진행되고 있습니다:

1) 기근자 구제를 위해 받은 2만 루블;

2) 무정부주의적 성향의 북풍회 좌익;

3) 김약수를 비롯한 몇몇 인물의 경찰과의 내통.

이로 인해 투쟁이 벌어지고 있습니다. 서울청년회는 자금이 없고 정치사업을 할 능

---

* 　　　　조선노동당의 결성 시점은 1924년 8월이고, 여기서 언급되는 조선노동당의 분열은 1925년 여름의 일이다.

력이 없으며, 그 때문에 중앙과 지방 간에 아무런 연계도 없습니다. 서울청년회는 처량한 처지에 있습니다. 내가 서울에 와서 청년 지도자 몇 명을 만났는데, 그들은 강령도 없고 특정한 행동계획도 없이 어려운 상황에 놓여 있습니다. 결국 서울청년회는 전조선민중운동자대회 이후 볼품없는 처지에 놓이게 됐습니다.

북풍회와 서울청년회 간의 투쟁은 이 2개 분파에서 우수한 자들, 즉 의식화된 자들이 군(郡)으로 가서 아무런 일 없이 앉아 있는, 그리고 군의 단체들이 중앙 단체를 신뢰하지 않는 양상으로 끝나가고 있습니다.

그런 상황에서 일본 프롤레타리아 당이 등장했으며, 따라서 조선의 운동은 다른 길로 가고 있습니다. 운동이 날로 자주 변화하고 있어서 그에 관해 자세하게 쓸 수가 없습니다.

내가 지금 학업에 종사하고 있고, 그래서 일하고 싶은 마음을 접어두고 좀 자유로운 상황에 있습니다. 이에 대해서는 다음 기회에 상세하게 적도록 하겠습니다. (8개 행을 비워둡니다)

주청송 그룹이 신문을 받았는지, 오성( ) 동지가 책을 받았는지 물어봐 주기 바랍니다. 그걸 알고 싶네요. 신문을 계속 보내겠습니다. 동지가 필요한 것을 뭐라도 요청하면, 기꺼이 보내겠습니다. 일본 동지들은 잘 지내고 있는지요? 지금껏 동지로부터 편지가 단 한 통도 없어 적적한 마음이 듭니다. 내가 스탈린 동지의 민족 문제에 관한 논문의 번역본을 보내달라고 주청송 동지에게 이야기했는데, 하지만 동지에게 또다시 부탁합니다. 그 번역문을 꼭 보내주십시오.

농민 문제와 청년 문제에 대한 자료를 보내줄 수 있습니까? 내가 제대로 받을 수 있을 것으로 생각됩니다. 모스크바 생활이 그립네요. 김호 동지는 잘 있습니까?

제발 편지를 자주 써 보내길 바랍니다.

인터내셔널가를 보내주면 정말 고맙겠습니다.

김월성

РГАСПИ, ф.533, оп.10, д.1891, лл.149-153.

〈김월성이 김규열과 이대영에게 보낸
1925년 9월 12일 자 서한〉

김규열, 이단영 제형께,

8월 15일에 무사히 도착했습니다. 늘 두 분을 존경하며 두 분의 품성을 부러워합니다. 저에 대한 배려에 감사하며, 우리가 하나의 노선과 시각으로 함께 살게 될 날을 고대합니다.

사회운동의 상황

서울청년회는 화요회, 북풍회, 토요회,* [조선]노동당에 반대합니다. 뒤의 4개 단체는 하나가 되었습니다.

서울청년회는 정찰-전위대로 적박단(붉은 우박), 경성청년연합, 그리고 비합법적인 장사단(장사조)를 보유하고 있습니다. 지방 세력은 똑같습니다.

민중대회 후에 여러 번 격렬한 충돌이 있었습니다. 하지만 이제 싸움의 무게중심이 조직의 동료들로 옮겨지고 있습니다. 즉, 그들의 조직이 있는 지역에서의 영향력 확보 및 그런 조직의 결성을 위한 투쟁이 진행되고 있습니다.

노동자, 농민, 청년, 사상, 여성, 갱부 등 전 조선이 균등한 두 부분으로 찢어졌습니다. 그들 사이의 싸움이 도처에서 벌어지고 있습니다. 예를 들면, □천 사건이 있습니다.

황영록 등을 위시한 노동당으로 된 소수파가 있습니다. (이들은 두 투쟁 진지의 위에 있거나 밖에 있습니다) 그러나 이들의 입장은 공세적이 아니고, 그냥 시기를 보면서 모든 조선 편의 통합을 원한다는 데 있으며, 이들 두 파벌이 통합 움직임을 드러내지 않는 한, 우리는 노동당 소수파를 자주적 그룹으로 볼 수 있습니다.

그래서 우리는 조선에 3개의 사조 혹은 그룹, 즉 (규모의 측면에서) 다수파로 화요회,

● 　　　　토요회가 아니라 무산자동맹회가 옳다.

중간자로 서울청년회, 그리고 절대 소수파로 "노동당 소수자"가 있음을 보게 됩니다.

화요회와 그 일파의 힘은 다음과 같은 데 있습니다:

1) 이론적, 논리적 배경이 상대적으로 풍부하다.
2) 선전 기관지로 생각되는 『조선일보』, 『시대일보』의 편집국 직원들 절대다수의 지지를 확보하고 있다.
3) 시국에 부합하는 전술이 있다.
4) 자금이 넉넉하다.
5) 국외, 특히 일본 사회주의자들과 연락 관계가 있다.
6) 북풍회가 기근구제운동과 국제단체를 대표한다.
7) 열성자 대다수가 자주적인 생활 능력이 있다.

6)과 7)을 제외하고 1), 2), 3), 4), 5)는 제3자가 보기에 사상적인 것, 즉 사상적으로 확고하고 전투 능력 있는 것으로 인정됩니다.

그들의 결함은 이렇습니다:

1) 그들에게 비조직적, 열정적 성향의 분자들이 많은 탓에, 내실보다는 외적인 멋을 추구하는 경향이 있다.
2) 프롤레타리아 분자들이 적은 만큼 함께 마지막 끝까지 갈 수 있는 투사도 적다.
3) 그들은 서로 싸우고 있는 다른 사회주의 단체들에 대해 더럽고 추악한 조치를 하는 것을 거부하지 않는다. 이것은 그들이 프롤레타리아 윤리와 도덕에 대한 개념이 별로 없기 때문이다.
4) 분파 투쟁으로 인해 현실적, 실천적인 사업에 주의를 별로 기울이지 않는다.

3)은 모든 그룹에 공통으로 해당한다고 말해야 합니다.

서울청년회의 의미가 퇴색된 원인은 이렇습니다:

1) 과도한 자기애로 인해 다른 조직을 멸시하고, 자신에게서 밀어내고, 적을 만든다.
2) 언론기관을 전혀 보유하고 있지 않기 때문에 문예의 무대에서 외로운 상태에 있다.
3) 순수하고 완고하며 단순한 전술.
4) 이론적, 논리적 준비의 취약성.
5) 국외 사회주의 단체들과의 일반적 관계 및 동지적 관계의 결여.

6) 재원의 결여.

7) 첫째, 경찰의 견고한 탄압 체제로 인해 2개 총동맹의 활동이 미약하고, 둘째 민중대회에 직면하여 강한 타격을 받은 후에 지방(후방) 세력이 분해되었다.

서울청년회의 긍정적인 모습은 이렇습니다:

1) 프롤레타리아 계급의식과 혁명적 열정이 풍성하다.

2) 타협주의가 없기에 당연히 선명한 자기 지향이 있다. 이것은 제3자에게 그들의 입장에 쉽게 반응하고 그것을 추종할 여지를 주며, 나아가 그들에 대한 공감을 자아낸다. (의심할 여지없이 이것은 나의 주관적인 해석이다)

이어서, 소수파 노동당은 입장의 모호성, 활동의 취약성 등을 드러냅니다. 또한 노동당이 최근에 생겨났기 때문에 그 미래를 판단할 수 없습니다.

그래서, 두 입장은 그들의 요새를 완강하게 방어하며, 대의를 위해 초대나 타협이 필요할 때라도 그것을 하지 않습니다.

대중을 선도해야 하는 완전하고 구체적인 전략·전술적 정강이 없이 그들은 경찰의 추적과 조직적 학살을 반복해 초래하는 분파 투쟁만 하고 있습니다.

지도자로서 그들은 자기 반대자들의 운명을 흐뭇하게 바라보며 자기는 그것을 몰랐거나 예상하지 못했다고 말합니다. 이것으로 입증되는 것은 그들이 자기들의 주된 투쟁 목표를 알지 못한다는 사실입니다.

□□□□□□ 8월에 잡지 『개벽』을, 9월에 『조선일보』를 폐간하라고 명령했습니다. 조직적인 도발 책동이 벌어지고 있습니다.

한길로 가야 할 순간이 도래할 것입니다. 그러나 슬프게도 그런 것은 없고, 필사의 싸움이 그들 사이에서 계속됩니다. 우리 운동의 과거, 현재, 미래 운명에 대해 전율과 슬픔만이 있을 뿐입니다.

양쪽 다 조선공산당이 만들어졌다는 것을 인정하지 않습니다. 실체적 진실을 아직 모르지만, 4개 단체가 통합했다는 건 사실입니다. 그러나 실질적으론 2개 단체, 즉 화요회와 북풍회의 통합이고, 나머지 둘은 동요 분자입니다. 따라서 우리는 이 통합이 부분적 성격을 지니고 있다고 말할 수 있고, 그 운명이 멀지 않다는 것을 예상할 수 있습니다.

조(趙)가 고려공청 노선을 따라 그곳에 갔다고 하는데, 사실인 것 같습니다.

이 편지가 두 분의 수중에 들어갈지 확실하지 않기에 당분간 편지는 이것으로 끝내려고 합니다.

저는 당분간 비판 등을 관망하는 것이 필요하다고 생각합니다.

재일 단체인 □□과 일월회(사상운동사 – 북풍회의 모체). 하지만 저의 중립성이 영원하진 않겠지만 몇 가지 문제를 명확히 한 후에 행동하겠습니다.

검은 선풍과 온갖 참화가 만연한 조선의 상황은 우리 노동자들을 촉각을 곤두세워 긴장하게 합니다. 경제적 붕괴는 중농과 소부르주아를 영락으로 몰아갑니다. 이주에 관한 법령, 조선인에게 토지의 대여, 임대 및 판매를 금하는 만주 당국의 법령, 그리고 홍수, – 이 모든 것은 곧 발발할 혁명의 지진이 (형사)범죄자들과 사회의 혼돈을 부가하고 있음을 보여줍니다.

귀환한 다음의 첫 번째 편지. 분파 투쟁.

겉으로 보기에,

1. 전술적 문제에 대해서는 절대 이견이 없음.
2. 자연적 운동에서 중앙집중화 조직으로의 전환.
3. 민족해방운동의 통합과 우리의 지도권.
4. 국외와의 관계에 대한 문제. (다양한 의견이 있지만, 서울청년회는 이전에 비해 다소 온건하고 협조적인 견해를 갖고 있습니다) 그리고 이견이 있다면 그건 조선공산당에 관한 것입니다. 하지만 그에 관해서는 다음 편지에 쓰겠습니다.

1925년 9월 12일, 김월성

РГАСПИ, ф.533, оп.10, д.1891, л.154.

〈박헌영이 국제공청 집행위원회에 제출한 1925년 9월 13일 자 고려공산청년회 예산안〉

계산서

공청 활동에 다음과 같은 경비가 필요하다.

1. 임시 경비

a) 통합된 도·군의 청년회(합법적)의 조직화 사업을 위해 각 도에 300루블씩 = 총 3,900루블

b) 조선의 정치·경제적 통계 작성을 위한 정보 수집에 = 총 3,200루블

총액 7,100루블

2. 1926년 1월 1일까지의 매월 경비

a) 공청 중앙위원회 경비 = 1,300루블

    b) 위 항에 국경 정찰소 설치 운영비가 포함된다.

c) 선전·선동비 = 1,500루블

d) 노동자 학부 운영비 = 500루블

e) 공청 기관지 발행비

  1) 월간 잡지 『신흥청년』 = 400루블

  2) 월간 신문 『조선지광』 = 800루블

f) 예비비 = 600루블

총액 5,100루블

본 예산은 최소한으로 편성되었다.

고려공산청년회 중앙위원회 책임비서 박헌영

조선, 서울. 1925년 9월 13일

РГАСПИ, ф.533, оп.4, д.93, лл.107-111.

〈1925년 말 조선의 역사적 상황에 관한 보고〉

조선의 자본. 총독부 통계에 따르면 1925년에 자본 총액이 992,000,000에 달하는 500개의 각종 공업, 상업, 농업 업체가 등록되었고, 이들 중 688,000이 지급되었다. 416,000,000은 은행에 예치되어 있으며, 채무가 337,925,000, 차입이 513,486,000, 담보로 빌린 신용과 대부가 1,605,000,000이다. 순이익은 76,588,000이고 손실은 2,000,000이다. 작년 대비 신규 회사가 136개 증가했는데, 이들 중 8개만이 건실하다. 1922년부터 회사들이 두 배 성장하였다. *

조선의 역사. 40년 전 인민은 "군위신강", "부위자강", "부위부강"이라는 3개 기본 원칙에 따라 살았다. 그때 처음으로 선교사들이 조선에 들어오고 새 사상의 기독교 단체들이 설립되기 시작했으며, 이들은 가장 선구적인 분자들을 통합하면서 사회적, 정치적 단체로 변모하였다. 처음으로 청년들이 조선의 혁명을 위해 나섰다. 봉건지주 타도라는 목표를 정한 121개 단체가 이론 그룹으로 성장하였고, 이들 중 대다수가 투옥되었는데, 그들 모두가 기독교 단체 회원이었다.

1919년 조선의 완전 독립을 위한 운동(3월 봉기) 후에 일본인들은 문화사업을 위한 여지를 일부 조성하였고, 그에 따라 청년단체가 각종 문화적, 종교적 목표에 따라 합법적으로 활동할 수 있게 되었다. 그리고 1922년에 단체의 발전이 절정에 이르렀다. 그해에 218개 단체가 조직되었다. 단체가 설립되지 않은 군(郡)이 없었고, 전국 방방곡곡에 아무리 촌이라도 그런 단체나 그 지부가 있었다. 하지만 그들에겐 실제로 조선 해방이라는 구호를 향한 진군이 없었는데, 그들의 활동은 금연운동, 금주회(禁酒會), "조선물산장려회" 같은 문화적 과제로 귀결되었다. 미국 민주주의가 그런 운동의 이상이 되었다.

1921년에 60개 단체의 대회가 처음으로 소집되고 조선청년회연합회가 결성되었으나, 구체적 행동강령은 작성되지 않았다. 하지만 조선청년회연합회의 독점적 지위는 그에

게 지도적 역할을 요구하고 청년운동을 선도할 가능성을 제공했다. 그러나 1922년에 이미 분열이 시작되었다. 일부 청년 일꾼들이 노동자-농민의 의미를 이해하기 시작했으며, "좌익"으로서 그들은 **노동공제회**를 조직하였다. 결국 그들은 연합회에서 이탈하여 사회주의 선전에 종사하기 시작했으며, 선전은 큰 성공을 거두었다. "좌익"들은 새로운 투쟁 수단을 인식하게 되었으며, 1923년에 그들은 좌익 청년운동에 적극적으로 참여한 80개 단체가 대표된 전조선청년당대회를 소집하려고 했는데, 그 그룹들로부터 서울청년회가 성장하였다. 대회는 "반(反)종교 투쟁"과 "반(反)보이콧주의"(의회 참여를 거부하는 보이콧주의는 반동적 조치로 간주되었다), 그리고 흡연 및 음주와의 투쟁 같은 좌익적 요구를 제기하였다. 비록 탄압으로 인해 대회가 열리진 못했으나, 그것은 청년운동에 하나의 단계가 되었고 청년운동을 분열시켰다. 즉, 민족주의 단체에 반대하는, 낡은 연합회에 반대하는, 종교 단체에 반대하는 청년운동이 등장하였다. 대회의 활동가들은 민족주의적 요구에서 사회주의적 요구로 급격히 전환하였다. 그들은 민족 문제를 무시하고 사회주의적 개조를 위한 과제를 내세웠다. 대회는 연합회 내 좌익분자들과 연합회 사이의 불화를 조성하였다. 많은 혁명 분자들이 대회 쪽으로 넘어갔고, 연합회는 자신의 의미를 잃게 되었다. 대회의 발기그룹은 강연회나 민중 강좌 등을 통해 한 해 동안 많은 활동을 벌였다. 일본인들은 사회주의운동을 방해하지 않았다. 왜냐하면 그들이 민족운동에 맞서 싸우고 있었기 때문이다. 심지어 일본인들은 민족주의자들에 대한 사회주의자들의 투쟁에 넌지시 협조하였다.

열성 단체의 대다수는 대회 쪽으로 넘어갔다. 발기그룹은 1) 완전한 사회 개조, 2) 개조자의 육성이라는 혁명적 요구를 제시하였다.

신흥청년동맹(이로부터 □□이 나왔다)은 청년 프롤레타리아들의 이익을 위한 투쟁이라는 구호도 내세웠다. 1924년 봄 청년회 대회가 소집되었고, 거기서 "청년회연합회", "서울청년회", "신흥청년동맹"의 참여를 수용하기로 합의되었다. 이들 단체는 43,000명의 회원을 대표하는 243명을 내보냈다. 대회에 실제로 참석한 180명의 대의원 모두 열성적이진 않았다. 대회에서 조선청년총동맹이 결성되었고 프롤레타리아트의 이익을 위한 투쟁이 선포되었다. 일본 경찰이 대회를 해산시켰으나, 그래도 대회는 중앙위원회를 구성하는 데 성공하였다. 이들 문제 이외에 청년단체를 "신청년"으로 젊게 만드는 문제가 제기되었다. 예를 들면, 대회에 50세가 된 인물까지 있었는데, 한 단체가 회원 자격을 30세까지로 제한하자는 제안과 함께 "신청년"을 지지하였다. 그러나 그 제안은 통과되지 못했다. 왜냐하면 대회에 노인들이 다수였기 때문이다. 이 대회는

1) 민족혁명단체들과의 블록 형성 여지를 남기고, 2) 홈룰론자[=자치론자]들과의 결전을 선포하는 등 몇 개의 업적을 남겼다. 일본인들은 사회주의자들에 대한 압박을 강화하였다. 후자는 자신을 공산주의자로 부르라는 허락이 없다는 이유로 스스로 사회주의자로 칭했으나, 그들 모두는 자신을 공산주의자로 여겼다. 대회 후에 청년회연합회는 종교 단체와 민족주의자들 및 부르주아 집안 출신자들을 추방하였다. (추방된 자들은 모두 반동분자나 소극 분자들이었으며, 열성분자들만 남았다) 그러나 청년회연합회는 대중을 획득하는 데 실패하였다. 또한 중앙총국 쪽에서의 지도도 없었다.

이 "연합회"의 참여하에 "전조선민중운동자대회"가 소집되었고, 여기서 105,000명 회원을 대표하는 650명의 대의원을 받아들이기로 합의되었다. 이때가 1925년이었다. 그러나 대회는 경찰이 허가하지 않았기에 열리지 못했다. 하지만 붉은 깃발과 함께 시위가 벌어졌다. 그 대회에서 민족주의자들과 사회주의자들이 활동으로 접근하는 경향이 나타났다.

서울청년회는 그 대회를 반대했는데, 그때 분파 투쟁이 최고조에 달했다. 서울청년회 역시 37,000명을 대표한 410명이 참가하는 다른 대회를 소집할 생각이었다. 그들은 선동적 방법으로 민중운동자대회의 대열에 혼란을 불어넣을 수 있었다.

1925년 8월에 다음과 같이 결정되었다: 1) 서울청년회와 함께 사업을 하지 않는다. 2) 대중을 포섭하는 데 주력한다. 3) 구서울청년회에 맞서 합법적 "한양청년연맹회"를 만든다. "한양청년연맹회"는 총인원이 55,000명에 달하는 22개 단체를 통합하였는데, 그것의 주창자가 신흥청년동맹이었다.

선언. [신흥청년동맹의] 선언은 그들이 진보적 청년운동의 단일 도상에 서 있으며, 모든 청년회를 민족단체로 통합하고, 아직 포섭되지 않은 새 청년회들을 조직화하며, [신사회 건설의] 열성자들을 육성하겠다는 언명으로 시작된다. 새 사상에 입각한 사회에 대한 지지가 모든 단체에 요구되었다. (혼란스럽고 80%가 수동 분자인 연합회에 맞서 대개 신흥청년동맹의 단체들은 조직적이고, 떠들썩하고, 정기회를 소집하고, 복지부동을 비판하는 보고를 한다)

  1. 지방회가 기본 조직이 되어야 한다.
  2. 시회(市會)는 군회(郡會)로 구성된다.
  3. 청년 직업단체는 전 도시 차원에서 통합된다.
  4. 농촌 청년회는 군 청년회로 통합된다. (왜냐하면 대개 군회에 지식인이 있고, 따라

서 많은 농민청년회를 묶어 조직하는 것이 필요하다고 인정되기 때문이다) 면회는 군회로, 그다음에 도회와 중앙위원회로 통합되고, 중앙위원회는 세포를 직접 지도하는 게 아니라 각 위원회를 통해 지도한다.

문화교육사업. 다양한 사상을 학습하는 서클을 조직하고, 보고회와 강연회를 여는 것이 필요하다고 인정된다. 전에는 단체가 철학 문제에 그쳤기 때문에 서클로 쇄도했던 청년들이 거기서 나가기 시작했다. 인텔리겐치아를 위해 사상학습 서클을 매주 한 번, 토론회를 격주에 한 번 소집하고, 강의를 개설하고, 시사 문제들을 공부하기로 결정되었다. 모든 회원은 그들 지식을 시험 치르기 위해 출석해야 하며, 성적이 나쁜 경우에는 서클에서 추방된다. 청년 노동자-농민들을 위해 야학과 여학교를 만들고, 한 달에 2회 강연을 열고, 읽고 쓰기를 공부한다. 청년운동에 관한 소책자 몇 개와 합법적 주보를 발행하기로 결정되었다. 스포츠와 극장을 합법적 사업 수단으로 이용 가능한지 검토되었다. 전에는 그것을 부르주아 오락으로 간주하며 무시하는 태도가 있었다. 토론회를 열기로 하였다. 예전에 참가자의 80%는 보고자가 무슨 말을 하는지 이해하지 못했다.

운동의 구호. 문맹퇴치, 편견과 조혼과 아동학대와의 투쟁, 계급적 편견의 근절을 위한 투쟁, 백정에 대한 태도 변화를 위한 투쟁(형평사), - 이 모든 문제에 대해 주기적으로 캠페인을 벌인다. 경험이 보여주는 바는 그것들이 큰 결과를 낳는다는 것이다. 예를 들면, "아이들을 잘 돌보자!"라는 구호하에 3·1절이 치러졌다.

이 단체[=신흥청년동맹]는 이미 34개의 군회와 3개의 도회(도는 모두 13개)를 갖고 있으며, 이 계획에 따라 사업을 하고 있다. 지방 단체가 그 계획을 승인했으며, 심지어 서울청년회 역시 그 길을 따라 사업을 하기 시작했다. 실제 서울청년회는 그것을 공식적으로 하고 있는데, 예를 들면 서울청년회는 한 사람을 군 위원회로 부른다.

기독교. 약 40년 전에 미국에서 전래하였다. 초창기에 신도가 된 이들은 소작농이 아니라 극빈 농민들이었는데, 그들은 한편으론 절망 때문에, 다른 편으론 물질적 이득 때문에 신도가 되었다. 신도 중에 양반은 별로 없었다. 이는 봉건제가 기독교로부터 위협을 받고 있었기 때문이다. [일본의 조선] 병합 후에 기독교회는 그 내부에 민족주의적 지향을 가진 지식인들을 많이 품고 있었는데, 이는 교회가 일정한 자유를 누리고 있었기 때문이었다. 3월 봉기 때 33인이 독립선언서에 서명했는데, 여기에 7명의 목사[개신교계 16명]도 포함되어 있었다. 슬라브 정교도와 가톨릭 교인을 제외하고 대다수 기독교인은 3·1운동 때 적극적으로 궐기하였고, 정교도와 천주교도는 그런 이유로 불만과 멸시를 샀다. 이어진 탄압은 혁명 세력으로서의 기독교 단체의 역할을 감소시켰고, 탄압 때 많은 기독교인이 고초를 겪었다. 기독교도의 혁명자적 역할 감소는 일부 자유를 허용했던 일본인들의 새로운 정책을 촉진하였으며, 조선인들은 이미 거기에 있을 필요성을 보지 못했다. 기독교인들은 세 그룹으로, 즉 1) 믿지 않는 목사들, 중등교육을 받은 덕에 수입이 좋은 전문가, 2) 진실로 믿는 무지한 농민대중(소작인 제외), 3) 젊은 남녀의 자유 교류 및 제법 큰 문화사업으로 인해 교회로 가는 부르주아 지식인 청년들로 분할되었다.

불만이 목사들 사이에 있으며, 정직한 분자들은 기독교회를 개혁하고 정화하기를 원한다. 하지만 그렇게 하지 못하고 있는데, 이는 그들이 권력을 갖지 못했고(이들은 대부분 하층민임), 굶주리게 되는 것을 두려워하기 때문이다. 좌익과 우익으로의 분열이 가능하다.

기독교청년회. 10년 전 3·1운동 후에 서울에서 처음 조직되어 성장하기 시작했다. 고려공청은 기독교회 내에서도 결성되기 시작했다. 기독교회는 청년들을 많이 규합하진 못했는데, 거기엔 노인과 인텔리겐치아가 많았다. 1주에 1회 종교적인 주제 및 스포츠, 음악과 관련된 활동이 있다.

기독교(예수교)의 공적: 1) 이들은 중국 한자를 밀어내고 조선의 오래된 음성문자 체계(국문)를 도입하였다. 기독교인들은 국문을 소생시켰고, 교인들을 가르치고 선전하기 시작하여 현재 국문이 성공적으로 사용되고 있다. 2) 대중을 위해, 상대적으로 더 문화적인 학교를 개설하였다. 3) 읽고 쓰는 공부에 여성 평등권을 구현하였고, 남녀평등을 선전하였다.

과제: 그들에게서 극빈 대중을 떼어내야 한다. 기독교도에 반대하는 선전은 그들과 공청 사이에 벽을 만든다. 밖에서의 비판을 자제해야 하는데, 예를 들면 독신주의 교칙을 지키지 않는 목사들을 비판하면서 내부의 불화를 이용해야 한다. 또한 기독교회에 가입하여 학술단체를 개설해야 한다.

1924년	신도 수	외국인 수
정교도, 러시아인	585	4
가톨릭, 프랑스인	89,000	128
구세군, 영국인	7,800	-
영국 성공회	4,680	23
루터교, 미국인	186,800	31
남(南)감리교인	13,700	57
북(北)감리교인	32,682	46
예수재림교회, 미국인	1,398	21
조선인 기독교도	3,369	-
동방기독교 선교센터	2,710	-
기타	1,125	-
총합	343,837	310

(※ 1923년의 기독교인 수 358,907명, 목사(신부) 수 2,926명,
외국인 수 151명, 예배당 3,814개소)

현재 완전한 집회의 자유가 있다. 1925년 10월 일본인들의 협조하에 조선 기독교회
대회[=제2회 조선주일학교대회]가 거행되었다. 신청년[= 한양청년연맹]은 3일간의 반(反)종
교 선전과 2일간의 강연을 벌이고, 3일째 되던 날에 반(反)기독교 단체를 설립하였다.
경찰은 그들의 강연[=반기독교대강연회]을 금지하였다. 거기에 보초가 배치되었는데, 그
들은 "일본인들이 여러분에겐 허가했지만, 우리에겐 하지 않았다"라고 말하면서 강연
에 모인 사람들을 체포하고 구타했다. 이는 일본인들이 기독교도를 돕고 있음을 보여
주는 장면이 되었다. 이 사건은 전국에 큰 반향을 불러일으켰다. 강연은 반제국주의적
성격이 아니라, 반종교적 성격을 띠었다.

천도교: 1894년의 농민 봉기는 조선의 남부와 북부 전역에서 일어났다. 봉기의 칼끝
은 지주와 봉건제를 향해 있었고, 봉기한 농민들의 수뇌부에 부르주아 자유주의자들이
있었다. 국가기구의 압제는 견디기가 매우 힘들었고 매관매직과 뇌물 수수가 번성하였
는데, 봉기가 봉건지주들에 의해 선동되었다고 보는 것은 옳지 않다. 봉기는 외국자본
의 조선 침투 시기와 때가 겹쳤고, 이는 구질서의 기반을 완전히 흔들어버렸다. 흥미로
운 것은, 봉기 때 단발을 한 조선인을 모두 죽였다는 사실이다. 농민 봉기가 봉건제와

제국주의에 대항했다고 하면 옳은 말일 것이다. 봉기는 중국 군대의 도움으로 진압되었다. 그 후에 터진 청일전쟁은 조선인들에게 많은 영향을 미쳤다. 봉기한 농민들 가운데 두 명의 인물, 즉 최시형과 전봉준이 지도자로 부상하였다. 특히 최시형이 유명했는데, 그는 1893년에 생긴 "동학당"의 교주였다. 이 당은 비록 외국의 영향에 대항하여 등장했으나, 기독교의 침투를 자신에게 상당히 많이 반영하였다. 최시형은 죽으면서 자신의 후계자에게 그 당을 종교로 여기라는 유언을 남겼다. 이 종교의 원리는 반(半)종교적이고 반(半)정치적인 성격을 함유한다: "네가 죽더라도 너는 죽는 게 아니며, 너는 하늘의 길을 따라갈 것이다." 동학당은 성공적 투쟁 후에 모든 직책을 천도교도 사이에 나눈다는 목표를 세웠다. 패배 후에도 동학당은 자신의 의미를 잃지 않고 1910년까지 빨치산식으로 투쟁을 계속하였다. 1910년 한일 병합 후에 동학당은 일본 강점에서의 조선 해방을 자신의 투쟁 목표로 설정하였다. 그들은 3·1운동에 적극적으로 참여하였는데, 독립선언서에 서명한 33인 중에 18명*이 천도교도였다. 단체는 가부장적-위계적 기초 위에 조직되었다. 지금은 조선 해방이 자신의 목표이며, 그에 관한 기도문이 있다. 그들의 셈에 따르면 천도교도의 수가 100만 명에 달한다지만, 실제는 그보다 적다. 그들은 체계적으로 모이진 않지만, 접소(接所)가 기독교도에 있는 것보다 더 많다. 극빈 농민들이 신도의 기본을 이룬다. 머슴이나 소작인이 없고, 인텔리겐치아가 적다. 또한 청년들도 적지만, 그들은 기독교도보다 훨씬 훌륭하다. 3대 교주 손병희가 사망한 후 특히 그를 대신하여 단체를 지도할 인물이 발견되지 못했다.

지금은 3개의 파벌, 즉 1) 교단의 약 3분의 1을 헤아리는 신파, 2) 교단에서 다수를 구성하며 모든 이동 수단을 지배하는 구파, 3) 가장 약한 중립파가 있다.

신파는 천도교 출신의 선도적 인텔리겐치아를 규합하고 있다. 부분적 요구를 지지하는 신파는 자치론자들에 가깝고, 이들의 신문『동아일보』와 연관되어 있다. (언젠가 『동아일보』는 "목표가 아니라 운동이 전부다"라는 내용의 선언을 발표했다) 신파는 꽤 크고 선동적인 사업을 벌이며, 잡지『조선 농민』과 소년잡지를 발행하고 있다. 유명한 박진순이 이 조직과 연결되어 있다. 그들에겐 농민정당을 설립하려는 의도가 있다. □□와 개인적 관계가 있다.

구파는 신파가 제안하는 중의제에 반대하면서 낡은 위계적 조직체계를 고수한다.

---

* 정확하게는 15명이다.

그러나 그들은 조선의 완전한 독립이라는 강령에 입각해 있다. 역시 □□와 관계가 있다. 중립파는 구파와 신파의 통합을 원한다.

천도교는 약 20개의 청년회(구파 19개, 신파 1개)를 보유하고 있다. 서울에 천도교청년동맹이 있다. 문화교육사업을 벌이고 있으며, 정치적인 일에 참여한다. 최대 2,000명을 헤아리며, □□□가 그들과 연관되어 있다.

РГАСПИ, ф.495, оп.45, д.9, л.1.

〈페트로프가 1926년 1월 코민테른 집행위원 H. 부하린과 M.로이에게 보낸 보고 서한〉

기밀

전체로서의 조선 문제에 관한 결정과는 별개로, 일련의 개별 인사 관련 문제는 해결될 수 있고 또 시급히 해결되어야 한다.

원동비서부는 이들 인사 관련 안건을 논의하고 다음과 같이 결정(12월 18일 자)했다:

1. 우리가 천도교에 대해 시행하는 정치노선과 관련하여 쉐린 동무의 동방노력자공산대학 입학을 허가할 필요가 있다. 이런 생각은 슈마츠키 동무의 의견과 일치한다.

2. 도착한 대표자들의 보고를 청취할 필요가 있기에 고려공산청년회와 서울청년회의 대표 티모샤=고광수와 이정윤을 코민테른 집행위원회로 파견한다.

이 결정을 정치비서부가 승인했으며, 위의 두 동무는 코민테른 집행위원회에 임시 파견된다.

3. 서울청년회 대표 최창익 동무를 즉각 조선으로 보낸다.

최창익 동무를 조선으로 보낸다는 위 결정과 관련하여 다음을 염두에 둬야 한다:

  a) 최창익 동무는 보고하기 위해 이미 9월 중순에 잠시 모스크바에 왔다.

  b) 그는 자신의 보고를 제때 했으며, 지금은 아무 사업도 하지 않으며 또 할 수도 없다.

  c) 지금까지 그에게 (일비와 숙박비로) 800루블이 넘는 자금이 소요되었다.

  d) 최창익 동지가 아무런 일도 없이 모스크바에 계속 체류하는 것은 그 자신뿐만 아니라 다른 조선인들까지 나태하게 한다.

페트로프

1926년 1월　일

수신: 부하린 동무, 로이 동무

РГАСПИ, ф.533, оп.10, д.1895, лл.1-3.

〈김영만과 신철이 조선 공청운동에 관해 국제공청 집행위원회에 보낸 1926년 1월 25일 자 보고〉

국제공청 집행위원회 앞

보고: 조선의 공청운동에 관하여

I. 조선의 공청운동에 대한 조훈 동무의 지도는 다음과 같은 객관적 결과를 수태했다:

1) 그것은 조선의 공청운동을 여러 갈래로 분열시켰다.

2) 그것은 대중적 민족혁명운동을 여러 갈래로 분열시켰다.

3) 그것은 신흥청년회로 하여금 좌익 소아병으로 고통을 겪게 했다.

4) 그것은 신흥청년회로 하여금 조선 청년운동의 중앙협회인 조선청년총동맹에서 아무런 권위도 누리지 못하고 실제적 힘도 전혀 보여주지 못하게 만들었다.

5) 신흥청년회는 조선의 혁명운동에서 자기가 수행해야 할 역할을 잘못 이해하였다. 즉, 문화계몽운동을 자신의 주요 목표로 삼았으며, 이로 인해 진정한 혁명운동으로부터 이탈했다.

6) 단일 조선공산당의 창건을 방해했다.

7) 국제공청의 권위를 배반했다.

II. 조훈에 의해 초래된 상기 결과들의 원인은 다음과 같다:

1) 그를 맹종하는 청년들 몇 명을 모아 고려공산청년회라는 이름을 붙였다(기존의 소위 공산청년회는 조선 공산주의운동에 대한 지도를 위해 필요한 역사와 실제 역량을 충분히 보유하지 못하고 있다).

2) 그의 잘못을 비판하거나 무슨 이유에선지 그에게 협조하지 않는 개인이나 단체를 비정통적이라고 낙인찍어 공청에서 축출하고, 그들과 통합하기를 거부하며 그들을 반혁명적이라고 선동한다.

3) 조선에는 민족운동이 필요 없고 대신 사회주의혁명을 바로 완수해야 한다고 말하면서, 민족주의 단체를 적대하고 민족혁명 통일전선의 결성을 방해했다.

4) 다른 한편으로, 대중 사이에서 직접 사업하지 않고 중앙에 틀어박혀 기존 단체들에 반대하는 새 단체를 만드는 방식으로 잔인한 분파 투쟁을 이끌었다.

5) 민족해방운동의 구성 부분인 여러 종교의 청년회들과 격렬한 투쟁을 벌임으로써 혁명운동 내부에서의 투쟁을 선동했다.

6) 위에 서술된 방식으로 민족해방운동을 갖은 방법으로 적대시하고 이렇게 외쳤다: "조선의 소비에트 정부 만세!"

7) 조선의 현실에 전혀 부합하지 않는 구호를 외친 그들은 심지어 조선청년총동맹에 [자신의] 대표를 단 한 명도 포함시킬 수 없었다.

8) 프롤레타리아 의식의 발전 수준이 매우 낮고 확고한 단일 공산당이 부재한 조선의 특수성을 과소평가하면서 오직 "교육"이라는 구호를 제기하였고, 이로써 그의 지도하에 있는 청년들을 운동의 지대에서 뒤처지게 했다.

9) 자신의 활동을 침소봉대하는 여러 허위 보고를 내고, 국제공청 앞에서 갖은 방법으로 다른 단체들을 악선전하고, 이로써 다른 단체들이 국제공청에 접근하는 것을 저지하였다.

10) 화요회와 블록을 형성하여 무모하게 가짜 조선공산당을 만들고, 단일 조선공산당 창건 사업을 결정적으로 방해했다.

11) 조선의 상황에 관한 보고들을 (자신의 조직에만 유리하게) 터무니없이 허위로 작성하여 제출했으며, 이로써 국제공청이 조선 문제에 대해 일부 잘못된 생각과 관점을 갖지 않을 수 없게끔 했으며, 그럼으로써 국제공청의 권위를 배반하였다.

그렇게 해서 조훈과 신흥청년회 일원들은 레닌주의를 배신하고 코민테른이나 국제공청의 노선과 완전히 무관한 자신의 고유 노선을 추구했으며, 코민테른과 국제공청의 관점에서 전혀 용인될 수 없는 행동을 했으며, 혁명 전선을 와해시키고 혁명 역량을 분해했으며, 지도부의 권위를 훼손했으며, 단일 조선공산당과 단일 고려공청의 설립을 지연시키고 방해했으며, 그와 비슷한 객관적 반혁명 활동을 대량으로 자행했다. 이것은 그들이 혁명의 헤게모니 및 외부로부터의 물적 지원을 독점하려고 꾀했던 것으로 설명이 된다.

III. 따라서 우리는 국제공청이 다음과 같은 조치를 해야 한다고 생각한다.
1) 조선의 모든 공청그룹을 통합하는 방법으로 조선의 공산청년회를 설립한다.

2) 자기 단체들의 이익을 조선의 프롤레타리아 청년운동 전체의 이익보다 더 중시하는 고려공산청년회 지도그룹과 특히 조훈이 가진 비정상성을 근절하기 위한 적절한 조치를 한다.
3) 고려공산청년회와 그 영향을 받는 단체들의 좌익 소아병과 문화계몽운동 및 정치적 복지부동을 근절할 수 있는 적절한 조치를 한다.
4) 단일 조선공산당 창건 사업을 방해하는 조훈, 신흥청년회, 화요회의 전횡에 종지부를 찍는다.

주: 우리는 이 보고 내용을 입증하는 사실들이 상세히 기술된 특별 보고를 제출할 것이다.
현재 조선의 여러 공청그룹 대표들이 블라디보스토크에 체류하고 있다. 국제공청이 그들과 직접 대화를 가졌으면 좋겠다.

1926년 1월 25일, 모스크바

고려공산청년동맹(서울청년회 내 비합법단체) 대표 김영만
공산주의자그룹(북풍회 내 비합법단체) 대표 신철[= 신용기]

РГАСПИ, ф.533, оп.10, д.1894, лл.1-12.

〈고려공산청년회 중앙위원 권오설과 김동명이 국제공청 집행위원회에 보낸 1926년 1월 31일 자 보고〉

국제공청 집행위원회 앞

1. 우리 동지들의 체포 관련 상황

a) 사건의 원인

신의주에서 신만청년회 회원 20명이 체포된 것과 관련해서 해외연락소장 독고전의 집에 대한 수색이 있었고, 그때 국제공청으로 보내져야 했을 고려공청의 보고서가 발각되었다. 독고전에 대한 수색 이유는 밝혀지지 않았는데, 현재 우리가 그것을 조사하는 중이다.

b) 체포된 공청원 명단

성명	공청 직책	합법단체 직책	피검 장소	현재 상황
1. 박헌영	중앙위원회 비서	신흥청년동맹 상무위원	집	신의주교도소에 수감되어 심리 중에 있음
2. 홍증식	중앙위원	신흥청년동맹원, 화요회원	집	신의주교도소에 수감되어 심리 중에 있음
3. 신철수	중앙위원	대구청년회원	민중대회(전조선민중운동자대회) 때 체포됨. 그는 체포되어 1년간 구금되었으나, 석방되지 않고 신의주교도소로 보내졌음	신의주교도소에 수감되어 심리 중에 있음
4. 임원근	중앙위원회 후보위원	한양청년동맹 의장	집	신의주교도소에 수감되어 심리 중에 있음
5. 최윤옥	중앙위원회 검사위원	평양청년회 상무위원	집	석방되어 사업 중

6. 조이환	중앙위원회 검사위원	신흥청년동맹 상무 위원이자 ≪시대일 보≫ 기자	조사를 위해 신의주 로 갔다가 그곳에서 체포됨	신의주교도소
7. 김상주	마산 지회 비서	마산청년회원	집	신의주교도소
8. 박길양	강화 지회 비서	강화청년연합회 상무위원	집	신의주교도소
9. 임형관	신의주의 열성 일꾼, 국경연락소의 중앙위원회 대표	국경 청년연합회 상무위원	집	신의주교도소
10. 김경서	신의주의 공청원	국경 청년연합회 상무위원	집	신의주교도소
11. 주세죽	서울의 열성적 여성운동자	조선여성동우회 상무위원	집	석방되어 사업 중
12. 장수산	공청 열성 일꾼	신흥청년동맹 상무위원	민중대회(전조선민 중운동자대회) 때 체 포됨. 그는 체포되어 1년간 구금되었으나, 석방되지 않고 신의 주교도소로 보내졌 음	교도소
13. 김재봉	조선공산당 중앙위원회 비서	화요회 상무위원	피신 중 서울에서 체 포됨	교도소
14. 유진희	조선공산당 중앙위원	화요회 상무위원	집	교도소
15. 주종건	조선공산당 중앙위원	화요회 회원	집	교도소
16. 김약수	조선공산당 중앙위원	북풍회 상무위원	일본에서 오던 중에 대구에서 체포됨	교도소
17. 윤덕병	조선공산당 중앙위원회 검사위원	조선노농총동맹 상무위원	집	교도소
18. 서정희	조선공산당원	조선노농총동맹 상무위원	집	교도소
19. 독고전	신의주 해외연락소장	신의주 신인회 상무위원	집	교도소
20. 조동근	해외연락소 일꾼	안둥[=단둥]청년회 상무위원	집	교도소

21. 진병기	평양의 조선공산당 열성일꾼	평양 노농동맹위원회 위원	집	교도소
22. 서상욱	비당원	대구 용진청년회 상무위원	서울에서 체포됨	석방됨

총 22명이 체포되어 그중 3명이 석방되었다.

2. 조직 정비

고려공청 중앙위원 7명(그중 1명은 당중앙위원회 대표다) 중 3명이 검거되었으며, 2명은 상해에 있고, 현재 지하에서 당 사업을 벌이는 권오설 동지 1명이 서울에 있다. 그렇기에 이 자리들을 후보위원들로 충원해서 사업을 시작해야 한다. 공청 중앙위원회 비서로 이병립 동지를, 중앙위원으로 김동명, 전덕, 염창렬, 이상훈, 김남수 동지와 당중앙위원회 대표 1인을 임명한다.

3. 상해 임시특별연락소

이 연락소는 연락 업무를 담당해야 할 뿐 아니라, 상해에는 중앙위원회에 의해 선출되었던 2명의 중앙위원이 있음을 고려하여 새 중앙위원회와 긴밀히 연락하며 필요 불가결한 지시를 통해 새 중앙위원회의 사업을 지원해야 한다. 그리고 상해의 구중앙위원들과 새 중앙위원회가 그것에 동의했기 때문에 김단야와 박철환 및 당 중앙위원 김찬으로 연락소가 이미 설립되었다.

상해 임시연락소의 권한과 책무 :

a) 창립대회 결정에 의거한 지시를 통해 전술 수립 등에 대해 새 중앙위원회를 지원한다. 새 중앙위원회는 당면한 실천사업을 수행하며, 상해연락소(뷰로)와 함께 원칙적이고 매우 중요한 문제들을 결정한다. (이런 절차가 사업을 지체시킬지라도 그것이 사업에 유익하다).

b) 공청 중앙위원회의 모든 보고는 중앙위원회 비서와 상해연락소(뷰로) 비서에 의해 서명이 되어야 한다. (때때로 비밀성을 고려하여 상해뷰로의 비서 1인만 서명할 수 있다).

c) 만주에서의 사업은 중앙위원회와의 합의에 따라 상해로부터 직접 지도된다.

d) 이 연락소는 다음번 전조선대회의 소집 때까지 그 소임이 유지된다.

4. 지금까지 고려공산청년회 중앙위원회와 국제공청 간의 연락은 국경연락소들과 상해를 통해, 그리고 때로는 ○○○을 통해 이루어졌다. 우리는 중앙위원회와 국제공청 간 연락이 ○○○—모스크바로 직접 이어지는 것보다 서울—상해—모스크바와 모스크바—상해—서울로 이어져야 한다고 생각한다. 매월 1회 국제공청과 중앙위원회 간에 보고가 교환되어야 한다. 지금까지 우리는 당이 조직한 국경연락소들을 이용했지만, 와해와 체포 사태 후에 우리는 독자적으로 그에 상응하는 국경연락소를 구축할 필요가 있다고 생각한다.

5. 체포 사태 후의 중앙위원회 활동
a) 조직 활동
체포 사태 후에 중앙위원회는 공청 지회에 대한 중앙위원회의 직접 지도에서 나타난 자신의 조직적 취약성을 인정했으며, 이에 따라 중앙위원회는 대회에서 선출되지 않고 그냥 임명되는 각 도위원회를 조직하였다. 이미 경기도, 경상북도, 경상남도, 전라남도, 함경남도에 도위원회가 만들어졌다. 지회의 수가 적은 나머지 도들은 중앙위원회의 직접 지도를 받는다. 그 후 체포 원인에 대한 상세한 해명과 조직의 사업 조정을 위해 현장에 지도원을 파견하였다.
조선의 공청에는 아직도 노동자와 농민의 수가 적은데, 이는 조선이 처한 여건에 의해 설명된다. 하지만 고려공산청년회를 노동자·농민의 단체, 프롤레타리아 청년단체로 만들기 위해 앞으로 공청에 농촌과 공장의 청년들을 영입하는 조치가 취해질 것이다.
b) 선동사업
체포 사태 후에 일본제국주의의 스파이인 조선 경찰에 대한 광범한 선동 운동이 조직되었다. 경찰이 인민 활동가들을 체포하고 투옥하는 건 인민을 위해서가 아니라 인민을 적대하기 때문이라는 설명이 수반되었다. 운동은 아주 잘 진행되었다. 우리의 기관지 『조선지광』(당과 공동으로 발행함)은 체포 사태 후에도 계속해서 발간되고 있다. 이미 6개 호(29호~34호)가 발간되었다. 마지막 34호는 1926년 1월 2일에 나왔다.
중앙위원회는 재일 고려공산청년회 회원들에게 합법 잡지 『청년조선』의 발간을 위임했다. 1월 1일에 첫 호가 발간되었다. 합법을 지향하는 이 잡지는 광범한 대중을 대상으로 한다. 김정규와 이상호가 이 잡지를 운영하고 있다.

1월 15일* 칼 리프크네히트와 로자 룩셈부르크의 날에 거행된 기념행사에 대하여.

중앙위원회는 모든 지회에 이날 서울, 대구, 평양, 진주, 함흥, 마산, 순창, 인천 등에서 집회와 시위를 하라는 지령을 내렸다. 현지에서 행사 계획이 작성되었으나 경찰의 엄한 금지가 이어졌다. 중앙위원회는 경찰과의 충돌로 무고한 희생자가 발생하고 조직이 약해질 수 있다고 생각하고 이런 불상사를 피할 목적으로 함흥, 인천, 마산, 진주, 서울에서 추모 야회를 열기로 결의했다. 서울에서는 (회원이 2,300명에 달하는 한양청년동맹이) 칼 리프크네히트와 로자 룩셈부르크의 초상화들과 각종 구호로 시내를 장식했다.

대화와 오락을 마친 후 5분간 애도의 묵념을 했다.

c) 교육사업

모든 지회가 지하사업의 수행 방법에 관한 지령을 받았다. 레닌주의 문제와 트로츠키주의를 "학습"하기 위한 소조들이 조직되었다. 공청뿐 아니라 모두를 위한 대자보와 생활신문이 발행되고 있다. [1925년 12월에 열린] 전연방볼셰비키공산당 제14차 대회의 문제들은 잘 정리되어 각 지회로 발송될 예정이다. 레닌학원의 개설 계획은 지금껏 실현되지 않았다.

d) 경제사업

1925년 11월부터 우리가 지도한 청년 노동자들의 경제 여건 개선 투쟁은 다음과 같다:**

6. 합법 청년단체 사업

(1) 경상북도청년회

11월 1일 김천에서 도내 7개 군의 청년회 대표 20명이 도 대회를 준비하기 위한 모임을 열려고 했지만, 경찰의 개입으로 그것이 성사되지 못하였다. 하지만 대표들은 도 대회의 준비 문제를 더 잘 논의하고자 "기성회"의 이름으로 끝까지 사업을 계속했다.

(2) 경상남도청년회

11월 29일 경상남도 6개 군의 청년회가 도 청년회를 조직했다. 12월에 도 경찰에서

- ● 1월 15일은 로자 룩셈부르크(1871~1919)가 살해된 날이다.
- ●● 원문에는 이하에서 임금과 노동시간 및 비인격적 대우 문제를 둘러싸고 주로 서울의 소기업에서 벌어진 8건의 노사분규가 날짜, 장소, 업종, 쟁의 참여 인원, 분규의 원인, 분규 지속 여부, 합의 내용을 기준으로 정리되어 표로 제시되어 있으나, 문서 상태로 인해 판독이 어려워 표의 번역은 생략한다.

도 청년회를 인가하지 않겠다고 발표했다.

(3) 경기도청년회

인천청년회와 개성청년회가 주도하여 도 대회를 준비했다. 면회를 군회로, 군회를 도회로 통합하기로 결의했으며, 경찰은 그것을 금하고 있지만 다른 단체들(즉 중앙집권화된 단체들)에 대해선 주의를 기울이지 않고 있다.

강원도청년회와 전라북도청년회(서울의 청년회가 이 단체들을 지도하고 있다)

(4) 조선노농총동맹

조선노농총동맹은 공산당과 함께 총동맹 전체를 노동동맹과 농민동맹 2개로 분할하기로 결의하였으며, 2개의 동맹이 사업을 하고 있다.

(5) 대구학생회

11월 20일 학생 50명이 학생회 설립을 공표했지만, 경찰이 그것을 허가하지 않았다.

(6) 조선양말직공조합

대구양말직공조합이 공산당과 함께 전조선양말직공 대회를 소집하기 위해 노력하고 있다.

7. 고려공청에서 회원 7명을 제명한 일에 대하여

경성청년회는 신철[=신용기], 김약수 동지의 단체이며, 신철, 김약수 동지의 지도하에 송봉우, 김장현, 신주극, 서봉석, 송정, 김석연, 박광열 동지를 주축으로 한다.

올해(1925년) 9월 공청 중앙위원회는 경성청년회 내부에 핵심이 있다는 것을 알고 이 문제를 논의한 후 이 동지들을 고려공청에 받아들이기로 결의했고, (김약수가 이 핵심에 속하는 이들의 명단을 제공했다) 그들에게 전적으로 세포 사업을 맡겼다. 그 후 당과 공청의 중앙위원들이 체포되는 사태가 있었고, 핵심은 이를 정치적 위기로 간주하며 당과 공청에 맞서기 시작했다. 그런 행위의 목적은 경성청년회를 중앙으로 삼아 조선 청년운동 전체의 수장이 되고자 하는 것이었다.

이런 목적으로 그 핵심은 공청 중앙위원회의 모든 비밀을 누설하였고, 중앙위원회를 와해시키기 위한 계략을 꾸미고 있다. 이와 관련해서 아래와 같은 사실이 있다:

(1) 비밀 누설. 조선은 마치 전시 상황에 놓여 있는 것 같아 공청사업이 비밀 엄수하에 수행되어야 하며, 중앙위원회 사업은 오직 당 중앙위원회에 보고되어야 한다. 김약수는 북풍회를 개선할 목적으로 당 규율을 무시한 채 당 중앙위원회의 비밀을 북풍회와 경성청년회 회원들에게 넘겼다.

송봉우와 김장현은 한양청년동맹의 회원 모두에게 다음과 같이 말했다:

a) "여러분은 고려공청회의 존재에 대해 혹시 아는가? 만약 모른다면, 그들은 자신을 청년운동 활동가로 여긴다고 하면서 왜 고려공청회의 존재에 관해 이야기하지 않는가? 지금까지 여러분은 몇몇 사람의 하수인이었을 뿐이다. 전에 그들은 여러분과 함께 일하길 원했지만, 지금은 완전히 독자적으로 사업하고 있다. 이제 우리는 속으면 안 된다. 고려공청회 중앙위원회 위원들의 이름을 알려주겠다."

b) "학생들의 모스크바 파견에 대해 혹시 아는가? 보라, 그와 같은 중요한 일을 여러분에겐 알리지 않는다. 모스크바로 파견된 학생 모두의 이름을 알려주겠다."

c) "권오직이 상해에서 안동으로 와서 사업 자금 1,700루블을 박영관에게 전달했다."

d) "허정숙이 여성운동을 위한 사업 자금을 받았다."

e) "잡지『조선지광』은 고려공청회의 기관지이다."

(2) 선동적 헛소문

1) 그들, 즉 경성청년회는 우리 공청이 선전 활동을 위해 국외에서 매우 많은 액수의 돈을 받았다는 헛소문을 퍼뜨리고 있다. 그들은 이렇게 말한다: "널리 알려진 바와 같이, 공청과 공산당이 존재하는 모든 나라에서 그들은 선전 활동을 위해 막대한 액수의 보조금을 받는다. 일본공산당을 그 예로 들 수 있다. 이 단체의 지도자인 사노 가쿠[=사노 마나뷔는 1년에 수백만 루블을 받는다. 또한 주지하듯이, 일본 노동자 신문인 ≪무산자신문≫ 역시 공산당이 보조하는 자금에 의해 발간된다.

이러한 사실은 말할 나위 없이 조선도 국외에서 관련 자금을 받고 있음을 입증한다.

이 개자식들(우리 고려공산청년회 중앙위원회를 뜻한다)은 그 자금을 자신들을 부유하게 만드는 데에만 사용하고 있다."

2) "국제기관(코민테른을 의미한다)은 오직 북풍회를 조선의 유일한 혁명단체로 인정한다. 우리에 의해 확인된 다음과 같은 정황이 그것을 입증한다. 즉, 1925년 조선에 홍수가 났을 때 소비에트 러시아가 이재민을 돕기 위해 2만 루블을 보냈는데, 이 금액이 북풍회 앞으로 송금되었다."

3) "매년 학생들을 조선에서 모스크바로 유학을 보내는데, 북풍회와 경성청년회에서만 학생들이 선발되고 있다. 김석천과 박환일(두 사람 모두 경성청년회 회원이다)이 모스크바에서 공부 중인 사실이 그 증거이다

모스크바에 가서 공부하기 위해 매우 많은 수의 동지들이 연해주에서 조선으로 온

다. 하지만 우리가 그들을 공부시키러 보내지 않기 때문에, 그들은 여기서 굶주리며 자연스레 우리에게 악의를 품는다. 주로 이들로부터 그 모든 선동적 헛소문이 퍼져 나온다."

4) "보이틴스키와 남만춘이 지금 유형 중이라서 코민테른의 사업에서 완전히 이탈했다."

5) "조봉암(박철환)이 모스크바에서 추방되었다."

6) 북풍회와 경성청년회의 배신으로 인해 조선에서 공산주의자와 공청원들이 실패하고 체포되는 사태가 발생하였다. (그들이 퍼뜨리는 이런 헛소문들은 확실히 어떤 현실적 근거가 있는 것처럼 보인다)

(3) 우리 고려공청에 대한 경성청년회의 투쟁

그들이 선동적 헛소문을 퍼뜨리고 있다는 증거로 우리가 위에 지적한 사실들은 한편으론 우리 지하활동의 일부 대목이 폭로되었고, 다른 한편으론 그들이 오직 우리 고려공청의 청산과 와해를 목표로 행동하고 있음을 보여준다.

우리는 추가로 이런 사실을 알고 있다. 1925년 12월 4일 운니동 48번지 정종명(신철의 아내)의 집에 신주극과 손영극을 주축으로 10명이 모였다(그중 북풍회원이 7명이었다). 이 회합에서 그들은 우리 고려공청에 반대하는 전술과 자신들의 활동을 논의하였다. 이 회합에서 보고자 중 한 명은 김약수 선생(조선공산당 중앙위원)이 '고려공청의 전술은 실패했으며 그들의 악선전은 절대 용인될 수 없다'라고 진술한 것처럼 이야기했다. 그래서 그들은 다른 반대 투쟁의 전술을 짰다. 그것은 다음과 같다:

a) 공산당과 공청의 최정예 지도자들이 대부분 체포되어 투옥되거나 피신한 사실을 청년 대중에게 설명할 필요가 있다. 그에 따라 공산당과 공청의 현 지도자들(이들은, 그들의 견해에 따르면, '정상배들'이다)을 대중에 대한 영향력에서 격리해야 한다.

b) 이를 목표로 그들은 중앙과의 투쟁을 시작하기로 결의했다. 그들은 우선 한양청년연맹에 대한 신흥청년동맹의 영향력을 약화시키고, 지도부를 장악하고, "청년 사업 소비에트"의 설립하여 자기 사업을 통해 나중에 현 청년운동 지도자들을 사회적으로 매장하려고 시도했다. 그렇게 해서 소위 고려공산청년회의 기존 영향력이 용해되고 없어질 것이며, 그러면 그들에게 훌륭한 청년단체를 설립할 기회가 생긴다는 것이다.

일본제국주의의 반동 정치가 강화되고 있다. 현재 조선은 전쟁이나 다름없는 상태에 놓여 있다. 그 원인은 조선 자치론이 다시 고개를 들었고, 이 "최면제"로 대중을 봉기하게 만들기 때문이다.

다른 한편에서, 당과 공청의 최정예 분자들이 일본제국주의자들에 의해 투옥되었다. 따라서 우리의 과제는 우리의 대오를 더 강하게 결속시키고, 우선 조선의 반동분자들에 대한 우리의 대외정치적 투쟁을 강화하는 것이다. 이것이 우리가 고려공산청년회 내의 반대파 분자들과 관계를 단절하기로 결의한 이유이다. 이것으로 우리가 공청 및 합법단체에서 7명을 축출한 것이 설명된다.

이것이 작은 문제이긴 하나, 우리는 그것을 감추는 것이 불가능하다고 생각한다. 이것이 우리가 그에 관해 여러분에게 통지하는 이유다.

1926년 1월 31일, 서울

고려공산청년회 중앙위원 권오설, 김동명

PГАСПИ, ф.533, оп.10, д.1895, лл.26-37.

〈김영만이 국제공청 집행위원회에 보낸
1926년 2월 2일 자 보고〉

국제공청 집행위원회 앞

발신: 서울청년회 내 공청그룹

I. 서울청년회 내 공청그룹[=고려공산청년동맹]의 간략한 역사와 상황

1) 1922년 9월 13일 서울에서 김사국, 김사민, 이영, 고준[=안병진], 김한, 전우[=정재달], 조훈 및 다른 동지들을 성원으로 하여 고려공산청년회 중앙총국이 조직되었다. 하지만 이 중앙총국은 몇 주 후에 곧 와해되었다. 중앙총국이 와해된 이유는 다음과 같다:

a) 중앙총국 위원 중 한 명인 전우 동지는 조훈 동지하고만 비밀협의를 한 후에 국제공청 제3차 대회에 참석하여 허위 보고를 했고, 이로써 그는 모험주의적이고 범죄적인 행위에, 즉 조훈 동지의 기만과 허풍을 방조했다.

주: 전우 동지와 조훈 동지는 중앙총국의 위원 중 한 명인 고준 동지가 상해에서 이주해 왔다는 것을 이유로, 중앙총국이 서울에서 결성된 게 아니라 상해로부터 조직적으로 이전되었다고 주장했다. (상해에서 조훈에 의해 단지 몇 명으로 결성된 소위 중앙총국은 조선의 청년운동에 아무런 영향도 미치지 못했을 뿐 아니라, 심지어 아무런 연관성도 없었다).

서울에 중앙총국 하나만 조직되었을 뿐 단 하나의 공청 지회조차 만들어지지 않았음에도 불구하고 그들은 자신들이 벌인 활동에 엄청난 결과가 있었음을 보여주기 위해 국제공청에 보낸 보고에다 자신들 휘하에 다수의 지회가 있다고 기술했다.

b) 총국의 위원들이 체포되거나 국외로 망명했다. (김사민과 김한이 체포되었고, 김사국은 만주로, 조훈은 러시아로 망명했다).

c) 중앙총국을 지도하던 공청그룹이 와해되었다.

2) 1922년 10월 11일 서울청년회에 콤그룹[=고려공산동맹]이 조직되었고, 그 조직부 산하에 만들어진 공산청년부가 공청 운동을 지도하였다.

3) 1923년 7월 상기 콤그룹의 지도하에 고려공산청년동맹 중앙총국이 조직되었고, 이 중앙총국은 서울청년회 콤그룹의 조직부에 속한 청년부의 사업을 계승하였다. 중앙

총국 위원은 다음의 7인, 즉 임봉순, 박사홍, 최창익, 최진만, 이관진, 강□□, 장채극 동지였다.

고려공산청년동맹 강령의 가장 중요한 조항은 다음과 같다:

(1) 우리의 목표는 조직적 투쟁으로 낡고 부조리한 자본주의사회를 타도하고 평등한 사회적 삶, 즉 공산주의적 삶을 수립하는 것이다.

(2) 우리는 프롤레타리아 청년을 교육하고 조직하여, 그들을 프롤레타리아트의 해방을 위한 투쟁과 그들의 이익을 위한 투쟁으로 유인한다.

(3) 우리의 목표를 달성하기 위해 우리는 만국의 혁명적 프롤레타리아 청년들과의 긴밀한 관계 수립을 목표로 삼는다.

(4) 고려공산청년동맹은 1924년 4월과 11월, 그리고 1925년 4월에 자신의 대표자회를 소집하였다.

1924년 11월에 열린 대표자회에서 강령에 다음과 같은 조항을 추가하였다: "조선의 현 상황을 고려하여 우리는 조선의 민족혁명 청년들과 긴밀한 관계를 수립하고 민족혁명 통일전선을 결성하기 위해 노력한다."

(5) a) 고려공산청년동맹의 조직: 중앙 지도기관은 서울에 소재하며, 지방의 모든 세포를 지도한다.

b) 고려공산청년동맹에 통합된 지회의 수 – 38개.

c) 공청원 수 – 250명(1925년 9월 중순 현재).

d) 공청원들의 사회 성분(%): 농민 – 70%, 지식인 – 20%, 노동자 – 10%

II. 고려공산청년동맹과 서울청년회 콤그룹[=고려공산동맹]의 상호 관계

고려공산청년동맹은 서울청년회 및 사회주의자동맹(합법단체) 내 콤그룹들의 정치 지도를 받는다.

III. 고려공산동맹과 서울청년회(합법단체)의 상호 관계

서울청년회는 고려공산동맹의 지도를 받는 합법단체이며, 고려공산동맹은 서울청년회를 통해 자신의 모든 대중사업을 수행한다. (서울청년회에 관한 특별보고 참조).

IV. 고려공산청년동맹과 국제공청 및 조선의 타 공청그룹과의 역사적 상호 관계

고려공산청년동맹은 타 공청그룹[=고려공산청년회]과 국제공청 간의 역사적 관계와

상황으로부터 영향을 받았다. 이는 이 2개의 공청그룹이 여러 콤그룹의 정치적 지도하에 있었다는 사실로 설명된다.

1) (1922년 9월 13일) 고려공산청년회 중앙총국이 설립될 때, 우리의 책임일꾼들은 국제공청 대표인 조훈 동지와 연락하였다(이것을 우리는 국제공청과 연락한 것이라고 여겼다). 하지만 그 중앙총국은 상기 이유로 인해 해산되었고, 국제공청과의 연락 역시 단절되었다.

2) 1923년 5월과 6월에 우리는 국제공청에 의해 승인된 [고려공산청년회] 중앙총국 책임일꾼 신철[= 신용기] 동지와 더불어 통합과 관련한 협의를 진행했다. 하지만 당시 코르뷰로 내지부와 우리 콤그룹[=고려공산동맹] 사이에 시작되었던 통합에 관한 협의가 채 결말이 나지 않았고, 그에 따라 공청그룹들의 통합 관련 협의도 연기되었다.

주: 당시 고려공산청년회 중앙총국은 코르뷰로 내지부의 지도하에 있었고, 고려공산청년동맹은 서울청년회 콤그룹의 지도하에 통합되어 있었다.

3) 1923년 6월 말 전우[=정재달]가 서울에 도착해서 원우관, 김찬 등과 함께 코르뷰로 내지부의 영향력을 박탈하고, 이로써 화요회 구성 분자들로 대표되는 자신의 힘(자신의 헤게모니)을 강화하기 위한 적극적인 투쟁을 전개하였다. 적대적 행동이 서울청년회로 향했고, 이에 따라 [콤]그룹들 사이에 격렬한 투쟁이 벌어졌으며, 그 결과 통합을 위한 대화가 결렬되었다.

그에 따라 고려공산청년동맹과 고려공산청년회 중앙총국 간의 대화 역시 진행되지 않았다.

4) 1924년 2월과 3월에 조선의 모든 합법적 민족혁명 청년단체를 통합하여 조선청년총동맹을 결성하고, 동시에 조선의 모든 공청그룹을 통합하기 위한 협의가 상기 그룹들 사이에 진행되었다.

5) 1923년 3월 국제공청의 위임에 따라 조훈이 2개의 공청그룹을 통합할 목적으로 서울에 왔다. 하지만 통합은 다음과 같은 이유로 성사되지 않았다:

(1) 당시 조선에서 모든 콤그룹의 대표들이 단일 조선공산당 창립을 목표로 결속되어 있었다. 이들은 우리 고려공산청년동맹 그룹에게 자신들의 결정, 즉 콤그룹의 통합 문제가 결정될 때까지 공청그룹의 통합 문제에 대한 협의를 연기한다는 결정에 따를 것을 제의했다. 우리는 이 결정을 따르지 않을 수 없었고, 결국 따랐다. 하지만 조훈은 그들이 결정을 받아들이지 않았다. 그는 이렇게 말했다: "우리는 그들의 결정을 따르지 않아도 된다. 왜냐하면 그들은 그룹들의 통합체일 뿐 당 조직이 아니며, 따라서 그들과

연계를 가질 필요가 없기 때문이다."

(2) 우리의 책임일꾼 중 한 명인 김사국이 국제공청으로부터 '조훈과 함께 고려공산청년회 중앙총국과 우리의 고려공산청년동맹을 통합시키라'라는 지령을 받았다. 그러나 당시 그는 아직 서울에 도착하지 못한 상태였다. 우리는 김사국이 서울에 온 후에 통합 작업을 시작하는 게 좋겠다고 말했다. 그러나 조훈은 우리 말을 거부하면서 당장 그의 지도하에 협의를 시작하자고 제의했다.

(3) 우리는 2개 공청의 중앙들을 해산시키고 단일한 지도적 중앙을 조직하자고 제안했다. 하지만 조훈은 우리의 중앙만 해산하고 고려공산청년회 중앙총국을 존속시키면서 우리 동맹에서 몇 명을 중앙총국으로 들여보내자고 제안했다. 조훈이 조봉암과 결탁하여 신흥청년동맹에 있는 공청그룹 쪽의 헤게모니를 강화하고 유지하고자 했던 것은 사실이다.

(4) 조훈은 콤그룹들 간에 시작된 협의의 결과는 물론이고 김사국의 도착마저도 기다리지 않은 채 우리에게 일언반구도 없이 블라디보스토크로 떠나버렸다.

(5) 김사국은 1924년 6월 서울에 왔다. 2개의 공청그룹을 통합시킬 목적으로 우리 공산청년동맹과 협의를 한 후 조훈을 서울로 초청하였다. 하지만 조훈은 오지 않았고, 아무런 답변도 주지 않았다.

(6) 1925년 3월과 4월에 신흥청년동맹 공청그룹과 우리 그룹 사이에 이른바 민중운동자대회를 놓고 투쟁이 전개되었다. (이 투쟁의 원인과 사실에 대해서는 후술하는 사업보고를 참조할 것).

(7) 1925년 9월 15일 우리 공청그룹은 다음과 같은 목적으로 우리의 대표를 국제공청에 파견했다:

　① 우리 자신에 대한 국제공청의 지도를 보장받는다.

　② 조선의 공청운동에 대해 보고를 하고, 국제공청에서 조직 문제나 실무 문제 같은 긴급한 사안들을 협의하여 의견을 일치시킨다.

V. 고려공산청년동맹의 사업 및 대중과의 연계

우리 동맹의 합법적 대중 사업은 서울청년회와 조선청년총동맹의 합법단체들을 통해 시행되었다. 따라서 이 2개 단체의 사업 및 그들의 대중과의 연계는 대부분의 경우 우리 공청그룹의 사업이 된다. (이에 대해서는 합법단체 서울청년회의 활동에 관한 우리의 보고를 참조할 것).

VI. 조선의 현황에 대한 우리의 평가

1. 운동의 조직 문제에 대한 우리의 견해

조선의 혁명운동은 황폐해지고 분열된 상태에 놓여 있다. 그 결과로 운동이 조직적인 형태로 발전할 수 없었다. 따라서 운동을 조직화하는 것이 시급한 과업이다. 다른 말로 하자면:

  a) 조선 문제에 대한 코민테른의 강령과 구체적 지령에 의거하여 조선의 모든 콤그룹을 통합하고, 그렇게 해서 단일 조선공산당을 창건한다.

  b) 국제공청의 강령에 따라 모든 공청그룹을 통합하고, 이를 통해 단일 고려공청을 수립한다.

  c) 단일 조선공산당과 단일 고려공청은 자신의 역량을 강화하고 자신의 활동을 발전시키며, 동시에 긴밀한 상호 접촉하에 민족혁명 통일전선과 단일 민족당을 수립하는 불굴의 사업을 수행해야 하며, 각 구성원은 책임성 있게 지도자들에게 협조해야 한다.

  d) 노동운동, 농민운동, 형평운동과 합법적 청년운동을 통일적으로 조직하는 사업을 수행한다.

2. 민족 문제에 대한 우리의 견해

우리의 강령에 따라 우리는 조선에서 일본제국주의자들과 그 추종자들을 무장해제하고 추방할 때까지 하나의 민족혁명운동을 결성, 강화, 발전시켜야 한다고 생각하며, 민족의 독립을 위한 투쟁을 현 시기 우리의 중요한 정치 과업이라고 생각한다.

3. 고질적인 좌익 소아병에 대하여

현재 조선에는 화요회나 신흥청년동맹을 필두로 좌익 소아병에 빠져 있는 콤그룹과 공청그룹이 있다. 이 질병은 혁명 전선, 그중에서도 특히 민족혁명 통일전선을 조직하는 데에 장애물, 방해물로 작용하고 있다. 우리의 견해는 모든 수단을 다해 이 질병을 근절해야 한다는 것이다.

  a) 소아병의 구체적인 예

화요회와 신흥청년동맹 지지자들은 "조선에는 민족운동이 없고 민족운동을 위한 토대도 없으며, 민족운동을 지원하거나 지도할 필요성도 없다"라거나 "조선에는 아마도 극소수의 민족주의자가 있겠지만, 그렇다 해도 그들을 지원할 필요가 없을 뿐 아니라 아예 그들을 제거하면서 조선에 직접 소비에트 권력을 수립하고 프롤레타리아혁명을 일으키는 사업을 수행할 필요가 있다"라거나, 또는 심지어 "민족주의자와 동맹하는 공산주의자는 공산주의자가 아닌 기회주의자이며, 혁명 대중이 피를 두 배로 흘리기를 원하는 자이다"라는 견해를 가지고 있다. 그들은 민족혁명전선을 인정하지 않을 뿐 아니라, 아예 그것을 적극적으로 방해하고 있다. (그 구체적인 사실과 사례가 될 수 있는 게 1925년 1월 1일 평양에서 개최된 민족주의 단체와 공산 단체의 대표자들 합동회의에서 박일병과 김찬을 필두로 한 화요회와 신흥청년회 대표자들이 보인 분열적 행태이다).

b) "종교는 유물론의 적이고 제국주의의 첨병이며, 그렇기 때문에 타파해야 한다."─ 이것이 화요회와 신흥청년동맹 회원들의 견해이다. 그리고 그들은 현재 그러한 방향에서 행동하고 있다. 이것은 조선의 좌익 소아병적 현상 중 하나이다. 다른 말로 하자면, 그들은 조선의 종교 부문에 민족혁명 역량이 얼마나 잠재해 있는지 보지 못하거나 보고 싶어 하지 않는다. 또 그들은 조선 종교의 껍질 속에 있는 대중이 경제적, 정치적으로 처한 극빈의 노예 상황을 생각하지 않는다. 따라서 그들은 한편으론 이 대중이 조선의 종교에서 하는 역할을 생각하지 않거나 보지 않고 있고, 다른 한편으론 혁명적 종파들의 내부에서 민족주의자들이 모집자의 가면을 쓰고 수행하는 지하 민족혁명사업을 인정하지 않고 있으며, 이에 따라 민족혁명 통일전선을 인정하지 않는다. 우리는 여러 사실을 통해 그러한 견해가 민족혁명 통일전선을 방해하고 또 훼손하고 있음을 보고 있다.

1925년 10월 기독교 주일학교 대표자회 당시에 그들은 "반종교" 활동을 벌였는데, 그 결과 기독교 대표자회 참가자들과의 격렬한 투쟁이 벌어졌으며, 1,000명이 넘는 기독교도가 신흥청년동맹 건물 앞에서 시위를 벌이고 위협을 했다. 1926년 1월에 신흥청년동맹 책임일꾼은 올해 자신들이 더 활발하게 반종교 사업을 수행할 계획임을 ≪동아일보≫에 공표하였다.

V. 합법단체 서울청년회의 역사와 조직 및 활동에 관한 보고

1) 1920년 9월 20일 김사국, 이영 등 동지들 30명을 회원으로 서울청년회가 조직되었다.

당신의 강령은 다음과 같다:

a) 역사적으로 필연적인 새 사회를 건설한다. 이 목표를 향해 우리는 돌진한다.

b) 계급적 의식과 조직으로 프롤레타리아 대중의 전위를 편성한다.

2) 1920년 12월 1일 서울청년회는 조선청년회연합회 결성에 참여하였다.

3) 1921년 4월 15일 서울청년회는 다른 12개 단체와 함께 다음과 같은 이유로 조선청년회연합회 대회에서 퇴장했다.

a) 서울청년회가 연합회 대회에서 연합회의 활동과 강령에 담긴 기회주의적인 노선과 견해를 제거하고자 적극적으로 투쟁했음에도 불구하고, 대회는 다수결로 그런 것들을 승인했다.

b) 조선청년회연합회 집행위원인 장덕수와 그 일당이 전혀 용인될 수 없는 방식으로 연합회를 운영했기 때문에 서울청년회가 그들을 집행위원회에서 내보낼 것을 주장했지만, 대회에서 (다수결로) 그들의 활동이 추인되고 그들에게 계속 지도적 역할이 부여되었다. 그들의 잘못된 지도노선과 행태는 다음과 같다:

① 장덕수 일당은 조선 혁명을 위해 러시아소비에트연방사회주의공화국 외무인민위원부에게서 받은 금액 중 6,000루블을 받아 그 대부분을 이기주의적 탐욕에서 완전히 옳지 못하게 지출했다.

② 그들은 김윤식의 사회장을 주도했다. 김윤식은 명문 양반 출신으로 과거에 대신까지 지냈지만 혁명자와는 전혀 상관이 없었고, 혁명에 아무런 지원도, 이익도 주지 않았던 인물이다.

③ 1921년 10월 워싱턴회의에 대표단을 파견하고자 했고, 이런 방향에서 적극적인 활동을 했다.

④ 그들은 "조선이 제국주의의 식민지가 되고 조선 인민이 노예화한 원인은 문화적 후진성 때문이다"라고 하면서 "그러므로 조선 해방의 유일하고 가장 확실한 방법은 문화를 최대로 고양하는 것이다"라고 말하였다. 그들은 그러한 활동으로 혁명의 열기와 대중운동을 먹칠하고 호도했으며, 기회주의로 만들었다.

⑤ 서울청년회는 조선청년회연합회에서 탈퇴한 후 12개 단체와 함께 한편으로 조직적 강화를 추구하며 청년회들을 연합회의 영향력에서 벗어나게 하려고 노력했으며, 다른 한편으로 조선청년회연합회에서 분리된 통합과 지도를 추구하였다. 이에 따라 이미 1921년 10월부터 전조선청년당대회 소집을 위한 구체적인 준비사업이 벌어졌다. 전조선청년당대회는 1923년 3월 25~27일에 개최되었다. 일본 경찰이 대회를 해산시켰기에 중앙 지도기관이 선출되지 못했다. 하지만 대회에 참가한 121개 단체가 서울청년회와 강하게 결속되었고, 기회주의적인 우익 문화계몽주의적 편향에 맞서 공동으로 강력한 투쟁을 벌이기 시작했다.

4) 1924년 2월 10일 이후 서울청년회는 조선청년총동맹의 소집을 주도하는 단체 중 하나였으며, 준비사업에 적극적으로 참여하였다. 조선청년총동맹 대회는 1924년 4월 20일에 개최되었다. 대회에서 선출된 총동맹의 집행위원 25명 중에 서울청년회의 동

지 17명이 포함되었다. 이에 따라 서울청년회는 조선청년총동맹을 지도하는 데에 막중한 역할을 하고 있다.

5) 대중적 문화교육사업 분야에서 일반적인 강연이나 토론 이외에 중앙과 지방에서 노동자들을 위한 85개의 체계적인 학원과 학교가 운영되고 있다(1925년 4월 현재 그런 것이 85개에 달한다). 서울에 대중 도서관－독서실이 개설되었고, 대중적인 공산주의 소책자들이 발간되고 있다(일본인 사회주의자 사카이 도시히코의 저작 『사회주의 학설 대요』, 『사회주의와 진화론』 등이 조선어로 번역되어 발간되었다). 회원들을 위한 정치교육사업으로, 1단계와 2단계의 정치상식 학습이 매월 3회 정기적으로 실시된다.

6) 1924년 12월 25일 개최된 서울청년회 제5차 정기대회는 자기 강령을 다음과 같이 개정하고 보완하였다:

① 역사의 발전 법칙에 따라 필연적인 새 평등사회를 건설하는 것, － 이 목표의 실현을 향해 우리는 돌진한다.

② 우리는 다음을 우리의 긴요한 과제로 삼는다: "청년 근로자들에게 의식과 조직을 주고, 조선 해방운동의 전위가 된다."

③ 상기 긴요한 과제의 실현을 위해 우리는 민족혁명 청년들과 긴밀한 관계를 수립하고, 그들과 함께 민족혁명전선에서 공동의 적에 맞서 싸울 것이다.

7) 1922년 4월 17일 조선노농총동맹 대회 소집을 위한 발기인 그룹이 조직되었다. 서울청년회는 중앙과 지방에서 자신의 형제 단체들을 대회에 참가시키고자 노력했으며, 그 결과 75개의 형제 단체가 대회에 참가했다. 대회에서 선출된 집행위원 50명 중에 서울청년회 지지자가 20명이었다.

8) 3월과 4월에 중앙과 지방에서 대중과 단체들을 이끌면서 이른바 민중운동자대회에 반대하는 투쟁을 벌였다. 반대 투쟁의 이유는 다음과 같다:

① 조선의 각종 대중단체는 각자 자신의 중앙에 속해 있고, 다양한 형태의 대중운동은 각자의 중앙을 가지고 있으면서 긴밀한 접촉과 상호 지지를 유지하고 있으며, 또한 하급 단체는 각자 기존 콤그룹들의 지도하에 있다. 하지만 화요회는 그런 상황을 고려하지 않고 독단적으로 대표자 대회를 소집했으며, 아무런 협의 요청도 없이, 콤그룹들이나 노동동맹, 농민동맹, 청년동맹, 형평사의 집행위원회들과 아무런 소통도 없이 민중운동자대회를 소집하였다. 다른 말로 하면, 화요회는 조선 혁명운동의 조직 관계에 있어 파괴자이자 분해자이다.

② 그 외에 화요회는 그와 유사한 부적절한 방법으로 (민족혁명 통일전선을 부인하

면서) 국내의 혁명 대중에게 자신의 "좌익" 소아병을 주입하려고 했다. 이 역시 민족혁명 통일전선을 파괴하는 것이고 혁명을 방해하는 것이다. 그 결과 화요회는 객관적으로 거대한, 반혁명 성격의 위험을 초래했다.

③ 다른 한편에서, 화요회는 독단으로 민중대회를 소집하고 이를 통해 마치 자신이 조선 혁명운동의 유일한 영도자인 듯이 자신의 온 힘을 조선 전역과 국외에 보여주려고 했고(그러나 이는 근거 없는 허영심의 발로였다), 그와 같은 기만적인 방식으로 새로운 모험의 전제(前提)를 보장받고자 했다. 이런 목적으로 화요회는 타 단체들에 대한 험담과 도발을 일삼았다. 실제로 그와 같은 방해는 거대한 위험, 즉 조선과 국외에 있는 지도기관들과 혁명 대중으로 하여금 조선의 실상에 관해 거짓된 관념을 갖도록, 조선의 상황에 대해 잘못된 평가를 하도록 강요하는 위험을 포함한다.

주: a) 민중대회에 450개가 넘는 단체가 참가했지만, 모두가 화요회의 영향을 받는 것은 아니다. 그들 중 60%는 다른 콤그룹들의 영향을 받는 단체이다. 다수의 단체가 운동을 올바르게 지도하고, 화요회의 좌익 소아병으로부터 대중을 보호하고, 화요회의 독단적 행태를 방지할 목적으로 민중대회에 참가하였다.

b) ≪크레스틴테른≫에 게재된 기사, 즉 "민중대회가 해산된 후 6,000명 이상의 대중이 손에 적기(赤旗)를 들고 시위를 벌였다"라는 등의 기사는 완전히 허위로 작성된 것으로, 조선 문제에 대해 거짓 정보를 제공하였다. 실제로는 지방 대표 30~40명이 야시장에서 단시간 시위를 벌였다.

c) 민중대회의 실제적 결과는 우리 운동의 분열로 귀결되었다.

9) 1925년 7월 29일에 재선출된 조선청년총동맹 집행위원회에서 집행위원 25명 중 24명이 서울청년회 회원이다.

10) 서울청년회 회원들은 청년단체에 적극적으로 참가하는 가운데 노동단체, 농민단체, 백정 단체를 비롯한 다양한 민족혁명단체에도 적극적으로 참가한다.

11) 단체 서울청년회(단일 조직)의 기구(사무국 체계)에 15명이 있다. 사무국에는 총무부, 노동부, 농민부, 선전부, 검사부가 있다.

회원 수는 251명(1925년 10월 중순 현재)이다. 농민이 약 70%, 노동자가 약 10%, 지식인이 약 20%이다.

주: 서울청년회는 1922년 10월 그 안에 수립된 콤그룹[=고려공산동맹]과 1923년 7월에 결성된 공청그룹[=고려공산청년동맹]의 지도를 받는다. 이 지도는 현재도 유지된다.

VI. 국제공청에 내는 우리의 제안

1) 국제공청에 유일하게 등록된 고려공산청년회는 단지 하나의 공청그룹(신흥청년동맹)일 뿐이다. 즉, (절연된 콤그룹 중 하나의 지도하에 있는) 분열된 조선 공청운동에 있는 그룹 중 하나일 뿐이기 때문에 그것은 조선의 공청운동과 조선 청년들의 민족혁명운동을 지도할 역량을 갖추지 못했다. (서울청년회가 조선청년총동맹을 지도하고 있다)

그밖에 이 고려공산청년회는 좌익 소아병으로 끝없이 고생하면서 민족혁명 통일전선을 부인하고 매우 무모하게 반종교 사업을 전개하고 있는데, 이는 민족혁명 통일전선의 객관적 장애로 작용하고 있다.

따라서 국제공청의 정강(강령과 전술)으로 모든 공청그룹을 검사하는 방식을 통해 단일 고려공청을 수립할 필요가 있으며, 이와 더불어 공청과 신흥청년동맹의 좌익 소아병을 근절하기 위해 적절한 조치를 할 필요가 있다.

2) 조선에서의 공청 통합은 한편으로 국제공청의 직접적 지도하에 실현되어야 하며, 다른 한편으로 공청은 단일 조선공산당이 창건될 때까지 조선의 모든 콤그룹의 대표들로 구성되는 공산당 [대회] 소집 조직위원회의 지도를 받아야 한다.

3) 현 고려공산청년회(신흥청년동맹 그룹)은 화요회의 편향적 지도를 받으면서 화요회의 그릇된 행태를 지지하고 있으며, 타 공청그룹과의 통합에 적대적이고, 심지어 타 그룹들을 험담하고 도발하는 데 몰두하고 있으며, 이를 통해 단일 조선공산당의 창건을 실질적으로 방해하고 지연시키고 있다. 이러한 비정상성을 즉각적으로 제거하기 위해 적절한 조치를 할 필요가 있다.

4) 생각건대, 국제공청은 단일 고려공청의 결성을 위해 가까운 장래에 조선의 모든 공청그룹과 기존 고려공산청년회 중앙위원회의 대표들을 소집해야 한다. 대표들의 보고를 바탕으로 다양한 공청그룹을 검사하고 그 역사나 조직 등을 검토한 후 조선 공청 통합대회를 소집하고, 그렇게 함으로써 조선의 공청을 구체적으로 통합해야 한다.

모스크바, 1926년 2월 2일

고려공산청년동맹(합법단체 서울청년회 내의 비합법 공청그룹) 대표 김영만

■ 감수 ■

반병률
한국외국어대학교 사학과 명예교수

임경석
성균관대학교 문과대학 사학과 교수

전명혁
동국대학교 대외교류연구원 연구교수

■ 옮긴이 ■

이완종

성균관대학교 정치외교학과 졸업
동 대학원 정치외교학과 석사·박사과정 수료
러시아연방과학원 러시아역사연구소 수학(역사학 박사)

● 저서 ●
От Ленина к сталинизму: 1917-1939 (1998)
『러시아 10월 혁명사』(2014)
『이념의 제국: 소비에트연방의 부상과 몰락』(2016) 등

● 역서 ●
『러시아문서 번역집 XIV』(2014),
『러시아문서 번역집 XXX』(2017),
『몰로토프 회고록: 스탈린을 위한 변명』(2018) 외 다수

한울아카데미 2389

한국외대 디지털인문한국학연구소 연구총서 06
러시아문서보관소 자료집 3
고려공산청년회 I

ⓒ 한국외국어대학교 디지털인문한국학연구소, 2022

옮긴이_ 이완종
펴낸이_ 김종수
펴낸곳_ 한울엠플러스(주)
편집책임_ 조수임
편집_ 정은선

초판 1쇄 인쇄_ 2022년 8월 17일
초판 1쇄 발행_ 2022년 8월 30일

주소_ 10881 경기도 파주시 광인사길 153 한울시소빌딩 3층
전화_ 031-955-0655
팩스_ 031-955-0656
홈페이지_ www.hanulmplus.kr
등록번호_ 제406-2015-000143호

Printed in Korea.
ISBN   978-89-460-7389-0 94910
        978-89-460-8200-7 (세트)

* 책값은 겉표지에 표시되어 있습니다.